Stephan Schmid
Papier-Fernsehen: Eine Ethnographie der digitalen TV-Produktion

Locating Media | Situierte Medien   Band 9

Editorial

Orts- und situationsbezogene Medienprozesse erfordern von der Gegenwartsforschung eine innovative wissenschaftliche Herangehensweise, die auf medienethnographischen Methoden der teilnehmenden Beobachtung, Interviews und audiovisuellen Korpuserstellungen basiert.
In fortlaufender Auseinandersetzung mit diesem Methodenspektrum perspektiviert die Reihe **Locating Media/Situierte Medien** die Entstehung, Nutzung und Verbreitung aktueller geomedialer und historischer Medienentwicklungen. Im Mittelpunkt steht die Situierung *der* Medien und *durch* Medien.

Die Reihe wird herausgegeben von Sebastian Gießmann, Gabriele Schabacher, Jens Schröter, Erhard Schüttpelz und Tristan Thielmann.

Stephan Schmid (Dr. phil., Dipl.-Betriebswirt, MBA) arbeitet in der internationalen Medienbranche.

STEPHAN SCHMID
Papier-Fernsehen:
Eine Ethnographie der digitalen TV-Produktion

[transcript]

Bibliografische Information der Deutschen Nationalbibliothek
Die Deutsche Nationalbibliothek verzeichnet diese Publikation in der Deutschen Nationalbibliografie; detaillierte bibliografische Daten sind im Internet über http://dnb.d-nb.de abrufbar.

© 2016 transcript Verlag, Bielefeld

Die Verwertung der Texte und Bilder ist ohne Zustimmung des Verlages urheberrechtswidrig und strafbar. Das gilt auch für Vervielfältigungen, Übersetzungen, Mikroverfilmungen und für die Verarbeitung mit elektronischen Systemen.

Umschlagkonzept: Kordula Röckenhaus, Bielefeld
Umschlagabbildung: zettberlin / photocase.de
Printed in Germany
Print-ISBN 978-3-8376-3052-7
PDF-ISBN 978-3-8394-3052-1

Gedruckt auf alterungsbeständigem Papier mit chlorfrei gebleichtem Zellstoff.
Besuchen Sie uns im Internet: *http://www.transcript-verlag.de*
Bitte fordern Sie unser Gesamtverzeichnis und andere Broschüren an unter: *info@transcript-verlag.de*

Inhalt

Vorwort | 7

A. EINLEITUNG | 13

B. UNIKATPRODUKTION | 51

    I. Die Agentur | 51
    II. Der Prinzipal (Sender) | 64
    III. Konzeption und Pre-Produktion | 84
    IV. Produktion und Post-Produktion | 150

C. FLIESSBANDARBEIT | 187

    I. Das Projekt Sky Sport News HD | 187
    II. Aufbauorganisation | 210
    III. Ablauforganisation | 248
    IV. Industrialisierung der Nachrichtenproduktion | 287

D. CONCLUSIO | 297

Anhang | 333
Literaturverzeichnis | 337
Abbildungsverzeichnis | 347

Vorwort

Die Monographie von Stephan Schmid stellt in methodischer und theoretischer Hinsicht ein Experiment dar: Es handelt sich um eine „eigenethnographische" Studie zur aktuellen Fernsehproduktion, und um eine Studie zu einer zukünftigen Agenturtheorie der Medien. Es geht um das Verhältnis zwischen der Kostenkalkulation und der arbeitsteiligen Kultur des Produzierens, und die wechselseitige Abhängigkeit der beiden wird insbesondere durch den maximalen Kontrast zwischen Unikat und Massenanfertigung dargelegt. Zu diesem Zweck gibt Schmid eine in der Medienwissenschaft bisher kaum je geleistete Detaillierung in der Beschreibung der infrastrukturellen Aufgabenfelder, bis in die architektonische Gestaltung eines neuen Fernsehstudios, seiner technischen Einrichtungen, des Personals und seiner Anwerbung und Schulung. Aber auch der flüchtige Moment der Kreativität kommt zur Geltung, etwa wenn die Idee für einen preisgekrönten Trailer „letztlich auf einen kleinen, dreijährigen, spielenden Jungen zurückzuführen ist", dessen Spiel seinem Vater und dann einer ganzen Agentur als Vorlage und Inspiration dient, während alle anderen Ideen und Coachings vergebens waren.

Die medienethnographische Vorgehensweise der Monographie beweist, dass eine „Eigenethnographie" im Medien-Produktionsbereich fruchtbar ist und dringend weiter ausgebaut werden sollte, und zwar deshalb, weil sie für viele Arbeitsbereiche aktueller Medien (aufgrund von Betriebsgeheimnissen und anderen Schwierigkeiten der proprietären Ordnung) die einzige Möglichkeit darstellt, hinter die offiziellen Organigramme der Arbeitsteilung zu schauen. Um so seltener, wie hier geschehen, ist eine Eigenethnographie aus der Sicht einer Leitungsposition – auch in Zukunft werden die meisten „production studies" von subalternen oder mittleren Positionen aus erfolgen. Als Mitarbeiter in einer „Agentur" – im geläufigen, vorwissenschaftlichen Sinn – und eines neu aufzubauenden „Kanals" im Rahmen eines privatwirtschaftlich organisierten, international operierenden Medienkonzerns, beschreibt der Autor einerseits die Interna der „Unikatproduktion" in einer Werbeagentur, und andererseits die konzeptionellen, technischen und wirtschaftlichen Voraussetzungen wie auch die Praxis einer televisionären „Fließbandproduktion". Da der Sender auch Auftraggeber der „Unikatproduktion" ist, wie umgekehrt die „Fließbandproduktion" mit den als Unikat gefertigten „Trailern" ein möglichst breites, zahlendes Publikum gewinnen will, ergibt sich ein enger Bezug der beiden unterschiedlichen Produktionsformen. Die Darstellung der „Fließbandproduktion" legt den Akzent auf das Handeln der Beteiligten in einem vorgegeben Aktionsrahmen. Ist das „Projekt" im Rahmen der „Unikatproduktion" noch ein einzelnes Vorhaben, an dessen Ende ein abgegrenztes Medienprodukt für einen Auftraggeber steht, so ist der Aufbau eines neuen Kanals im Rahmen eines Medienkonzerns ein Projekt, das auf möglichst lange Dauer angelegt ist. Nach Ablauf der Projektphase steht ein kompaktes technisches Massenmedium zur Verfügung. Im Unterschied zum Verfallsprodukt der „Unikatproduktion" ist dieser Bereich, auch im Blick auf die unterschiedlichen fachlichen Ansätze und des Schwerpunkts auf der „Ökonomie", von der Dimension weitaus breiter anzulegen, und kann vom Autor nur in Hinsicht seiner Planbarkeit behandelt werden.

In beiden Fallstudien stellt Schmid auf durchaus provozierende Weise die These auf, dass das traditionelle Arbeitsmedium der Planungen und Entwürfe, das „Papier", das beide Bildschirmmedien ermöglichende Medium darstellt. Wenn von „Papier-Fernsehen" gesprochen wird, so zielt dieser Titel auf die Erfahrung, dass den einzigartigen Bewegtbildern eines „Trailers" für eine televisionäre „Sendung" ebenso eine Papierflut vorausgeht wie dem planvollen Aufbau und der Programmierung eines ganzen „Channels", die in einem „flow", also kontinuierlich und wie am industriellen Fließband „Öffentlichkeit" herstellen soll. Durch diesen für die Medienwissenschaft eher ungewöhnlichen Fokus gelingt es der Arbeit wie keiner bisher vorliegenden Darstellung, eine wichtige und überraschende Parallele zwischen der Welt des wissenschaftlichen Labors und der Welt der Fernsehproduktion aufzuzeigen:

Acht Zehntel der Labor-Arbeitszeit und der Finanzierung eines Labors dienen der Sicherstellung von Standardisierungen und der Kalibrierung von Standards (der Instrumente, aber auch der Ausbildung). Die überraschende Parallele liegt in der Logistik der Papierarbeit, die der Autor im Gegensatz zu allen populären Darstellungen der TV-Produktion betont: der Produktionsprozess eines Trailers besteht zu acht Zehnteln nur aus Papier. Aber auch die materielle Errichtung eines Fernsehsenders mitsamt seiner Geräte und Personalschulung besteht zu mehr als der Hälfte der Zeit nur aus Papier; und in der anderen Hälfte der Einrichtung aus allen jenen Papieren, die ausgedruckt als Richtlinien in allen lokalen „Settings" zur Geltung gebracht werden, d.h. durchgängig aus Papier, das allerdings nach seiner Einrichtung in den digitalen Bürokratien des Senders fixiert und jederzeit abrufbar gehalten wird. Der Titel der Arbeit ist daher zweifelsohne ebenso irritierend wie gerechtfertigt, und verweist auf die doppelte Schreibarbeit, die nicht nur TV-Produktionen, sondern alle populären Medien auszeichnet: die enge Beziehung zwischen dem „paper trail" der Skripte und Entwürfe, und dem logistischen „paper trail" der verwalteten Arbeit und Infrastruktur. Populäre Medien sind bürokratisierte Medien, die Arbeit an ihnen ist verwaltete Arbeit, und auch die populären Unikatproduktionen, die durch kreative Entspannungsübungen aus dieser Ordnung ausbrechen sollen, müssen zuerst und zuletzt nicht nur gegenüber einer Kostenverwaltung, sondern auch gegenüber einer Verwaltung gerechtfertigt werden.

Was die aktuelle Mediengeschichte angeht, trägt die Ethnographie auch am eigenen Leibe zu einer Klärung tiefgreifender Einschnitte innerhalb der Medienproduktion bei, die bereits zahlreiche Berufsbilder verändert haben. Er charakterisiert eine fortlaufende Schrumpfung der Arbeitsteilung, die seit mehreren Jahren durch die Digitalisierung von Archiven und Datenbanken und die Automatisierung von Kamera-Abläufen und Graphiksystemen vorangetrieben wird, und neben einer unvermeidlichen Nivellierung und immer möglichen Qualitätsminderung der betroffenen Formate ein Aussterben ganzer technischer Berufszweige zur Folge hat, bis zum potentiellen Aussterben der Jahrhundertfigur „des Technikers" in der Fernsehproduktion. Sehr überzeugend wird diese Entwicklung im zweiten Teil der Arbeit als „Industrialisierung" und klassisches „Fließbandsystem" beschrieben – mit überdeutlichen Parallelen zur ersten medienethnographischen Monographie und „production study" überhaupt, nämlich zu Hortense Powdermakers Hollywood-Studie, die sich auf diese Weise erneut als Pflichtlektüre der empirischen Medienwissenschaft erweist.

Die größte Herausforderung der Monographie besteht allerdings in der wechselseitigen theoretischen Überprüfung von „Agenturtheorie" und „Akteur-Netzwerk-Theorie", zwischen der Beschreibung ökonomischer Delegation und Kostenkalkulation einerseits, und der lokalisierten Verkettung situierter Arbeitsvorgänge andererseits. Ohne beiden Theorien allzu nahe treten zu wollen, zeigt auch diesmal die Ethnographie ihre Krallen, denn auf dem Weg ihrer ethnographischen Anwendung erweisen beide theoretischen Beschreibungsmöglichkeiten ihre ganze Fruchtbarkeit, aber sie geraten auch an ihre Grenzen. Der Autor demonstriert die Aussagekraft der agenturtheoretischen Aussagen zum „Doppelten Prinzipal" der Medienproduktion und bestätigt große Teile der Akteur-Netzwerk-Analysen von Antoine Hennion und Cécile Méadel, die nachgewiesen haben, auf wie viele Weisen „das Publikum" mit seinen Wünschen immer schon arbeitsteilig in Medienagenturen vorentworfen wird. Aber der Autor beschreibt auch die Notwendigkeit eines scheinbar ganz „unökonomischen" Verhaltens, das sich ganz explizit gegen das allgemeine Publikum stellt und als allem Anschein nach einzige Medienpraxis dazu dienen kann, die interne Öffentlichkeit einer „peer group" so herzustellen, dass eine Rangordnung von plausiblen Bezahlungen entsteht. Nur durch die scheinbar „symbolische" Währung von Preisen und Auszeichnungen und ihre Vergabe von Prestige kann über den aktuellen biographischen Wert (und nicht nur über die momentanen Karrieren) von Personen und Organisationen und ihre angemessene Bezahlbarkeit entschieden werden. Wenn sich diese ethnographische Diagnose bestätigen ließe, dann bedürfte gerade die (Agentur-)Produktion für einen anonymen Markt, für ein „Massenmedium", der ständigen Ergänzung durch einen nicht exakt zu berechnenden Prestige-Tausch und die Herausbildung einer eigenen internen Öffentlichkeit zwischen Gleichgesinnten, die nur so zu einer Beurteilung ihrer eigenen Tätigkeiten und auf diesem Wege zur „Qualitätssicherung" des Marktes selbst befähigt werden. Die „Theorie des doppelten Prinzipals" verweist zwar auf denselben Dualismus, aber nicht auf die organisatorische Lösung, die im Wechsel zwischen monetärer und nicht-monetärer Bewertung in jeder Medienproduktion, und zweifelsohne auch in jeder Kunstproduktion zu finden ist. Welchen Ort hat dieser in allen Produktionszweigen zu beobachtende Dualismus von „interner" und „externer" Öffentlichkeit in einer ökonomischen oder in einer soziotechnischen Agenturtheorie? Es ist nicht das geringste Verdienst der vorliegenden Monographie zum „Papier-Fernsehen", diese und zahlreiche weitere medientheoretische Fragen aufgeworfen und einer medienethnographischen Überprüfung zugänglich gemacht zu haben. Wir hoffen, dass sie viele ethnographische und theoretische Fortsetzungen findet.

Prof. Dr. em. Helmut Schanze
Prof. Dr. Erhard Schüttpelz

Siegen, August 2015

A. Einleitung

„Derjenige, der schlecht visualisiert, verliert den Kampf"
(Latour 2006: S. 282)

Fernsehproduktion ist eine Black Box. Zwar werden Inputs erwartungsgemäß zu Outputs, jedoch sind die Kommunikations- und Organisationsstrukturen sowie die Produktionsprozesse in Agenturen und Sendern von außen nicht einsehbar. Geheimhaltung und Unnahbarkeit sind Teil des Geschäftes. Sie dienen dazu, den Mythos um die eigene Arbeit zu wahren und letztendlich auch dazu, die Preise stabil zu halten. Selbst die Akteure, die in der Produktionsbranche arbeiten, kennen oft nur ihren Teil der Prozesse. Die Techniker reden von „der Redaktion", die Redakteure reden von „der Technik" als unbekannte, abstrakte Regionen. In *The Presentation of Self in Everyday Life* beschreibt der Soziologe und Anthropologe Erving Goffman „soziale Strukturen des Alltags und deckt die Inszenierungen von Akteuren auf, die den mehr oder minder gelungenen Darbietungen des Selbstbildes dienen" (Leggewie et al. 2012: S. 84). Goffman erkennt in diesen alltäglichen Inszenierungen eine metaphorische Anlehnung an die Theaterbühne:

> „Der Zugang zu diesen Regionen wird unter Kontrolle gehalten, um das Publikum daran zu hindern, hinter die Bühne zu schauen, und um Außenseiter davon fernzuhalten, eine Aufführung zu besuchen, die nicht für sie bestimmt ist. Innerhalb des Ensembles herrscht Vertraulichkeit, entwickelt sich zumeist Solidarität, und Geheimnisse, die das Schauspiel verraten könnten, werden gemeinsam gehütet" (Goffman 2013: S. 217).

> „Wenn ein Außenseiter zufällig eine Region betritt, in der eine Vorstellung stattfindet, oder wenn ein Zuschauer versehentlich den Raum hinter der Bühne betritt, ist es wahrscheinlich, dass er die Anwesenden in flagranti erwischt" (Goffman 2013: S. 190).

Das Problem der Medienwissenschaft ist die Black Box: Publikum und Außenseiter sollen nicht hinter die Bühne schauen! Die vorliegende Arbeit unternimmt den Versuch, die Black Box Fernsehproduktion zu öffnen. Es werden alle Prozessschritte von der ersten Idee bis zum fertigen Produkt beschrieben. Der Leser erhält einen Blick hinter die (Fernseh-)Bühne und die Akteure werden in flagranti erwischt.

Paper-Television

Besonderes Gewicht wird in der Untersuchung darauf gelegt, die „Papierisierung" des Produktionsprozesses aufzuzeigen. Welche Rolle nimmt das Medium Papier in der digitalen Fernsehproduktion (noch) ein? Diese Arbeit wird zeigen, dass es in der Fernsehproduktion eine Papierflut gibt. Das ist zunächst nicht zu erwarten. Es erscheint zunächst logisch, dass durch die Digitalisierung die Verwendung von Papier reduziert wird. Das Gegenteil ist aber vielleicht gerade deshalb der Fall, weil die durch die Digitalisierung verschwindende Notwendigkeit eines linearen Herstellungsprozesses durch eine lineare papierene Dokumentation kompensiert wird. Dies legt die Annahme nahe, dass die Akteure auf diese Weise versuchen, das Virtuelle fassbar machen zu können. Oder sind Menschen einfach geborene Schriftsteller und die Papierisierung ist Ausdruck ihrer Medienpragmatik?

Unikatproduktion versus industrielle Fertigung in der Fernsehproduktion

Gegenstand der vorliegenden Arbeit ist die vergleichende Analyse von Unikatproduktion und industrieller Fertigung in der Fernsehproduktion. Ausgangspunkt der Untersuchung ist eine Werbekampagne zum Start einer Formel-1-Saison auf der Seite der Unikatproduktion. Im Gegensatz dazu wird auf der Seite der industriellen Herstellung die Live-Produktion eines Sportnachrichtensenders beleuchtet. Die Untersuchung basiert auf den Beobachtungen und Beschreibungen der alltäglichen Abläufe einer Kommunikationsagentur, die im Folgenden auch als Agency bezeichnet wird, und eines TV-Senders. Das Feld der Untersuchung wird damit eingegrenzt auf die beiden extremsten Pole der TV-Produktion, um im direkten Vergleich die Unterschiedlichkeit der Strukturen und Abläufe deutlich herauszuarbeiten. Diese Arbeit ist eine Gegenüberstellung von Unikatproduktion versus Fließbandarbeit, die gegensätzlicher nicht sein könnte. Während mit größtmöglichem und monatelangem Aufwand ein 60-Sekunden-Trailer für die On-Air-Promotion in der Agentur produziert wird, entstehen mit möglichst geringem Aufwand pro Tag 18 Stunden Live-Programm im Sportnachrichtenkanal.

Die Untersuchungen fanden in den Jahren 2007 bis 2013 in Deutschland statt. Das Anliegen der vergleichenden Analyse beider Produktionsprozesse ist es, die Black Box zu öffnen und sie mit Leben zu füllen, um das Wesen der Unternehmen, der Akteure und der Produktion darzustellen. Mit der vorliegenden Arbeit soll veranschaulicht werden, warum Agenturen und Sender sind wie sie sind, warum TV-Produkte sind wie sie sind und warum die Akteure sich verhalten, wie sie es eben tun.

Bei Unikaten wird unterstellt, dass der Zeitanteil der Produktion, die auf Papier stattfindet, die Produktion selbst bei Weitem übersteigt. Wohingegen bei der industriellen Produktion Papier fast verschwunden sein sollte. Gleichwohl hat die Logistik mithilfe moderner Computersysteme diesen Platz eingenommen. IT-gestützte Organisation, Steuerung, Bereitstellung und Optimierung der Herstellungsprozesse machen diese Art der Produktion erst möglich.

Methoden und Herangehensweise

Agenturen, Fernsehsender, aber auch Produktionsprozesse im Allgemeinen, werden in den bisherigen wissenschaftlichen Analysen anhand von zwei unterschiedlichen Herangehensweisen untersucht: durch die beschreibende und erklärende kultur- bzw. sozialwissenschaftliche Methode auf der einen Seite und durch die rechnende betriebswirtschaftlich-rechtswissenschaftliche Methode auf der anderen Seite. Diese beiden haben sich jedoch sehr weit voneinander entfernt. Es kann von einer regelrechten Bifurkation der Disziplinen bei der Untersuchung der Agentur gesprochen werden.

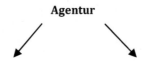

Agentur

Disziplin:
Kulturwissenschaften
Sozialwissenschaften
Ethnologie
Medienwissenschaften

Kernfragen:
Delegiertes Handeln zwischen Personen, Natur, Technik und Gesellschaft bzw. Akteuren, Artefakten und Agenten
Übersetzungsketten/Vermittlungsschritte
Erklärung von Innovationen
Beschreibung von Handlungsinitiativen
Netzwerke

Theorie:
Akteur-Netzwerk-Theorie

Disziplin:
Wirtschaftswissenschaften
Rechtswissenschaften
Medienwissenschaften

Kernfragen:
Delegiertes Handeln zwischen Personen und Organisationen
Kosten
Informationsasymmetrie
Eigentums- und Verfügungsrechte
(Unvollständige) Verträge
Risiko/Opportunismus/Incentives
Modellbildung

Theorie:
Agenturtheorie bzw.
Prinzipal-Agent-Theorie
Transaktionskostentheorie
Theorie der Verfügungsrechte

Abbildung 1: Bifurkation der Disziplinen bei der Untersuchung der Agentur. Quelle: Eigene Darstellung.

Um in vorliegender Untersuchung ein umfassendes und realistisches Bild der Fernsehproduktion zu zeichnen, sind beide Methoden in ihrer reinen Form wenig hilfreich. Bereits 1959 wies der englische Physiker Charles Percy Snow in seinem Werk „The Two Cultures" auf die Unvereinbarkeit von Kulturwissenschaften und Naturwissenschaften hin (vgl. Snow 1959 sowie Kreuzer 1987). Auch bei der Analyse der Agentur kann ein clash of cultures festgestellt werden.

Meine These lautet: Die Kulturwissenschaften vergessen die Kosten und die Wirtschaftswissenschaften vergessen die Kultur.

Es liegt folglich die methodische Schwierigkeit darin, dass weder der rein beschreibende kulturwissenschaftliche Ansatz, wie in der Ethnologie oder der Akteur-Netzwerk-Theorie üblich, angewandt werden kann, noch wird ein rein betriebswirtschaftlich-juristischer Ansatz der Prinzipal-Agent-Theorie mit mathematischen Formeln, Kostenrechnungen, Modellbildungen oder vertraglichen Problemstellungen gelingen.

In der Literatur und auch in der Diskussion ist die Kulturwissenschaft weitgehend „geldlos". In der Akteur-Netzwerk-Theorie, insbesondere in den grundlegenden Publikationen dazu von Bruno Latour, wird die Ökonomie größtenteils ausgeblendet. Betriebswirte hingegen neigen zum anderen Extrem, indem sie Sachverhalte formalisieren. Ross beschreibt die Lösung des „Prinzipal-Problems" mit einer mathematischen Formel (Ross 1973: S. 137). Mit seiner Formel zeigt Ross, wie sich der Prinzipal bei Unsicherheit pareto-optimal verhalten sollte: „The problems of agency are really most interesting when seen as involving choice under uncertainty and this is the view we will adopt" (Ross 1973: S. 134).

Die vorliegende Untersuchung ist auch ein Versuch, die beiden Disziplinen anzunähern, denn sie ist zwischen beiden Feldern zu verorten. Dennoch handelt es sich nicht um eine betriebswirtschaftliche oder um eine kulturwissenschaftliche Arbeit. Im Fokus stehen die Kosten und nicht die Informationsasymmetrie. Methodisch ist es eine ethnologische Feldforschung, die in der Akteur-Netzwerk-Theorie angesiedelt ist. In der Folge werden ethnographische Herangehensweisen nach Goffman und Garfinkel (vgl. Goffmann 2013; vgl. Garfinkel 1967) angewandt, erstmals aber unter Berücksichtigung betriebswirtschaftlicher Konventionen und Zwänge.

Die Art und Weise der Beschreibung ist angelehnt an Harold Garfinkels *Studies in Ethnomethodology* (vgl. Garfinkel 1967). Erhard Schüttpelz und Tristan Thielmann weisen in ihren Texten zur Akteur-Medien-Theorie ausdrücklich auf die entscheidende Rolle Garfinkels und der von ihm eingeführten Ethnomethodology für die Akteur-Netzwerk-Theorie hin (vgl. Schüttpelz 2013: S. 19 ff. sowie Thielmann 2013: S. 378-418). Leggewie fasst Garfinkels Studien folgendermaßen zusammen:

> „Harold Garfinkels Studien [...] brachten den Eigensinn des All-
> tagshandelns nachhaltig auf den Radarschirm der Kulturwis-
> senschaften. Ihn interessierte, wie scheinbar ungeordnete und
> situationssensible Alltagspraktiken methodisch aufgebaut
> werden, wie ‚vernünftige' Menschen sich also durch sprachli-
> che wie nicht-sprachliche Kommunikation eine spontane Ord-
> nung aufbauen, deren Routinen ihnen (stets nur vorüberge-
> hende und brüchige) Verhaltens- und Interaktionsmuster
> schaffen [...]. Die Ethnomethodologie [...] rückt die kategoria-
> len Praktiken der Handelnden selbst ins Zentrum. [...] Die Nä-
> he, die Sozialforscher dabei zum ‚Feld' suchen, ist nicht mit In-
> tuition oder gar Sympathie zu verwechseln; vielmehr müssen
> die jeweiligen Abläufe distanziert und genau beobachtet und
> zergliedert werden, um das, was man zwar sehen, aber nicht
> gleich verstehen kann, als Grundlage sozialer Alltagsordnung
> begreifen zu können" (Leggewie 2012: S. 184-186).

Vorliegende Untersuchung beschreibt die Realität und Alltagspraxis der Kulturproduktion unter Kostengesichtspunkten, was für die Akteur-Netzwerk-Theorie untypisch ist. Anhand der gegensätzlichen Untersuchungsgegenstände Unikatproduktion und industrialisierte Fertigung wird veranschaulicht, wie beide Philosophien und Denkweisen in der Praxis aufeinanderprallen. Das Credo dieser Arbeit ist aber nicht Kultur oder Kosten, sondern Kultur und Kosten.

Der Autor der vorliegenden Arbeit war und ist in den als Untersuchungsgegenstand beschriebenen und relevanten Bereichen der TV-Produktion tätig und wirft daher zunächst den Blick des Insiders auf die beschriebenen Prozesse. Seine Erfahrungen hat er „papierisiert." Dahinter verbirgt sich auch eine wesentliche Schwierigkeit der Methodik: die Insider-Outsider-Problematik. Die menschliche Wahrnehmung ist stets selektiv, folglich beeinflussen gerade die Erfahrungen das Wissen und die Voreingenommenheiten, was die Aufmerksamkeit des Feldforschers erregt und was ihm möglicherweise entgeht (vgl. Kohl 2000: S. 119). Einerseits erlaubt die Insiderperspektive eine für die Untersuchung unabdingbare Nähe zum Objekt, zum anderen kann gerade die Involviertheit Ergebnisse verzerren. Deshalb gilt es, die Insider-Perspektive zu überwinden und Beobachtungen zu objektivieren.

Die Untersuchung schließt sich einem üblichen Verfahren ethnologischer Forschungen an, indem sie die eingangs erwähnten Extreme – Unikatproduktion und Fließbandarbeit – beobachtet, um daraus ein Gesamtbild abzuleiten. Trotzdem darf die vorliegende Arbeit nicht als umfassende Untersuchung aller Produktionsformen innerhalb dieser Extreme missverstanden werden. Die Bandbreite der Produktionsformen innerhalb der beiden Pole ist groß. Sie reicht von Servicesendungen, Dokumentationen, Reportagen, Factual-Entertainment, Latenight- und Personalityshows, Quiz, Doku-Soaps, Spielfilmen, Serien, Casting-Formaten, Infotainmentprodukten, über Reihen wie dem Tatort bis hin zu Shows wie „Wetten, dass...?". Diese Formate können als Mix der Produktionsmethoden der benannten Extreme definiert werden.

Theoretische Grundlagen und Forschungszugang

Agenturtheorie der Medien

Ein zentraler wissenschaftlicher Ausgangspunkt der vergleichenden Analyse sind die Ansätze Helmut Schanzes zu einer *Agenturtheorie der Medien*, da er das Feld der Agenturtheorie auf den für die vorliegende Arbeit relevanten Bereich der TV-Produktion ausweitet. Seine Agenturtheorie formuliert er erstmals in seinem 1994 erschienenen Aufsatz *Ansätze zu einer Agenturtheorie der Medien unter besonderer Berücksichtigung des Fernsehens* (Schanze 1994: S. 84). Schanze beschäftigt sich mit den Organisations- und Aufbauprinzipien, die in einem Medienunternehmen angewendet werden, ohne die ökonomischen Aspekte auszuklammern. Seine Ansätze leitet er vor allem auch aus seiner vorhergehenden Agenturtheorie des Buches ab und spannt den Bogen vom ersten „institutionalisierten Medium" (Schanze 1994: S. 84), dem Theater, über das Buchwesen, bzw. Verlagswesen bis hin zum Rundfunk und Fernsehen. Dabei stützt er sich vor allem auf wirtschafts- und rechtspraktische Fortentwicklungen der Agenturtheorie durch den Wirtschaftswissenschaftler Ronald H. Coase (Coase 1937) in seinen Ausführungen *The Nature of the Firm* aus dem Jahre 1937 (Schanze 1994: S. 80). Der Begriff der Agentur, wie er dieser Arbeit zugrunde liegt, wird nach Schanze folgendermaßen definiert:

> „Eine Agentur beschreibt allgemein das asymmetrische Verhältnis zwischen einem >Prinzipal< als Auftraggeber und einem >Agenten<, der sein spezielles Wissen für diesen Auftraggeber einsetzt und dafür eine entsprechende Vergütung erhält. Eine Mehrzahl an Agenten bildet eine Agentur, die sich in hohem Maße verselbstständigen kann" (Schanze 2010: S. 136).

Die Agenten verfügen über umso mehr Macht, je mehr Unsicherheitszonen sie kontrollieren, die von keinem anderen beherrscht werden (vgl. Potthast 2007: S. 78f.).

Die Untersuchungen im Kapitel zur Unikatproduktion werden zeigen, dass die Herstellung eines audiovisuellen Produktes eine sehr große Unsicherheitszone ist. Hochspezialisierte Fachkräfte aus unterschiedlichen Bereichen wie Konzeption, Schnitt, Graphik und Ton sind ebenso wichtig wie modernste technische Infrastruktur. Schanze rekurriert auf Marvin Minskys Idee des „Agenten", die sich aus dessen Forschungen zur künstlichen Intelligenz ergeben haben.

> „Minsky untersucht, wie die Agenten arbeiten, wie sie inkorporiert sind, wie sie kommunizieren, woher sie kommen, wie sie ausgebildet werden, welche Typen es gebe, wie sie ihre Streitigkeiten untereinander regeln, wie sie in Netzwerken zusammenarbeiten, wie sie ihre Kompetenz in Agenturen bündeln, wie sie Identität gewinnen und ob sie gar Stimmungen, Gefühle und Bewusstsein haben" (Schanze 1994: S. 79).

Schanzes Anliegen ist es, diesen Gedanken auf den Bereich der Massenmedien zu übertragen und zu überprüfen. Daraus abgeleitet, formuliert Schanze den Begriff der Agentur und seiner Akteure folgendermaßen:

> „Der Begriff ‚Agentur' (agency) nämlich, wie er etwa im Bereich der Handels- oder Versicherungsvertretung auch im deutschen Sprachraum eingeführt ist. Der Begriff hat seine besondere Bedeutung im Rahmen einer Organisationsform menschlichen Zusammenwirkens, in der es einen ‚Auftraggeber' (Prinzipal) gibt und einen Auftragnehmer ‚Agenten', der bestimmte Aufträge für den Auftraggeber selbständig handelnd erfüllt" (Schanze 1994: S. 79).

Die Rolle des „Agenten" wird dabei folgendermaßen definiert:

> „‚Agenten' handeln stellvertretend, aber in einem hohen Maße selbständig und eigeninteressiert. Sie spielen eine ‚Rolle', gehorchen einer Vorschrift, gestalten diese Rolle aber professionell aus" (Schanze 1994: S. 84).

Den Begriff des „Prinzipals" versteht Schanze dabei durchaus in seiner ursprünglichen Definition aus dem Theater kommend. Er veranschaulicht daran gerade dessen doppelte Bedeutung, denn der Prinzipal ist als Theaterdirektor Vorgesetzter seiner Schauspieler und gleichzeitig aber selbst einem Auftraggeber wie etwa dem Princeps, dem Publikum oder der Öffentlichkeit verpflichtet (vgl. Schanze 1994: S. 84 f.). Hinter dieser definierten und beschriebenen Organisationsform und dem Zusammenwirken in der Agentur steht jedoch gleichzeitig ein „ökonomischer Grundgedanke", den Schanze folgendermaßen beschreibt.

> „Zwischen Menschen sind ‚Transaktionen' abzuwickeln. Es entstehen ‚Kosten', die beglichen werden müssen. Die ‚Agenten' wollen schließlich leben" (Schanze 1994: S. 79).

Weiterhin stellt er fest:

> „Die Medien haben sich vom kommunikativen Theoriegebilde längst verabschiedet und fragen, gut analytisch, sehr heftig nach Kosten. Sie lassen sich ihre Dienste gut (sie selbst meinen schlecht) bezahlen. Die transaktionistische Kostenrechnung hat alle Bereiche des medialen Systems erfasst" (Schanze 1994: S. 81).

Um also das „realistische" Agenturmodell zu betrachten, sieht Schanze bezugnehmend auf Ronald H. Coase neben den „kommunikativen" Verhältnissen auch wirtschafts-, rechts- und sozialwissenschaftliche Komponenten gegeben, die es zu berücksichtigen gilt (vgl. Schanze 1994: S. 80). Was jedoch impliziert, „dass neben dem Vertrag zwischen gleichgewichtigen Partnern ungleichgewichtige Verhältnisse von Macht und Herrschaft angenommen werden" (Schanze 1994: S. 80). Dadurch entsteht ein „asymmetrisches Verhältnis" nach Innen und Außen, das in Hierarchien sichtbar wird. „Hierarchie" ist in diesem Kontext mit der Agentur gleichzusetzen (vgl. Schanze 1994: S. 81).

> „In seiner berühmten Abhandlung ‚The Nature of the Firm' unterscheidet Coase prinzipiell zwischen zwei Organisationsprinzipien wirtschaftlichen Handelns: denen des ‚Marktes' und der ‚Hierarchie'" (Schanze 1994: S. 81).

Entscheidend ist die Verteilung der Akteure in der jeweiligen Organisation, denn „das Prinzip des Marktes geht von gleichgewichtigen, marktförmig tauschenden Akteuren, das Prinzip der Hierarchie dagegen von ungleichgewichtigen Akteuren aus" (Schanze 1994: S. 81). Es kommt zu einem „asymmetrischen Verhältnis" von Auftrag gebendem Prinzipal und einem eigenverantwortlich handelnden Agenten (vgl. Schanze 1994: S. 82).

> „Auf diese Weise kann der ‚Prinzipal' in kostengünstiger Weise professionelles Wissen und professionelle Werkzeuge des Agenten nutzen. Die so gefundenen Prinzipien gelten sowohl für ‚private' wie für ‚öffentliche' Unternehmungen. Sie betreffen die Führungsprobleme innerhalb einer ‚Firma', den Informationsfluß, die Beobachtbarkeit von Leistung. Sie betreffen aber auch das Verhältnis eines Auftraggebers zu seiner ‚Agentur', seinen Möglichkeiten, diejenige, die für ihn professionell handeln, zu kontrollieren" (Schanze 1994: S. 82).

Die eigentliche Provokation sieht Schanze darin, dass Coase nicht nur die Form des Marktes, sondern auch die Form der „Hierarchie" unter den Kostengesichtspunkt stellt (vgl. Schanze 1994: S. 82).

> „Kostenrechnung gilt nicht nur für die Marktlösung (Transaktion zwischen gleichgewichtigen Akteuren), sondern auch für die Hierarchielösung (Transaktionen zwischen ungleichgewichtigen Akteuren)" (Schanze 1994: S. 82).

In seinem Fazit resümiert Schanze:

> „Die analytische Bedeutung einer Agenturtheorie der Medien dürfte darin liegen, dass sie anthropologisch-realistisch, immer dort ansetzt, wo ökonomische Verhältnisse verschleiert werden. Der Coassche Ansatz diente, so wie ich ihn verstanden habe, dann auch keinem anderen Zweck als dem, Aufklärung in die komplexen ökonomischen Verhältnisse um Kulturgüter zu bringen. Er macht bewusst, dass auch die Medien ihre Eigeninteressen vertreten" (Schanze 1994: S. 86).

Aus der *Agenturtheorie der Medien* nach Schanze lässt sich für diese Arbeit folgende Fragestellung ableiten: Kann mithilfe gängiger Organisationstheorien die moderne Fernsehproduktion erklärt werden? Schanze stellt konkret zwei Fragen. Zum einen: Wie ist es um die Organisationsform menschlichen Zusammenwirkens bestellt? Dies betrifft vor allem die Koordinationsformen Markt vs. hierarchische Systeme. Zum anderen stellt er die Frage nach der Ökonomie und Optimierung der (betriebsinternen) Organisationsformen, insbesondere den Transaktionskosten.

Ziel der Transaktionskostentheorie ist es, diejenige Koordinationsform zu finden, die unter bestimmten Bedingungen die Produktions- und die Transaktionskosten minimiert (vgl. Picot et al. 2003: S. 49). Unter einer Transaktion wird die Übertragung von Verfügungsrechten an einem Gut oder einer Leistung verstanden (vgl. Kieser 2006: S. 290). Koordinationsformen sind alle Strukturen zwischen dem Markt auf der einen Seite und hierarchischen Systemen auf der anderen Seite. Grundlegende Überlegung ist, dass bei jeder Übertragung von Verfügungsrechten Kosten entstehen. Transaktionskosten sind somit Kosten „die bei der Abwicklung von Transaktionen über unterschiedliche Koordinationsformen (Markt, Hierarchie etc.) anfallen" (Bruhn; Homburg 2004: S. 816). Es werden grundsätzlich folgende Arten der Transaktionskosten unterschieden: Anbahnungskosten (Reisen, Informationen), Vereinbarungskosten (Zeit, Mühe), Abwicklungskosten (Anweisung, Kommunikation), Anpassungskosten (Nachverhandlungen), Kontrollkosten (Qualität, Termine) und Wechselkosten (Sunk Costs, Opportunitätskosten) (vgl. Sjurts 2004: S. 26; Schreyögg 2008: S. 60).

Die Transaktionskostentheorie baut auf drei Prämissen auf (vgl. Kieser 2006: S. 279): Risikoneutralität, begrenzte Rationalität und opportunistisches Verhalten der Akteure. Hohe Unsicherheit wird dabei vor allem durch den Opportunismus (List, Täuschung und Zurückhaltung von Informationen) erzeugt.

Die Höhe der Transaktionskosten hängt von unterschiedlichen Faktoren ab. Sie sind abhängig vom Ausmaß der transaktionsspezifischen Investitionen, d.h. wenn standardisierte Güter, wie Kameras, und Leistungen, wie Catering, vom Markt bezogen werden, sinken die Transaktionskosten. Ein weiterer Faktor ist das Ausmaß der Unsicherheit einer Transaktion, d.h. je höher sich die Unsicherheit in Bezug auf Preis, Menge und Qualität darstellt, desto höher sind die Transaktionskosten und desto effizienter ist die Eigenfertigung (vgl. Sjurts 2004: S. 27 ff.; Kieser 2006: S. 281 ff.; Schreyögg 2008: S. 61). Weitere Aspekte, welche die Höhe der Transaktionskosten bestimmen, sind die Häufigkeit der Transaktion und die strategische Bedeutung der Transaktion, d.h. je häufiger gleiche oder ähnliche Transaktionen durchgeführt werden, desto mehr Skalen- und Synergieeffekte können gehoben werden; und je höher die Auswirkungen und Bedeutung einer Transaktion auf die Positionierung eines Unternehmens sind, desto höher sind die Transaktionskosten.

Der Jurist Erich Schanze hat sich ausführlich mit den Theorien von Coase auseinandergesetzt und die Agenturtheorie aus juristischer Sicht weiterentwickelt:

> „Contract and Agency are viewed as separable patterns for structuring transactions in the process of the division of labor. Whereas ‚contract' refers to a concept of discrete exchange with unrevealed individual choice ‚agency' relates to a concept of delegation of choice, and hence an explicit treatment of the rules of choice and preference formation. In this view agency is not a special case of a theory of contract incentives with interchangeable partners, but a concept of incentives to align the agent's preference sets and future choices with that of a principal. In consequence, behavioral aspects like trust, loyalty, opportunism (which are irrelevant in the pure pattern of contract) are central in the concept of agency. The patterns of contract and agency overlap to a large degree in the real world. An agency relationship may be based on a contract, and a contract may contain agency features (‚relational', ‚expanded', ‚idiosyncratic' contracting). For purposes of analysis, however, the properties and boundaries of the two patterns should be observed" (Schanze, E. 1987: S. 461).

Weiterhin nimmt Erich Schanze Bezug auf die Theorien der amerikanischen Wirtschaftswissenschaftler Alchian, Demsetz, Jensen und Meckling. Alchian und Demsetz sehen das Unternehmen aus einer rein juristischen Sicht als eine Ansammlung von Verträgen:

> „Die kontraktuelle Theorie des Unternehmens begreift die Unternehmenseinheit als eine Bündelung von Verträgen, die in dem Nexuspunkt ‚Unternehmen' koordiniert werden. Explizit bezeichnen ALCHIAN und DEMSETZ das Unternehmen als the contractual form, called firm" (Schanze, E. 1983: S. 166).

> „JENSEN und MECKLING nehmen die kontraktuelle Theorie auf und präzisieren sie dahin, dass die Frage der Beaufsichtigung der Produktion nur ein Teilaspekt der im Unternehmen koordinierten Inputs und Outputs sei. [...] Das Unternehmen sei

> nicht Person, sondern eine Fiktion, die analoge Funktionen zu denen eines Marktes erfülle. Entscheidende Konsequenz dieser Sicht ist die Beseitigung der Unterscheidung zwischen Gesellschaftsinternum und Außenbeziehung. [...] Soweit Kapitaleigentümer und Manager nicht identisch seien, sei ein besonderes Mandatsproblem (agency problem) gegeben, das mit drei Kostenfaktoren verbunden sei, nämlich mit Überwachungskosten des Mandanten, mit Risikovorsorgekosten des Mandatars (der das Risiko eingeht, bei der Erfüllung des Mandats das Vermögen des Mandanten zu schädigen) und drittens mit Residualkosten, die aus dem systematisch zu erwartenden Mangel einer optimalen Kopierung der Gewinnmaximierungsstrategie des Mandanten durch den Mandatar entstehen" (Schanze, E. 1983: S. 167 und 168).

Erich Schanze ergänzt:

> „The core of agency, it is submitted, is the delegation of personal choice to somebody else; preferences and future choices of the agent are the explicit theme of agency. Instead of indifferences towards the other party's preferences, concern for the other's interest, his personal commitment and loyalty vis à vis my perceived or real choices, become an operative feature of the relationship" (Schanze, E. 1987: S. 466).

An dieser Stelle schließt sich wieder der Kreis zu einer Agenturtheorie der Medien nach Helmut Schanze. Er postuliert, dass der Begriff der agency nach Coase unbedingt auch auf Medien, verstanden als Agenturen, anzuwenden ist (vgl. Schanze 2010: S. 143). Die Besonderheit dabei ist nach Helmut Schanze die Verdoppelung der Prinzipalschaft. Seine These des „doppelten Prinzipals" (vgl. Schanze 2010: S. 147 sowie Schanze; Schüttpelz 2008: S. 159 ff.) hängt unmittelbar mit der Delegation von Handlungen zusammen.

> „Für einen ‚Autor' dienen Medien als Mittel der ‚Veröffentlichung', die ‚Öffentlichkeit' (das >Publikum<) wird über das ‚Medium' hergestellt und ist letztlich die Instanz, der nicht nur das Medium als Kommunikationsorganisation, sondern auch der ‚Urheber' der Botschaft zu dienen hat. Das jeweilige ‚Medium', das einen Übergang organisiert, steht also (mindestens) zwischen zwei Auftraggebern: den ‚eigentlichen' Urhebern und dem ‚Publikum', gegenüber denen es als Dienstleister auftritt. Damit sind Medien im Sinne der ökonomischen Theorie ‚Agenturen' besonderer Art. Ihr Status ist, so die These, der

einer Agentur mit einem doppelten Prinzipal" (Schanze 2010: S. 147).

Ein gutes Beispiel für den doppelten Prinzipal nach Schanze ist der Aufbau des Sportnachrichtenkanals Sky Sport News HD, wie er in Kapitel C dieser Arbeit ausführlich beschrieben wird. Im vorliegenden Beispiel dienten die Projektmanager zwei Herren, was die Schilderung des Projektmanagers verdeutlicht:

> [Int (2) 6 2013] Die Aufgabe bestand darin, eine neue Kultur zu gründen. Der Nachrichtensender stand im Mittelpunkt allen Handelns. Mit Sky Sport News HD sollte ein neues industrielles Kulturgut, eine Agentur für ein disperses Publikum erschaffen werden mit dem Anspruch: Wir decken alle Themen rund um den Sport auf! Der erste Prinzipal war also die Öffentlichkeit. Der zweite Prinzipal war in diesem Beispiel der Investor Rupert Murdoch. Murdoch stellte Sky Deutschland knapp 50 Millionen Euro zur Verfügung und sagte ‚Macht was draus!'. Irgendwann wird sich Murdoch aber die Frage gestellt haben, ob er der kleinen Gruppe von drei Projektmanagern trauen kann. Das Produkt muss ‚in time' und ‚in budget' sein und internationalen Ansprüchen an gutes Nachrichtenfernsehen genügen. Die Punkte ‚in time' und ‚in budget' hängen unmittelbar mit betriebswirtschaftlicher Ausbildung zusammen. Die Projektleiter müssen die gängigen Methoden des Projektmanagements beherrschen und sie müssen rechnen können. Das Produkt, der Sportnachrichtenkanal, ist jedoch ein Kulturgut. Um dieses Produkt zu erschaffen bedurfte es wiederum grundlegender sozial- und kulturwissenschaftlicher und vor allem journalistischer Kenntnisse. Es gab also einen „clash of cultures" bei der Erschaffung des industriellen Kulturgutes Fernsehen. Der berufliche Alltag beim Aufbau des Senders bestand auch aus diesen beiden, sehr unterschiedlichen Bereichen. In der ersten Tageshälfte versuchte ich ein gutes Kultur-Produkt für die Öffentlichkeit zu erzeugen. In der zweiten Tageshälfte überlegte ich mir, wie ich das betriebswirtschaftlich-mathematisch darstellen kann. Natürlich gibt es dabei Kompromisse. Murdoch möchte seine Investition gut angelegt wissen. Der Sportnachrichtenkanal ist kein freies Kulturgut für die Allgemeinheit, sondern dient auch dazu, Renditen zu erwirtschaften.

Aktualisierung der Agenturtheorie

Erhard Schüttpelz fasst Helmut Schanzes Beobachtungen in seinem im Jahre 2008 veröffentlichten virtuellen Interview Fragen an die Agenturtheorie analysierend zusammen. Schüttpelz beschreibt Schanzes Theorie dabei noch einmal als „eine Theorie dessen, was man im Laufe des 20. Jahrhunderts ‚Massenmedien' genannt hat" (Schanze; Schüttpelz 2008: S. 149). Er wertet sie weiterhin als Versuch, die innerhalb von wirtschaftlichen Organisationen angewandten Coasschen Theorien[1] für die Massenmedien „fruchtbar" zu machen (vgl. Schanze; Schüttpelz 2008: S. 149). In diesem fiktiven Dialog unternimmt Schüttpelz gleichzeitig den Versuch einer Aktualisierung der Agenturtheorie der Medien.

Bereits Schanze betrachtet dabei seine Agenturtheorie nur als Grundmodell einer theoretischen Auseinandersetzung, da das „Modell längst praktisch geworden ist und damit hochdifferenziert" (Schanze; Schüttpelz 2008: S. 149). Da es sich bei dieser Untersuchung zur Fernsehproduktion vor allem um eine Analyse dieses komplexen Praxisfeldes handelt, erweisen sich nach Schanzes Agenturtheorie und ihrer Aktualisierung durch Schüttpelz folgende Fragestellungen als relevant:

Die Agenturtheorie der Medien folgt den Akteuren und greift damit die ANT-Maxime „Follow the actors" auf. Die in der Fernsehproduktion beschäftigten Akteure und Medien-Entscheider erschaffen in der Praxis ihre eigenen Agenturtheorien. Wie gestaltet sich folglich die Agenturtheorie der Leute, die in den Medien tätig sind? Welche eigene Agenturtheorie wenden die Medien-Entscheider an? Mit welchen Praktiken wird das eigene Handeln und das der anderen gerechtfertigt? Wie sehen sich die Beteiligten selbst? (vgl. Schanze; Schüttpelz 2008: S. 150). Nach Schüttpelz impliziert das Prinzipal-Agenten-Verhältnis in den Medien

> „die Aufteilung in Produzenten (oder ‚Prinzipale'), in Autoren (die aber als ‚Agenten' tätig sind), in die Organisatoren der Distribution (die teilweise mit den Produzenten identisch sind und teilweise nicht), und in die Käufer, Konsumenten und Rezipienten" (Schanze; Schüttpelz 2008: S. 150).

---

1 Von Bedeutung sind dabei neben dem Hauptwerk von Coase „The Nature of the Firm" (Coase 1937) auch seine weiteren Arbeiten zu Fragen des BBC-Monopols (Coase 1966) und des „Payola" (Coase 1979).

Dieses Prinzipal-Agenten-Verhältnis gilt es in Fallstudien für die betreffenden Bereiche der Fernsehproduktion darzustellen. Wie hat sich das Verhältnis verändert? Wie stellt es sich heute dar? In seiner Agenturtheorie arbeitet Schanze die Tatsache heraus, dass Medienarbeit seit ihren Anfängen im Buchdruck stets Auftragsarbeit ist (vgl. Schanze; Schüttpelz 2008: S. 154). Schüttpelz erkennt darin jedoch auch eine

> „latente Umkehr in der Medienarbeit. Eigentlich sagt Helmut Schanze beides zugleich: Medienarbeit ist Auftragsarbeit, aber auch: Auftragsarbeit ist Medienarbeit, und zwar zumindest auf die eine irreduzible Weise: sie ist mündliche Medienarbeit. Mit einem anderen Wort: Auftragsarbeit ist Rhetorik, oder sie ist Schauspielerei" (Schanze; Schüttpelz 2008: S. 154).

Das bedeutet für die Medienarbeit, die Darstellung der Ergebnisse erfährt eine größere Aufmerksamkeit als das Produkt. Wo ist also die Präsentation wichtiger als das Produkt der Fernsehproduktion, d.h. der Trailer oder die Live-Nachrichtensendung selbst?

Schüttpelz betont gerade das „Hierarchische", das nach Schanze das Prinzipal-Agenten-Verhältnis prägt und zu der „asymmetrischen Informationsverteilung" führt, die eingangs bereits weiter erläutert wurde, wobei der Sender über die nötigen Informationen verfügt, der Empfänger jedoch nicht. Wie wirkt sich die asymmetrische Informationsverteilung auf die zu untersuchenden Bereiche aus und wie lässt sie sich für diese darstellen? Lädt die asymmetrische Informationsverteilung zu allen möglichen Betrügereien und Vorteilnahmen gegenüber Prinzipalen und Publikum ein, wie Schüttpelz es vermutet? (vgl. Schanze; Schüttpelz 2008: S. 155).

In seiner Aktualisierung sieht Schüttpelz gerade die Weiterentwicklung der Theorie des Prinzipal-Agenten-Verhältnisses hin zu einer Theorie des „Doppelten Prinzipals" entscheidend für die Untersuchungen aktueller Massenmedien (vgl. Schanze; Schüttpelz 2008: S. 161). Der Medienunternehmer ist nicht nur sich selbst, sondern auch dem Publikum verpflichtet, was Schanze folgendermaßen beschreibt:

> „Seine ‚Agentur' ist eine ‚Agentur der Öffentlichkeit'. Und das heißt auch: Weder das Publikum noch der Medienunternehmer noch der ‚Intendant' wissen wirklich, was ihre jeweiligen Agenten leisten" (Schanze; Schüttpelz 2008: S. 158).

In seinem Fazit erklärt Schüttpelz, dass die Frage „Was sind Medien wert?" kaum beantwortet werden kann. Er zieht die Schlussfolgerung, dass es stattdessen zu den gängigen Ausweichmanövern in der Praxis gehört, sich auf die leichter zu beantwortende Frage „Was ist das nächste Medienprodukt wert?" zu konzentrieren (vgl. Schanze; Schüttpelz 2008: S. 161).

Für die folgenden Untersuchungen ergibt sich daraus auch die Fragestellung, ob durch die Einbeziehung von Medienagenturen in die Wertschöpfungskette ein vermeintlicher Mehrwert erzeugt werden kann? Wie wird Wertschöpfung hergestellt und ausgewiesen? Sind sich die Prozessbeteiligten dessen bewusst? (vgl. Schanze; Schüttpelz 2008: S. 161ff.).

Akteur-Netzwerk-Theorie
Theoretische Grundlage der vergleichenden Analyse ist der *sozialwissenschaftliche Ansatz der Akteur-Netzwerk-Theorie* (ANT). Ihren Anfang nahm die Akteur-Netzwerk-Theorie in den 1980er Jahren am Centre de Sociologie de l'Innovation (CSI) der École des Mines in Paris, wo sie in Zusammenarbeit von Michel Callon und Bruno Latour, Antoine Hennion und Madeleine Akrich entwickelt wurde (vgl. Schüttpelz 2013: S. 9).

Die ANT rückt die Akteure und ihre Aktionen in den Fokus der Forschungen. Dabei werden die Akteure beobachtet und analysiert. Antoine Hennion und Cécile Méadel sehen dabei den Moment der Vermittlung nicht auf Resultate reduziert (vgl. Hennion; Méadel; Libbrecht 1993: S. 173). Delegierte Handlungen und ihre Akteure, Artefakte und Agenten werden sichtbar gemacht (vgl. Schanze; Schüttpelz 2008: S. 163). „Das Zustandekommen von Kopplungen wird ‚vor Ort' beobachtet" (Schüttpelz 2007: S. 14). Die ANT bietet drei Ebenen an, die als Netzwerkebene, Akteurebene und Prozessebene analysiert werden.

Netzwerkebene
Auf der Netzwerkebene werden in der vorliegenden Arbeit die speziellen Eigenheiten der Medienproduktion untersucht, die diese von anderen Herstellungsprozessen abgrenzen. Es wird immer wieder behauptet, dass bei der Produktion von Medien besondere Bedingungen herrschen. Medienprodukte seien keinesfalls mit der Produktion von Nägeln und Schrauben vergleichbar, eine klare Arbeitsteilung sei nicht möglich

und die Beteiligten müssten immer das Ganze, die Totalität im Blick haben (vgl. Schanze 2010/1). In der Untersuchung soll auch erörtert werden, inwieweit das der Realität entspricht.

Akteurebene
Die Beteiligten selbst wiederum glauben, jeweils an der komplexesten Stelle des Prozesses zu arbeiten, alle anderen würden nur technische Arbeit verrichten. Zu Recht?

Prozessebene
Vor allem die Kunden wissen in der Regel nicht, was, wie und warum geschieht. Die vorliegende Studie legt die Produktionsketten der relevanten Herstellungsverfahren offen und folgt dabei dem methodischen Vorbild von Hennion und Méadel. Die Arbeit verschreibt sich dabei einem Diskurs der Medienforschung innerhalb der Akteur-Netzwerk-Theorie, die Hennion/Méadel erstmals 1988 in ihrer Publikation *Dans les laboratoires du désir: le travail des gens de publicité*[2] (Hennion; Méadel 1988) für die Agenturarbeit und Abläufe im Bereich der Werbung exemplifizierten. Ausgangspunkt der Argumentation ist die Frage nach der Macht der Objekte und danach, was das Begehren nach ihnen auslöst (Hennion; Méadel 2013: S. 341). Die Agentur wird als Laboratorium des Begehrens entlarvt, deren Organisation und Arbeitsaufteilung gilt es zu sezieren und transparent zu machen, denn „die Analyse der Arbeit der Werber eröffnet uns einen experimentellen Wissenszugang zu dem, was uns begehren lässt" (Hennion; Méadel 2013: S. 342). Hennion und Méadel hören hin, wenn die Werbung ihre Macher zu „Wort" kommen lässt, deren Aufgabe es ist, aus Produkten Objekte der Begierde für den Konsumenten werden zu lassen.

> „Was hat sie (die Werbung) uns zu sagen, wenn wir auf ihre professionelle Erfahrung hören, die von Fall zu Fall bezahlt wird, um jene Beziehung zwischen dem Subjekt und dem Objekt zu verwirklichen?" (Hennion; Méadel 2013: S. 342).

---

2   Deutsche Übersetzung: Hennion; Méadel: In den Laboratorien des Begehrens: Die Arbeit der Werbeleute, in: Thielmann; Schüttpelz; Gendolla (Hg.) 2013:
S. 341-376.)

Die Werbebranche scheint dabei geradezu prädestiniert, denn Hennion und Méadel betrachten sie als eine Maschinerie, die Wissen über die Natur des Menschen und dessen Bezug zur Welt sammelt (vgl. Hennion; Méadel 2013: S. 342).

> „Als im wahrsten Sinne des Wortes am Produzieren von Interesse interessierte Maschinerie lebt die Werbung nur von dem praktischen Wissen, das sie anhäuft, durch ihre tausend Art und Weisen zu interessieren" (Hennion; Méadel 2013: S. 342).

Um das Begehren zu ergründen, widmen sich Hennion und Méadel einem Forschungsgegenstand, welchen sie als „Dazwischen" definieren.

> „Das Dazwischen, wo die Werbung funktioniert, ist der bestmögliche Beobachtungspunkt für denjenigen, der das Dazwischen ausspähen will, dort wo sich das Begehren – dieses geheimnisvolle inter-esse, das Subjekt und Objekt ebenso herstellt wie es sie verbindet – konstituiert" (Hennion; Méadel 2013: S. 343).

Das Dazwischen ist zu verstehen als das Ungewisse auch Unvorhersehbare. Die Ökonomie hingegen konstituiert sich aus Gewissheiten des Marktes oder der Technik. Nach Hennion und Méadel versagte die Ökonomie darin, die Beziehung zwischen Märkten und Produkten zu erklären (vgl. Hennion; Méadel 2013: S. 343).

> „Die Werbung macht sich im Gegensatz dazu die Ungewissheit dieses Zusammenhangs zur Aufgabe. Indem sie dies tut, entzieht sie ihn seinen disziplinären Zuordnungen – auf der einen Seite zur Technik, auf der anderen Seite zur Ökonomie – und nähert ihn anderen ungewissen Zusammenhängen an" (Hennion; Méadel 2013: S. 343).

> „Im Gegensatz dazu hält der Werber inne, um das besondere Detail zu finden, damit ihm gerade diese eine Kampagne unter den Dutzenden anderen zu Erfolg verhilft" (Hennion; Méadel 2013: S. 344).

Statt den wissenschaftlichen Fokus auf die Resultate und Ergebnisse zu richten, statt von der Gesamtwirkung „der" Werbung her zu urteilen, ist es Hennion und Méadels Anliegen, aufzudecken, was geschieht, bevor ein Produkt „existiert" und „seinen" Markt gefunden hat. Entgegen der üblichen Praxis der Werbeforschung widmen sie sich nicht den abgeschlossenen Arbeiten, sondern gerade „dem mobilen Grundgerüst" (vgl. Hennion; Méadel 2013: S. 344). Ziel ist es,

> „die Arbeit an einer fortschreitenden, opportunistischen Konstruktion [zu] beobachten, die ständig ihre Pläne verwirft, je nachdem wie Intuitionen und Geschick diese vorantreiben" (Hennion; Méadel 2013: S. 344).

Daraus ergibt sich für Hennion und Méadel eine Methodik, die auch in vorliegender vergleichender Analyse durchgehend Berücksichtigung findet. Dabei hat die Beobachtung der Arbeit der Akteure Vorrang gegenüber der Betrachtung der Ergebnisse oder der Untersuchung der Bedeutungen.

> „[Wir] favorisieren die Ethnographie der Tätigkeitsfelder und der alltäglichen Produktionszusammenhänge gegenüber der rationalisierenden Inhaltsanalyse von Kampagnen" (Hennion; Méadel 2013: S. 344).

> „Eine kleine Anzahl von Schlüsselverfahren schien uns von den Fachleuten unterschiedlichster Ausrichtungen immer wieder erwähnt zu werden und erlaubte uns, Zusammenhänge zu beschreiben, die mitunter lange Zeit vor der Kampagnenrealisierung liegen. Diese haben wir freizulegen versucht, denn sie sind es, die auf experimenteller Ebene unsere Ausgangsfrage beantworten können: Wie erzeugt man gleichzeitig ein Konsumgut und seinen Konsumenten?" (Hennion; Méadel 2013: S. 351).

Eine Bedingung der Untersuchung ist,

> „den Moment der Vermittlung [médiation] nicht auf die Resultate zu reduzieren, hinter denen er vergeht, bedeutet sich im Gegenteil aufzuerlegen, jeden Sinneffekt durch die Reihe der (Bild-)Schirme hindurch neu zu lesen, die ihn (in sich, über- und weiter)tragen" (Hennion; Méadel 2013: S. 345).

Im Zentrum der Analyse von Hennion und Méadel steht die „irreduzible Spannung", die sie im Tätigkeitfeld der Werbeleute beobachten (vgl. Hennion; Méadel 2013: S. 346). Daraus leiten sie die methodische Regel ab, der sie bei der Untersuchung folgen:

„keine Erklärung zu akzeptieren, die den lokalen und ungewissen Schwebezustand auflöst, in welchem die Werber ihre Züge ziehen" (Hennion; Méadel 2013: S. 346).

Der Schwebezustand wird als Unbestimmtheit definiert:

> „Diese Unbestimmtheit darf niemals nur in einer Waagschale abgeladen werden. Sie bestimmt ihre Taktik, d.h. genau das selektive In-Rechnung-Stellen – zu einem bestimmten Augenblick und in einer spezifischen Konfiguration – heterogener Parameter, über die sie zugleich Produkteigenschaften, Marktwiderstände, mediale Ressourcen, Vertriebsnetze und die Konsumbereitschaft ermessen – und durch die sie je nach Einzelfall die einen oder die anderen stärker gewichten" (Hennion; Méadel 2013: S. 346).

Ausgehend von ihren Beobachtungen stellen Hennion und Méadel für den Produktionsprozess folgendes fest:

> „Die Werbung hat keineswegs die Fließbandarbeit zugunsten des Gemeinschaftsateliers, zugunsten einer informellen Rollenaufteilung oder einem flachen Organigramm aufgegeben. Im Gegenteil, sie hat spezialisierte Arbeiten aufrechterhalten und vervielfacht. Nur in ihrer Artikulation ist sie innovativ" (Hennion; Méadel 2013: S. 351).

Hennion und Méadel unterscheiden drei Pole, um welche herum sich die Arbeit der Werbung organisiert. Drei Rollenbilder entsprechen diesen Polen: der Account Manager, der Mediaplaner und der Kreative (vgl. Hennion; Méadel 2013: S. 359). Die Akteure stehen zwar in enger Beziehung und Austausch zu einander, dennoch „ausgehend von dieser Arbeitsteilung kann jeder Akteur auf spezifische Weise seine Aufgabe definieren" (Hennion; Méadel 2013: S. 359). Spezialisierung, Delegieren und Vermittlung werden als bestimmende Komponenten der Produktionsabläufe erkannt.

> „Die Werbearbeit ist durch diese Spezialisierung organisiert, aber auch durch ein allgemeines Delegieren. Sobald man die Kette der Kreation genauer betrachtet, bemerkt man, dass die Kreativen ständig einen Teil ihrer Aufgaben an andere Fachleute zurückgeben" (Hennion; Méadel 2013: S. 367).

Innerhalb der drei Pole transformiert sich die Aufgabe. Jeder Beteiligte ist ein Glied (Mittler) innerhalb der Produktionskette und „Mittler für seine Aufgabe, aber ein Zwischenglied für alle anderen" (vgl. Hennion; Méadel 2013: S. 361). Für die Entwicklung des Objekts stellen Hennion und Méadel zusammenfassend fest:

> „Der fortlaufende Prozess des Austauschs, der Verhandlungen, der Verbesserung des Produkts, der Präzisierung der Strategie ist nicht dazu da, um das Objekt mit einem Image zu versehen, sondern um es zu realisieren – um von einem Embryo zu einem vollständigen Körper mit allen seinen Sinnen zu kommen, bereit, mit der Außenwelt zu interagieren" (Hennion; Méadel 2013: S. 359).

Die Betrachtungen zur Arbeit der Werbeleute führen zur Conclusio, dass das „Begehren" sich durch die Akteure und die Produktionsprozesse selbst entwickelt, welche sich wiederum im Produkt manifestieren. Auf die Frage „Was lässt uns begehren?" schlussfolgern Hennion und Méadel abschließend:

> „Die Antwort ist, dass wir vor uns kein fremdes Ding haben, sondern ein Objekt, das uns bereits fasst, weil wir in ihm schon seit seiner Produktion durch tausend Techniken inkorporiert wurden; und dass wir selbst nur die Summe der Objekte sind, durch die hindurch wir uns definiert haben. Das Produkt als Spur der Konsumenten, der Konsument als Spur der Produkte: Die Vertrautheit der Gleichung hat die Fremdheit der Konfrontation zwischen der Realität der Dinge und den Illusionen des Begehrens ersetzt" (Hennion; Méadel 2013: S. 376).

Was Hennion und Méadel in ihrer Medienforschung für den Bereich der Werbung und vor allem der Printkampagnen erörtern, soll in vorliegender vergleichender Analyse auf den Bereich der TV-Produktion übertragen werden. Hennion und Méadel liefern zunächst das methodische Vorbild für die Untersuchungen zur Unikatproduktion und Fließbandarbeit, in dem die „Ethnographie der Tätigkeitsfelder und alltäglichen Produktionszusammenhänge" aufgegriffen wird (vgl. Hennion; Méadel 2013: S. 344). Die Betrachtung der Ergebnisse oder die Untersuchung der Bedeutungen treten dabei in den Hintergrund. Es gilt zu erforschen, was geschieht, bevor ein Produkt existiert. Welche Antworten geben die Akteure auf die Fragen, also diejenigen, die Budget für Budget dafür bezahlt werden, Produktionen erfolgreich zu machen (vgl. Hennion; Méadel 2013: S. 342).

Was das Vorgehen betrifft, muss jedoch eingeräumt werden, dass die gegensätzlichen Produktionsformen Unikat und Fließband aufgrund ihrer Heterogenität nicht in gleichem Maße veranschaulicht werden können. Bei der Agenturarbeit der Unikatproduktion handelt es sich um eine klassische ethnographische Situation. Im Unterschied dazu ist die industrielle Produktion als Ganzes nicht zu erfassen.

Neben der exemplarischen Vorgehensweise lassen sich aus Hennions und Méadels Ausführungen auch aus inhaltlicher Sicht Fragestellungen ableiten, die sowohl für die Erschließung der Unikatproduktion als auch für die industrielle Fertigung relevant sind. Die Produktion des Trailers für eine On-Air-Promotion-Kampagne bewegt sich im weitesten Sinne noch in dem bereits von Hennion und Méadel untersuchten Feld der Werbung und führt zu der Frage, was verleiht dem Objekt – dem Trailer – seine Macht? Was bewirkt, dass wir ihn begehren, und das, wofür er wirbt? Beim Wechsel in den Bereich der industriellen Produktion ergibt sich daraus die Frage nach der Anziehungskraft der Nachrichtensendung. Warum sind wir süchtig nach Nachrichten?

Richtet sich der Fokus nun weg vom Produkt hin zu den Akteuren, verweisen Hennion und Méadel darauf, dass das Produkt nur im Kollektiv entsteht, dennoch stellen sie fest, dass sich jeder, der an der Produktion beteiligt ist, jeweils an der entscheidenden Stelle sieht. Bei den Akteuren ist folglich die Haltung zu beobachten, dass nur die eigene kreative und innovative Leistung den Durchbruch erziele, wohingegen die Arbeit der anderen als nur „technische" Ausübung eingeschätzt wird. In Wahrheit sind die Akteure jedoch Teil einer Produktionskette, die von Transformation, Übersetzung und Delegation lebt. Dies wirft die Frage auf, ob die beschriebene Verkettung der Produktionsabläufe auch für den Bereich der TV-Produktion zu erkennen ist? Wie definieren sich die Akteure als Teil dieses Prozesses? Welches Selbstverständnis ihrer eigenen Bedeutung für die Abläufe, welche Sicht auf die Arbeit der Anderen ist bei den Akteuren zu beobachten?

Ethnographische Feldforschung

Produktions-Ethnographie zur Spielfilmherstellung nach Powdermaker

Es erscheint vorab essentiell, zu der eingangs erwähnten Insider-Problematik und der Schwierigkeit des ethnographischen Zugangs zurückzukehren. Es gilt dabei zu klären, inwiefern die Beschreibung der Unikatproduktion in der ethnographischen Situation, die der Autor dieser Arbeit aus der Insiderperspektive schildert, eine Schwierigkeit darstellt. Die industrielle Produktion ist ein hochdifferenzierter Vorgang mit hunderten Beteiligten und Dienstleistern, die über einen langen Zeitraum Informationen austauschen. Diese können nicht in allen Dimensionen und Details beobachtet werden. Da es nicht möglich ist, diesen Herstellungsprozess mit der identischen ethnographisch-beobachtenden Methode zu untersuchen und darzustellen, soll der Versuch unternommen werden, ein Modell der ethnographischen Arbeitszerlegung anzuwenden. Im Vordergrund der Studie der industriellen Produktion steht das Ziel, die Logistik des Prozesses begreiflich zu machen.

Methodischer Ausgangspunkt dieses Verfahrens sind die Ausführungen der amerikanischen Anthropologin Hortense Powdermaker zu einer „Produktions-Ethnographie der Spielfilmherstellung." In ihrer Publikation *Hollywood: The Dream Factory. An Anthropologist Looks at the Movie Makers* veröffentlichte sie 1951 die Ergebnisse ihrer Untersuchungen im Hollywood der Jahre 1930 bis 1948. In ihrer 1966 erschienen Publikation *Stranger and Friend: The Way of an Anthropologist* beschreibt Powdermaker später ihre Arbeit als Antropologin und geht auch noch einmal näher auf die ethnographische Produktions-Studie in Hollywood ein.

Dabei ist der in der Publikation *Hollywood: The Dream Factory* angewandte Ansatz einer „Production Study" als durchaus innovativ für die Zeit der frühen 1950er Jahre zu bewerten. Powdermaker zerlegt darin den Herstellungsprozess des Spielfilms anhand der beteiligten Berufsgruppen. Es handelt sich um die erste Darstellung der Aufteilung der Produktionskette in der Filmherstellung, dabei werden alle Berufsstände Schritt für Schritt abgearbeitet.

Speziell für die Drehbuchentwicklung zeigt Powdermaker eine industrialisierte Arbeitsweise auf. Diese ist teilweise mit der in der vorliegenden Arbeit beschriebenen Fließbandarbeit in der Nachrichtenproduktion vergleichbar. Dennoch gilt es Powdermakers Studien im Kontext ihrer Zeit zu betrachten, in der ganz andere Bedingungen der Produktion und gleichzeitig der ethnografischen Forschungen herrschten.

Im achten Kapitel von *Hollywood: The Dream Factory* mit dem Titel Assembling the Script wird die Drehbucherstellung umfassend analysiert. Es gelingt der Anthropologin, diesen Bereich besonders transparent darzustellen, denn aufgrund eines Rechtsstreites zwischen der Gilde der Drehbuchschreiber und den Produzenten konnte sie auf umfangreiche Informationen zurückgreifen, da sie Akteneinsicht zu dem entsprechenden Prozess erhalten hatte (vgl. Powdermaker 1966: S. 219).

Sie beschreibt dabei, inwieweit sich die Hierarchie und jeweiligen Persönlichkeiten der Akteure auf die industrialisierte Arbeitsweise auswirken. Das Drehbuch stellt das Rohmaterial, die Basis eines Films dar und ist von enormer Wichtigkeit innerhalb der Produktionskette (vgl. Powdermaker 1951: S. 150). Und trotzdem entlarvt Powdermaker den Drehbuchschreiber als deren schwächstes Glied. Produzent, Direktor oder Filmstar hingegen üben meist den größten Einfluss aus:

> „WRITING in Hollywood can be compared to an assembly line, but one in which the assertion of an individual's ego, usually the producer's, is generally more important than the quality of the script. Since the Hollywood structure is somewhat fluid, a star or director may also dominate the script, but rarely does a writer. As we have seen, the front-office executive is always in the background ready to wield his authority, too"
> (Powdermaker 1951: S. 150).

Dabei schildert sie das Bild eines Drehbuchautors, dem es weniger darum geht, den eigenen literarischen oder gar künstlerischen Ausdruck umzusetzen, sondern der vielmehr des Broterwerbs wegen schreibt.

> „In Hollywood the writer does not write to be read. Nor do most writers write because they have something to say, or to express a point of view, but rather in order to earn large weekly salaries" (Powdermaker 1951: S. 151).

Dabei spielt die Einflussnahme des Produzenten auf den Drehbuchautor eine sehr große Rolle. Powdermaker beschreibt das Verhältnis von Produzent und Drehbuchautor als symbiotische Beziehung (symbiotic relationship), dem von Eheleuten vergleichbar, in welcher der Produzent –

der Gatte – dominiert und als Autorität gilt. Die Aufgabe des Autors ist es lediglich die Ideen und Fantasien des Produzenten auf Papier zu bringen (vgl. Powdermaker 1951: S. 152). Aus der Sicht des Produzenten mag das oft anders erscheinen, denn dieser glaubt lediglich beim Drehbuchschreiben zu unterstützen.

> „The producer may really believe he is only ‚guiding' or ‚helping' the writer. But if the writer puts something in the script which displeases the producer, or which does not fit into his fantasies, or which he does not understand, then it comes out and is replaced with the producer's idea, obediently inserted by the writer" (Powdermaker 1951: S. 152).

Der Produzent steuert auch die Arbeitsteilung bei der Entwicklung des Drehbuchautors, denn er greift auf Spezialisierungen innerhalb des Gewerbes zurück, indem er den jeweils entsprechenden Experten für die verschiedenen Bedarfe anheuert.

> „There is a highly developed specialization in the writing. If a more articulate producer decides that the script needs humor, a gag writer is put on. If the plot needs tighter construction, or romantic touches are required, or the characters must be made more human or the dialogue polished-there is an expert for each need" (Powdermaker 1951: S. 154).

Bis zu 18 Autoren zählt Powdermaker in ihrer Studie, die über zwei Jahre lang arbeitsteilig ein Drehbuch bearbeiten (vgl. Powdermaker 1951: S. 157). Hinzu kommen weitere Akteure des Filmbetriebs wie Schauspieler oder Direktoren, die sich zusammen mit den Autoren letztendlich in einem Machtkampf um Rechte und Tantiemen wiederfinden. Aus Powdermakers Sicht wird die Drehbuchentwicklung „zu einem komplexen Gebilde von Machtverhältnissen" (complex set of power relationships), das so abstrakt ist, dass es kaum beschrieben werden kann.

> „Obviously writing in Hollywood cannot be described on any abstract level. Its setting is in a complex set of power relationships of a highly personal as well as business nature, functioning outside of the studio as well as in it. They involve not only producers and writers, but also front office, directors and stars. The intricacies, rivalries and confusion can be appreciated only through concrete examples" (Powdermaker 1951: S. 155 f.).

Die Anthropologin kommt zu dem Schluss, dass die Drehbuchentwicklung nichts mehr mit dem ursprünglichen Geschichtenerzählen (story telling) verbindet, das auf den Fantasien und der Freiheit des Autors beruht. Das Drehbuch wird also nicht von denen geschrieben, deren eigentliche Aufgabe und Begabung es ist. Die Fantasien werden vielmehr kontrolliert von den mächtigsten in der Produktionskette (vgl. Powdermaker 1951: S. 169). Powdermaker zeichnet ein düsteres Bild und beschreibt ein Arbeitsfeld, in dem Feindseligkeit, Konkurrenzdenken und Abhängigkeit zu den treibenden Kräften gehören: „All move within an orbit of love and hostility, competitiveness and dependency" (Powdermaker 1951: S. 169).

Problematik des Insiders
In ihrer 1966 erschienen *Publikation Stranger and Friends: The Way of an Anthropologist* beschreibt sie ihre Arbeit als Anthropologin und blickt in dem Kapitel *Why Hollywood?* unter anderem auch kritisch auf diese ethnographische Produktions-Studie in Hollywood zurück. Entscheidend ist, dass sie wichtige Erkenntnisse zu den Problematiken der Feldforschung liefert und vor Augen führt, inwieweit diese Einfluss auf ihre Beobachtungen und die Ergebnisse der Untersuchung nahmen. So veranschaulicht sie die Schwierigkeit bei dem Versuch, alle relevanten Akteure der Produktion in ihre Forschungen mit einzubeziehen, denn gerade die Interviews mit den Vorgesetzten, Chefs und Entscheidern blieben ihr verwehrt.

> „Many would not consent to be interviewed at all and others agreed only if their public relations aide was present – not an interview in my estimation. Accordingly I never knew the top level of the Hollywood hierarchy, as I had known its equivalent in all other field work. I was well aware of the lack of direct contact with the most powerful segment of the social structure, but all efforts to include it were rebuffed" (Powdermaker 1966: S. 216).

Das sogenannte „Studying up", d.h. die Beobachtung mächtiger Personen, die gesellschaftlich über dem Beobachter selbst stehen, fehlte. Powdermakers Informationen über die „Top Executives" speisten sich daher vor allem auch aus Gerüchten, Klatsch und Halbwahrheiten der Untergebenen (vgl. Powdermaker 1966: S. 216). Und obwohl Powdermaker feststellte, dass „almost no one in Hollywood had a good word to say for the front office", nahm sie die Quellen in ihre Studie mit auf, denn sie vertrat die Ansicht, dass auch dieser Klatsch ein Teil der Arbeit und des Geschäfts sei (vgl. Powdermaker 1966: S. 217). Auch im Rückblick zur Studie der 1930er und 1940er Jahre nimmt die Anthropologin Hollywood noch als einzigen Machtkampf der unterschiedlichen Akteure wahr, der sich auf die Produktion und das Produkt in Form und Inhalt auswirkte. Sie bekräftigt darin ihre Ansicht, dass sich letztlich im Film Hierarchien ebenso wie Manipulationsversuche derer, die sich mit ihrer Hierarchiestufe nicht zufrieden geben wollten, manifestierten. Sie beschreibt auch, wie sich diese Strukturen im Laufe ihrer Studie immer mehr offenbarten (vgl. Powdermaker 1966: S. 217).

> „However, the realities of the power struggle all along the assembly line of creation-between producer and writer, director and actor, everybody and the front office-and the relationship of this struggle to the final product, the movie, became increasingly apparent during the study. It became equally clear that the personalities and values of the individuals, as well as their positions in the hierarchy, were significant for the form and content of the movie. There were those who accepted the social structure and their place in the power hierarchy, and did as they were told, while others-a minority-struggled, with varying degrees of success, to manipulate the structure and to leave their own mark on the picture" (Powdermaker 1966: S. 217).

Powdermaker schildert dabei, wie gerade diese beiden ungleichen Gruppen, d.h. diejenigen, die sich in ihre Rolle fügen und diejenigen, die diese nicht akzeptieren, das Paradox des Filmemachens, das zwischen kreativem Prozess und lukrativen Geschäft steht, besonders gut veranschaulichten:

> „I was much interested in the exceptions, who often highlighted the norm. These two unequal groups illustrated well the paradox in movie-making: a creative process which was also a big business with an assembly line for production"
> (vgl. Powdermaker 1966: S. 217).

In *Hollywood – A Chapter from Stranger and Friends: The Way* schildert Powdermaker erstens, inwieweit das Feld, die Informationen darüber und der Zugang ihre Untersuchungen beeinflussten. Zweitens geht sie auf die Problematik der Beobachtung im Feld ein. Aus ihrer eigenen Sicht, d.h. aus der Perspektive der Feldforscherin und der Insiderin, räumt sie ein, dass gerade ihre eigene Haltung, psychologische Konstitution und Voreingenommenheiten zu den Akteuren und dem Produktionsort Hollywood die Beobachtungen entscheidend prägten. Sie spricht von einem regelrechten Haß auf Hollywood (vgl. Powdermaker 1966: S. 225). Rückblickend stellt die Anthropologin fest, dass es ihr an psychologischem Gespür und den nötigen soziologischen Gegebenheiten mangelte, und die Demut und das Mitgefühl fehlten, um alle beteiligten Gruppen zu verstehen, und dass es ihr nicht gelang, sich von ihrem eigenen Wertesystem zu befreien (Powdermaker 1966: S. 231). Die Problematik der soziologischen Situation bestand darin, dass es keine feste definierte Gemeinschaft (community) gab, die durch teilnehmende Beobachtung untersucht hätte werden können.

> „When I left my apartment, on foot or in a car, I could not perceive a community. Hollywood was not a structured geographical locale; studios and homes were spread for many miles in the sprawling city of Los Angeles, which I thought ugly" (Powdermaker 1966: S. 213).

Die Beobachterrolle blieb der Anthropologin versagt. Die Informationen, die durch Interviews oder Recherche in den Akten gewonnen wurden, konnte sie nicht durch eigene Beobachtungen und Erlebnisse bestätigen oder kontrollieren (vgl. Powdermaker 1966: S. 222).

> „The observer's role, as well as the participant's, was lacking in my Hollywood study. I did not see and hear people in actual work and life situations. Instead, I learned through interviews: people told me what happened when they worked on a movie and of their reactions" (Powdermaker 1966: S. 222).

Auf diese Weise fand keine Identifikation mit der untersuchten Kultur statt, wie es Powdermaker von anderen Feldforschungen her gewohnt war:

> „Equally important, I lacked in Hollywood the deep feeling tone of the society which a field worker acquires through constant observation and participation. I never felt its culture in

my bones, as in Lesu[3] with my continuous participant observation in daily secular and ritual life" (Powdermaker 1966: S. 222).

Die Schwierigkeiten in der Identifikation mit einigen der beteiligten Gruppen führt Powdermaker in der Rückschau auch auf fehlende Objektivität und Distanz gegenüber den betreffenden Akteuren zurück. Dabei wird in einigen Passagen das Unverständnis der Autorin gegenüber dem einzigen Ziel, das die sonst so unterschiedlichen Akteure verbindet, deutlich: das große Geld, das dicke Gehalt.

> „The run-of-the-mill writer, director, or actor, however, was quite different. So many people worked on a picture that it emerged as a hodgepodge without the stamp of any personal idea or fantasy, unless it was that of a top executive who had the final say. The people who worked, seemingly without protest, on the assembly line varied: artists, satisfied not to function as such or according to their ability, mediocre people who had neither ability nor point of view, and pretentious frauds. The primary concern of all was a large salary" (Powdermaker 1966: S. 219).

Wo sie es schafft, in die Rolle der Beteiligten zu schlüpfen, sich dann wieder zu lösen, gelingen ihr objektive Untersuchungen, wie es ihrer Meinung nach etwa in den Studien zu den Direktoren und Schauspielern der Fall war:

> „Through my identification with them, I was able to get inside their roles, then detach myself and see them with considerable objectivity. The best parts of the book on Hollywood are the chapters on directors and actors, precisely because I was openly and consciously identified with them" (Powdermaker 1966: S. 226).

Dabei spielt die Persönlichkeit der Anthropologin eine entscheidende Rolle:

> „Given to my personality, it was inevitable that I should be on the side of the artists in their struggle against the power of the

---

3   Ort einer anderen Feldforschung Powdermakers.

front office, and this attitude was not detrimental to the study of the artists" (Powdermaker 1966: S. 226).

Ein gemeinsames Interesse, der Kampf für Gerechtigkeit und gegen die Mächtigen, verbindet hier Beobachterin und Beobachtete. Wohingegen andere psychologische Aspekte gerade bei der Untersuchung der Drehbuchschreiber einer Identifikation im Weg standen. Was die Anthropologin umso mehr erstaunt, da sie sich gerade durch ihre Tätigkeit des Schreibens und ihr Temperament dieser Profession zunächst sehr viel näher fühlte:

> „My relationship with writers, however, was quite different from that with directors and actors. Although closer by temperament and profession to the writers than to any other group in Hollywood, I failed to identify with them or to get inside their roles" (Powdermaker 1966: S. 227).

Doch befangen durch ihr eigenes Wertesystem als Autorin kann sie nur Unverständnis aufbringen für diejenigen, die ihre künstlerische Integrität für Geld über Bord zu werfen scheinen:

> „I wrote that the writers had become ‚soft', that they sacrificed their integrity as artists for monetary rewards. To a large extent, this may have been a true value judgment, i.e. for those who were artists and who possessed integrity. But indignation limited my understanding" (Powdermaker 1966: S. 228).

Powdermaker erkennt in dieser moralischen Befangenheit letztlich den Grund für eine ungünstige Situation der damaligen Studie, in der keine Identifikation möglich war:

> „The fact that most writers, left, center, and right politically. accepted the system, received satisfaction from it, and even defended it, primarily because of financial rewards, or for the glamour of being part of Hollywood (though they also lampooned it), put them beyond the pale for me - not a favorable situation for understanding. I could not step outside their Page" (Powdermaker 1966: S. 229).

In der Rückschau sieht die Anthropologin die wahren Hintergründe für ihre selbstgerechte und unangebrachte Haltung gegenüber den Drehbuchautoren einem Gefühl der Bedrohung, auch des Neides geschuldet, dessen sie sich zum Zeitpunkt der Untersuchung nicht bewusst gewesen war:

> „In looking back upon the Hollywood field work, I think I was unconsciously threatened by the writers. Perhaps I had wanted to become one of them but would not admit it. Unconscious envy usually underlies a ‚holier-than-thou' attitude. It was inevitable that I should be involved with the writers, since I regarded myself as one. The problem, however, was not in my involvement, but that I was unaware of its real nature. If I had been more aware, I might have been able to objectify the situation and to have studied it with more detachment" (Powdermaker 1966: S. 230).

In ihren rückblickenden durchaus selbstkritischen Reflexionen über die Problematiken der Feldforschung in der Filmproduktion gibt Powdermaker wichtige Hinweise zur Herangehensweise bei vergleichbaren Studien der „Produktions-Ethnographie". Powdermaker zeichnet in ihrem Text die Entwicklung der Filmherstellung nach. Sie legt dar, dass bereits zu Beginn des damals neuen Mediums Arbeitsteilung gängige Praxis war. Anzumerken ist, dass ein Kernthema Powdermakers in der entfremdeten Arbeit liegt. Dies spielt in der vorliegenden Arbeit aber keine Rolle. Durch die Konzentration auf die Arbeitsteilung, die Zerlegung der Arbeitsprozesse und die Untersuchungen der einzelnen beteiligten Berufsgruppen, die sie für ihre umfassende Analyse der Hollywoodproduktion vorgenommen hat, sind Powdermakers Studien wegweisend für spätere Feldforschungen im Medienproduktionsbereich.

In seiner 1988 erschienen Publikation *The Genius of the System*, beschäftigt sich Thomas Schatz (Schatz 1988) mit der Studioproduktion Hollywoods von den 1920er bis 1940er Jahren. Auch er beschreibt, dass bereits das frühe Hollywood auf ein System der Fließbandarbeit ausgelegt war, und erweitert Powdermakers Studien. Der amerikanische Mediensoziologe Todd Gitlin beleuchtet in seiner Publikation *Inside Prime Time* (Gitlin 1983) die damals aktuelle Fernsehproduktion und deren Geschäft mit Prime Time Programmen. Ebenfalls der Produktion im Fernseh- und Videobereich widmet sich die 2008 erschienene Publikation *Production Culture: Industrial Reflexivity and Critical Practice in Film/Television* (Caldwell 2008). Der amerikanische Film- und Medienwissenschaftler John Thornton Caldwell fasst darin seine Untersuchungen und Studien zur Kultur und den Praktiken der in Los Angeles tätigen Akteure der Fernseh- und Videoproduktion zusammen.

Die vorliegende vergleichende Analyse von Unikatproduktion und industrieller Fertigung in der Fernsehproduktion verschreibt sich einer Weiterentwicklung der erläuterten Produktionsstudien, insbesondere der Arbeit von Powdermaker, in den Bereichen On-Air-Promotion und Sportnachrichten. Gleichzeitig basiert sie auf den theoretischen Grundlagen der ANT-Theorie nach Hennion und Méadel und greift Ansätze einer Agenturtheorie der Medien nach Schanze und Schüttpelz auf.

Aufbau der Studie

Sowohl bei der Untersuchung der Agentur, als auch des Senders werden die Akteure, die in den Kommunikations-, Produktions-, und Entscheidungsprozess involviert sind, ihre Aufgaben und ihr Arbeitsumfeld vorgestellt. Wie und warum entwickelt sich ein Produkt? Wie entsteht ein Trailer oder eine Sportnachrichtensendung Schritt für Schritt? Im Mittelpunkt der Arbeit steht die Gegenüberstellung von Unikat- und Fließbandfertigung. Die Analyse beleuchtet zunächst den Entstehungsprozess eines Trailers in Kapitel B und widmet sich danach in Teil C der industriellen Fernsehproduktion am Beispiel der Live-Produktion von Sportnachrichten. Im letzten Kapitel (D) werden die Ergebnisse der Untersuchungen zusammengefasst.

Zu Beginn der Analyse steht die Unikatproduktion in Kapitel B. Operations- und Herstellungsketten der Kommunikationsagentur werden am Beispiel der Entstehung eines Trailers für die On-Air-Promotion aufgezeigt. Am Beispiel einer Live-Nachrichtensendung wird in Kapitel C die extremste Form der industrialisierten TV-Produktion untersucht. News sind prädestiniert für industrialisierte Prozesse wie Automation, Standardisierung und Arbeitsteilung. In diesem Kapitel werden Aufbau und Betrieb des ersten Sportnachrichtenkanals in Deutschland beschrieben. Dabei wird deutlich, dass diese Art der Produktion so gut wie keine Gemeinsamkeiten mit der Unikatproduktion aufweist. Im letzten Kapitel (D) werden die Ergebnisse der Untersuchungen im Kontext der theoretischen Grundlagen zusammenfassend diskutiert und im Bezug auf die „Papierisierung" der Produktionsprozesse ausgewertet.

Vorgehen und Untersuchungsstrategie im Kapitel Unikatproduktion

Der Schwerpunkt dieser Analyse beleuchtet die Unikatproduktion am Beispiel des Entstehungsprozesses eines Trailers. Ein Trailer ist ein kurzer Werbefilm für audiovisuelle Produkte wie Spielfilme, Serien, Dokumentationen oder Sportübertragungen. In der TV-Branche wird bei dieser Art von Produkten von On-Air-Promotion gesprochen, da sie on air, also im TV, zu sehen sind. Erläutert wird, wie ein Auftrag auf Seite des Kunden zustande kommt und welche Interaktionen sich im Anschluss mit der Agentur ergeben.

Operations- und Herstellungsketten werden so aufgezeigt. Das derart analysierte Produkt ist eine Startkampagne der Formel-1-Saison 2009, die in der Abteilung Sport Promotion einer Kommunikationsagentur produziert wird. Dazu werden jeweils die Phasen Konzeption/Pre-Produktion und Produktion/Post-Produktion dargestellt. Der Fokus der Analyse ist dabei auf die agenturinterne Kommunikation und die daraus resultierenden Netzwerke gerichtet. Kommunikation zwischen den Akteuren wird im Detail dargestellt: Wie werden Ideen und Entscheidungen weitergegeben? Wie sehen die Papiere und Dokumente aus, die zwischen den Beteiligten ausgetauscht werden? Wie verdichten sich Informationen?

Der Untersuchungsgegenstand wird auf der Basis von Recherchen, Feldforschung und Beobachtungen interpretiert. Der Beobachtungszeitraum erstreckt sich vom Jahr 2007 bis zum Ende der Produktion der Formel-1-Startkampagne im Jahr 2009. Die Untersuchung beruht auch auf den Erfahrungen, die der Autor im Rahmen seiner Tätigkeit als Abteilungsleiter Sport Promotion der Creation Club (CC) GmbH zusammen getragen hat.

Weitere Methoden, die Innensichten der Agentur liefern, sind Interviews und Gespräche mit Mitarbeitern und Prozessbeteiligten der Agentur, die im Arbeitszusammenhang zufällig oder auf direktes Nachfragen zu einer bestimmten Begebenheit im Beobachtungszeitraum entstanden sind. Mit ihrer Hilfe werden kritische Situationen, Atmosphären und Abläufe kommentiert und rekonstruiert. Diese Gespräche unterscheiden sich von Experteninterviews, die ebenfalls zur Erhebung herangezogen werden. Bei diesen handelt es sich um vereinbarte und leitfadengestützte Interviews mit gezielt ausgewählten Personen aus unterschiedlichen Positionen und Abteilungen, um ein möglichst umfassendes Bild der Agentur und ihrer Abläufe aus verschiedenen Perspektiven zu beleuchten. In die Erläuterungen werden außerdem Originaldokumente eingebunden, die bei der Entstehung der Formel-1-Startkampagne entstanden sind. Dabei handelt es sich sowohl um Textdokumente wie Positions-, Kommunikationspapiere oder Protokolle als auch um graphisches Material. Ideenskizzen, zeichnerische Entwürfe, Graphiken und Film-Stills veranschaulichen die differenzierten Produktionsphasen.

Vorgehen und Untersuchungsstrategie im Kapitel Fließbandarbeit
In der Unikatproduktion entsteht in monatelangem und größtmöglichem Aufwand ein Produkt von 60 Sekunden Länge. Der Teil Fließbandarbeit widmet sich einem anderen Extrem der Fernsehproduktion: der industriellen Fertigung. Ziel und Zweck dieser Art der Produktion ist es, mit modernsten Methoden viel Programm in kürzester Zeit zu produzieren. Gezeigt wird die Produktion eines Live-Nachrichtenkanals als extremste Form der industrialisierten Arbeitsweise, mit einem Output von 18 Stunden Liveprogramm täglich.

Sky Deutschland wirbt mit dem Satz, das „modernste Nachrichtenstudio in Europa" zu betreiben (Sky 2012). Grundsätzlich ist zu sagen, dass industrialisierte Prozesse nur dann implementiert werden, wenn sich sowohl die Inhalte der Produktion wie auch die Produktionsprozesse in sehr hohem Maße wiederholen. Aus diesem Grund werden beispielsweise in der Kinofilmproduktion kaum industrialisierte Prozesse angewendet. Auch bei einzelnen Live-Shows wie „Wetten, dass...?" wird auf industrialisierte Arbeitsweisen weitgehend verzichtet, da mit solchen Prozessen die Kreativität und Spontaneität stark limitiert würde. Außerdem stünde der Aufwand für die Einrichtung der Prozesse, der Logistik und das Training des Personals in keinem Verhältnis zur Anzahl der erzeugten Sendeminuten. News hingegen sind prädestiniert für industrialisierte Prozesse wie Automation, Standardisierung und Arbeitsteilung. Teil C dieser Arbeit beschreibt die Aufbau- und Ablauforganisation des ersten Sportnachrichtenkanals „Sky Sport News HD" in Deutschland. Der Kanal der Pay-TV-Plattform Sky Deutschland ging am 01.12.2011 on air.

Der Autor dieser Analyse war einer von drei Projektmanagern, die die Leitung des Projektes „Aufbau des Sportnachrichtenkanals" innehatten. Aus diesem Grund können im Folgenden zahlreiche Originaldokumente, Beispiele der Produktionsweisen sowie Interviews von wichtigen Prozessbeteiligten eingeflochten werden.

Vorgestellt werden die Akteure, die in den Kommunikations-, Produktions- und Entscheidungsprozess der Fließbandarbeit involviert sind, ihre Aufgaben und ihr Arbeitsumfeld. Erläutert wird, warum überhaupt Nachrichten produziert werden und welche Interaktionen sich im Sender ergeben.

Forschungsfragen

Auf der Basis der beschriebenen theoretischen Grundlagen und Methoden sollen folgende Forschungsfragen untersucht werden und im abschließenden Kapitel D „Conclusio" geklärt werden:

Wie genau entstehen Trailer oder Nachrichtenprogramme Schritt für Schritt? Wie werden audiovisuelle Produkte entwickelt? Helmut Schanze geht davon aus, dass „Medienprodukte keinesfalls mit der Produktion von Nägeln und Schrauben vergleichbar seien, eine klare Arbeitsteilung sei nicht möglich und die Beteiligten müssten immer das Ganze, die Totalität im Blick haben" (vgl. Schanze 2010/1). Stimmt das?

Was verleiht den Trailer und den Sportnachrichten ihre Macht? Was bewirkt, dass wir sie begehren? Sind die Ergebnisse vorliegender Arbeit mit den Ergebnissen von Hortense Powdermaker aus dem Jahr 1951 vergleichbar?

Welche Auswirkungen lassen sich auf der Ebene der Aufbau- und Ablauforganisation vor dem Hintergrund der Akteur-Netzwerk-Theorie aus der Industrialisierung der Nachrichtenproduktion erkennen? Ist eine Veränderung von der Unikatproduktion hin zu einer industriellen Fertigung zu beobachten? Falls dies so ist, welche Veränderungen sind dann in den Akteur-Netzwerken zu beobachten? Welche Organisationsprinzipien werden in Produktionsunternehmen angewendet?

Die Agenturtheorie der Medien könnte auch empirisch weiterverfolgt werden, auch im Sinne der bekannten ANT-Maxime „Follow the actors": Wie sieht die Agenturtheorie der Leute aus, die in den Medien tätig sind? Welche eigene Agenturtheorie wenden die Medien-Entscheider bzw. -Praktiker an? Mit welchen Praktiken werden das eigene Handeln und das der anderen gerechtfertigt? Welche Rollenverteilung in Agenturen und Produktionsunternehmen gibt es? Wie sehen sich die Beteiligten selbst?

Wie lässt sich das Prinzipal-Agenten-Verhältnis nach Helmut Schanze in den vorliegenden Fallstudien darstellen? Lässt sich Schanzes These bestätigen, wonach Medienarbeit Auftragsarbeit sei und umgekehrt? Und zwar zumindest auf die eine irreduzible Weise: Sie ist mündliche Medienarbeit. Mit einem anderen Wort: Auftragsarbeit ist Rhetorik oder Schauspielerei (Schanze; Schüttpelz 2008: S. 154). Das wirft die Frage auf, inwiefern sich in der TV-Produktion bzw. Agenturwelt ein solcher Konnex beobachten lässt.

Ist es möglich, dass die Darstellung von (avisierten) Ergebnissen, beispielsweise im Treatment/Briefing/Report eines Trailers, wichtiger wird als der Trailer selbst? Wie lässt sich die „asymmetrische Informationsverteilung" zwischen Prinzipalen und Agenten für diesen Gegenstandsbereich darstellen? Wenn gemäß dieser Informationsverteilung ein Sender alles weiß und ein Empfänger definitionsgemäß nichts, hat dann nicht die Einziehung einer Agenturebene dazu geführt, dass im Grunde mehr Intransparenz Einzug gehalten hat? Schüttpelz vermutet:

> „Die asymmetrische Informationsverteilung ist extrem, und daher lädt sie, also die Medienherstellung, zu allen möglichen Betrügereien und Vorteilnahmen ein gegenüber Prinzipalen und Publikum. (...) Der Medienunternehmer ist nicht nur sich selbst, sondern auch dem Publikum verpflichtet. Seine „Agentur" ist eine Agentur der Öffentlichkeit. Und das heißt auch: Weder das Publikum noch der Medienunternehmer noch der „Intendant" wissen wirklich, was ihre jeweiligen Agenten leisten" (Schanze; Schüttpelz 2008: S. 158).

Lässt sich dies bestätigen? Ist das Prinzip des doppelten Prinzipals für diesen Gegenstandsbereich konkretisierbar und am Schluss zu verallgemeinern?

Abschließend soll die Frage nach der „Papierisierung" diskutiert werden: Welche Rolle spielt Papier in der modernen Fernsehproduktion?

Disclaimer

Die Beschreibungen aus der Praxis in den folgenden Kapiteln sind so verallgemeinert, dass Rückschlüsse auf einzelne Personen nicht möglich sind. Alle Zahlen und Euro-Beträge, sowie Informationen über strategische oder organisatorische Ausrichtungen der genannten Unternehmen sind offiziellen Pressemitteilungen entnommen. Sämtliche relevanten Abbildungen und Bilder sind oder waren Teil öffentlicher Präsentationen vor Fachpublikum. Ich danke vor allem dem Unternehmen Sky Deutschland für die vertrauensvolle Zusammenarbeit und den Zugang zu Informationen und Bildern.

B. Unikatproduktion

I. Die Agentur

1. Beschreibung der Agentur

Bei der in diesem Kapitel untersuchten Agentur handelte es sich um das Unternehmen Creation Club (CC) GmbH aus Unterföhring bei München. CC beschrieb sich selbst als „Deutschlands erfolgreichste Agentur für integrierte Kommunikation" (P1 CC 2007), deren Kerngeschäft in der On-Air-Promotion lag. Die Agentur war in den Jahren 1996 bis 1999 eine interne Abteilung der Pay-TV-Plattform DF1 der Kirch-Gruppe. Sie bildete von 1999 bis 2004 eine interne Abteilung des Pay-TV-Unternehmens Premiere, die den Namen Premiere Creative Solutions trug. 2004 wurde die Agentur unter dem Namen Creation Club (CC) GmbH ausgegliedert.

Im Jahr 2006 wurde CC von dem Produktionsdienstleister Plazamedia GmbH übernommen und weiterhin eigenständig geführt. Ende 2009 erwarb das Pay-TV-Unternehmen und gleichzeitiger Hauptkunde Sky Deutschland die Agentur und gliederte sie als interne Abteilung in das Unternehmen ein. Der Autor dieser Studie war in allen Phasen in unterschiedlichen Funktionen bei dieser Agentur tätig.

Speziell im Pay-TV-Umfeld war die Agentur erfolgreich und expandierte. Ab 2004 hielt die Agentur den Design- und Promotionsetat der Pay-TV-Plattform Premiere, von 2006 bis 2008 kam die Pay-TV-Plattform Arena hinzu, 2007 das DSF und ab 2009 die Telekom mit ihrem Pay-TV-Angebot Liga total. Die Agentur gewann in den Jahren 2004 bis 2009 fast einhundert nationale und internationale Preise im Bereich On-

Air-Promotion, darunter 15-mal Gold und 16-mal Silber bei dem bedeutendsten Branchentreffen Promax/BDA sowie zwölfmal Gold und dreimal Silber bei der größten deutschen Award-Show Eyes & Ears. Die Agentur beschäftigte im Beobachtungszeitraum circa 140 feste Mitarbeiter, wovon 90 direkt an der On-Air-Promotion beteiligt waren. Bei dem Sender, der in vorliegender Arbeit als Kunde analysiert wurde, handelte es sich um den Pay-TV-Sender Premiere. Premiere wurde im Jahr 2009 zu Sky Deutschland umfirmiert. Die vorliegende Beschreibung bezieht sich ausschließlich auf die Jahre 2007 bis 2009.

Agenturen haben im Allgemeinen in der Medienlandschaft den Ruf, kreative, aber gleichzeitig chaotische Unternehmen zu sein. Kreativ, da es das Ziel der Unternehmen ist, Ideen zu generieren, zu produzieren und zu verkaufen. Chaotisch, da die Mitarbeiter bisweilen einen anarchischen Eindruck hinterlassen und sich nicht immer an bürokratische Regelungen halten. Auch diese Agentur hatte eine solche Selbstbeschreibung. Für CC bestätigte das Klischee auch der Personalchef:

> [G1 2010] Ich fand es ganz spannend mit diesen Leuten zu arbeiten. Sie sind immer für eine Überraschung gut, und der Umgang untereinander war wesentlich entspannter als bei meiner Stelle zuvor in einer Unternehmensberatung. Ich bin ja auch selbst kreativ.

In den Gesprächen mit Agenturmitarbeitern kam auch immer wieder zum Ausdruck, dass es zum Renommee einer Agentur beiträgt, ein chaotisch-kreatives Image zu pflegen. Ein Bereichsleiter der On-Air-Promotion erklärte:

> [G2 2010] Wir veranstalteten immer wieder mit den Kunden kleinere Veranstaltungen, um das Image der jungen Wilden zu untermauern. Am beliebtesten war unser Bowlingabend.

> [Int 2 2011] Klar waren die Leute chaotisch. Doch wenn es darauf ankam, konnte man sich auf jeden zu 100 Prozent verlassen. Alle waren mit Leidenschaft bei der Arbeit, und Spaß gehörte dazu. Wir haben eine Schreibtisch-Tischtennis-Weltmeisterschaft und eine Flur-Kegel-Weltmeisterschaft veranstaltet. An den Wochenenden fanden regelmäßig LAN-Partys in einem großen Konferenzraum statt. Mitarbeiter brachten ihre eigenen PCs mit, haben sie untereinander vernetzt und Online-Spiele gespielt, Pizza bestellt und Bier getrunken. Ich bin seit

fünf Jahren im Unternehmen und der Teppich in besagtem Konferenzraum wurde in dieser Zeit mehrmals ausgetauscht. Der Chef wusste von all dem und hat es nicht nur zugelassen, sondern fand es auch gut so. Wenn er gut drauf war, hat er mitgefeiert berichtet eine Senior-Producerin.

Äußerlich betrachtet unterschieden sich die Mitarbeiter der Agentur nicht von den kreativen Mitarbeitern eines Fernsehsenders oder eines Internetunternehmens. Der Dresscode in den Kreativabteilungen konnte als sportlich leger bezeichnet werden. Getragen wurden Jeans, Turnschuhe und T-Shirt über alle Alters- und Hierarchiestufen hinweg. Falls jemand ein Hemd trug, steckte es nicht in der Hose. Bis auf wenige Ausnahmen waren die Arbeitsplätze in der Abteilung Sport Promotion, in welcher die Formel-1-Startkampagne entstand, nach den Vorlieben des jeweiligen Mitarbeiters gestaltet. Tätigkeitsbezogene Utensilien vermischten sich mit sehr persönlichen Dingen. Es fanden sich dort Fachzeitschriften wie die Magazine „Kicker" oder „Sport Bild", Tageszeitungen, Fußbälle, Spielzeug, Comicfiguren oder Eintrittskarten von Sport- oder Showveranstaltungen. An den Wänden hingen Fotos der Mitarbeiter, die diese Arm in Arm mit berühmten Sportlern zeigten, neben Fanartikeln verschiedener Vereine und Sportorganisationen: Trikots, Wimpel, Fanschals, Sportler- und Rennwagenposter. Auch Collagen mit Partyfotos sowie Zeitungsartikel, aktuelle Tabellenstände von laufenden Sportserien, Preise und Auszeichnungen waren zu sehen. Dass diese Arbeitsatmosphäre als Bestandteil der Unternehmensphilosophie zu verstehen war, und zur Identifikation mit dem Unternehmen beitrug, wird aus der Perspektive der Mitarbeiter unterschiedlicher Bereiche und Positionen deutlich:

> [G2 2010] Jeder Mitarbeiter hatte irgendwie einen Spleen. Das war letztlich auch so gewünscht. Menschen in Anzügen waren mir schon immer suspekt und hätten bei uns auch keine Chance gehabt. Letztlich zählte für mich nur ein einziges Kriterium: Kann ich mich auf jemanden voll und ganz verlassen? Liefert er oder sie gute Ergebnisse? Wenn das der Fall ist, sehe ich auch über die eine oder andere Schwäche hinweg.

> [Int 4 2011] Das Interessante an dieser Agentur war, dass jede auch noch so verrückte Idee umgesetzt wurde. Die Mitarbeiter fühlten sich in ihrer Arbeit sehr frei, jeder konnte ausprobie-

ren und machen, was er wollte, wichtig war nur, dass es am Ende gut wurde und sich verkaufen ließ.

[Int 5 2011] Das Motto der Agentur war: Wir können alles, und wenn wir es nicht können, dann lernen wir es. Es wurde viel gewagt, und die unterschiedlichsten Projekte wurden angegangen von der On-Air-Promotion über Imagefilme, Webseiten bis hin zu ganzen TV-Formaten wie Zapping, Big Brother oder diversen Magazinen für Red Bull. Oft sind wir Probleme sehr naiv angegangen und haben dann die Rechnung dafür bezahlt. Beispielsweise in Form von Nachtschichten. Aber es hat immer Spaß gemacht.

[Int 3 2011] Die Mitarbeiter kennen sich zum Teil schon mehrere Jahre. Ich denke, ein gewisser familiärer Zusammenhalt zeichnete unsere Firma aus. Jeder stand für den anderen ein. Einige unternehmen auch privat viel: gehen gemeinsam auf Partys, sehen sich Fußballspiele an oder fahren sogar zusammen in den Urlaub. Und neue Mitarbeiter werden sehr schnell in die Familie mit aufgenommen. Das gilt auch für Kunden.

Obwohl die Verwendung des Begriffs „familiäre Verhältnisse" im Zusammenhang mit einem Mitarbeiterstab dieser Größe überrascht, gab es einen hohen Grad an privaten Verflechtungen und Beziehungen der Mitarbeiter untereinander. Zum Beispiel liehen Vorgesetzte Mitarbeitern privat Geld oder Kollegen lebten in Wohngemeinschaften zusammen. Im Gegensatz zu klassischen ethnographischen Untersuchungen wird das private Leben der Beteiligten in dieser Arbeit nicht weiter berücksichtigt. Die sozialen Dramen stehen im Hintergrund, im Vordergrund steht die Produktion.

Formal unterscheid sich die Struktur und das Organigramm der Agentur nicht von anderen. Die Struktur des Unternehmens war in drei Führungsebenen aufgeteilt: die Geschäftsführung, die Bereichsleitung (Director) und die Abteilungsleitung (Head of).

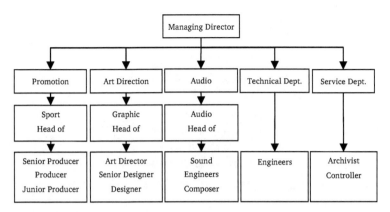

Abbildung 2: Organigramm der Creation Club (CC) GmbH: Struktur der für die Erstellung des Trailers relevanten Bereiche. Quelle: Eigene Darstellung.

In den Promotion-Abteilungen arbeiteten die Producer; Designer, Graphiker oder Art Director in der Art Direction-Abteilung. Mitarbeiter des Audio Departments waren Tonmeister oder Audioingenieure, im Technical Department waren es Administratoren und Ingenieure und im Bereich Service Operations Planer, Administratoren und Operators. Die jeweiligen Abteilungen gliederten sich in die Hierarchiestufen Praktikant, Junior Manager, Manager und Senior Manager. Diese Bezeichnungen wurden an den Beruf und das Aufgabenfeld der Mitarbeiter angepasst, sie waren dann beispielsweise als Junior Producer, Producer und Senior Producer tätig. Der Senior entspricht dabei einem Teamleiter, der die anderen Teammitglieder fachlich anleitete. Die Bereichsleiter für Promotion und Graphik wurden, wie international üblich, als Creative Director bezeichnet.

Der Schwerpunkt der Abteilung On-Air-Promotion lag bei der Konzeption und Produktion von Trailern, Teasern und Kampagnen. Die Hauptaufgabe der Abteilung Art Direction ist die Konzeption und Umsetzung von Designaufgaben. Das erstreckt sich vom Corporate Design eines Senders über 3D-Animationen bis hin zu kleinen graphischen Elementen wie die Schriftanimation von Trailern. Darüber hinaus verfügte die Agentur über die Abteilung TV-Formate, die ganze Sendungen entwickelt und umsetzt. Diese Abteilung ist im obigen Organigramm jedoch nicht erfasst, da sie für diese Untersuchung nicht relevant ist.

Das Unternehmen ist gewachsen und das Organigramm hat sich aus den Anforderungen des Geschäftsalltages entwickelt. Zehn Führungskräfte steuerten die Firma: der Managing Director, fünf Bereichsleiter und vier Abteilungsleiter, die sich einmal wöchentlich in der Leitungsrunde trafen und abstimmten. Die Produktion der On-Air-Promotion und des Graphik Designs bilden den Auftragsschwerpunkt der Agentur. Aufgrund unterschiedlicher Arbeitsabläufe und inhaltlicher Ausrichtungen waren sowohl Promotion als auch Graphikabteilung noch einmal in die Abteilungen Sport und Fiction/Film unterteilt. Im Audio Department wird der Ton der Trailer abgemischt. Diese Abteilung war verantwortlich für die Tonqualität der Produkte und zeichnete die Aufnahmen mit Sprechern auf. Der Bereich Technical Department stellte die technische Infrastruktur bereit und wartete diese. In der Zuständigkeit der Abteilung Service Operations lag das technisch-logistische Materialmanagement. Ihre Mitarbeiter übergaben die fertigen Produkte an das Playout und den Uplink für die Ausstrahlung. Sie trugen folglich die Verantwortung dafür, dass Ausgangsmaterial und Endprodukte zur richtigen Zeit am richtigen Ort waren. Im Playout wurde das Sendesignal konfektioniert, um es danach im Uplink auf den Satelliten zu schicken. Playout und Uplink wurden von einem separaten Unternehmen abgewickelt.

Die technische Ausstattung des Unternehmens umfasste 25 nonlineare Schnittplätze mit dem Programm Avid Media Composer unter Avid Interplay, 30 Graphik-Arbeitsplätze mit unterschiedlicher Ausstattung und vier Tonstudios mit dem Programm Pro Tools.

2. Die Mitarbeiter der Agentur

Das durchschnittliche Alter der Mitarbeiter lag bei Mitte 30 und auf der Ebene der Bereichsleiter bei Mitte bis Ende 40. Der Geschäftsführer und die Bereichsleiter arbeiteten seit acht Jahren auf ihren Positionen, in den unteren Ebenen gab es große personelle Fluktuationen aufgrund der zahlreichen eingangs erwähnten Umstrukturierungen.

Der Geschäftsführer ist im Beobachtungszeitraum 38 Jahre alt. Er hat in allen Belangen das letzte Wort und wird von allen respektiert. In das kreative Tagesgeschäft und in unternehmensinterne Prozesse mischt er sich selten ein, sondern delegierte dies an die Bereichs- und Abteilungsleiter. Dafür war er Geschäftsmann durch und durch. Unter den Mitarbeitern hat er den Ruf eines „Schlitzohres" (Zitat eines Mitarbeiters). Er hat sich aus relativ einfachen Verhältnissen hochgearbeitet, studiert und schon in jungen Jahren die Führung in der Agentur übernommen. Er bestimmte die strategische Ausrichtung des Unternehmens. Seine Aufgabe war es, durch den Aufbau von Kontakten an neue Aufträge zu kommen. Mitarbeiter, die sein Vertrauen gewonnen hatten, wurden protegiert, teilweise gegen extreme Widerstände.

Das Ausbildungsniveau auf der Bereichsleiterebene war heterogen. Zwei der fünf Bereichsleiter hatten ein Studium absolviert, nur einer davon ein fachspezifisches. Die anderen haben über praktische Berufserfahrung und „Training on the job" den Weg in Führungspositionen gefunden. Der Beruf des Art Directors ist kein geschützter Titel. Eine einheitliche Berufsausbildung ist dafür weder etabliert noch vorgeschrieben. Ein buntes Bild an Lebensläufen, das keinem erkennbaren Muster folgt, setzte sich auf den Ebenen unter den Bereichsleitern fort. Dies liegt ebenfalls darin begründet, dass die Berufe Graphiker, Producer oder Tonmeister nicht geschützt sind. Nur wenige Graphiker in dieser Agentur waren Absolventen eines Graphik- oder Graphikdesignstudiums an einer Universität oder Fachhochschule, sondern sind den üblicheren Weg über Berufsfachschulen oder private Akademien gegangen, die ein- oder zweijährige Ausbildungen zum Designer anbieten. Der Großteil der Graphiker der Agentur ist über ein Praktikum ins Unternehmen gekommen und wurde übernommen. Die Fluktuation im Graphikbereich ist traditionell hoch, doch einige durchliefen die Entwicklung von Praktikant, Junior Designer zum Designer und schließlich vom Senior Designer bis zum Art Director. Die Konzeption, Gestaltung und Umsetzung von graphischen Erscheinungsbildern im Fernseh- und Multimediabereich gehörte zu den Aufgaben dieser Mitarbeiter (vgl. P1 CC 2009). Sie gestalteten zum Beispiel „Verpackungen". Dabei handelt es sich um Elemente der Promotion wie Typo-Animationen, Schlusstafeln mit Spielpaarungen, Datum und Uhrzeit. Sie konzipierten auch Designelemente für neue Sendungsformate oder komplette zwei- und dreidimensionale Animationen, so stammten auch große Teile des Premiere On-Air-Designs aus dieser Abteilung. Die Arbeiten wurden entweder am PC oder am Apple Mac Pro durchgeführt, benutzt wurde branchenübliche Software wie Adobe Photoshop, Illustrator, After Effects, Cinema 4D, Autodesk 3ds Max oder Maya.

Die Mitarbeiter der On-Air-Promotion Abteilung wurden Producer genannt. Die Producer produzierten die Trailer. In einem internen Leitfaden der Agentur wurde der Producer beschrieben als:

„Kommunikationsexperte, Redakteur, Cutter, Toningenieur, Regisseur, Designer, Musiker, Autor, Verkäufer, Motivator, Psychologe, Soziologe, Dramaturg, Koordinator, Manager, Politiker, unverbesserlicher Optimist, Sündenbock und Zauberer" (P2 CC 2008: S. 23).

Dieses vielseitige Anforderungsprofil spiegelte sich auch in den Biographien der Producer wieder. Sie rekrutierten sich aus Filmhochschülern, Redakteuren, Cuttern und ebenso aus Quereinsteigern wie Kunst- und Literaturstudenten, Fotografen, ehemaligen Berufsmusikern und Handwerkern vom Dreher bis zum Steinmetz. Das Stellenprofil definierte folgendes Tätigkeitsfeld für den Sport-Producer:

„Konzeption, Umsetzung und Schnitt von On-Air-Promotion (Trailer, Teaser, Kampagnen) am Schnittsystem Avid; Eigenverantwortliche Projektbetreuung; Konzeption und Durchführung von Außendrehs; Erstellen von Texten; Verantwortung für die technische Abnahme von Sendebändern" (P3 CC 2009).

Folgende Voraussetzungen mussten für die Stelle erfüllt werden:

„Abgeschlossene Berufsausbildung oder Studium; Mehrjährige Berufserfahrung im Bereich Schnitt, Produktion und/oder Redaktion bei einer Produktionsfirma oder einem TV-Sender; Bereitschaft zur Übernahme von Verantwortung für eigene Projekte; Beherrschung des Avid-Schnittsystems; Sehr gute Englisch-Kenntnisse; Hohe Belastbarkeit und großes Engagement, sowie Bereitschaft zum Schichtdienst und zur Wochenendarbeit; Affinität zum Thema Sport mit aktuellem Bezug; Verlässliche, strukturierte Arbeitsweise, Belastbarkeit und hohes Maß an Eigenverantwortung sowie ausgeprägte Kommunikations- und Teamfähigkeit" (P3 CC 2009).

Ein Rating-System erleichterte Führungskräften die Einschätzung eines so heterogenen Mitarbeiterstabes.

[Int 1 2011] Trotz oder gerade wegen der unterschiedlichen Lebensläufe ist es wichtig, die Qualitäten der einzelnen Mitarbeiter genau zu kennen und einzuschätzen. Im Führungskreis werden sie nach verschiedenen Dimensionen bewertet. Zum einen sollen so die Schwachstellen der einzelnen Mitarbeiter sichtbar werden, um gezielt zu fördern. Zum anderen hat dieses Rating auch Einfluss auf die Aufstiegs- und Wechselchancen im Unternehmen und natürlich auch auf das Gehalt.

Name	Function	Skill	Rating	Skill	Rating	Skill	Rating
	Producer	Editing/Cutting	A+	Conception	A	Writing	A
	Producer	Editing/Cutting	A	Conception	A	Writing	B
	Producer	Editing/Cutting	A	Conception	B	Writing	B
	Producer	Editing/Cutting	B	Conception	B	Writing	A
	Producer	Editing/Cutting	B	Conception	B	Writing	B
	Producer	Editing/Cutting	B	Conception	B		
	Producer	Editing/Cutting	C				

Abbildung 3: Skills und Ratings der Mitarbeiter (anonymisiert).
Quelle: Eigene Darstellung.

Die Abteilung Sport Promotion, in der die Formel-1-Startkampagne entstand und produziert wurde, bestand aus 14 festangestellten Producern und einer Producerin. Das durchschnittliche Alter der Producer lag bei 37 Jahren, wobei der Jüngste 26 Jahre und der Älteste 53 Jahre alt war. Vier Mitarbeiter waren schon deutlich über zehn Jahre im Unternehmen, die durchschnittliche Betriebszugehörigkeit lag bei knapp sieben Jahren. Die Agentur vergütete die Mitarbeiter branchenüblich, meist mit einem festen und einem variablen Gehaltsanteil. Der variable Gehaltsanteil ist ein Incentive, ein persönlicher Anreiz, der mit jedem Arbeitnehmer individuell vereinbart wurde. Er bestand meist aus zwei Komponenten, den Unternehmenszielen (Umsatz, Rendite, Wachstum) und den individuellen Zielen, mit einer Gewichtung von maximal 30 Prozent auf den Unternehmenszielen. Die individuellen Vorgaben setzten sich aus zwei bis drei sehr allgemein gehaltenen Zielen zusammen, die vom jeweiligen Vorgesetzten vorgegeben wurden. Beispiele für die individuellen Ziele waren die „Steigerung des kreativen Outputs" oder die „Verbesserung der Abläufe und Prozesse der internen Umsetzung unter Berücksichtigung wirtschaftlicher Aspekte."

Weitere Incentives wie Dienstwagen oder sonstige Zuschüsse waren in der Agentur nicht üblich.

Die Feedback-Gespräche mit den Mitarbeitern fanden einmal jährlich statt und dienten offiziell der Reflexion des Einzelnen in Bezug auf die Qualität und Quantität seiner Leistungen, seiner Stellung in der Abteilung im Allgemeinen und ganz konkret über die vereinbarten Ziele.

> [Int 1 2011] Weder das Feedback-Gespräch noch die individuellen Zielvorgaben wurden besonders ernst genommen, nicht von den Mitarbeitern und auch nicht von den Vorgesetzten. Die vereinbarten Ziele wurden kaum nachgehalten und am Ende des Jahres bekam in der Regel jeder Mitarbeiter 100 Prozent auf seine persönlichen Ziele. Sollte ein Mitarbeiter Probleme haben, oder sollte es Probleme mit einem Mitarbeiter geben, wurden die Themen sofort auf den Tisch gelegt und nicht bis ans Jahresende gewartet.

Unter den 14 Sport-Producern gab es die unterschiedlichsten privaten Rollenmodelle. Fünf Producer waren verheiratet, drei davon hatten Kinder. Es gab einen alleinerziehenden sowie einen geschiedenen Vater. Die übrigen Teammitglieder wohnten allein, mit oder ohne feste Beziehung. Es gab Sportverrückte, die in ihrer Freizeit alle erdenklichen Sportereignisse im TV konsumierten, Hobby-Fußballer und einen passionierten Karnevalisten, einen Hobby-DJ und mehrere Musiker. Zwei Mitarbeiter bildeten sich neben dem Beruf fort. Der Umgangston untereinander war außerordentlich kollegial und die gegenseitige Hilfsbereitschaft hoch. Ständig zeigten sich die Producer ihre Trailer gegenseitig, um Rat und Meinungen einzuholen. Es gab nur einen Mitarbeiter, der immer wieder durch mürrisches und latent aggressives Verhalten den Unmut der Kollegen auf sich zog.

Innerhalb der Abteilung Sport Promotion gehörte fundiertes Sportwissen nicht nur zum Aufgabenprofil, sondern auch zum guten Ton. Die Producer mussten die aktuellen Trikots und Werbepartner der Teams kennen und aktuelle Spieler,- Fahrer,- oder Trainerwechsel in ihren Konzepten berücksichtigen. Die TV-Zuschauer und Fans sehen jeden Fehler! Je umfangreicher und außergewöhnlicher das Sportwissen des Einzelnen war, desto höher war der Respekt innerhalb der Abteilung. Grundsätzlich sollte jeder Mitarbeiter in dieser Abteilung bei einem spontanen Gespräch über einen Fußballverein der dritten Fußball-Liga mitreden oder über einen großen Sportler aus der Vergangenheit philosophieren können. Jeden Montagvormittag wurden die Sportergebnisse und Highlights des zurückliegenden Sportwochenendes ausgiebig diskutiert. Auch bei Einstellungsgesprächen für potenzielle neue Mitarbeiter wurde Sportwissen abgefragt, denn die Philosophie dieser Abteilung war, dass „Sportfans Trailer für Sportfans produzieren."

Ein Thema in den Feedback-Gesprächen mit den Mitarbeitern war auch immer wieder die Kritik an den eigenen Vorgesetzten, egal auf welcher Ebene. Dabei ging es in erster Linie um kreative Kompetenzen und deren Eigenschaften als Manager und Führungskräfte. Speziell die Delegationsfähigkeiten der Directors wurden von den Mitarbeitern immer wieder in Frage gestellt. Während des Untersuchungszeitraumes fand ein Coaching mit den Bereichs- und Abteilungsleitern sowie ausgewählten Mitarbeitern statt. Die Inhalte der Veranstaltung „Verantwortungsbewusstes und veränderungsbereites Management" waren unter anderem die Themen Planung, Delegation, Verantwortung und Feedback.

Die Mitarbeiter der unterschiedlichen Abteilungen dachten stark in Abteilungsstrukturen. Dies zeigte sich am offensichtlichsten in der Mittagszeit. Die Sport-Producer gingen zusammen zum Mittagessen, die Tonmeister bleiben unter sich und auch das Technik-Team ging meist gemeinsam zum Essen. Die Uneinsehbarkeit in den Bereichen war hoch. Producer, Graphiker und Techniker sahen sich jeweils an der komplexesten Stelle des Produktionsprozesses und interessierten sich kaum für die Abläufe in anderen Bereichen. Die Producer sprachen abstrakt von „der Technik" und die Techniker sprachen von „der Redaktion" oder „der Graphik". Die Arbeit der jeweils anderen Abteilung wurde kaum wertgeschätzt, sondern vielmehr als notwendiger Zusatz zur Vervollkommnung der eigenen Leistung gesehen. Dabei war in Wirklichkeit genau das Gegenteil der Fall, denn erst die Kombination der Gewerke Schnitt, Ton und Graphik sowie eine funktionierende Technik machten einen Trailer erst vollkommen.

Der Tagesablauf der Producer bestand hauptsächlich darin, Trailer im Schneideraum am Schnittsystem Avid zu schneiden. Jeder Producer verfügte darüber hinaus über einen eigenen Büroarbeitsplatz, um nicht ständig die Schneideräume zu belegen. Aufgaben wie die Entwicklung von Konzepten, Recherche, das Schreiben von Texten oder die Organisation von Außendrehs wurden am Arbeitsplatz erledigt.

Die Projektsteuerung in der Sport-Promotion erfolgte über zwei festangestellte Projektmanager. Deren Büro war ein Ort ständiger Kommunikation, sozusagen der Kontrollraum der Produktion, in dem alle Abläufe und Informationen zusammenliefen. Die Producer gaben kontinuierlich Auskunft über den Status ihrer Projekte, manche benötigten mehr Zeit, andere wurden früher als geplant fertig. Producer beschwerten sich, weshalb sie von den Projektmanagern auf dieses und nicht auf jenes Projekt gebucht wurden oder dass die vorgegebene Zeit viel zu knapp sei. Wenn es Lieferschwierigkeiten mit dem Ausgangsmaterial gab, einen technischen Defekt oder Engpässe in der Graphikabteilung, dann mussten die Projektmanager zuerst davon erfahren, um Gegenmaßnahmen einleiten zu können. Sollte der Kunde einen Trailer auf DVD, als Datei oder auf Band benötigen, waren sie die Ansprechpartner. Von dort aus wurden die Informationen an die entsprechenden Adressaten weitergeleitet und die Aufgaben vergeben.

3. Beschreibung der Kostenstruktur und des Auftragsvolumens

Im Agenturbereich gibt es unterschiedliche Abrechnungsmodelle mit den Kunden. Die beiden häufigsten sind Pauschalpreise für ein Produkt, die im Vorfeld festgelegt werden, oder Cost-Plus-Verfahren. Bei Cost-Plus-Verfahren rechnet die Agentur den tatsächlichen Aufwand anhand der Tages-, Stunden- oder Stückpreise anhand einer Rate Card ab. Das heißt, es gibt eine Liste mit Preisen für jede Leistung im Prozess, die dem Kunden offen gelegt wird. Zusätzlich werden noch zehn bis fünfzehn Prozent der Gesamtsumme aufgeschlagen, als sogenannter Markup. Die Rate Card der Agentur aus dem Jahr 2007 gegenüber dem Sender sah folgendermaßen aus:

Leistungen	Einheit	Kosten in Euro
Schneideraum	Schicht	300,00€
Graphikarbeitsplatz (einfach)	Schicht	64,00€
Graphikarbeitsplatz (advanced)	Schicht	910,00€
Schnittpersonal	Schicht	350,00€

Graphikpersonal	Schicht	350,00€
Texter	Stunde	40,00€
Sprecher	Stunde	45,00€
Tonstudio	Stunde	45,00€
Sounddesign	Stunde	40,00€
Aufspielung und Speicherung	Minute	8,00€
Tonpersonal	Stunde	45,00€
Überspielkosten Digi-Beta	Minute	3,00€
DigiBeta Tape	Stück	20,00€
Recherche	Stunde	30,00€
Etikettierung	Stück	1,00€

Abbildung 4: Rate Card. Quelle: Eigene Darstellung.

Die folgende Tabelle gibt einen Überblick darüber, welche und wie viele Produkte von dieser Abteilung pro Jahr erzeugt wurden:

Art der Produktion	Beschreibung
Imagetrailer (60 Sekunden)	
	Sport allgemein
	Fußball allgemein
	Formel-1
	Bundesliga
	Champions League
	Golf
	Wrestling
Highlighttrailer (15/30 Sekunden)	
Monatlich (12)	Neuschnitt eines Monatshighlights
Wöchentlich (52)	Diverse Versionen für Wochenendverlauf
Täglich (104)	Tagestipps für Samstag und Sonntag
Kampagnen (60 Sekunden)	
Hoher Aufwand (3)	Bundesliga-Start, Formel-1-Start
Mittlerer Aufwand (3)	DEL-Start, Champions-League-Start

Basis-Promotion (15/30 Sekunden)	
Bundesliga (34 Spieltage)	Einzeltrailer für Samstag und Sonntag
2. Bundesliga (34 Spieltage)	Einzeltrailer pro Spieltag
Champions League (13 Spieltage)	Einzeltrailer Dienstag/Mittwoch
Fußball International (38 Spieltage)	Einzeltrailer für Topspiele
Motorsport (11 Rennen)	Formel-1 und Rahmenrennen
DEL (Hauptrunde)	Einzeltrailer für Topspiele
Wrestling	Einzeltrailer wöchentlich
Golf	European Tour, US PGA Tour & Masters

Abbildung 5: Auftragsvolumen der Abteilung Sport Promotion.
Quelle: Eigene Darstellung

II. Der Prinzipal (Sender)

1. Beteiligte Bereiche im Sender

Im folgenden Kapitel wird beschrieben, wie der Sender den Bedarf an On-Air-Promotion für die Eigenwerbung ermittelte und wie der Auftrag für die Startkampagne der Formel-1-Saison 2009 an die Agentur übermittelt wurde. Wie sich dabei Netzwerke entwickelten und verhielten, kann anhand eines Problems im Kontext dieser Beauftragung exemplarisch dargestellt werden. Diese Beispielepisode erwies sich hierfür als besonders geeignet, da gerade kritische Situationen am Anfang von Netzwerken stehen, denn „Netzwerkbildung beginnt dort, wo ein Problem empfunden wird" (Belliger; Krieger 2006: S. 40).

Im vorliegenden Fall kam es zu einem Kommunikationsproblem zwischen Sender und Zuschauer. Der Sender wollte die Zuschauer dazu bringen, die Formel-1-Serie zu konsumieren und gab deshalb bei der Agentur eine Werbung in Auftrag. Das gewünschte Produkt war eine Startkampagne für die kommende Formel-1-Saison, die vom Sender ausgestrahlt werden sollte. Ziel der Kampagne war es, die Zuschauer, d.h. die Öffentlichkeit, über den bevorstehenden Saisonstart zu informieren und gleichzeitig das emotionale Bedürfnis zu wecken, die Rennen auch auf dem Sender einzuschalten. Der erwartete Nutzen des Senders war, dass mit der Botschaft der Agentur mehr Zuschauer die Formel-1-Rennen rezipieren sollten. Innerhalb des Senders standen sich sehr unterschiedliche Interessen gegenüber, die es zu vereinbaren galt. Die Verantwortlichen aus dem Bereich Sport betrachteten die Ankündigung von Fußballspielen, Formel-1-Rennen und anderen Sportereignisse als Priorität. Aus dem Bereich Film kam der Vorschlag, die neuesten Blockbuster und Serien vor allem aus den USA zu bewerben. Die Verantwortlichen aus dem Bereich „Third Party" wollten den Werbeschwerpunkt auf Dokumentationen oder ein zielgruppenspezifisches Programm für beispielsweise Autoliebhaber oder Schlagerfans setzen. Die Abteilung Marketing wollte gleichzeitig die neuesten Innovationen des Senders, Dienstleistungen oder Rabattierungen neben dem Programm vermarkten. Der Bereich Werbezeitenverkauf wollte auf Trailer ganz verzichten, um die knappen und kostbaren Flächen im Programm lieber mit Werbung zu füllen, um Einnahmen zu generieren.

Auf die Botschaften der Kampagne nahmen zwei weitere Bereiche aus dem Sender indirekten Einfluss. Das „Scheduling" stellte die Programmflächen für die Trailer zur Verfügung und das Controlling bewilligte die notwendigen finanziellen Mittel. Diese Aufzählung zeigt, dass eine Vielzahl von Abteilungen an der Beauftragung beteiligt war, die direkt oder indirekt den Bedarf an Trailern bestimmten und stark divergierende oder sogar entgegenstehende Interessen verfolgten. Im Gegensatz dazu wurde in der Agentur nur von „dem Kunden" als Einheit gesprochen. Der Kunde gliederte sich aber in Wirklichkeit in verschiedene heterogene Bereiche auf, die in sich wieder komplexe Kopplungen mit unterschiedlichen Personen, Zeichen und Dingen darstellten.

Der „Kunde" muss somit als Netzwerk verstanden werden, das sich zunächst selbst organisieren und Mittel und Wege finden musste, damit überhaupt ein Bedarf und eine Bestellung entstehen konnte. Vor allem zwischen den Bereichen Sport und Film entstanden Konflikte um die knappen Sendeplätze und die knappen finanziellen Mittel, da jeder Bereich davon überzeugt war, mehr für den Erfolg des Unternehmens beizutragen als der jeweils andere.

In der folgenden Darstellung werden noch einmal alle Abteilungen aufgezeigt, die auf Kunden-, sowie Agenturseite bei der Entstehung eines Trailers involviert waren.

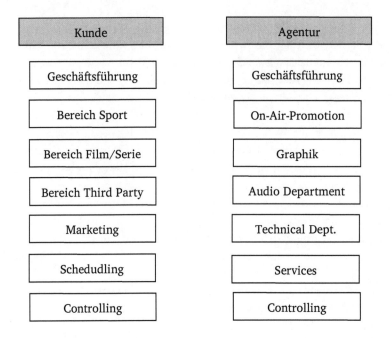

Abbildung 6: 14 unterschiedliche Abteilungen sind an der Entstehung eines Trailers beteiligt. Quelle: Eigene Darstellung.

Bei einer tiefer gehenden Analyse werden auf Senderseite unterschiedliche Machtverhältnisse sichtbar, welche die starken Interessenkonflikte erklären. Im Sender nahm der Bereich Sport für sich in Anspruch, der größte Treiber für den Abonnenten-Verkauf zu sein und das breiteste Sportangebot im deutschen TV-Markt anzubieten. Da der Sport-Chef auf Senderseite für Umsätze, Einnahmen und Kosten seiner Sparte verantwortlich war, wollte er seine Inhalte auf der Plattform möglichst effizient bewerben, um mehr Abonnements zu verkaufen. Die Lizenzkosten für Live-Sport stellten gleichzeitig die größten Kostenblöcke für den Sender dar. Für die Jahre 2009 bis 2013 betrugen allein die Lizenzkosten für die Live-Übertragung der Fußball-Bundesliga circa eine Milliarde Euro (Spiegel online 2006). Ab der Saison 2013/2014 bis zur Saison 2016/2017 bezahlt Sky Deutschland durchschnittlich 486 Millionen Euro pro Saison an Rechtekosten an die Deutsche Fußball Liga (DFL) (Sky 04/2012). Die Lizenzkosten für die Übertragung einer Formel-1-Saison liegen nach Branchenschätzungen bei circa 20 Millionen Euro pro Saison, obwohl der Sender nicht im Besitz der exklusiven Senderechte ist.

In der Formel-1 war und ist mit dem privaten Sender RTL ein starker Wettbewerber auf dem deutschen Markt, der die Rennen im frei empfangbaren Fernsehen anbietet.

Als großer Gewinnbringer im Sender verstand sich der Filmbereich, der das breiteste Spielfilm- und Serienangebot auf dem deutschen TV-Markt anbot. Es stand jedoch nur ein sehr kurzes, exklusiv nutzbares Verwertungsfenster zur Verfügung, in denen die Inhalte gewinnbringend vermarktet werden konnten. Dabei spielt die so genannte Verwertungskette eine entscheidende Rolle.

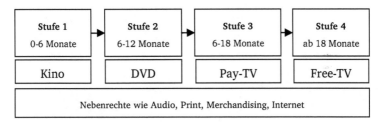

Abbildung 7: Beispiel der Verwertungskette eines Spielfilmes.
Quelle: Eigene Darstellung.

Ein Spielfilm kann alle Stufen der Verwertung durchlaufen, dies muss aber nicht zwingend der Fall sein. Die Verwertungsebenen sind durch Zeitfenster, sogenannte Windows, voneinander getrennt. Innerhalb dieser Fenster verfügt die Verwertungsebene über Exklusivität. Dies ist wichtig, um die Preiselastizität der Konsumenten optimal abzuschöpfen, denn bei den Stufen eins bis drei steht der Konsument in einer direkten Preis-Absatzbeziehung zum Rechteinhaber und zahlt für den Konsum. Die Abfolge der Verwertungsebenen kann je nach Film variieren, außerdem werden die Zeitfenster regelmäßig kürzer. Zudem wird wahrscheinlich in naher Zukunft ein weiteres Fenster für den Vertrieb über das Internet hinzukommen. Der Verantwortliche für die Spielfilmsparte des Senders hatte aus diesem Grund ein großes Interesse daran, Spielfilme und Serien zu bewerben, solange eine exklusive Verwertung möglich war.

2. Redaktionskonferenz

Um den Bedarf für die On-Air-Promotion konkret zu ermitteln, gab es ab dem Jahr 2008 einmal monatlich eine Redaktionskonferenz im Sender, an der alle relevanten Bereiche teilnahmen. Die Entscheidungsträger der relevanten Sportredaktionen für nationalen und internationalen Fußball oder Formel-1 besprachen und priorisierten Programmhöhepunkte und sonstige Kommunikationsmaßnahmen. Die Themen legten sie dabei für zwei Monate im Voraus fest, damit die entsprechenden Trailer in dieser Zeit produziert und gesendet werden konnten.

Am Beispiel des Bereichs Sport wird der Ablauf einer Redaktionssitzung dargestellt. Zunächst wurde der Sportkalender für den entsprechenden Monat nach Kriterien visualisiert, die für die Ermittlung des On-Air-Promotionsbedarfs entscheidend waren. Auf dem entsprechenden Dokument war zu erkennen, wann welche Veranstaltungen stattfanden und welche Rechte im Programm waren. Neben diesen kalendarischen Eckdaten gab es weitere Aspekte, die den Erfolg einer Mediensportart ausmachten und die Entscheidung beeinflussten. In der Sitzung fiel zunächst die Frage nach dem „National Hero": Gibt es einen deutschen Sportler oder ein deutsches Team, welche aktuell eine der Sportarten im Programm dominieren? Es gab in der Vergangenheit immer wieder den Fall, dass einzelne Sportler ihrer Sportart zu enormer Popularität verhalfen und für Quotenerfolge sorgten. Aus der deutschen Sportgeschichte der letzten drei Jahrzehnte gehören dazu: Boris Becker mit seinem Sieg in Wimbledon 1985, Michael Schumacher und sein erster WM-Titel in der Formel-1 1994 oder Martin Kaymer, der im Februar 2011 die Weltrangliste im Golf anführte. Ausschlaggebend sind auch die Quoten aus der Vergangenheit, die Größe der Fangruppe oder die Anzahl der aktiven Sportler. Regelmäßig übertragene Sportserien wie die Fußball-Bundesliga, die UEFA Champions League oder die Formel-1 dominieren aufgrund dieses Kriterium die Sendezeit. Weitere Faktoren wie die Tradition der Sportart oder ein verständliches Regelwerk, eigene Erfahrungen und Identifikation mit dem Sport, Internationalität, Nachhaltigkeit und ein positives Image ohne Skandale, Gewalt und Doping beeinflussen die Beliebtheit bei den Zuschauern. Daneben achtet der Sender vor allem auf die Möglichkeiten einer exklusiven, medientauglichen Inszenierung mit Showeffekten, welche die Sportart bieten sollte.

Wird nun der Sportmonat März 2009 nach diesen Kriterien analysiert, ergab sich folgendes Bild: In der ersten und zweiten Fußball-Bundesliga fanden die Spieltage 22 bis 25 statt. Die Rückspiele des Achtelfinales in der UEFA Champions League wurden mit deutscher Beteiligung ausgetragen. Im UEFA-Pokal, der mittlerweile den Titel Europa League trägt, fanden die Achtelfinalspiele mit deutscher Beteiligung statt, und im DFB-Pokal wurde das Viertelfinale gespielt. In der Deutschen Eishockey Liga DEL starteten die Play Offs mit der Qualifikationsrunde. Darüber hinaus waren noch im Programm: Golf, US Sports, Wrestling, ausgewählte Spiele aus internationalen Fußballligen sowie der Start der Formel-1-Saison mit dem ersten Rennen am 29.03.2009 in Australien, Melbourne Park.

Im Lauf der Sitzung hat sich der Formel-1-Start als Schwerpunkt der Kampagne durchgesetzt, was auf mehrere Gründe zurück zu führen ist. In der Saison 2009 waren mit Sebastian Vettel, Nico Rosberg, Timo Glock, Nick Heidfeld und Adrian Sutil fünf deutsche Fahrer am Start und BMW Sauber war als deutscher Rennstall vertreten. Zudem fand während der Saison mit dem großen Preis von Deutschland auch ein Rennen in Deutschland statt. Obwohl seit dem Rücktritt Michael Schumachers nach der Saison 2006 die Einschaltquoten stark rückläufig waren, zählte die Formel-1 nach wie vor zu den beliebtesten TV-Sportarten und größten Quotengaranten. Autos und Autorennen haben in Deutschland eine große Tradition. Das Regelwerk ist einfach. Neben der Formel-1 erfreuen sich noch andere Rennserien großer Beliebtheit wie die DTM oder der Porsche Cup, denn die Identifikation mit dem Motorsport ist hoch. Das Automobil nimmt bei den Deutschen einen hohen Stellenwert ein. Das liegt auch darin begründet, dass fast jeder Deutsche auf eigene Erfahrungen zurückgreifen kann. Im Jahr 2010 kamen auf 100 in Deutschland lebende Personen 66 Kraftfahrzeuge. Mit circa 41,3 Millionen PKWs liegt Deutschland im internationalen Vergleich vorne (vgl. Statistisches Bundesamt 2010: S. 420).

Die Formel-1 ist im Gegensatz zu anderen Sportarten in den vergangenen Jahren nicht durch Skandale negativ aufgefallen. Das Image der Formel-1 hat mehrere Ausprägungen. Während die Fahrer als Helden gelten, die im Kampf Mann gegen Mann und Mensch gegen Maschine ihr Leben riskieren, denn tödliche Unfälle werden beim Zuschauer als Teil der Show akzeptiert, werden die Rennfahrzeuge als technische Meisterwerke verehrt. Zudem wird von den Veranstaltern sehr penibel das Image einer gesellschaftlichen Großveranstaltung mit prominenten Gästen, Hostessen in der Boxengasse und außergewöhnlichen Veranstaltungsorten wie Monaco oder Bahrain gepflegt. Die Priorisierung in der Redaktionskonferenz für die im März 2009 zu bewerbenden Live-Sport-Veranstaltungen war eindeutig. Die Höhepunkte des Monats waren der Start der Formel-1-Saison, gefolgt von den Bundesligaspieltagen 22 bis 25 sowie den Achtelfinalspielen der UEFA Champions League und der Europa League.

Ähnliche Prüfungen werden auch von den anderen Programmbereichen, sowie der Abteilungen Marketing vorgelegt und diskutiert. In jeder Abteilung entstand eine Tabelle mit zehn Programmhöhepunkten in der Reihe ihrer Wichtigkeit, wobei die ersten drei Priorität genossen. Diese Themen sollten mit Hilfe der On-Air-Promotion beworben und auf der Plattform kommuniziert werden. Die erste Stufe der Bedarfsermittlung war damit abgeschlossen. Der Prinzipal wusste, was er wollte.

3. Prüfung der Programmflächen

Nach der Ermittlung des Bedarfs wurde eine Prüfung und Auswertung der Programmflächen beim Sender durchgeführt. In einem ersten Schritt berechneten die Mitarbeiter der Abteilung Scheduling mithilfe einer Software, welche Anzahl an Programmflächen, sogenannten Slots, für die On-Air-Promotion zur Verfügung stand und stimmte diese mit dem Bedarf ab. Diese Abteilung mit ihren Verfahren der systematischen Planung wurde aus mehreren Gründen notwendig und zeitgleich mit der Redaktionskonferenz im Jahre 2008 eingeführt.

> [Int 1 2011] Seit der Gründung dieser Abteilung und der Einführung der Redaktionskonferenz und eines softwarebasierten Planungstools ist es möglich, die Einsatzplanung der Trailer effizienter zu gestalten. Früher hatten die Fachbereiche selbst die Hoheit über die Bestellung und haben für jedes erdenkliche Sportereignis oder jeden Film einen Trailer bei der Agentur bestellt und selbstständig in die Sendeabläufe eingeplant. Es gab keine Abstimmung der einzelnen Bereiche, die Bestellun-

gen wurden nicht synchronisiert. Außerdem war es vor der Einführung der Planungssoftware auch nicht möglich, den Werbedruck und die Anzahl der Kontakte zu bestimmen. Keiner konnte sagen, wie viele Kontakte mit einem Trailer erreicht wurden. Es gab genügend Fälle, in denen Trailer produziert wurden, die in ihrer Wirkung einfach verpufft sind. Häufige Fehler waren, dass sie entweder zur falschen Zeit programmiert wurden, beispielsweise nur spät nachts. Oder sie hatten eine viel zu kurze Vorlaufzeit vor dem tatsächlichen Event. Die strategische Komponente in der Einsatzplanung der On-Air-Promotion fehlte völlig.

Da es im Pay-TV wesentlich weniger Unterbrecherwerbung als im Free-TV gibt, ist die Anzahl der Slots für die Promotion begrenzt. Bei Spielfilmen können Trailer nur vor oder nach dem Programm platziert werden. Bei Fußballspielen gibt es freie Plätze vor dem Spiel, nach der ersten Halbzeit, nach der Halbzeitanalyse und nach dem Spiel. Alle anderen Werbeflächen sind weniger wertvoll, da sie bei den Zuschauern kaum Beachtung finden. Zudem werden Pay-TV-Kanäle von den Zuschauern eher programm- oder eventbasiert genutzt. Das bedeutet, dass ein Zuschauer selten vom Vorabend über die Prime Time bis zur Nachtschiene auf einem Kanal bleibt. Dieses Verhalten ist bei frei empfangbaren Vollprogrammen wie ARD, ZDF oder RTL häufiger vorzufinden, da der Zuschauer dort einen Mix an Genres und Sparten zu sehen bekommt, der sich von der Daily Soap über Nachrichten und Boulevardmagazin bis hin zu Spielfilm oder Serie erstreckt. In solch einem Programmfluss ergeben sich viel mehr Möglichkeiten, Trailer und Teaser zu platzieren und Kontakte mit dem Zuschauer zu generieren. Darüber hinaus nutzen diese Sender auch Nachrichten und Boulevardmagazine, um in den redaktionellen Flächen versteckt für Programm zu werben. Dies ist regelmäßig bei teuren Eigenproduktionen, sogenannten Eventinszenierungen, großen Sportereignissen und teuren Lizenzprogrammen wie Spielfilmen zu beobachten. Findet beispielsweise auf RTL ein Boxkampf mit Vitali oder Wladimir Klitschko statt, so wird schon Tage zuvor jede Gelegenheit genutzt, um über die Protagonisten oder den Boxsport zu berichten. Ausländische Pay-TV Sender wie beispielsweise BSkyB in Großbritannien oder Sky Italia in Italien lancieren deshalb oft eigene Nachrichtenkanäle, um zum einen den Zuschauer auf der Plattform zu halten, auch wenn gerade kein Film oder Sportereignis dessen Interesse weckt, und zum anderen, um auf kommendes Programm hinzuweisen und den Zuschauer vorzubereiten (vgl. Kapitel C in dieser Arbeit).

Eine weitere Einschränkung für Promotion im Pay-TV ist, dass lediglich auf den sendereigenen Kanälen Werbeflächen zur Verfügung stehen. Es wird keine Sendefläche auf anderen Kanälen, schon gar nicht im Free-TV, für On-Air-Promotion eingekauft. Zudem fallen Opportunitätskosten an: Eine Programmfläche, die für On-Air-Promotion genutzt wird, kann nicht an einen Werbetreibenden zur Produktwerbung verkauft werden. Gleichzeitig bedeutet Promotion eine Verkürzung der redaktionellen Programmflächen in Sportübertragungen. Dies wiederum stört die Redakteure, da sie Platz für ihre Geschichten verlieren.

Die Quantität der für On-Air-Promotion zur Verfügung stehenden Flächen in Länge und Anzahl ist also sehr knapp und wird mit Hilfe einer Programmplanungs-Software bestimmt. Basis sind die Programmabläufe und Sendeabläufe der Sender auf der Plattform mit allen Filmen, Serien, Sportereignissen und Werbebuchungen. In Tabellenform erkennen die Planer der Promotion die Lücken im Programm, in denen sie die Trailer platzieren können.

In einem zweiten Schritt nimmt die Scheduling-Abteilung eine Bewertung der Qualität der Flächen vor. Flächen vor oder nach der Premiere eines Blockbusters oder besonderen Fußballspielen in der Bundesliga oder Champions League verfügen über einen höheren Stellenwert und sind wertvoller als beispielsweise diejenigen im Umfeld von Wiederholungen alter Serienware. Die qualitative Bewertung der Werbeplätze als wertvoll ist abhängig von der absoluten Anzahl sowie der demographischen Struktur der Zuschauer. Mit der Promotion sollen nicht nur möglichst viele, sondern es sollen auch die richtigen Zuschauer erreicht werden. Eine wichtige Voraussetzung, die den Programmplanern überhaupt erst solche Überlegungen ermöglicht, ist die interne Programm- und Quotenforschung. Mit Hilfe von Panelforschung, Interviews und Telefonumfragen wird versucht zu erahnen, welche Personen mit welchen Eigenschaften, welches Programm zu welchem Zeitpunkt konsumieren werden. Daraus kann abgeleitet werden, ob und welche Affinitäten zu anderen Programmen oder Marketingaktionen bestehen. Für die Planer stellt sich die Frage, bei welchen Programmen sich größtmögliche Schnittmengen der Zuschauer ergeben. Wahrscheinlich zeigen sich Zuschauer spannungsgeladener Spielfilme mit schnellen Autoverfolgungsjagden auch in höherem Maße empfänglich für Formel-1-Rennen als Zuschauer von Avantgardefilmen auf Spartenkanälen. Für das erste Formel-1-Rennen des Jahres ist mit einer voraussichtlich hohen Einschaltquote zu rechnen, was sich für einen Sendeplaner wiederum als ideales Umfeld erweist, um für spannungsgeladene Spielfilme mit schnellen Autoverfolgungsjagden oder andere Live-Sport-Ereignisse zu werben.

In die qualitative Bewertung der Programmflächen fließt auch die Analyse der Orte und Situationen mit ein, wo und wie die Programme in der Regel konsumiert werden. Wenn beispielsweise bei der Übertragung von Fußballweltmeisterschaften ein Großteil der Zuschauer nicht zu Hause vor dem Fernseher sitzt, sondern die Spiele im öffentlichen Raum, in Bars oder Restaurants verfolgt, dann wirkt sich dies auch auf die Entscheidung aus, welche Promotion auf welchen Plätzen gesendet wird. In einem Programmumfeld, in dem viele Nicht-Abonnenten das Programm verfolgen, machen Up- und Cross-Selling Angebote für bestehende Kunden wenig Sinn. In solchen Flächen wird darauf abgezielt, einen Nicht-Kunden zum Kunden zu machen, indem auf die Programmvielfalt, Programmqualität und besonders günstige Rabattierungen hingewiesen wird. Auf die Strategien Up- und Cross Selling wird später näher eingegangen.

Nach der qualitativen und quantitativen Analyse der zur Verfügung stehenden Programmflächen wird von den Planern bewertet, wie viel Werbedruck innerhalb eines Monats aufgebaut werden kann. Die international übliche Einheit um dies zu messen ist der Gross Rating Point (GRP). Der GRP zeigt, wie viele Kontakte in der gewünschten Zielgruppe erreicht werden können. Er berechnet sich aus der Netto-Reichweite eines Spots multipliziert mit der Anzahl der Kontakte.[4] Die Einsatzplaner schätzen nun für jeden zur Verfügung stehenden Werbeplatz die Anzahl der möglichen GRP. Gleichzeitig wird jedem Trailer und jeder Kampagne eine Anzahl an GRP zugewiesen, die erreicht werden sollen.

---

4   Ein Beispiel für GRP: Eine Kampagne hat ein maximales Zuschauerpotenzial von 1.000.000 Zuschauern in der Zielgruppe Männer zwischen 14 und 29 Jahren. Werden von den 1.000.000 erreichbaren Zuschauern 50 % erreicht, ergibt sich eine Nettoreichweite von 500.000 Zuschauern. Angenommen jeder der Zuschauer hat den Spot dreimal gesehen, ergibt sich eine Bruttoreichweite von 1.500.000 Zuschauern. Der GRP errechnet sich dann folgendermaßen: 50% x 3 = 150 GRP.

Die Planer eruieren somit die notwendige Zahl an Kontakten des Trailers, damit die Botschaft auch ausreichend in der Zielgruppe kommuniziert werden kann und entsprechende Reaktionen zu erwarten sind. Auf diese Weise wird sichergestellt, dass eine Kampagne das gewünschte Potenzial entwickeln kann und sich die Zuschauer-, Abo-, oder Upgradezahlen entsprechend einstellen. Doch die Auswirkungen des Bewertungssystems beschränken sich nicht nur auf die Bedarfsermittlung beim Sender:

> [Int 1 2011] Ein weiteres Problem das mit der Einrichtung dieser Abteilung und dieser Software gelöst wurde, sind die zu kurzen Vorlaufzeiten. Ein Großteil der Bestellungen war früher sehr viel kurzfristiger. Ein Trailer wurde oft erst bestellt, wenn die Ausstrahlung des Programms kurz bevor stand. Dies hatte einen enormen Zeitdruck in der Produktion zur Folge. Die Trailer wurden häufig in sehr großer Eile produziert. Dies hatte nicht nur Einfluss auf die Qualität der Trailer, sondern verursachte ein weiteres logistisches Problem: die Trailer konnten nicht von den Fachabteilungen des Senders vor der Ausstrahlung begutachtet und abgenommen werden. Oftmals kamen die Trailer erst zur Abnahme, nachdem sie schon on air waren. Allerdings hat es Monate gedauert und einiges an Mühe gekostet, die Fachabteilungen und Redaktionen von diesem Vorgehen zu überzeugen. Für diese Bereiche ist es wesentlich mehr Arbeit und ein völlig neuer Ansatz, sich soweit im Voraus mit der On-Air-Promotion beschäftigen zu müssen.

Die Sendeplaner des Senders wussten nun, wie viele GRP sie in einem Monat zur Verfügung hatten und wie viele GRP sie für den Einsatz der Trailer benötigten. Da alle Trailer eine Standardlänge hatten, lies sich daraus ein erster Entwurf für die Trailereinsatzplanung erarbeiten. Zu diesem Zeitpunkt wussten die Planer noch nicht, wie die Trailer konkret aussehen und arbeiteten deshalb mit Lückenfüllern. Sie stellten mit der Programmplanung ein Gefäß bereit, welches erst zu einem späteren Zeitpunkt mit Inhalt gefüllt wurde. Dieses Vorgehen war nur möglich, da alle Promotionelemente die gleichen Längen hatten. Damit wurde sichergestellt, dass die Trailer flexibel auf allen Kanälen eingesetzt und bis zur letzten Sekunde vor der Ausstrahlung ausgetauscht werden konnten. Die Gefäße, mit denen gearbeitet wurde, waren 15, 30 oder 60 Sekunden lang. Diese Festlegung hatte wiederum enorme Auswirkungen auf die Produktion, denn alle Trailer mussten genau diese Standardlängen erfüllen, egal wie das inhaltliche Konzept aussah. Aufgrund ihres besonderen Tätigkeitsfeldes unterschied sich die Arbeitssituation der Planer von anderen Abteilungen. Die Planer saßen als einzige Abteilung in einem Großraumbüro. Untereinander wurde viel kommuniziert und ständig wurden Fragen in die Runde gestellt. „Ist es richtig, dass...?", „Hier gibt es eine Programmänderung!" oder „Kann es sein, dass...?" waren häufige Formulierungen. Sie spiegelten die planerische Aufgabe wider, in der es darum ging, maximale Planungssicherheit zu erreichen, sich stets neu abzusichern und abzustimmen. Regelmäßig zogen sich Gruppen mit Stapeln an ausgedruckten Tabellenblättern in Konferenzräume zurück, um die Ergebnisse zu diskutieren. Es gab aber auch Phasen, in denen die Planer konzentriert vor ihren Bildschirmen saßen und Daten in die Software eingaben. Die Arbeit verband kreative Tätigkeit mit dem sehr genauen und peniblen Ausfüllen von Tabellenblättern. Sie waren Kreative dadurch, dass sie die richtigen Umfelder für die Trailer finden mussten, um die GRP zu erreichen. Zudem musste ein sinnvoller Programmablauf gestaltet werden, der den Zuschauer nicht störte und sanft in die folgende Sendung überleitete. Diese Überlegungen mussten aber akribisch und exakt auf die Sekunde in die Sendepläne eingearbeitet werden. Pro Tag wurden 30 bis 40 unterschiedliche Themen beworben.

Das Selbstverständnis der Einsatzplaner war das von mächtigen Verwaltern. Sie waren die Herren über die knappe und begehrte Ressource Werbeplatz. Sie unterstützten zwar die Verantwortlichen der Fachabteilungen darin, ihre Werbebotschaften zu platzieren, hatten aber die Macht, kurzfristige Anfragen abzulehnen oder doch noch irgendwie zu ermöglichen. Sie stellten die Öffentlichkeit her, indem sie vorgaben, welche Trailer wo und wie eingesetzt werden konnten. Mit der Gründung der Abteilung Scheduling ist ein neuer, machtvoller Akteur entstanden. Vorher wurde der ganze Prozess der Bedarfsermittlung für die Promotion im Sportbereich von einer einzigen Person „aus dem Bauch heraus" gesteuert und auch entschieden. Nun ist eine ganze Abteilung dafür zuständig. War die Planung der Trailer in der Vergangenheit eher eine Bauchentscheidung, wird nun mit intensiver Unterstützung von Software und Quotenforschung analysiert, wo und wie die Zielgruppen am besten erreicht werden können. Der Prozess der Bedarfsermittlung sowie der Prozess der Einsatzplanung unterliegen nun einer zentralen und übergeordneten Kontroll- und Planungsinstanz. Die Einführung dieses neuen Akteurs konnte allerdings nur auf Drängen und Druck der Geschäftsleitung durchgesetzt werden, da von den Programmabteilungen in der Folge ein sehr viel höheres Maß an Selbstdisziplin und auch Engagement verlangt wurde. Mit dem Scheduling wurden druckbare Daten und Fakten geschaffen, die diskutiert, weitergegeben und verhandelt werden konnten und es wurde eine greifbare „Währung" eingeführt, die den Wert der On-Air-Promotion messbar machte. Durch dieses neue Verständnis und Bewusstsein im Sender hat die On-Air-Promotion daraufhin den entscheidenden Schritt aus dem Nischendasein hin zu einem effektiven Instrument der Kommunikation geschafft.

4. Commissioning Meeting

Im Commissioning Meeting werden die Bewertungen aus dem Scheduling präsentiert. In dieser Konferenz entscheiden die Verantwortlichen der Bereiche wie Sport, Fiction oder Marketing welche Trailer und Kampagnen produziert werden, wann und wo sie eingeplant werden können und welche Anzahl an GRP erreicht werden sollte. Das Meeting wird von der Abteilung Scheduling geleitet, deren Mitarbeiter zunächst die Ergebnisse ihrer Arbeit anhand von ausgedruckten Tabellenblättern vorstellen.

Campaign Information					
Nr.	Campaign Title	Channel	Department	Promotion period	
1	Formel 1 Startkampage	Sport	Sport	01.03.2009	29.03.2009
2	Daily Highlights	Sport		01.03.2009	31.03.2009
3	Filmimage	Film	Film	15.01.2009	31.03.2009
4	Bundesliga 25. Spieltag	Sport	Sport	15.03.2009	21.03.2009

Planning				
Promo Weight	GRP	Runs	GRP to date	Target Group
A	300	3.189	0	Z 14-49
A	93	2.960	0	Z 3+
A	210	2.441	728	Z 14-49
B	40	645	0	M 14-49

Abbildung 8: Promotion-Planung. Es handelt sich um eine modifizierte Darstellung. Die originalen Dokumente beinhalten in der Regel 50 Elemente.
Quelle: Eigene Darstellung.

In der Tabelle wird zunächst ein Name für das Produkt vergeben. In der Spalte Channel sind der Kanal oder die Kanäle zu finden, auf welchen das Programm, nicht der Trailer, ausgestrahlt wird. Ist dort kein Eintrag, handelt es sich um Promotion, die entweder mehrere Programme von verschiedenen Kanälen gebündelt bewirbt, oder eine Promotion, die kein spezifisches Programm bewirbt. Beispiele dafür sind Spots für die Kundenzeitschrift oder für einen neuen Service des Call-Centers. In den Spalten „Department" und „Promotion period" ist vermerkt, welcher Bereich den Trailer bestellt hat und in welchem Zeitraum er auf der Plattform zu sehen sein wird.

Unter dem Oberbegriff „Planning" sind dann die wichtigsten Eckdaten der Trailer-Einsatzplanung aufgeführt. Zunächst wird eine Gewichtung genannt „Promo weight" für jedes Produkt vergeben, die A, B oder C sein kann und jeweils einer bestimmten GRP entsprechen.[5] Dahinter steht die Idee der Priorisierung. Es wird auf den ersten Blick deutlich, welche Kampagnen im entsprechenden Monat wichtig sind und den stärksten Werbedruck erfahren sollen. Dies ist auch ein Anhaltspunkt für die Einsatzplaner, wenn sie die Trailer in die Sendeflächen einbuchen. Denn wenn mehr Trailer eingebucht werden müssen als Flächen zur Verfügung stehen, so orientieren sich die Planer an diesen Gewichtungen. Trailer der Kategorie A werden zuerst verbucht. Können nicht alle Trailer untergebracht werden, so werden diejenigen aus der Kategorie C voraussichtlich auf der Strecke bleiben. Die Gewichtung steht auch in direktem Zusammenhang zur Produktion der Trailer. A-Kategorien sind hochwertige Trailer, denen auch mehr Ressourcen zugeteilt werden.

In der nächsten Spalte steht die Anzahl der GRP, die erreicht werden soll. Die Werte reichen in der Regel von 0 bis 300 mit erheblicher Varianz. Die Mehrzahl der Produkte soll GRP zwischen 30 und 60 erreichen, die Highlights des Monats liegen zwischen 100 und 200 und die Top-Kampagne, in diesem Fall die Formel-1-Startkampagne, liegt bei 300 GRP. Das bedeutet mathematisch:

---

[5] C bedeutet 0 bis 30 GRP, B bedeutet 30 bis 50 GRP und A bedeutet mehr als 50 GRP.

- 100 Prozent der anvisierten Zielgruppe müssen im angegebenen Zeitraum den Spot mindestens dreimal sehen, oder
- 75 Prozent der anvisierten Zielgruppe müssen im angegebenen Zeitraum den Spot mindestens viermal sehen, oder
- 60 Prozent der anvisierten Zielgruppe müssen im angegebenen Zeitraum den Spot mindestens fünfmal sehen und so weiter.

In der folgenden Spalte ist die Anzahl der „Runs" aufgeführt. Es sind die Ausstrahlungen, die für einen Trailer vorgesehen sind. Ein Trailer wird in der Regel zwischen 100 und über 3.000-mal pro Monat gesendet, aber auch hier gibt es eine starke Varianz. Ein Großteil der Trailer liegt bei Werten zwischen 300 und 400 Ausstrahlungen im Monat, was 10 bis 13 täglich entspricht. Die Highlights liegen bei angestrebten Ausstrahlungen von 1.000 bis 2.500 pro Monat. Die Formel-1-Kampagne soll 3.198-mal on air sein, also über 100-mal täglich, verteilt über die ganze Plattform.

In der letzten Tabellenspalte wird die gewünschte Zielgruppe angegeben. Z steht für Zuschauer gesamt, M für Mann und F für Frau, dahinter wird das Alter in Jahren angegeben. Die Formel-1-Kampagne soll demnach alle Zuschauer der Plattform im Alter zwischen 14 und 49 Jahren erreichen.

Diese Tabelle liegt in gedruckter Form allen Beteiligten im Commissioning Meeting vor und dient als Diskussionsgrundlage zur Trailereinsatzplanung für den Monat März. Im Gespräch geht es nur um die aufgeführten Eckdaten, denn die konkreten Einsatzdaten auf Tagesbasis für jeden einzelnen Trailer zu besprechen, würde den Rahmen des Meetings sprengen und zu diesem Zeitpunkt ein unnötiges Maß an Komplexität darstellen. Für die Verantwortlichen aus den Fachbereichen geht es in erster Linie um den Erfolg „ihrer" Programme, aber auch um ihren persönlichen Verdienst. Die variablen Anteile ihrer Gehälter hängen maßgeblich von Kennzahlen ab, die sie erreichen müssen. Die Entscheidungsträger aus den Programmbereichen sind für den Einkauf der teuren Programmware und für den Erfolg auf dem Zuschauermarkt verantwortlich. Die Aufgabe der Marketing-Mitarbeiter besteht darin, hohe Abo-Verkaufszahlen und starken Umsatz pro Kunde (ARPU) zu erreichen und die Kundenzufriedenheit zu sichern. Die Mitarbeiter aus dem Werbezeitenverkauf sollen möglichst hohe Erlöse aus dem Verkauf von

Werbung erzielen. Der Druck auf allen Seiten ist groß und kann sich auch auf die Atmosphäre der Konferenz auswirken.

[G2 2010] Ich kenne diese Commissioning Meetings auch von internationalen Sendern und habe schon beobachtet wie sich Channel Heads aufgrund 15-sekündiger Promotionplätze anschreien.

Das Meeting zur Formel-1-Kampagne verlief wesentlich friedlicher. Das lag vor allem daran, dass in der Regel 90 bis 95 Prozent der anvisierten GRP erreicht werden konnten, in den Kategorien A und B meist 100 Prozent. Zudem wurde das neuartige Planungsverfahren erst kurz vorher eingeführt und die Teilnehmer mussten sich an das Prozedere erst gewöhnen. Unruhe kam dennoch auf, als aus den Fachbereichen Themen eingebracht wurden, die in der Planung nicht berücksichtigt waren, wie kurzfristig erworbene Sport- oder Filmrechte, die angepriesen werden sollten, oder neue Marketing- oder Vertriebsaktivitäten, die den Absatz der Abos ankurbeln sollten. Am Ende der Konferenz verabschiedeten die Verantwortlichen die Einsatzplanung der Trailer, soweit sie bekannt war. Damit war die Bedarfsermittlung abgeschlossen und die Prozessbeteiligten wussten, welche Inhalte auf der Plattform mit welchem Druck beworben werden sollten. Die Abteilung Scheduling arbeitete auf Basis dieser Informationen die genauen Einsatzdaten aus. Die Gefäße für die Trailer wurden erstellt und müssen nun mit Inhalten gefüllt werden.

5. Auftragserteilung

Nach ungefähr zweieinhalb Wochen haben sich die Verantwortlichen des Senders darüber verständigt, welche Trailer gesendet werden sollten und gaben diese bei der Agentur in Auftrag. Im Sportbereich fand dazu ein monatliches Treffen statt, in dem sich der Manager On-Air-Sport des Senders mit der Abteilungsleitung und dem Projektmanager der On-Air-Promotion der Agentur austauschten. Der Manager On-Air-Sport war der zentrale Ansprechpartner des Senders für die Agentur und zeichnete auf Senderseite für die Promotion verantwortlich. Er brachte mehrere Exemplare ausgedruckter Tabellenblätter zum Treffen mit, anhand derer die Bestellung der Trailer für den ganzen Monat besprochen wurde. Noch wurde jedoch nicht an konkreten Inhalten gearbeitet. Das erste Treffen war lediglich als Projektauftakt zu verstehen. Die erste Aufgabe auf Agenturseite war die Kostenschätzung der monatlichen Bestellung. Noch bevor über Inhalte gesprochen wurde, möchte der Kunde wissen, was die Trailer kosten werden! Die Kosten für eine Kampagne sind standardisiert und betragen – sage und schreibe! – 49.926,91 Euro.

Leistungen	Einheit	Kostensatz	Anzahl	Summe in EUR
Schneideraum	Schicht	300	15	4.500,00€
Graphikraum (einfach)	Schicht	64	10	640,00€
Graphikarbeitsplatz	Schicht	910	10	9.100,00€
Schnittpersonal	Schicht	350	15	5.250,00€
Graphikpersonal	Schicht	350	20	7.000,00€
EB-Dreharbeiten	Pauschal	20.000	1	20.000,00€
Texter	Stunde	40	8	320,00€
Sprecher	Stunde	45	4	180,00€
Tonstudio	Stunde	45	8	360,00€
Sounddesign	Stunde	40	40	1.600,00€
Speicherung	Minute	8	5	40,00€
Tonpersonal	Stunde	45	8	360,00€
Kopie	Minute	2,81	6	16,86€
Digi-Beta Tape	Stück	19,79	1	19,79€
Recherche	Stunde	30	18	540,00€
Etikettierung	Stück	0,26	1	0,26€
Nettopreis in Euro:				49.926,91€

Abbildung 9: Kalkulation der Startkampagne vorgelegt von der Agentur. Quelle: P4 CC 2009.

In dieser Kalkulation war die pauschale Summe von 20.000 Euro für Dreharbeiten aufgeführt, obwohl zu diesem Zeitpunkt noch nicht bekannt war, ob überhaupt gedreht wird und falls ja, was gedreht werden sollte. Darüber hinaus wurde mit 15 Schichten gerechnet, das entspricht drei Wochen Schnitt und 20 Schichten graphischer Bearbeitung. Die Budgetierung stützte sich auf Erfahrungswerte aus vergangenen Startkampagnen. Sollte sich während der Produktion herausstellen, dass diese Werte zu hoch oder zu niedrig angesetzt waren, dann wird mit dem Kunden nachverhandelt. Allen Beteiligten war selbstverständlich klar, dass die Nachverhandlung Teil des Geschäftes und als Ritual nahezu obligatorisch war.

Um die Gesamtkosten der monatlichen Bestellung schnellstmöglich zu schätzen, teilten die Projektmanager jeden bestellten Trailer in eine Kategorie ein, hinter der wiederum eine Rate Card steht. Ein Standard-Trailer für die Fußball-Bundesliga war in der Regel mit dem gleichen Aufwand zu veranschlagen wie ein Monatshighlight-Trailer oder ein Image-Trailer. Sollte ein Trailer bestellt sein, hinter dem keine Rate Card steht, wurde dieser individuell kalkuliert. Nach ein bis zwei Tagen lag eine belastbare Aufwandschätzung durch die Agentur in Form einer Excel-Tabelle vor. Diese Auflistung wurde wiederum dem Sender zur Freigabe vorgelegt, bevor mit der Produktion begonnen werden konnte.

Parallel dazu erstellten die Projektmanager der Agentur die Ressourcenplanung, um die Bestellung in die aktuelle Produktion einzutakten und um sicherzustellen, dass die benötigten Mitarbeiter und Betriebsmittel zur richtigen Zeit verfügbar waren. Die Zeit- und Ressourcenplanung wurde in einer speziellen Software für Produktionshäuser abgebildet und bearbeitet. Eingaben wurden kontinuierlich geändert, Mitarbeiter wurden krank und neue, dringende Projekte mussten sobald als möglich bearbeitet werden. Das Projektmanagement ist kein einmaliger Prozess, der abgeschlossen wird, sondern konnte als rollierender Prozess mit täglichen Änderungen verstanden werden. Die Software bot den Vorteil, dass alle Abteilungen der Agentur wie Graphik oder Ton darauf zugreifen konnten, um ihre jeweils eigenen Planungen zu kalkulieren und anzupassen. Auch die Producer hatten Zugang zu dieser Software und konnten einsehen, auf welche Projekte sie gebucht wurden, wie viel Zeit ihnen zur Verfügung stand und in welchem Schneideraum sie arbeiten sollten. Der Projektmanager der Promotion gab zwar in der Software an, dass für ein Projekt an bestimmten Tagen ein Graphiker zur Verfügung stehen musste, welcher Graphiker dies sein sollte, wurde von den Projektmanagern aus der Graphikabteilung aber eigenständige bestimmt. Gleiches galt für die Audioabteilung. Auf diese Weise wurden Personalentscheidungen an die einzelnen Abteilungen delegiert und konnten bereichsintern getroffen werden.

Die Ressourcenplanung wurde komplett virtuell über das Planungssystem abgewickelt. Es gab allerdings eine Abweichung von der virtuellen Ressourcenplanung, bei der auf Papier zurückgegriffen wurde. An den Zugängen zu den Schnitt-, und Ton-Arbeitsbereichen in der Agentur hing jeweils eine Tabelle, die darüber Auskunft gab, welche Person sich in welcher Schicht in welchem Raum aufhielt. Diese Angabe diente lediglich der Orientierung, sowohl für die Producer als auch für Dritte, denn die Suiten waren von außen nicht einsehbar.

Das erste Formel-1-Rennen der Saison gab die Ressourcenplanung der Kampagne vor, denn von diesem Zeitpunkt an wurde rückwärts gerechnet. In der Regel durchläuft eine Kampagne unterschiedliche Stufen der Bewerbung: Drei bis vier Wochen vor dem Start laufen die ersten Teaser als Hinweise. Zwei Wochen vor dem ersten Rennen startet die Kampagne on air mit der Botschaft, dass die Formel-1-Saison in Kürze startet. Eine Woche vor dem Rennen läuft ein Trailer on air mit dem konkreten Sendehinweis auf das erste Rennen.

Nach der zwei- bis dreitägigen Ressourcenplanung stand fest, welche Personen an den verschiedenen Projekten beteiligt waren, an welchen Maschinen sie sitzen, mit welcher Software sie arbeiten, wann sie anfangen und wie viel Zeit sie zur Verfügung haben sollten. Nach insgesamt vier Wochen Planung mit intensivem IT- und Personaleinsatz und überraschend viel ausgedrucktem Papier, auf dem Tabellen über Tabellen zu finden waren, konnte nun mit der Ausarbeitung der Inhalte begonnen werden.

6. Das Briefing

Das Briefing des Kunden beschränkte sich auf die organisatorischen Eckdaten, die aus der Bestellung ersichtlich waren: Name des Produktes, Einsatzdatum, Priorität, GRPs und Zielgruppe. Da im Fall der Formel-1-Startkampagne Kunde und Agentur schon über Jahre eng zusammenarbeiteten, hat sich ein eigener Stil in der On-Air-Promotion entwickelt, der jedoch niemals schriftlich in einem Styleguide definiert wurde. Ende des Jahres 2008 trat aber ein neuer Marketingvorstand beim Sender an. Wie in der Branche üblich, brachte dieser neue Vorstand wiederum eine Lead-Agentur mit, mit der er schon seit längerer Zeit erfolgreich zusammengearbeitet hatte. Mit dieser Lead-Agentur wurde eine komplett neue Corporate Identity und ein neues Corporate Design für den Sender entwickelt. Alle für die Kommunikation des Unternehmens wichtigen Elemente wie das Logo, der Onlineauftritt, die Visitenkarten oder die Vorlagen für Microsoft Power-Point-Präsentationen wurden überarbeitet. Der Styleguide umfasste auch einen veränderten On-Air-Auftritt für die Plattform. Ein Auszug aus dem Styleguide, verdeutlicht die angestrebten Veränderungen:

> „Ähnlich wie bei der neuen Bildwelt für Print soll der Betrachter in die Filmwelt hineingezogen werden und sich mitten im Geschehen fühlen. Auch hier geht es nicht einfach um die Abbildung von Gefühlen, sondern darum diese beim Betrachter auszulösen.
> Die Bilder sollten außergewöhnlich sein, aber trotzdem unverfälscht und möglichst klar. Der Zuschauer soll Menschen, Dinge und Situationen von einer Seite kennen lernen, die er so noch nicht gesehen hat.
> Wichtiges Mittel zum Einbeziehen des Zuschauers ist der Aufbau von Spannung und damit auch der Wechsel des Tempos im Film sowohl beim Schnitt als auch bei den Filminhalten (ruhige Bilder und schnelle Bilder).
> Beim Einsatz eines Sprechers sollte dieser nicht nur die Bildinhalte wiederholen, um die Bilder nicht zur reinen Illustration des Textes werden zu lassen.
> Es sollen ungewöhnliche Momente gefunden werden, wie: Ungesehene Filmszenen, ungesehene Schnitte, ungewöhnliche Perspektiven, Nähe durch Close-Ups, Tempowechsel in den Bildern und Wechsel von langsamen und schnellen Schnittfolgen.
> In der Dramaturgie [...] kommt dem Aufbau von Spannung besondere Bedeutung zu. Eine Art retardierendes Moment am Beginn des Films zögert den ersten Höhepunkt hinaus, um diesem dann noch mehr Gewicht zu geben:
>
> Spannung → Höhepunkt → Auflösung
> Im Verlauf spielen Tempo- und Schnittwechsel eine große Rolle, die zum einen das Unerwartete unterstreichen und zum an-

deren den Facettenreichtum des Senders zeigen. Als Abschluss dient immer das neue TV-Ending.
Auch im Film ist die Bildsprache ungewöhnlich und unverfälscht, immer klar und doch überraschend. Die Sequenzen sollten möglichst ungesehen sein oder so geschnitten werden, dass man neue, spannende Zusammenhänge findet. Wichtigstes Auswahlkriterium für die Bilder ist aber, ob sie eine Geschichte erzählen und den Zuschauer in ihren Bann ziehen. Das können laute, aber auch ganz leise Bilder sein.

Don'ts:
Wort- und Bilddoppelungen. Bild und Sprache sollten sich ergänzen und nicht zur Illustration werden.

Keine Tempowechsel. Neben dem Spannungsaufbau am Anfang des Films sollte mindestens ein Tempowechsel in der Dramaturgie vorkommen. Gleiches gilt für schnelle und langsame Schnittwechsel.

Gefühle nur darstellen. Gefühle sollten nicht nur durch die Mimik der Darsteller zum Ausdruck gebracht werden, sondern durch die Geschichte selbst beim Betrachter ausgelöst werden" (P1 S 2008).

Für die Formel-1-Startkampagne reduzierte sich das konkrete Briefing des Senders auf eine Zeile in einer Excel-Tabelle. Es wurde definiert, wie die Kampagne einzusetzen ist und was sie leisten sollte. Der Bedarf wurde ermittelt und die Produktion geplant. Es folgt nun die Ideenfindung, die Konzeption und die Herstellung durch die Kreativagentur. Das vorherrschende Medium blieb aber zunächst Papier, wie die folgende Beschreibung zeigen wird.

III. Konzeption und Pre-Produktion

1. Die Ideenfindung und der dritte Prinzipal

Die klassische TV-Produktion wird üblicherweise in vier Phasen unterschieden: Konzeption oder Stoffentwicklung, Pre-Produktion, Produktion und Post-Produktion.

Unter Konzeption wird der Teil des Prozesses verstanden, an dessen Ende ein fertiges Drehbuch als Ergebnis vorliegt. Der Prozess schließt Bedarfsanalyse, Ideenfindung und Ausarbeitung des Drehbuches mit ein.

Die Pre-Produktion ist der Oberbegriff für alle Tätigkeiten, die nach Fertigstellung des Drehbuches bis zum ersten Drehtag anfallen: Casting, Finanzierung, Wahl der Drehorte, Aufbau der Kulissen, Zusammenstellung der Crew und noch weitere Aufgaben, die je nach Auftragslage hinzukommen können. Produktion ist die Phase, in der gedreht wird. Als Post-Produktion ist die Phase nach dem Dreh bis zum fertigen Produkt definiert. Sie schließt zum Beispiel Schnitt, Vertonung und Farbkorrektur mit ein.

Bei der Produktion der On-Air-Promotion sind die Grenzen fließend und nicht scharf trennbar. Aus diesem Grund werden in der folgenden Prozess-Analyse in der Agentur die Stoffentwicklung und Pre-Produktion, sowie die Produktion und Post-Produktion jeweils zu einem Kapitel zusammengefasst. Um diesen Teil so lebendig wie möglich zu gestalten, erfolgt die Beschreibung im Präsens.

Die Ideenentwicklung ist die Black Box in der Black Box Fernsehproduktion. Dieser Prozess ist der schwierigste und anspruchsvollste Teil der Arbeit und auch das Alleinstellungsmerkmal, der USP[6], einer Agentur. Denn genau darin unterscheiden sich Agenturen, die erfolgreich am Markt agieren, oder eben nicht. Ist eine Agentur nicht in der Lage, auf Kommando und unter hohem Zeitdruck, frische, neue Konzepte zu liefern, so verliert sie schnell ihre Existenzberechtigung.

Die Ideen sollen innovativ und gleichzeitig kostengünstig umsetzbar sein. Sie müssen den Vorgesetzten innerhalb der Agentur und auch dem Kunden, d.h. dem Sender, gefallen und dort durch die Instanzen gehen. Sie sollen die Botschaft des Senders verbreiten, den Unterschied zur Konkurrenz und den Produktnutzen deutlich machen. Die Ideen sollen dazu führen, dass bei den Zuschauern und auch bei den Preisrichtern der Awardshows die gewünschten Reaktionen hervorgerufen werden, dass sich folglich Konsum und Auszeichnungen einstellen.

---

6   Unique Selling Proposition (USP). „Einzigartiger Verkaufsvorteil, der es erlaubt, ein Produkt möglichst spezifisch und möglichst nicht nachahmbar zu profilieren. Die Einzigartigkeit des Angebotes oder ein unverwechselbares Nutzenangebot, der das zu bewerbende Produkt gegenüber Konkurrenzprodukten hinreichend differenziert" (vgl. Becker 2002: S. 248 und 569).

Unzählige verschiedene Techniken werden angewendet, um Ideen zu entwickeln. Die Literatur, die zu den Themen Kreativitätstechnik, Ideenentwicklung oder Innovationsmanagement angeboten wird, ist nahezu unüberschaubar, ebenso vielfältig ist der Markt an Beratungsunternehmen, Seminaren und Workshops dazu. Dennoch gibt es kein Patentrezept, sonst würde es nicht so viele schlechte Ideen geben und sonst könnten Agenturen für gute Ideen nicht hohe Honorare aufrufen. Es gibt Agenturen mit einer sehr hohen Erfolgsquote, die offensichtlich bessere Ideen zu Papier bringen als andere Agenturen, aber auch die Erfolgreichen bringen Flops hervor. Kaum jemand kann den Erfolg einer Kampagne präzise vorhersagen oder Kriterien dafür festlegen. Kaum jemand kann prophezeien, ob der Geschmack der Zuschauer zuverlässig getroffen wird, um ein Produkt erfolgreich zu verkaufen. Jede Agentur hat eigene Methoden, Wege und Prozesse, um Ideen zu entwickeln. Doch kaum eine Agentur wird darüber Auskunft geben und diese Prozesse detailliert beschreiben, da es deren Geschäftsgrundlage bedeutet und tiefen Einblick in die Funktionsweise des Unternehmens gewährt. Im Folgenden wird der Versuch unternommen, genau diesen Prozess sichtbar zu machen und die Black Box zu öffnen.

> [Int 1 2011] Die Suche nach der richtigen Idee ist für uns auch immer der spannendste Teil des Prozesses. Niemand weiß am Anfang, welche Idee am Ende gewinnt und umgesetzt wird. Ich glaube an die Kraft der Idee und finde es faszinierend, wenn auf einem zunächst weißen Blatt Papier mithilfe eines Stiftes oder eines Computers eine neue Welt entsteht. Es zählt für mich persönlich zu den attraktivsten und ehrlichsten Art und Weisen, Geld zu verdienen. Wir produzieren ständig Produkte, die es so vorher noch nicht gab. Ein großartiges Geschäftsmodell.

> [G2 2010] Für uns sind die Startkampagnen für die Fußball Bundesliga, die UEFA Champions League und die Formel-1 die kreativen Highlights des Jahres. Hier können wir uns richtig austoben und dem Kunden schöne Konzepte präsentieren, denn wir haben Budgets zur Verfügung, die wir bei normalen Produkten nicht haben. Bei Startkampagnen ist zudem auch die Preisempfindlichkeit auf Kundenseite sehr gering. Sollte eine besonders gute Idee entstehen, kann die Umsetzung auch kostspieliger ausfallen, als anfangs gedacht und meist wird der Sender auch dafür aufkommen. Der Sender profitiert ja am Ende auch von hochwertigen Produkten für seine Abonnenten.

Aber wir profitieren auch als Agentur von guten Ergebnissen. Wir stehen im Wettbewerb mit allen anderen Agenturen, die vergleichbare Leistungen am Markt anbieten. Es gibt einige Wettbewerber, die erpicht sind auf unsere Kunden und Aufträge und es gibt Kunden und Aufträge die wir gerne im Portfolio hätten. Darüber hinaus gewinnen wir auch regelmäßig Preise mit unseren Startkampagnen.

Um die Stellung in der Branche zu verteidigen, ist es ein absolutes Muss für die Agentur, regelmäßig an nationalen und internationalen Branchenveranstaltungen teilzunehmen, um Kreativpreise zu gewinnen. Diese Preise gelten als harte Währung, da sie ein objektives Gütekriterium darstellen. Sie stehen in vielen Agenturprofilen an erster Stelle und fallen auf den Webseiten der Agenturen oft sofort ins Auge. Auszeichnungen erhöhen das Prestige, verändern den Status einer Agentur positiv, führen zu mehr Aufträgen, höheren Budgets und sichern letztendlich das Überleben. Da der Kunde die Qualität der Produkte einer Agentur oft selbst nicht einschätzen kann, ist er auf diese Indikatoren angewiesen. Sie dienen der Rechtfertigung für die Auswahl einer Agentur auf Kundenseite.

Eine Agentur, die Preise gewinnt, ist sehr wahrscheinlich in der Lage, bessere Ergebnisse zu liefern als die Konkurrenz, kann jedoch auch höhere Preise aufrufen. Der Auftraggeber bezahlt somit nicht nur für die Produkte einer Agentur, sondern er kauft Vertrauen, Rechtfertigung und Absicherung für sein eigenes Handeln. Sollte eine Kampagne floppen, kann sich der Verantwortliche auf Kundenseite rechtfertigen damit, dass er auf die besten verfügbaren Ressourcen am Markt zurückgegriffen hat: Wenn diese Agentur es nicht kann, welche dann? Diese Argumentationsgrundlage fehlt bei schlecht positionierten Agenturen oder bei Agenturen, die komplett neu am Markt sind. Aus diesem Grund haben Agenturen, die regelmäßig Preise gewinnen, bessere Möglichkeiten, neue Kunden zu gewinnen, die Budgets für ihre Leistungen stabil zu halten oder zu erhöhen.

Der wichtigste internationale Wettbewerb in der On-Air-Promotion-Branche wird von einer Vereinigung mit dem Namen PromaxBDA ausgetragen und findet einmal jährlich in New York statt. Hier wird sozusagen der „Oscar für Trailer" vergeben. Hier werden alle Produkte von allen großen Sendern und Agenturen weltweit eingereicht, die mit On-Air-Promotion zusammenhängen, wie Trailer, Teaser, Kampagnen oder auch Designpakete. Sie werden dann miteinander verglichen und schließlich von einer Jury bewertet und ausgezeichnet. Es ist eine große Ehre für eine Agentur, auf dieser Veranstaltung eine Auszeichnung zu erhalten, denn alle namhaften Unternehmen der Branche weltweit sind anwesend.

Auch für die Mitarbeiter einer Kampagne kommt ein Preis einem Ritterschlag gleich. Das Ansehen von Preisträgern innerhalb einer Agentur erhöht sich oft sprunghaft und sie können sich gegenüber Kollegen aus der Abteilung, den Vorgesetzten, der ganzen Agentur und auch gegenüber den Kunden profilieren. Diese Mitarbeiter haben auch gute Aussichten weiterhin an großen Projekten und nicht an Standardtrailern zu arbeiten. Sie finden oftmals besondere Berücksichtigung bei der nächsten Gehaltsrunde, erhalten möglicherweise eine Bonuszahlung und bewerben sich gleichzeitig für höhere Aufgaben im Unternehmen. Nebenbei steigern sie auch ihren Marktwert, falls sie das Unternehmen wechseln oder freiberuflich arbeiten möchten. Es ist sehr viel wahrscheinlicher, von anderen Agenturen zu besseren Konditionen abgeworben zu werden, wenn man diverse Auszeichnungen vorweisen kann.

Die These des doppelten Prinzipals nach Helmut Schanze (vgl. Schanze 1994: S. 84 f.) kann somit um einen weiteren, einen dritten Prinzipal erweitert werden – den Preisrichter. Awards sind eine eigene Währung, denn sie machen Entscheidungen nach außen vertretbar. Diese Entscheidungsebene durch die Preisrichter ist notwendig, da zwar jeder jeden beobachtet, das „Gefallen" der Produkte aber letztlich subjektiv ist. Awards sind offiziell und bedeuten Prestige, Prestige bedeutet Karriere und Karriere bedeutet sicheres und hohes Einkommen.

Awardshows in der Medienindustrie funktionieren immer nach dem gleichen Muster. Sie dienen der Selbstreproduktion des Systems und der Aufrechterhaltung eines Status. Offensichtlich wird dies daran, dass die Verleihungszeremonien von der Branche selbst inszeniert werden. Während die Oscarverleihung in der Filmbranche von den Leitern der Major Studios ins Leben gerufen wurde, waren bei PromaxBDA Agenturen und Sender federführend. Die Vorstände und Juroren der Vereinigungen sind mit Mitgliedern aus der Branche besetzt, im Falle der Promax finden sich fast ausschließlich Mitarbeiter von Agenturen oder Sendern mit hausinternen Agenturen. Die Branche feiert sich selbst und belohnt sich intern. Awardshows sind ein Marketinginstrument. Sie sorgen für Aufmerksamkeit in der Branche und bei Kunden.

Sie suggerieren Innovationskraft und die Weiterentwicklung der Produkte. Innerhalb der Branche geben sie aber auch die Richtung für neue Produkte und Themen vor. Die Agenturen richten die Konzeption und Produktion auch daran aus, welche Arten von Trailern Preise bekommen und welche nicht. Agenturen entwickeln ihre Konzepte für den Kunden, den Zuschauer *UND* die Preisrichter, den dritten Prinzipal.

[G2 2010] Die Verleihungen sind eine glamouröse Möglichkeit, einmal jährlich Kollegen aus der ganzen Welt und potenzielle Kunden in New York zu treffen oder auch dorthin einzuladen. Die Partys sind spektakulär und die Preise selbst sind ca. 40 Zentimeter große goldene oder silberne menschenähnliche Figuren, die die Hände wie zum Gebet in den Himmel strecken. Eine tolle Show.

[Int 1 2011] Alle Agenturen und Sender wollen die Preise gewinnen und hier und dort wird auch mit Tricks gearbeitet. Mein Chef behauptet, dass er bereit sei für die Entwicklung und Produktion eines echten Gewinners – also eines Trailers mit ausgezeichneten Erfolgschancen – zusätzliche finanzielle Mittel der Agentur zur Verfügung zu stellen, sollte das Budget des Kunden nicht ausreichend sein. Es gibt Agenturen, die sich mit so genannten „Goldrunden" gezielt auf Awardshows vorbereiten. Das bedeutet, die Agentur entwickelt mit ihren besten Mitarbeitern Ideen auf eigene Kosten und ohne Auftrag. Sollten potenzielle Gewinner entstehen, werden diese Konzepte proaktiv den Sendern vorgeschlagen mit der Hoffnung, dass sie auch umgesetzt werden und on air gehen können. Hintergrund ist, dass ein Trailer oder eine Kampagne nachweislich mindestens einmal bei einem Sender on air gewesen sein muss, um zu den Veranstaltungen zugelassen zu werden. Es gab auch schon Fälle, dass Sender mit hauseigenen Agenturen besonders ausgefallene oder provokante Trailer nur einmal – spät nachts, wenn kaum Zuschauer zusehen – senden.

Bei Standardtrailern, die zum Tagesgeschäft gehören, zieht sich eine Person für kurze Zeit zurück und schreibt einige Zeilen auf ein DIN-A4-Blatt. Das wird in der Regel ohne Änderungen innerhalb von ein bis drei Tagen umgesetzt. Bei besonders einfachen Trailern schreibt ein Producer überhaupt kein Konzept, sondern beginnt sofort mit der Umsetzung, da er aus Erfahrung weiß, wie das Produkt auszusehen hat. Mit diesen beiden Vorgehensweisen werden in der Agentur die allermeisten Aufträge abgewickelt, damit werden die größten Erlöse erzielt und die finanzielle Basis gesichert.

[G3 2010] Im Grunde können wir die Konzepte und Texte für die Standardtrailer der ganzen Saison, also die wöchentliche Basispromotion, sowohl für die Fußball-Bundesliga als auch für die Formel-1 schon vor der Saison schreiben. Was wir zum Teil auch machen. Bei diesen Wettbewerben gibt es Muster, die sich immer wiederholen. Ein großer Fahrer hat immer seinen Heim-Grand-Prix, das Rennen in Monaco besticht allein durch die Exklusivität und den Rennkurs mitten durch die Stadt. Das Rennen in Singapur ist das erste Rennen bei Nacht in der Formel-1-Geschichte und so weiter. Gleiches gilt für die Bundesliga. Dort gibt es meistens ein Derby, ein Spiel „David gegen Goliath", und es gibt auch immer das Spiel des Tabellenführers, den alle anderen Teams jagen. Sollte tatsächlich ein Ereignis geschehen, dass für die Promotion interessant sein könnte, ein neuer Trainer eines Bundesliga-Vereins oder ein spektakulärer Unfall in der Formel-1, dann wird dieser Trailer kurzfristig überarbeitet. Das geht sehr schnell, da in solchen Fällen klar ist, welche Geschichte erzählt werden soll. In der Bundesliga haben wir aktuell sechs Wochen Vorlauf mit der Produktion der Standardtrailer.

Sowohl die Verantwortlichen in der Agentur als auch beim Sender legen größten Wert auf Varianten, denn sie möchten die Möglichkeit haben, aus verschiedenen Ideen und Richtungen auszuwählen. Selbst wenn sofort am ersten Tag des Prozesses die beste und einzig sinnvolle Idee entstehen würde, so müssten trotzdem für die internen und externen Präsentationen Alternativen zur Verfügung stehen, allein um den Wert der Idee vergleichbar zu machen. Außerdem muss der Kunde in die Ideenfindung eingebunden werden. Er muss zumindest das Gefühl haben, an der Entscheidungsphase zu partizipieren. Der Kunde möchte nicht nach der Devise „friss oder stirb" behandelt werden, dem nur eine Variante angeboten wird. Ein einzelnes Konzept wird in der Regel nur präsentiert, wenn der Entscheidungsfindungsprozess auf der Kundenseite schon weit fortgeschritten ist, oder wenn ansonsten überhaupt keine tragfähigen Konzepte vorliegen. In diesem besonderen Fall muss die Agentur „bluffen" und die Idee als so überragend an den Kunden verkaufen und erklären, dass es unter dem Niveau der Agentur wäre, eine andere Idee umzusetzen: diese oder keine!

Ein Beispiel aus der amerikanischen Agenturbranche illustriert anschaulich die Wichtigkeit von Varianten.

[Int 1 2011] Zu Beginn meiner beruflichen Laufbahn konnte ich ein Praktikum in einer Agentur für On-Air-Promotion in Los Angeles machen. Kinotrailer der Hollywood Mayor Studios entstehen dort folgendermaßen. Die Studios produzieren die Kinotrailer nicht selbst, sondern es gibt in Los Angeles fünf bis sechs Agenturen, die diese Aufgabe übernehmen. Bei besonders aufwendigen und teuren Filmen, von denen sich die Studios Hits versprechen, werden parallel bis zu drei oder vier Agenturen beauftragt, um Konzepte zu entwickeln und Trailer zu produzieren. In den Agenturen selbst werden wiederum unterschiedliche Personen oder Teams unabhängig voneinander mit der Konzeption beauftragt. Am Ende entstehen also bis zu zehn oder fünfzehn verschiedene Varianten, die den Entscheidungsträgern der Studios vorgespielt werden. Es ist dort auch üblich, für verschiedene Zielgruppen und Märkte unterschiedliche Trailer zu entwickeln. Oft unterscheiden sich die Trailer für den nationalen amerikanischen Markt und für die internationalen Märkte erheblich. Innerhalb des amerikanischen Marktes gibt es auch unterschiedliche Trailer für die verschiedenen ethnographischen Gruppen. Zum Beispiel werden spezielle Trailer für Kinos in Gegenden mit einem sehr hohen Anteil an spanisch-sprechender Bevölkerung konzipiert. Ähnlich sind meine Erfahrungen aus der Produktion für den Weltvertrieb der ehemaligen Kirch-Gruppe. Dort wurden Trailer produziert, um die Kirch-Lizenzen an Spielfilmen und Serien auf internationalen Film- und Fernsehmessen zu verkaufen. Die Trailer geben auf den Messen den potenziellen Käufern einen ersten Eindruck über den „look and feel" und die Qualität eines Filmes oder einer Serie. Die Messen dauern meist nur wenige Tage und die Händler haben nicht die Zeit, die Programme vollständig zu sichten. Die Trailer sollen dazu dienen, das Interesse am Produkt zu wecken und Aufmerksamkeit zu erzielen, um nach der Messe darüber verhandeln zu können. Dass ein Film nur aufgrund eines Trailers verkauft wird ist zwar unwahrscheinlich, genauso unwahrscheinlich ist es aber, dass ein potenzieller Käufer den ganzen Film sehen will, wenn ihm oder ihr der Trailer nicht zusagt. Aus diesem Grund wurden die Messetrailer für bestimmte Zielmärkte zugeschnitten und zum Teil unterschiedliche Versionen erzeugt. Ein Trailer für französische Käufer hatte beispielsweise einen höheren Frauenanteil und einen sehr viel höheren Anteil an Liebes- und Erotikszenen als Trailer des identischen Filmes oder der identischen Serie für den asiatischen Raum.

2. Teambuilding

Der Prozess der Ideenfindung beginnt bei großen Projekten mit der Auswahl eines geeigneten Teams. Größere Konzepte werden meistens von mehreren Mitarbeitern gemeinsam entwickelt. Der Druck für eine einzelne Person wäre zu hoch und ein Scheitern vorprogrammiert. Der Abteilungsleiter bekommt mit der Zeit ein Gespür dafür, welche Personen in einem Team funktionieren und welche nicht. Auf die Bewertung der Eigenschaften, Qualitäten und Kompetenzen der Mitarbeiter wurde schon eingegangen. In dieser Agentur gibt es nur wenige Mitarbeiter, die in der Lage sind, konzeptionell auf höchstem Niveau zu arbeiten. Erschwerend kommt hinzu, dass diese Mitarbeiter auch nicht permanent zur Verfügung stehen. Diese wertvollen und knappen Ressourcen sind begehrt, denn sie müssen ihre Fähigkeiten auch in andere Projekte einbringen, die aus unternehmensstrategischer Sicht wichtig sind. Die Kunst der Mitarbeiterführung liegt bei der Ideenfindung auch darin, Menschen zusammenzubringen, die sich gegenseitig inspirieren und helfen können, deren Fähigkeiten sich ergänzen, um so zusammen zu einem außergewöhnlichen Ergebnis zu kommen. Nur auf diese Weise werden Abhängigkeiten von einzelnen Personen und von Tagesformen vermieden.

Aus Kostengründen und aus Gründen der Unternehmensstruktur werden nur die Mitarbeiter aus der zuständigen Abteilung zu einem Team zusammengestellt. In besonderen Fällen wird aber Personal aus weiteren Abteilungen hinzugezogen. Dies passiert, wenn im eigenen Team nicht genügend Ressourcen zur Verfügung stehen, oder wenn eine bestimmte Person sich bei ähnlichen Aufgaben schon profilieren konnte. Beispielsweise gilt in dieser Agentur ein Audioingenieur als sehr kompetent im konzeptionellen Bereich. In seinem Berufsalltag ist er normalerweise für Geräuschkulissen und die Musikauswahl bei Trailern zuständig. Bei der Konzeption der Formel-1-Kampagne gibt es personelle Unterstützung aus der Abteilung für Spielfilm,- und Serien-Promotion, die sich später als Glücksgriff herausstellt. Diese Person steht zufälligerweise zur Verfügung, da ein anderer Auftrag weggefallen ist und kein unmittelbarer Folgeauftrag vorliegt.

Es ist durchaus üblich in der Agenturbranche für die Konzeption Qualität am Markt einzukaufen. Diese freiberuflichen Autoren sind hoch spezialisierte Fachkräfte und können Tagesgagen von 500 Euro bis 1.000 Euro oder mehr aufrufen. Die freiberuflichen Mitarbeiter sollen „frischen Wind und frische Ideen" ohne die Zwänge des betrieblichen Ablaufs einbringen. Die Besten unter ihnen werden regelmäßig von Agenturen aus ganz Deutschland gebucht und kennen daher den Markt und den Standard aus anderen Häusern. Sie arbeiten entweder von zu Hause aus oder kommen mit MacBooks ausgestattet in die Agentur. Sie schleichen mitunter etwas unsicher über die Flure, da unklar ist, welchen Platz in der Hierarchie sie einnehmen. Die festangestellten Mitarbeiter wissen natürlich, dass die Freiberufler, egal ob Autor, Graphiker oder Producer, mehr verdienen. Sie haben daher den Status von Söldnern. Ohne freie Mitarbeiter wäre das Auftragsvolumen jedoch nicht zu bewältigen. Es ist gängige Praxis in Agenturen, nur eine Mindestanzahl von festen Mitarbeitern zu beschäftigen und die Spitzen in der Produktion mit freiberuflichen Kräften auszugleichen. Vor allem in der Produktion kommt es jedoch mitunter zu Konflikten, da die Freiberufler nicht immer über das nötige Detailwissen der Abläufe verfügen. Sie wissen nicht, wo welches Material zu finden ist, oder in welchen Ordner eine fertige Sequenz gespeichert werden muss. Hilfestellung müssen dann die Festangestellten leisten, die auch des Öfteren Projekte fertig stellen müssen, die von „Freien" angefangen wurden. Dies ist der Fall, wenn die Freien nur für eine bestimmte Zeitspanne gebucht und oft nicht mehr im Haus sind, falls im Nachhinein Änderungen an den Projekten vorgenommen werden müssen.

Grundsätzlich spielt es keine Rolle, für welche Sportart eine Idee gesucht wird, wenn ein Mitarbeiter starke konzeptionelle Fähigkeiten besitzt. Allerdings haben die Mitarbeiter persönliche Affinitäten und fühlen sich zu manchen Themengebieten eher hingezogen als zu anderen. Innerhalb der Abteilung sind die Interessen ausgewogen. Der Kunde sendet ein breites Sportangebot, somit muss auch auf der Agenturseite für jede Sportart, egal ob Golf, American Sports oder Fußball, besonderes Fachwissen vorhanden sein. Mitarbeiter müssen sich von Berufs wegen ausführlich mit „ihren" Themen beschäftigen, Fachzeitschriften lesen, sich im Internet informieren und den Sport auch live verfolgen, dies wird auch schriftlich fixiert als Teil der Zielvorgaben. Auf dem freien Markt sind die Interessen weit weniger breitgefächert. Viele freiberufliche Mitarbeiter beschäftigen sich ausschließlich mit Ballsportarten, und in diesem Bereich vorwiegend mit der Fußball-Bundesliga.

Selbstverständlich ist das darauf zurückzuführen, dass Fußball die beliebteste Mediensportart auf dem deutschen Markt ist. Deshalb sind die Aussichten für die freiberuflichen Autoren und Producer dort auch am größten. Um bei dieser Agentur zu arbeiten, ist reines Fußballfachwissen jedoch nicht ausreichend. Es gibt aber auch Producer, die sich schon lange im Vorfeld für bestimmte Aufgaben bewerben, und andere Aufgaben kategorisch ablehnen. Dies sollte in der Zusammenstellung des Teams beachtet werden. Auch der persönlichen Situation, in der sich die Mitarbeiter befinden, wird Rechnung getragen. Im Zeitraum der Entwicklung der Formel-1-Startkampagne wäre ein ansonsten konzeptionell außergewöhnlich fähiger Mitarbeiter keine Hilfe für das Team gewesen. Dieser Mitarbeiter hatte aufgrund einer starken Erkrankung in seinem nächsten familiären Umfeld große Sorgen und wäre kaum in der Lage gewesen, seine Gedanken auf ein anderes Thema zu lenken.

Zum Thema Konflikte im Team gibt es zwar unterschiedliche Auffassungen, ein Projektleiter wird aber bestrebt sein, Menschen in einer Gruppe zusammenzubringen, bei denen die „Chemie" stimmt. Konflikte können in Ausnahmefällen hilfreich sein, um den Ehrgeiz einzelner anzustacheln, grundsätzlich sind persönliche Abneigungen ebenso hinderlich wie extrem dominante Persönlichkeiten, die versuchen eine Diskussion an sich zu reißen und ihre Ideen durchzusetzen. Es gibt sicherlich noch unzählige andere Gründe, warum Individuen nicht zusammenarbeiten möchten, die aber größtenteils im persönlichen Bereich liegen und nicht systematisch erfasst werden können. Die Gruppe sollte harmonieren, indem sich die Individuen gegenseitig respektieren, aber auch vertrauen. Es spielt dabei keine Rolle, ob sich die Teilnehmer kennen oder nicht oder ob neue Teilnehmer in die Entwicklung eingebunden werden. Viele Einfälle, die in Ideenfindungsprozessen entweder mündlich oder schriftlich ins Spiel gebracht werden, sind als eine Art des Herantastens zu verstehen. Sie sind absurd, wahnsinnig und dienen höchstens der Nichtbeachtung oder der Erheiterung. Wichtig ist dennoch jeder einzelne Gedanke, damit die Teammitglieder das Selbstbewusstsein, die Charakterstärke und das Vertrauen in die Gruppe aufbauen können, auch außergewöhnliche oder bizarre Vorzustellungen preiszugeben, ohne dafür bestraft zu werden. Die Teilnehmer stellen sich gegenseitig ihre Gedanken vor. Sie lassen tief in ihre eigene Persönlichkeit und in ihre Art zu Denken blicken. Zudem muss das Vertrauen da sein, dass Ideen nicht von den anderen „geklaut" werden, die sich dann damit profilieren – vor allem vor den Vorgesetzten.

Auch die Größe des Teams ist entscheidend. Teams zwischen drei und fünf Personen sind für Projekte dieser Größenordnung erfahrungsgemäß optimal. Bei kleineren Gruppen ist die Gefahr gegeben, zu wenig Ergebnisse zu bekommen; bei mehr Personen besteht die Gefahr gegenseitiger Ablenkung und mangelnder Konzentration, da es möglich ist, sich in der Masse zu verstecken. Ein gutes Team zeichnet sich durch geistige Agilität, Lebhaftigkeit und vor allem Humor aus. Beobachtet man kreative Teams, dann ist die sichtbarste Eigenart erfolgreicher Gruppenarbeit der Spaß und die Freude an der Entwicklung. Phasen hoher Konzentration und ausgelassener Alberei gehen fließend ineinander über und wechseln sich ständig ab. Gedanken werden aufgenommen und weiterentwickelt oder völlig neue Ideen werden eingestreut. Einige machen sich Notizen auf Papier, einige zeichnen Skizzen oder suchen Bilder oder Videos aus dem Internet. Sätze beginnen oft mit „Stell dir vor...", „Kennst du..." oder „Könnte man nicht..."

Ansätze entstehen sowohl über die visuelle als auch über die auditive Ebene. Das kann ein außergewöhnlicher Musiktitel sein, der gerade zum Thema passt oder durch einen Liedtext, der genau die Botschaft ausdrückt, die an den Zuschauer vermittelt werden soll. Dieser sollte der Zielgruppe entsprechend am besten in deutscher Sprache sein. Aus welcher Richtung der Ansatz auch kommt, es geht in dieser Phase immer um das Visualisieren. Es wird in Bildern gesprochen, denn ohne viele Worte schaffen Bilder einen Eindruck und lösen assoziative Verkettungen aus.

Einige der wichtigsten Fähigkeiten, um überhaupt kreativ arbeiten zu können, sind nach Ansicht des Autors räumliches Vorstellungsvermögen, die Fähigkeit Gedanken Dritter aufzunehmen und weiterzuentwickeln und die Fähigkeit gedankliche Transferleistungen zu vollbringen. Durch räumliches Vorstellungsvermögen können Worte sofort in „Kino im Kopf" umgesetzt werden. Ein Producer entwickelt beispielsweise eine Szene mit folgenden Worten:

Ein Fußballstadion bei Nacht, das Licht geht an, das Stadium ist leer, es ist still. Ein Mann geht durch einen Flur auf den Rasen und so weiter.

Viele Gedankengänge bauen sich nach solchen Mustern und mit wenigen Worten auf. Die Szene kann im Kopf des Einzelnen völlig spektakulär aussehen, aber auch völlig beliebig und überhaupt nicht werblich. Die Szene kann sich spannend oder aber langweilig weiterentwickeln. Kreative können solche Szene sofort visualisieren, weiterentwickeln und nach ihren eigenen Vorstellungen beliebig verändern. Beispielsweise fallen Dinge aus der Szene oder Dinge kommen hinzu. Das Stadion aus dem Beispiel könnte auch mit Menschen gefüllt sein, schon ergeben sich neue Geschichten. Auf der nächsten Stufe beginnen dann die Transferleistungen. Um an das Beispiel anzuknüpfen, könnte es sich nicht um ein Fußballstadium, sondern um eine Rennstrecke handeln.

Wir sehen eine dunkle Rennstrecke. Plötzlich geht das Licht in der Boxengasse an. Ein Rennwagen fährt auf die Strecke und so weiter.

Ein Kollege wird fragen, warum es Nacht sein muss und ob es nicht auch Tag sein kann. Ein anderer Kollege wird fragen, ob wir zuerst den Fahrer oder zuerst den Rennwagen sehen. So wird ständig hinterfragt, erklärt, verbessert bis am Ende eine Szene steht, die einen Sinn ergibt.

Das Entwicklungsteam für die Formel-1-Kampagne setzt sich schließlich aus fünf Personen zusammen. Es bildet sich aus zwei Senior Producern, die über große Kompetenz im konzeptionellen Bereich verfügen, einem freien Mitarbeiter, der in der Vergangenheit in anderem Zusammenhang schon wertvolle Ideen geliefert hat, einem Mitarbeiter aus der Spielfilm-Abteilung, mit dem bisher keine Erfahrungen gesammelt werden konnten, und dem Producer aus der Abteilung, der sich im Tagesgeschäft fast ausschließlich um Formel-1-Promotion kümmert und die Basispromotion für alle Rennwochenenden konzipiert und auch produziert. Die drei Teammitglieder aus der Abteilung Sport-Promotion kennen sich hervorragend mit dem Produkt aus und wissen auch, wie der Kunde einzuschätzen ist. Die beiden Abteilungsexternen sollen dafür sorgen, Betriebsblindheit zu umgehen und neue Denkrichtungen anzustoßen. Der freiberufliche Autor in diesem Kontext ist ein ehemaliger Cheftexter des On-Air-Promotion-Bereiches eines großen Münchner Privatsenders, ein erfahrener Entwickler von Film- und Serienformaten und erfolgreicher Buch- und Zeitungsautor, der auch aufgrund seiner Persönlichkeit gut in das Team passt.

3. Recherche

Bevor sich die Projektgruppe das erste Mal trifft, muss recherchiert werden, damit das Team so viele Detailinformationen wie möglich zur Verfügung hat. Akribische Recherche und detailliertes Produktwissen ermöglichen oft erst die Kreativität durch das Spiel mit Fakten. Jede noch so kleine Produkteigenschaft, jede Neuerung im Reglement, der Technik oder dem Design, jeder Fahrer kann die Kampagne entscheidend beeinflussen. Um Zeit zu sparen, stellt der Producer mit dem größten Fachwissen über die Rennserie ein Dokument mit den aktuellen Fakten zusammen. Die Inhalte stammen meist aus einer umfangreichen Fachzeitschriften- und Internetrecherche auf den Webseiten der Veranstalter, der Teams, der Fahrer sowie auf Fanseiten, Blogs und einschlägigen Sportseiten. Auf der Basis dieser Recherche wird ein Dokument erstellt. Es enthält folgende Eckdaten:

- Die Highlights der Saison an den Schauplätzen Melbourne, Monaco, Nürburgring, Singapur und Abu Dhabi.
- Die Aufzählung der Teams und Fahrer, die bis zu diesem Zeitpunkt bekannt sind. Fünf deutsche Fahrer sind darunter: Sebastian Vettel, Nick Heidfeld, Timo Glock, Nico Rosberg und Adrian Sutil. Mit BMW Sauber ist ein deutsches Team, mit Brawn Mercedes und McLaren Mercedes sind zwei englische Teams mit deutschen Motoren in der Serie vertreten.
- Den kompletten Rennkalender mit Ort und Datum.
- Die Fahrerwertung der Weltmeisterschaft 2008: der aktuelle Weltmeister ist Lewis Hamilton (McLaren Mercedes/ 98 Punkte) vor Felipe Massa (Ferrari/ 97 Punkte) und Kimi Räikkönen (Ferrari/ 75 Punkte). Es befinden sich Nick Heidfeld (BMW Sauber/ 60 Punkte) auf Platz sechs, Sebastian Vettel (STR Ferrari/ 35 Punkte) auf Platz 8, Timo Glock (Toyota/ 25 Punkte) auf Platz zehn, Nico Rosberg (Williams Toyota/ 17 Punkte) auf Platz 13 und Adrian Sutil (Force India Ferrari/ 0 Punkte) auf Platz 20.

Weitere Erkenntnisse zu den Fahrern sind: Alle Topteams haben die gleichen Fahrer wie 2008. Die STR (Scuderia Torro Rosso) hat noch einen Platz frei für den Nachfolger von Sebastian Vettel. Vettel fährt 2009 zusammen mit Mark Webber für das Team Red Bull. David Coulthard ist zurückgetreten. Neu in 2009 sind die Wiedereinführung der Slicks[7], die Aerodynamik[8] und der Hybridantrieb KERS.[9] Die Boliden erfahren zudem eine starke äußerliche Veränderung zum Vorjahr im Design. Die FIA (Fédération Internationale de l'Automobile) verspricht sich davon mehr Anpressdruck und somit riskantere Überholmanöver. Die Wagen bekommen wesentlich höhere Heckflügel und wesentlich breitere Frontflügel.

Daran anschließend finden sich mehrere Seiten mit aktuellen Fotos der Fahrer, der Rennwagen, der Strecken sowie mehrere Seiten mit gesammelten Links auf Youtube und anderen Internetseiten. Darunter sind die aktuellen Promotionclips der Rennställe, der Sponsoren und der Rennstrecken, Trailer und Kampagnen der Konkurrenz aus der nationalen und internationalen Free- und Pay-TV-Branche sowie diverse andere Clips rund um die Themen Formel-1, Rennen und Geschwindigkeit. Auf einer Seite findet sich eine Liste mit Schlagwörtern zur Formel-1, die Denkanstöße liefern sollen:

Geschwindigkeit – Beschleunigung – Nerven – Nervenkitzel – G-Kräfte – Design – Technik – Daten – Datenströme – Boxenstopp – Boxenchoreographie – Mechaniker – Boxencrew – Kommandostand – Entwicklung – Flügel – Kraftstoff – Reifen – durchdrehende Reifen – qualmende Reifen – Grid – Grid Girl – Startaufstellung – Ampel – Monitore – Helm – Visier – Rennanzug – Overall – Fahrer – Piloten – Teamkollege – Tanken – Reifenwechsel – Durchfahrtstrafe – Pitlane – Überholen – Unfall – Crash – Kollision – Überholmanöver – Ecclestone – Teamchef – On-board – Zielfahne – schwarz-weiße Fahne – gelbe Fahne – blaue Fahne – rote Fahne – Streckenposten – Kiesbett – Mauer – Wall of Champions – Eau Rouge – La Rascasse – Weltmeister – Konstrukteursweltmeister – Siegerpokal – Champagner – Nationalhymne – Reifenschaden – Benzin – schwarze Flagge – grüne Ampel – Ölspur – Motor – Motorschaden – explodierender

---

7 Slicks sind Reifen ohne Profil.

8 Bei der Aerodynamik kann der Frontflügel manuell vom Fahrer verstellt werden.

9 KERS (Kinetic Energy Recovery System) bringt zusätzlich 80 KW, die einmal pro Runde für einige Sekunden vom Fahrer zuschaltbar sind.

Motor – weißer Qualm – Lollipop Man – Bremsen – Verzögerung – Grip – weiche Reifen – harte Reifen – Regenreifen – Slicks – KERS – Strategie – Stint – Grand Prix – Großer Preis – Umlauf – Qualifying – Safety Car – Medical Car –– La Source Haarnadel – Monte Carlo – Spa – Monza – Silverstone – Indianapolis – Stowe Corner – Copse Corner – Woodcote Corner – Sainte Devote – Mirabeau – Stavelot – Blanchimont – Lesmokuve – Parabolica – Motodrom – Kimi Raikkonen – Felipe Massa – Fernando Alonso – Lewis Hamilton – Nico Rosberg – Nick Heidfeld – Adrian Sutil – Giancarlo Fisichella – Jarno Trulli – Heikki Kovalainen – Timo Glock – Norbert Haug – Ron Dennis – Dr. Mario Theissen – Red Bull – Dietrich Mateschitz – Christian Horner – Boxengasse – David Coulthard – Marc Webber – Sebastian Vettel – Ross Brawn – Honda – Frank Williams – Martin Witmarsh – Autodromo Nazionale – Steilkurve – Überhöhung – Datentransfer – Boxenfunk – Bernd Mayländer – Flavio Briatore – Gerhard Berger – Red Bulletin – Bestzeit – Schnellste Runde – Pole Position – Brick Yard – Startreihe – Graining – Tankanlage – Tankschlauch – Tankstutzen – In Lap – Out Lap – Starterfeld – Cockpit – Schalten – Getriebe – Colin Kolles – Willy Rampf – Adrian Newey – Reifenstapel – Hungaroring – Albertpark – Circuit Gilles Villeneuve – Toyota – Toro Rosso – Patrick Head – Sam Michael – Super Aguri – Force India – Charlie Whiting – Sepang – Robert Kubica – Parc Fermé – Start-Ziel-Linie – Start-Ziel-Sieg – Tempolimit – BMW Sauber – Senna S – Sachskurve – Aldo Costa – Scuderia – Peter Lauterbach – Hans Joachim Stuck – Tanja Bauer – Jacques Schulz – Marc Surer – Freies Training – F.I.A. – Max Mosley – Nelson Piquet Jr. – 1 Stoppstrategie – 2 Stoppstrategie – 3 Stoppstrategie – 60. FIA-Formel-1-Weltmeisterschaft

Sinn dieser Übung ist es, beim Leser Verkettungen und Bilder zu erzeugen, die ihn auf Ideen bringen. Diese Passage schließt der Producer mit einem großen Foto von Sebastian Vettel ab. Er möchte damit zeigen, dass für ihn Sebastian Vettel die Hauptfigur der aktuellen Formel-1 ist und er deshalb auch der Protagonist der Kampagne sein könnte. Für ihn ist Vettel das größte deutsche Talent seit Michael Schumacher und sympathisches Idol, das innerhalb kurzer Zeit zum „National Hero" avancieren wird. Das Dokument endet mit einer Auflistung der Verkaufsargumente der Pay-TV-Plattform:

– Alle Rennen live vom ersten freien Training bis zur Siegerehrung.

- Als einziger Sender in Deutschland ohne Werbeunterbrechung, im Gegensatz zur zeitgleichen Ausstrahlung im Free-TV.
- Parallele Rennserien am Rennwochenende live wie GP2-Serie und Porsche Cup.
- Ausgeprägte Berichterstattung vor und nach dem Rennen mit Analysen, Experten, Interviews und Berichten rund um das Renngeschehen.
- Die Übertragung ist live, aber nicht exklusiv und nicht in HD.

Die Ergebnisse der Recherche werden vor dem Kick-off-Meeting per Mail als Worddatei verschickt. So ist ein problemloses Lesen als Ausdruck oder am Computer möglich. Zusätzlich wird ein Ausdruck des Dokuments auf Papier an die Teilnehmer der Projektgruppe verteilt.

4. Kick-off Meeting

Das Kick-off-Meeting dient der Projektkoordination und dem Projektmanagement. Es ist kein Kreativmeeting, findet frühestens eine Woche nach der Auftragserteilung durch den Sender statt und dauert keine Stunde. Es kann als Startschuss des Projektes verstanden werden, denn es geht darum, erstmals alle Projektteilnehmer, Projektmanager, Abteilungsleiter an einen Tisch zu bekommen und die Aufgabe und die Rahmenbedingungen zu besprechen.

Als ein Hilfsmittel aus dem Projektmanagement wird das Gantt-Diagramm oder der Balkenplan verwendet, auf dem die wichtigsten Meilensteine auf einer Zeitachse graphisch sichtbar gemacht werden können: Projektbeginn, Konzeptionsphase, Dreh, Postproduktion, On-Air-Termin. Der Projektplan wird nach und nach ergänzt und mit aktuellen Informationen angereichert. Steht beispielsweise fest, wann die Formel-1-Fahrer für einen Dreh zur Verfügung stehen, wird diese Information hinzugefügt. Vorbereitende Maßnahmen wie das Schreiben von Texten oder die Buchung des Kamerateams oder der Flüge werden von den Projektmanagern entsprechend angepasst und vorgelagert. Das Gantt-Diagramm wird ausgedruckt und verteilt, somit sind alle Gruppenmitglieder darüber informiert, was bis wann und von wem zu erledigen ist.

Im Kick-off-Meeting erläutert der Producer, der die Recherche durchgeführt hat, sein Dokument und beantwortet Fragen der Teilnehmer. Der Abteilungsleiter benennt nach vorheriger Absprache einen Projektleiter, dem die anderen berichten. In diesem Fall wird einer der beiden Senior Producer ausgewählt. Dieser erläutert die konkreten nächsten Schritte. Das Projekt steht unter Zeitdruck und hat zudem die höchste Priorität in der Abteilung. Innerhalb von vier Wochen müssen die ersten Teile der Kampagne on air sein. Ein Termin für einen eventuellen Dreh mit den Fahrern steht noch nicht. Sollte für die Kampagne gedreht werden müssen, so ist dies ist bei den Überlegungen unbedingt zu berücksichtigen und in den Zeitplan einzuarbeiten. Die kreative Arbeitsgruppe soll möglichst zügig Ergebnisse liefern. Der Abteilungsleiter entscheidet, sich deshalb mit dem Team in der kommenden Woche für zwei Arbeitstage zur Konzeption an einen externen Ort außerhalb der Agentur zurückziehen. Der freiberufliche Mitarbeiter verfügt über ein ausreichend großes Atelier in der Stadtmitte mit guter Infrastruktur, allen nötigen technischen Möglichkeiten und guten Arbeitsbedingungen wie Internetanschluss, ein White Board, um Ideen zu skizzieren, ein italienisches Restaurant um die Ecke und eine Espressomaschine.

Solche Klausurtagungen bieten mehrere Vorteile. Die Teilnehmer können sich für eine begrenzte Zeit dem Tagesgeschäft entziehen, konzentriert und ohne Ablenkung an einer Aufgabenstellung arbeiten. Im Alltag des Agenturlebens müssen sich die Producer um mehrere Projekte gleichzeitig kümmern. Zu einem Projekt klingelt das Telefon, zu einem anderen stellt ein Graphiker eine Frage und steht schon in der Türe. Zehn Minuten später ist ein Meeting mit einer anderen Abteilung aus dem Hause angesetzt. Dieser Alltag lässt keinen Raum dafür, sich über einen längeren, zusammenhängenden Zeitraum mit einem Problem intensiv auseinanderzusetzen. Eine örtliche Veränderung kann zudem im Kreativprozess hilfreich sein. Eine andere Perspektive im wörtlichen Sinne kann auch eine neue Sicht und neue Lösungsperspektiven auf ein Problem ermöglichen.

Nachdem der Ort und die Zeit für das Kreativmeeting bekannt gegeben wurden, bittet der Abteilungsleiter das Team sich anhand der Rechercheergebnisse auf das Meeting vorzubereiten und schon vorab Ideen zu sammeln. Abschließend folgt die Erinnerung daran, dass die Formel-1-Startkampagne des letzten Jahres schlecht ausfiel und die

Agentur deshalb in der Bringschuld und Pflicht sei, dieses Jahr zu glänzen. Die Erwartungen von Seiten des Kunden sind hoch.

5. Kreativmeeting

Die Arbeit der Kreativgruppe im Atelier ist kein Brainstorming, sondern ein Workshop, der keiner festen Agenda folgt und nicht moderiert wird. Die Atmosphäre erinnert an eine Werkstatt oder ein Laboratorium, die Teilnehmer erarbeiten sich dort Ideen und schaffen etwas, was es vorher nicht gab. Der Begriff des „Brainstormings" ist ein in der Agentur häufig verwendeter, ohne dass dabei über die genaue Definition der Methode reflektiert wird. Mit Brainstorming ist in der Agentur ein Prozess benannt, bei dem sich mindestens zwei Personen über ein Konzept oder eine Problemlösung austauschen. Dabei spielt es keine Rolle, um welche Art von Problem es sich handelt oder aus welcher Abteilung die Mitarbeiter kommen. Auch die Mitarbeiter aus der technischen Abteilung treffen sich zum Brainstorming, um beispielsweise Optionen im Datenaustausch zu besprechen.

Klassische Brainstormings sind in der Agenturlandschaft ein Auslaufmodell und werden im ursprünglichen Sinne nur noch selten, meist gar nicht mehr eingesetzt. Ein Brainstorming zielt darauf ab in einem sehr kurzen Zeitraum von fünf bis 30 Minuten möglichst viele verschiedene Einfälle zu generieren. Diese Ideen sind nicht ausgearbeitet oder in irgendeiner Form validiert. Jeder sagt, was er gerade denkt, und Kommentare, Kritik und Nachfragen sind nicht erlaubt. Es gibt auch die Variante, dass die Teilnehmer reihum einer nach dem anderen ihre Ideen in die Runde werfen, entweder mit direktem Bezug zum Vordermann oder frei assoziiert. Diese Variante gibt es auch mit einem Ball, der von einem Teilnehmer zum anderen geworfen wird. Derjenige, der den Ball fängt, muss einen Gedanken äußern. In der Agentur werden diese Verfahren nicht, beziehungsweise nicht mehr, angewendet, da es die Mitarbeiter einerseits „lächerlich" finden und andererseits die Qualität der Ergebnisse solcher Methoden als nicht sehr hoch eingeschätzt werden.

Während der ganzen Beobachtungszeit in der Agentur wird überhaupt nur in einem einzigen Fall eine klassische Kreativtechnik aus dem Lehrbuch formal angewendet. Die Geschäftsführung stellt einmal die Frage an die Leitungsrunde, die alle Bereichs- und Abteilungsleiter umfasst, ob die Agentur in den Markt der Programmierung von Apps einsteigen soll. Die Geschäftsführung will auf sehr schnelle Art und Weise herausfinden, ob in der Agentur Know-how für diesen Markt vorhanden ist. Der Projektmanager der Geschäftsführung entscheidet sich für die 6-3-5-Methode und lädt sechs Mitglieder der Leitungsrunde zu einem 30-minütigen Meeting ein. Die Methode funktioniert nach folgendem Ablauf: Jeder Teilnehmer bekommt eine Liste mit drei Spalten und sechs Zeilen, die der Anzahl der Teilnehmer entsprechen. Jeder hat nun fünf Minuten Zeit, jeweils eine Idee in die drei Spalten der ersten Zeile zu schreiben. Nach fünf Minuten gibt jeder das Blatt weiter. Nun hat jeder Teilnehmer ein Blatt vor sich, auf dem der Vorgänger drei Ideen notiert hat. Jetzt geht es darum, die Idee des Vorgängers weiterzuentwickeln und eine neue Idee mit Bezug zur ursprünglichen Idee einzutragen. So entstehen innerhalb von 30 Minuten 108 Ansätze[10]. Das Brainstorming erweist sich auch in diesem Fall als wenig ergebnisreich.

Auch für die Formel-1-Startkampagne wird auf ein Brainstorming zugunsten eines Workshops verzichtet. Am Montag nach dem Kick-off-Meeting trifft sich die Gruppe im Atelier des freien Mitarbeiters pünktlich um 10.00 Uhr morgens. Kein Teilnehmer hat sich vorbereitet. Nachdem Kaffee gekocht, die Sportereignisse des Wochenendes diskutiert und die Mobiltelefone ausgeschaltet wurden, beginnt die Diskussion. Sie verläuft zunächst zäh und bald klärt sich warum. Die Gruppe ist sich nicht einig darüber, was sie überhaupt kommunizieren soll. Es fehlt der Einstieg in das Thema, das Briefing. Dies ist ein klassisches Problem in der kreativen Arbeit. Die Aufgabe ist nicht greifbar, weil die Fragen, die beantwortet werden sollen, noch nicht definiert sind.

Zwei Drittel des Tages verwenden die Teilnehmer nun darauf, ein Briefing zu erarbeiten, um die relevanten Fragen überhaupt erst stellen zu können. Dieser Prozess ist nicht mit der Ideenfindung zu verwechseln. Es handelt sich beim Briefing um eine Analyse, bei der die Teilnehmer die übergeordnete Aufgabe in Teilaufgaben und Teilprozesse zerlegen, die lösbar sind. Je besser die Analyse ist und je genauer die Teilaufgaben formuliert sind, desto einfacher ist die Lösung dieser Aufgaben.

---

10 Die Rechnung nach der 6-3-5 Methode ergibt: 3 Spalten x 6 Zeilen x 6 Teilnehmer = 108 Einfälle.

Aus der Beobachtung in der Agentur wird ersichtlich, dass die Mitarbeiter mit Briefings nach dem Motto: „Alles ist möglich!" oder „Alles ist denkbar!" im Alltag nur schwer zurechtkommen. Diese Formulierungen lassen zu viel Spielraum, und ein Zugang zum Thema ist kaum zu finden. Oftmals beginnt die Konzeptionsphase damit, Einschränkungen, Vorgaben und Leitlinien vorzunehmen, um das Feld der Möglichkeiten und Entscheidungen einzugrenzen und um Ansatzpunkte zu finden. Eine der wichtigsten und sehr überraschenden Beobachtungen im Kreativprozess ist, dass Einschränkungen und Restriktionen die Kreativität nicht behindern, sondern sogar fördern. Wenn es möglich ist, sollte dieser Prozess zusammen mit dem Kunden durchgeführt werden. Ist dies nicht möglich, müssen die Mitarbeiter der Agentur selbst Lösungen finden, wie es bei der Entwicklung der Formel-1-Kampagne der Fall ist. Die Kreativgruppe schränkt das Handlungsfeld ein und vollzieht damit den ersten Schritt innerhalb des kreativen Prozesses.

Zuerst wird das Wissen über den Ist-Zustand erläutert und diskutiert. Das kollektive intrinsische Wissen und Nicht-Wissen über die Aufgabe, den Markt, die Zielgruppe, das Produkt und alle wichtigen Parameter werden auf einem Whiteboard für alle sichtbar gemacht und aufgeschrieben. Auf die Tafel werden Worte, Zeichnungen, Tabellen und lange Pfeile skizziert, die als Querverweise dienen. Nachdem ein graphisches, an der Tafel sichtbares Bild erstellt, und ein gemeinsames Verständnis geschaffen wurde, geht die Gruppe zur nächsten Aufgabe über. Die Gruppe stellt sich die Frage, was erreicht werden soll und kann: Wo wollen wir hin? Gibt es ein definiertes Ziel, eine Botschaft? Das Team wird sich am Ende dieser Diskussion auf ein Ziel festlegen. Dieses Vorgehen schafft Klarheit. Die Kreativen müssen im weiteren Verlauf nicht mehr über alle möglichen Optionen und Richtungen nachdenken, sondern können sich auf eine Richtung konzentrieren und in die Tiefe gehen. Nun ist der Zeitpunkt gekommen, an dem die Gruppe die Art und Weise der Bewerbung diskutiert und danach fragt, wie sie das Ziel erreichen wollen. Am Ende der Diskussion entscheidet sich die Gruppe für vier Lösungswege. Dieses Vorgehen schafft Sicherheit, hat jedoch den Nachteil, dass über andere Lösungswege, die auch denkbar wären, überhaupt nicht mehr nachgedacht wird. Es hat aber den Vorteil, dass innerhalb vorgegebener Zeitfenster und angesichts limitierter Ressourcen brauchbare Ergebnisse zustande kommen. Die Gruppe setzt auf pragmatische Problemlösung und beschränkt sich auf eine überschaubare Anzahl an Lösungswegen, nimmt dafür aber in Kauf, mögliche Varianten kategorisch auszuschließen. Genau darin liegen die Chancen und Risiken im Agenturgeschäft und im Erfolg und Misserfolg von Agenturen begründet.

Bei der Analyse der Situation wird deutlich, dass die Gruppe offensichtlich nicht über Informationen aus der Marktforschung des Senders verfügt. Weder demoskopische (Alter, Geschlecht, Beruf, Familie, soziale Schicht etc.) noch ökoskopische (Umsatz, Marktanteil oder Distributionswege) Informationen über die Zielgruppe sind bekannt. Es wird vielmehr darüber spekuliert und die Vorstellung eines typischen Konsumenten in einer vagen Beschreibung geäußert:

„Ich glaube, die Zuschauer sind entweder Familien mit Kindern und viel Geld, oder Arbeitslose und Leute mit wenig Geld. Für diese Schicht rentiert sich ein Abo, denn sie bekommen für 30 Euro einen ganzen Monat lang Unterhaltung. Das ist billiger als einmal Kino oder Restaurant mit der Frau."

Die Teilnehmer der Gruppe vermuten, dass die Kernzielgruppe der Formel-1-Zuschauer „sport- und technikinteressierte Männer" sind. Sie verfügen nicht über Informationen darüber, wie sich der Formel-1-Markt auf dem Sender oder in der ganzen TV-Branche oder als Ganzes, entwickelt hat. Qualitative Daten über Konsumenten, die das Kauf- und Nutzungsverhalten beeinflussen, wie Involvement[11], Emotionen, Motive, Einstellungen, Werte und Persönlichkeiten sind nicht bekannt. Ebenso fehlen Informationen zum konkreten Produktnutzen aus Konsumentensicht oder zu Umgang mit dem Produkt, dessen Stärken, Schwächen,

---

11 Involvement ist die Bereitschaft, sich mit einem Thema zu beschäftigen.

Chancen oder Risiken, wie sie in sogenannten SWOT-Analysen[12] untersucht werden. Die Mitarbeiter der Kreativgruppe haben zum Produkt sowohl in der Agentur als auch zu Hause Zugang, dennoch schauen nur zwei Personen aus der Gruppe regelmäßig die Übertragung der Rennen an. Der USP der Marke des Pay-TV-Senders lässt sich aus dem Produktversprechen: „Beste Unterhaltung" ableiten, der USP des Produktes, womit die Formel-1-Übertragung gemeint ist, ist nicht ohne weiteres ersichtlich. Die Situationsanalyse fällt sehr ernüchternd aus.

Bei dieser, wie auch bei anderen Kampagnen zeigt sich, dass sich die Akteure ihre eigenen Bauchtheorien zurechtlegen, wenn harte Fakten fehlen. Die Kreativen treffen kurzerhand Annahmen, entweder für sich selbst oder allgemeingültig in der ganzen Gruppe. Diese Annahmen werden dann im weiteren Verlauf weder überprüft, noch in Frage gestellt.

Die nächste Frage im Prozess ist die nach der Zielsetzung: Was soll erreicht werden? On-Air-Promotion ist vergleichbar mit der Kleidung und der Stimme eines Senders. Es geht darum, dem Sender im wahrsten Sinne des Wortes ein Gesicht zu verleihen. In der Agentur gibt es kein schriftliches Dokument, das den Aufbau eines Trailers oder einer Kampagne erläutert. Das Wissen über die Ziele eines Trailers, die Art und Weise der Trailererstellung und der Entwicklung eines Konzeptes wird nur von Mitarbeiter zu Mitarbeitern tradiert. Es existiert kein Leitfaden oder Handbuch, an welchem sich Mitarbeiter oder Praktikanten orien-

---

12 Die SWOT-Analyse ist ein „Analyseprozess, der darauf gerichtet ist, die Voraussetzungen bzw. Möglichkeiten für eine fundierte Ziel-Planung zu schaffen. Dieses Auditing knüpft sowohl an Gelegenheiten (welche die „Umwelt" bietet) als auch Fähigkeiten (welche das Unternehmen besitzt) an. SWOT steht für Strengths und Weaknesses (Stärken und Schwächen) als unternehmensinterne Komponenten und Opportunities und Threats (Chancen und Risiken) als unternehmensexterne Komponenten. Unternehmen verfügen dann über besondere Chancen, die sie ziel-strategisch entsprechend ausnutzen können, wenn für eine spezifische Umweltentwicklung eine ausgeprägte Stärke des Unternehmens gegeben ist. Aufgrund solcher Voraussetzungen ist das Unternehmen in der Lage, sich gegenüber Konkurrenten Vorteile zu verschaffen. Umgekehrt ergeben sich Risiken für das Unternehmen immer dann, wenn wichtige Umweltentwicklungen auf Bereiche des Unternehmens treffen, in denen es deutliche Schwächen aufweist. Das SWOT-Instrumentarium stellt insofern informatorisch-analytische Grundlagen für die Bestimmung ziel-strategischer Handlungsmuster des Unternehmens bereit" (Becker 2002: S. 104).

tieren können und erfahren, welche Ziele mit welchen Mitteln erreicht werden sollen oder worauf bei der Herstellung von On-Air-Promotion zu achten ist. In der täglichen Praxis sprechen die Producer vom „Bauchgefühl", wenn sie erklären sollen, warum sie eine kreative Entscheidung so und nicht anders treffen. Der Wissenstransfer von einem Mitarbeiter zu einem Praktikanten erfolgt über das Beobachten, das Dabeisitzen, Gespräche und das Screening der Produkte. Im Folgenden wird der Versuch unternommen, das intrinsische Wissen der Mitarbeiter über die unterschiedlichen Ziele eines Trailers zu externalisieren und darzustellen.

Nach Ansicht des Autors sollte ein Trailer in radikaler Vereinfachung folgendes leisten: Information, Emotionalisierung, Personalisierung, Kaufbestätigung und Positionierung, Neukundengewinnung, Cross-Selling und Up-Selling. Deshalb werden die harten, betriebswirtschaftlichen Faktoren im Kreativmeeting zunächst ausgeblendet und erst am Ende in ein funktionierendes, kreatives Grundgerüst wieder eingearbeitet.

Information
Zunächst müssen dem Zuschauer die Basisinformation über das Programm, das er konsumieren soll, mitgeteilt werden, so dass der Konsument folgende Fragestellungen beantworten kann:

- Was ist der Inhalt des Programms?
- An welchem Tag kommt das Programm zu welcher Uhrzeit und auf welchem Kanal? Anfangszeiten und regelmäßige Programmplätze müssen immer wieder kommuniziert werden, damit der Zuschauer diese verinnerlicht.
- Gibt es besondere USP des Programms? Hebt es sich vom Angebot der Wettbewerber ab? Ist das Angebot live, in HD oder exklusiv nur auf diesem Kanal zu sehen?

Emotionalisierung
Dem Zuschauer muss der „Reason Why?" aufgezeigt werden, worunter in der Werbung der Grund verstanden wird, der zum Kauf oder Konsum eines Produktes bewegen soll: Warum soll er sich dieses Programm anschauen? Welches Bedürfnis wird dadurch befriedigt? Welches emotionale Erlebnis, welches Gefühl wird im Zuschauer geweckt?

Aus Sicht der Geisteswissenschaft ist On-Air-Promotion nichts anderes als Rhetorik: Jemand (ein Zuhörer oder Zuseher) soll von einer Aussage überzeugt und/oder zu einer bestimmten Handlung bewegt werden (in diesem Falle ein Programm zu konsumieren). Die Grundregeln der Rhetorik waren bereits in der Antike bekannt und wurden unter anderem von Platon, Sokrates und Aristoteles entwickelt. Vor allem für Aristoteles war es entscheidend, beim Zuhörer Emotionen auszulösen, um damit die Sachthemen zu unterstützen. Er unterscheidet Emotionen in gegensätzlichen Paaren wie beispielsweise Liebe und Hass, Lust und Schmerz oder Mut und Angst (vgl. Höffe 2009: S. 490-498).

Ziel eines Trailers ist es auch, eine dieser Emotionen beim Zuschauer hervorzurufen und so seine Aufmerksamkeit zu gewinnen. Durch das Wachrufen der Gefühle, egal ob über Bilder, Töne, Musik, einen Sprechertext, Animationen oder Typographien, soll das Verhalten beeinflusst werden. Die Belohnung mit der versprochenen und in Aussicht gestellten Emotion erfolgt dann, wenn der Zuseher die Sendung konsumiert. Die zehnsekündigen Trailer für aktuelle Kinofilme, die im TV zu sehen sind, treiben dieses Muster auf die Spitze. Sie sind komponiert aus den wenigen Elementen: Close-up des Stars mit O-Ton (der Star sagt irgendetwas), Explosion, Kuss. So ist für jeden etwas dabei. Ein idealer Startpunkt ist, die Geschichte des Filmes oder der Spielpaarung in einem Satz zusammenzufassen, um so die grundlegende Emotion zu erkennen: A rächt sich an B, C liebt D. Trailer werden so konzipiert, dass sie ihr Ziel auch erreichen, wenn diese nicht aktiv rezipiert werden. Sie müssen nur auf der Bildebene oder nur auf der Tonebene Aufmerksamkeit erregen können. Die Programmplaner versuchen zwar die Promotion so dicht wie möglich an das Programm zu setzen, solange die Aufmerksamkeit der Zuschauer noch hoch ist. Promotion und Programm werden so eng verknüpft, dass die Nahtstellen aufgehoben werden und verwischen. Trotzdem holen sich die Zuschauer Getränke oder drehen den Ton leiser, um zu telefonieren, sobald das Spiel oder der Film zu Ende sind.

Producer sollten die Fähigkeit besitzen, sich in die Zielgruppe hineinzuversetzen, um sich zu überlegen, was der Aufhänger oder das Einzigartige sein könnte, das den Zuschauer interessiert? Durch einen Eye-Catcher, einen Ear-Catcher, etwas Ungewöhnliches oder Überraschendes soll der Zuschauer einen Impuls für das kommende Programm erhalten. Jeder Film und jedes Sportereignis hat seine eigene Geschichte, die entdeckt und aufgezeigt werden kann. Bezogen auf den Sport kann ein Trailer den Reiz einer gesamten Veranstaltung oder eines Spieltages genauso wie ein spezielles Thema in den Mittelpunkt rücken. Die Emotionalisierung erfolgt über spektakuläre Momente aus dem Sport wie Tore, Überholmanöver, Freudentaumel nach dem Sieg, die Einblendung der Trophäen oder Pokale, markante oder emotionale O-Töne von Spielern, Stars und Experten oder über jubelnde, schreiende oder weinende Fans.

Personalisierung
Die Sender setzen Stars wie Schauspieler, Moderatoren, Sportler und Experten als bekannte Marken ein, die den Zuschauer auffordern und verführen sollen. „Schalten Sie ein!", „Seien Sie dabei!", „Ich freue mich auf sie!", „Wir sehen uns!" sind gängige Floskeln, die dem Zuschauer vom Fernseher aus zugerufen werden. Sie werden direkt angesprochen, das vermittelt Glaubwürdigkeit und Nähe zum Geschehen.

Kaufbestätigung und Positionierung
Anders als beim Free-TV zahlt der Kunde im Pay-TV direkt für die Leistung. Somit muss der Kunde dauerhaft und jederzeit darin bestätigt werden, dass sich diese Investition auch lohnt. Da der Zuschauer zu jeder Zeit ohne Kosten die Programme, das Design und die Promotion grundsätzlich aller empfangbaren Kanäle sehen und vergleichen kann, muss der Anspruch des Pay-TV sein, ein hochwertiges, exklusives Produkt darzustellen. Dies muss sich im Design der Sender sowie auch in der On-Air-Promotion widerspiegeln. Über die Schwierigkeiten, sich innerhalb einer vielfältigen und breiten Senderlandschaft gegenüber den Konkurrenten zu positionieren, erklärt der ehemalige Vorstandsvorsitzende der Premiere AG Michael Börnicke:

> „Das Geschäft von Premiere ist ein sehr spezielles. Wir verkaufen Fernsehen in einem Land, in dem dutzende von frei empfangbaren Sendern das Volk berieseln. [...] Wer sich abends durch die vielen frei empfangbaren Sender ‚zappt', kann sich durchaus in einer Wüste wähnen – viel Gleiches, oft wenig Erfreuliches. Premiere ist die ‚Oase'. [...] Die Qualität und die Vielfalt der Programme müssen hoch sein, damit sich der Kunde Monat für Monat in seiner Abonnement-Entscheidung bestätigt sieht. [...] Eine kluge Zuschauerführung ist unverzichtbar,

aber auch die Präsentation muss stimmen" (Börnicke 2008: S. 173).

Ein Auszug aus einer Unternehmensbroschüre von Sky Deutschland aus dem Jahr 2010 unterstreicht diesen Anspruch:

> „[...] deshalb wünschen sich die Zuschauer Fernsehen in bester Qualität und Programme, die sich von Angebot der herkömmlichen TV-Sender deutlich unterscheiden. [...] Es bedeutet, dass wir anderen immer einen Schritt voraus sind [...]. Es bedeutet, dass wir unseren Kunden Tag für Tag ein neues Fernseherlebnis bieten und damit unvergleichlich sind" (P2 S 2010).

Neukundengewinnung
„Jedes Abonnement zählt!" mit diesem Satz startet der Vorstandsvorsitzende von Sky Deutschland eine Mitarbeiterversammlung im Jahr 2009, in der aktuelle Quartalszahlen präsentiert werden. Auch dabei ist die On-Air-Promotion von strategischer Bedeutung. Nicht-Kunden haben diverse Möglichkeiten, dass Programm eines Pay-TV-Anbieters zu sehen. Sie konsumieren es beispielsweise bei Freunden, in der Sportsbar, der Fankneipe, beim Public Viewing oder am Point of Sale im Elektrohandel. Selbstverständlich ist das wichtigste Zugpferd beim Abo-Verkauf der Content selbst. Über die On-Air-Promotion wird jedoch nicht nur der Look and Feel des Senders transportiert, sondern es wird auch ganz konkret auf kommende Ereignisse hingewiesen, beispielsweise wenn ein Fußballfan ein Bundesligaspiel „seiner" Mannschaft am Wochenende sehen könnte. Vor dem Spiel, in der Halbzeitpause und nach dem Spiel sieht der Fan den Hinweis, dass der Verein auch unter der Woche in der Champions League gegen einen internationalen Gegner spielen wird. Oder der Fan sieht den Sendehinweis, dass ein Action- oder Comedyfilm noch am gleichen Abend in der deutschen TV-Erstausstrahlung zu sehen sein wird. Im Anschluss wird ein Trailer gezeigt, der auf das aktuelle Sonderangebot oder die derzeit vergünstigten Konditionen hinweist. Die Sender versuchen so, Angebotsvielfalt, Angebotsqualität und die Preisstruktur zu kommunizieren.

Cross-Selling und Up-Selling
Eine der wichtigsten betriebswirtschaftlichen Kennzahlen im Abonnementgeschäft ist der ARPU (Average Revenue per User), der den durch-

schnittlichen Umsatz pro Kunde bezeichnet. Es gibt grundsätzlich zwei Arten, die Erlöse aus dem Abonnement-Geschäft zu erhöhen. Zum einen müssen mehr Abos verkauft werden, zum anderen muss der Umsatz pro Kunde gesteigert werden. Der ARPU von Sky Deutschland beispielsweise stieg von 25,20 Euro im zweiten Quartal 2009 auf 34,07 Euro im dritten Quartal 2013, was nicht zuletzt dank der stark forcierten On-Air-Promotion geschah.

Cross-Selling bedeutet, dem Kunden zusätzliche Pakete zu verkaufen. Hat sich der Kunde nur für ein Basispaket oder nur für ein zusätzliches Paket entschieden, sollen ihm weitere Pakete angepriesen werden. In Spielfilmpaketen wird deshalb der Sportkanal verstärkt beworben, während es in den Sportkanälen genau umgekehrt ist. Beim Up-Selling steht der Verkauf zusätzlicher Leistungen oder Services im Vordergrund. Hier werden in erster Linie Produkterweiterungen beworben wie das Programmangebot in hochauflösender Qualität HD, Set-Top-Boxen mit neuen Funktionen oder Pay-Per-View-Angebote, für die zusätzlich bezahlt werden muss.

Nach Abwägen der unterschiedlichen Aspekte einigt sich die Kreativgruppe einigt auf die Kaufbestätigung der Abonnenten als wichtigstes Ziel. Dem Kunden soll vermittelt werden, dass sich die Investition in das Luxusprodukt Pay-TV gelohnt hat, weil Qualität und Quantität des Programms die Ausgaben wert sind. Der Kunde soll eine klare Abgrenzung gegenüber Nicht-Kunden verspüren. Die Gruppe formuliert nach längerer Diskussion folgendes Ziel: Wie kann den bestehenden Kunden vermittelt werden, dass auf diesem Sender die qualitativ hochwertigste Formel-1-Übertragung zu sehen ist?

Nachdem das Ziel der On-Air-Promotion definiert wurde, folgt die Definition der Strategie. Wie soll dem Zuschauer die Nachricht vermittelt werden? Im Marketingbereich gilt der Grundsatz, dass die Idee vom Produkt ausgehen muss. Es spielt dabei keine Rolle, ob dafür der Produktnutzen, das Design, die Art der Verwendung oder sonst ein Merkmal genutzt wird. Für die Werbestrategie ist entscheidend, dass ein Produktmerkmal auf eine Weise dargestellt wird, die im Konsumenten eine Reaktion auslöst. Dabei zählen kleinste Ergebnisse: ein Gedanke, eine Verknüpfung, eine Erinnerung, eine Transferleistung oder vielleicht sogar ein Bedürfnis, und der Marketeer hat sein Ziel erreicht. Er möchte in den Kopf des Zuschauers. Eine aktive Leistung setzt voraus, dass sich der Konsument mit der Anzeige, dem Plakat oder dem Werbespot beschäftigt. Er wird, wenn auch nur kurz, über das Produkt oder die Marke nachdenken. Bei einer aktiven Leistung wird sich der Zuschauer lebhafter und länger erinnern als bei einer passiven Leistung. Der Marketeer versucht die Erinnerung des Konsumenten solange zu beeinflussen, bis dieser im Supermarkt vor dem Regal steht und aus der Fülle ähnlicher Produkte das beworbene Produkt auswählt. Im Falle der On-Air-Promotion soll der Zuschauer so lange beeinflusst werden, dass er sich zum Ausstrahlungszeitpunkt unter all den Programmen, die ihm zur Verfügung stehen, für das beworbene Programm entscheidet. Ist die Idee der Kreativgruppe erfolgreich, wird sie zur rhetorischen Realität, indem sie andere Menschen beeinflusst.

Die Kreativgruppe versucht im Laufe des Tages zu erarbeiten, in welche inhaltliche Richtung eine Kampagne gehen könnte. Dazu wird zunächst über eine Stunde lang das Produkt analysiert. Ein Producer hält alle Vor- und Nachteile und Kommentare der Gruppe mit einem Marker auf dem Whiteboard fest. Die Kreativgruppe stellt die Frage nach der Differenzierung und Relevanz des Produktes. Angenommen, die Formel-1 wäre exklusiv nur auf diesem einen Sender zu sehen, dann wäre dies mit Sicherheit die Richtung, in die die Gruppe weiterarbeiten würde, denn Exklusivität bedingt Differenzierung und Relevanz. Nach Abschluss der Analyse spricht leider keiner der Aspekte dafür, dass das Produkt selbst einen plausiblen Grund dafür liefert, warum ein Zuschauer die Formel-1 auf diesem Sender und nicht bei der Konkurrenz konsumieren sollte. Mit einer Ausnahme – auf dem Sender des Kunden gibt es keine Werbepausen. Die Gruppe ist sich einig, dass dies ein echter USP ist, ein klarer Produktvorteil gegenüber dem Wettbewerber. Der erste inhaltliche Ansatzpunkt ist gefunden und notiert und soll in der späteren Diskussion der Gruppe wieder aufgenommen werden. Das Gespräch über eine inhaltliche Ausrichtung der Kampagne wird weiter vertieft, wiederum ohne dass die Beteiligten bewusst einem theoretischen Bezugsrahmen folgen. Es kristallisiert sich aber heraus, dass die Imagekampagne den direkten Bezug zum Produktnutzen vernachlässigen kann.

Die Werbeindustrie sieht sich mit dem Problem des unzureichenden Produktnutzens des Öfteren konfrontiert. Deshalb haben sich im Laufe der Zeit vier Strategien herauskristallisiert, die trotzdem erfolgversprechend sind:[13] „Bigger than live", Imagetransfer, Humor und Sex. Die Workshopteilnehmer werden sich dieser Strategien bedienen, die im Folgenden erläutert werden. Bei der Strategie „Bigger than live" kommen große, ästhetische Inszenierungen zum Einsatz, die das Leben darstellen, wie es aus Sicht der Marketeers sein sollte, und nicht wie es tatsächlich ist.

Beim „Imagetransfer" werden Ansehen und Vertrauen von prominenten Persönlichkeiten der Zeitgeschichte genutzt, um diese auf ein Produkt zu übertragen. Nicht das Produkt, sondern das Testimonial bringt die gewünschten Eigenschaften mit. Zwei weitere Garanten für eine erfolgversprechende Kampagne bestehen im Einsatz von Humor und Sex. Sind die finanziellen Mittel beim Kunden vorhanden, kann darüber hinaus der Werbedruck so lange erhöht werden, dass die Konsumenten der Botschaft nicht mehr auskommen. Bei mangelndem Produktnutzen und hohem Werbedruck besteht jedoch immer die Gefahr, dass das Produkt in Vergessenheit gerät, sobald der Werbedruck nachlässt, da die Substanz fehlt.

Folgendes Beispiel zeigt jedoch, dass die Strategie „Bigger than live" verbunden mit hohem Werbedruck erschreckend gut funktioniert. Es stammt aus einem Kreativseminar, das in der Beobachtungszeit vor der Formel-1-Startkampagne für ausgewählte Mitarbeiter der Agentur angeboten wird. Der Seminarleiter war ein deutscher Marketingexperte, der für die On-Air-Promotion eines großen britischen Senders tätig war. Er forderte die Teilnehmer auf:

> „Schließen Sie bitte die Augen und entspannen Sie sich für einen Moment. Ich werde Ihnen jetzt einen Markennamen nen-

---

13 Zwei weitere erfolgreiche Strategien, die in der TV-Industrie verbreitet sind, sind die Einbeziehung von Hunden und Kindern. Sie sollen ergänzend genannt werden, auch wenn sie für die vorliegende Kampagne nicht relevant sind. Von der Agentur wurde für eine UEFA-Champions-League-Kampagne ein Konzept vorgeschlagen, das auf dem Einsatz von Kindern basiert. Die Idee bestand darin, dass Synonym „Königsklasse" für die UEFA Champions League wörtlich zu nehmen. Eine Schulklasse mit zehn- bis zwölfjährigen Kindern trat auf, die die Vornamen berühmter Spieler der Champions League Vereine trugen. Alle Schüler der Klasse hatten den Nachnamen König und formierten sich somit zur Königsklasse. Die Kampagne fand große Beachtung.

nen und sie merken sich bitte die ersten Gedanken und Assoziationen, die ihnen in den Sinn kommen."

Der Seminarleiter spricht kurze Zeit später den Markennamen Coca-Cola laut aus. Die zwanzig Seminarteilnehmer teilen daraufhin ihre Gedanken der Gruppe mit. Sie beschreiben Strände, schöne junge, gesunde und schlanke Menschen, Weihnachtsmänner, Eisbären etc. Ein Teilnehmer sah das Markenlogo scharf vor sich, ein Anderer nahm undeutlich die Farben Rot und Weiß war. Das Verblüffende an diesen Reaktionen ist, dass niemand den Namen Coca-Cola mit einem braunen, süßen, koffeinhaltigen Limonadengetränk verbindet, sondern mit der Welt, die um das Produkt herum inszeniert wird.

Zurück zu der Kreativgruppe im Atelier. Es lässt sich beobachten, dass die Debatte umso lebhafter geführt wird, je klarer das Ziel vor Augen ist. Jeder Gedanke und jede Schlussfolgerung wird diskutiert, viele Möglichkeiten werden ausgeschlossen. Es wird abgewogen, ob ein Ansatz sinnvoll ist und auch wirklich das ausdrückt, was mitgeteilt werden soll und kann. Einige beharren auf ihren Standpunkten, andere lassen sich überzeugen. Die Diskussion zieht sich über das Mittagessen im italienischen Restaurant um die Ecke und den anschließenden Espresso. Die Erkenntnis, dass das Produkt weder differenziert noch allzu relevant ist, schmerzt. Für die beiden Senior Producer ist es schon die fünfte beziehungsweise die sechste Formel-1-Startkampagne, an der sie mitarbeiten und sie klagen bei den anderen darüber, dass es mit jeder Kampagne etwas schwieriger wird, neue Ansätze zu finden. Nur für den Kollegen aus der Spielfilmabteilung ist die Formel-1 komplettes Neuland. Nach anstrengender Diskussion werden am späteren Nachmittag von der Kreativgruppe vier konkrete Zielformulierungen erarbeitet und auf einen großen Papierbogen geschrieben:

1. Wie können wir den Zuschauern in einer Kampagne vermitteln, dass die Formel-1-Übertragung auf dem Sender keine Werbeunterbrechung hat (= Verkauf des USP)?
2. Wie können wir in einer Kampagne den Zuschauern auf hochwertigste Weise vermitteln, dass die Formel-1 auf dem Sender ein übernatürliches, außergewöhnliches Erlebnis (Anm. d. Autors: Bigger than live) ist?

3. Welches Image können wir mithilfe einer Kampagne auf die Formel-1 transferieren, damit die Übertragung auf dem Sender an Ansehen und Vertrauen gewinnt?
4. Auf welche Art und Weise können wir Humor einsetzen, um bei den Zuschauern das Bedürfnis für Formel-1 zu wecken?

Der Papierbogen wird zentral und für alle gut sichtbar im Workshopraum aufgehängt. Die Gruppe legt sich auf diese vier Lösungswege fest, andere Optionen werden nicht mehr berücksichtigt. Das Handlungsfeld wird bewusst eingeschränkt. Ein wichtiger Teil der Konzeption, die Formulierung des Briefings, ist beendet und der Gruppenleiter möchte nun tiefer in die vier Ansätze eintauchen. Anhand dieser vier konkreten Fragestellungen kann nun ein Konzept entwickelt werden.

6. Ideengenerierung

Nachdem aus der Sicht der Kreativgruppe das Briefing und die richtigen Fragestellungen herausgearbeitet wurden, werden nun die letzten beiden Stunden des ersten Workshoptages darauf verwendet, Ideen zu generieren. Zum ersten Mal werden nun die Gefäße der On-Air Promotion mit konkreten Inhalten gefüllt. Die Vielfalt der Kreativitätstechniken zur Ideengenerierung für Werbung ist auch hier enorm. Übertreibung, Drehung um 180 Grad, Provokation, Perspektivenwechsel, Persiflage, Spiel oder etwas wörtlich zu nehmen sind nur einige ausgewählte Methoden. Es gibt hierfür Listen mit Techniken, die abgearbeitet werden können, Kartensets und Ideenwürfel, die mit konkreten Fragen und Bemerkungen, Kreativprozesse im Gehirn anregen sollen. Am Beispiel „Übertreibung" sollen Anweisungen zu einer Technik kurz skizziert werden:

> „Wie kann das Produkt durch Übertreibung seinen Nutzen auf einen Blick sichtbar machen? Formulieren Sie den Produktnutzen in einem Satz oder in einem Wort! Nun stellen Sie den Nutzen einfach und überzeugend dar, indem Sie ihn übertreiben. Stellen Sie sich folgende Fragen: Wie kann ich den einzigartigen Vorteil am Produkt selbst übertrieben darstellen? Wie kann ich den Nutzen durch die Zielgruppe oder die Konkurrenz überzeichnet in Szene setzen?" (Pricken 2007: S. 40).

In der Beobachtungszeit werden jedoch weder in dem beschriebenen Workshop noch zu anderen Gelegenheiten solche Hilfsmittel in einer Kreativrunde angewendet. Im Atelier sitzen die Kreativen im Raum verteilt auf ihren Stühlen, jeder hat einen Block und einen Stift in der Nähe. Nach kurzer Diskussion soll mit der aus Sicht der Teilnehmer einfachsten der vier vorher formulierten Fragen begonnen werden:

Welches Image können wir mithilfe einer Kampagne auf die Formel-1 transferieren, damit die Übertragung auf dem Sender an Ansehen und Vertrauen gewinnt?

Der Producer, der die vorbereitenden Recherchen betrieben hat, schlägt sofort Sebastian Vettel als Werbeträger vor. Für ihn bringt Vettel alle Eigenschaften eines glaubhaften National Hero mit. Die anderen Gruppenteilnehmer stimmen zu, lassen aber offen, ob Vettel alleine ausreiche oder ob eine Kombination mit anderen der fünf deutschen Fahrer sinnvoller sei.

Als es an die Lösung dieser konkreten Fragen geht, wird die Stimmung im Raum deutlich entspannter. Die Nervosität und die Verkrampfung, die den ganzen Vormittag über aufgrund der vagen Aufgabenstellung geherrscht haben, weichen dem Gefühl, sich mit überschaubaren Aufgaben auseinandersetzen zu können. Erst nachdem sich die Gruppe ihr eigenes Briefing erarbeitet hat, kann lösungsorientiert mit konkreten Inhalten experimentiert werden. Die Gruppenmitglieder stehen nun des Öfteren von ihren Stühlen auf, laufen umher, sehen aus dem Fenster oder holen sich Kaffee. Pointierte und humorvolle Bemerkungen werden gemacht und lockern die Atmosphäre auf. Beispielsweise wird mit einem Schmunzeln darüber spekuliert, ob Sebastian Vettel bei einem Dreh lieber mit „Sebastian", „Sebi" oder mit einem seiner Spitznamen in der Rennszene wie „Baby-Schumi" oder „German Seb" angesprochen werden sollte, oder ob die Ansprache Herr Vettel zu bevorzugen sei. Die Kreativen beginnen, sich über Sebastian Vettel, über sein Image, über seine Eigenschaften, Hobbys, seine Erfolge und so weiter auszutauschen. Ein Producer, der in der Vergangenheit schon mit Vettel gedreht hat, steht auf, hält sich die Hand vor die Brust und behauptet:

„Der ist so klein, der geht mir vielleicht bis an die Brustwarzen. Aber wirklich ganz ein Netter."

Die Webseite von Vettel wird inspiziert. Dort sind private und berufliche Details des Fahrers zu finden, ebenso eine Fotogalerie von frühester Kindheit an, in der beispielsweise der noch sehr kindliche Vettel zusammen mit Michael Schumacher und großen Pokalen zu sehen ist. Irgendwo ist zu lesen, dass Vettel schon als Kind Benzin im Blut hatte. Der Kollege aus der Spielfilmabteilung schreibt Schlagworte zu Vettel auf das Whiteboard:

21 Jahre – Nachwuchsrennfahrer – Red Bull – 1 GP Sieg – Rookie des Jahres – Sportler des Jahres – Zukunftshoffnung – Jüngster Fahrer in den Punkten – Jüngster GP Sieger – Jugendlich – Gelassen – Witzig – Sympathisch – Nett – Nicht abgehoben – Benzin im Blut – Teamplayer – Talent zum Formel-1-Weltmeister – Baby-Schumi, Bubi-Schumi, Bonsai-Schumi – Kronprinz in der Königsklasse – Heppenheimer

Auf diese Weise wird diesmal das Thema „Sebastian Vettel" zerlegt und analysiert. Plötzlich kommt der kreative Prozess der Ideenfindung in Gang und Verknüpfungen entstehen. Die Informationen und Bilder zu Vettel regen die Gruppe an, und die einzelnen Teilnehmer beginnen, Gedanken in die Runde zu kommunizieren. Einer schlägt vor:

„*Könnten wir nicht die Lebensgeschichte von Vettel nacherzählen? Es gibt sicherlich genug Bildmaterial aus seinem Leben. Wir integrieren nachträglich immer wieder das Logo des Senders. Wir haben ihn quasi mit entwickelt und er ist ein Teil von uns. Und jetzt präsentieren wir unser Baby für die neue Saison."*

Ein anderer sagt:

„*Oder wir setzen ihn vor die Kamera und lassen ihn einfach erzählen, was toll ist an seinem Beruf, wovor er Angst hat und was ihm Freude macht."*

Auffällig ist, dass in dieser Phase des Prozesses plötzlich das Wort „wir" in der Kommunikation sehr häufig gebraucht wird. Das „Wir-Gefühl" innerhalb der Gruppe wird verstärkt und gleichzeitig verschmelzen auch Agentur und Kunde zum „wir". Die Teilnehmer wenden nun instinktiv die vorher aufgezählten Kreativmethoden wie Übertreibung und Drehung um 180 Grad an, wie folgende Beispiele veranschaulichen:

„Wir könnten doch zeigen, wie emotional aufgewühlt er vor dem Rennen ist. Wir zeigen, wie unruhig er schläft. Die Augen gehen hin und her, er tritt im Bett aufs Gaspedal. Formel-1-Sounds sind zu hören und plötzlich schreckt er auf. Dann schneiden wir um auf Footage und sagen: Es geht wieder los. Das Warten hat sich gelohnt."

Manchmal sind die Gespräche von längeren Ruhephasen unterbrochen. Die Producer sehen dann aus wie Tagträumer in der U-Bahn. Sie beobachten nichts Bestimmtes, sind aber mit ihren Gedanken in einer anderen Welt. Ein Producer fängt an zu schmunzeln:

„Wir könnten ihn doch in einen anderen Zusammenhang bringen - auf einem Fahrrad, einem Mofa oder im Auto eines Pizzaservices. Vettel als schnellster Pizzabote der Welt."

Manchmal herrscht betretenes, peinlich berührtes Schweigen, wenn ein Producer eine Idee geäußert hat. Manchmal werden die Einfälle von anderen Producern aufgenommen, kommentiert oder weiterentwickelt. Und manchmal kommen plötzlich ganz neue Einfälle, die in eine ganz andere Richtung gehen:

„Könnte er nicht den James Bond machen? Wir drehen ihn mit Smoking und Revolver. Schöne Frauen und schnelle Autos gibt es ja genug in der Formel-1."

Die Diskussion findet mündlich statt, die Producer machen sich aber gelegentlich Notizen auf ihren Blöcken oder schreiben etwas auf das Whiteboard. In dieser Phase geht es darum, so viel wie möglich zu experimentieren, zu basteln und auszuprobieren. Wie in einer Werkstatt wird Vettel auseinander genommen, untersucht und anders wieder zusammengebaut. Er wird kombiniert und ist mal klein, mal groß, mal ernst, mal humorvoll. Eine spielerische Komponente kommt in die Gruppe und die Ideenfindung läuft sehr gut, trotzdem beendet um 18.30 Uhr der Teamleiter die Diskussion und die Teilnehmer gehen für diesen Tag nach Hause.

Eine der wichtigsten Eigenschaften von Kreativen ist, dass sie Beruf und Privat nicht strikt trennen oder trennen können. Die Mitglieder der Gruppe hören nicht um 18.30 Uhr auf, an die Kampagne zu denken.

In ihren Köpfen sind nun die Keimzellen für Ideen implantiert und diese Impulse beginnen zu arbeiten, bewusst oder unbewusst. Es bedeutet nicht zwingend, dass dabei ein gutes Ergebnis oder überhaupt eines entsteht. Trotzdem werden sie sich mit dem Thema beschäftigen. Ein Senior Producer berichtet davon, dass ihm im Auto auf dem Weg nach Hause die besten Einfälle kommen. Ein anderer legt sich mit einem Glas Rotwein auf die Couch und lässt seinen Gedanken freien Lauf. Ein Dritter hat morgens in der Dusche seinen kreativen Moment. Es gibt Producer, die sich aktiv mit dem Thema auseinandersetzen und im Internet oder in sonstigen Quellen recherchieren oder Ideen mit ihrem Partner oder Freunden besprechen. Wieder andere meditieren, warten auf eine Eingebung oder hören Musik im Bus und lassen sich dort inspirieren.

Am nächsten Morgen beginnt das Meeting wesentlich ausgelassener. Die Teilnehmer sind redseliger als am Tag zuvor. Es wurden vier Themen identifiziert, an denen nun gearbeitet werden kann: Imagetransfer mit einem Idol, Bigger than live, Humor und die Werbeunterbrechung. Das Arbeitsgebiet ist definiert. Während einige noch die Papiere mit Gedanken und Rückschlüssen vom Vortag durchgehen oder die Notizen auf dem Whiteboard lesen, beginnt ein Senior Producer den Tag mit einem Vorschlag aus dem Bereich Humor:

„Ich habe eben auf dem Weg hierher noch an der Tankstelle angehalten, um Zigaretten zu holen. Da kam mir die Idee, dass wir doch einen Pit-Stop simulieren könnten. Ein ganz normaler Kunde fährt an die Tankstelle. Plötzlich tauchen 20 Mechaniker mit Helm auf, einer hält den Lollipop[14] vor das Auto, die anderen tanken, wechseln die Reifen und reinigen die Scheibe. Danach fährt die Karre völlig getunt mit irrem Zahn weiter."

Der freie Autor steigt, noch mit dem Kaffee in der Hand, darauf ein:

„Das finde ich sehr lustig. Ich finde den Gedanken von Formel-1 im Alltag überhaupt sehr lustig. Ich würde jetzt am liebsten zum Balkon rennen und mir eine Magnum Flasche Champagner direkt über den Kopf schütten!"

---

14 Ein sogenannter „Lollipop" ist eine Stange mit einem meist runden Schild am Ende, auf dem „Break" oder „Stop" steht. Das Schild wird von einem Mechaniker dem Rennfahrer beim Boxenstop direkt vor den Helm gehalten, damit der Fahrer nicht losfährt, bevor die Boxen-Crew mit ihrer Arbeit fertig ist.

Gelächter. Die Gruppe kommt in Fahrt. Ein anderer Producer nimmt den Gag auf:

„Du schaust dir zu Hause die Rennen bestimmt auch im Renn-Overall an und deine Frau hält dir im Minirock den Sonnenschirm, während du auf der Couch Bier trinkst."

Der Producer spielt damit auf eine typische Szene bei Formel-1-Rennen an. Hostessen halten vor dem Rennen Sonnenschirme über die Fahrer und Cockpits der Rennwagen. Manchmal geben die Producer nicht nur einen Gedanken, sondern auch das Muster dahinter preis. Mit dem Satz „Ich finde den Gedanken von Formel-1 im Alltag lustig" wird eine ganz konkrete Methode vorgegeben, die Andere leicht aufnehmen und direkt umsetzen können. Die Gruppe wendet zudem eine klassische Methode der Ideenentwicklung an: Das Produkt wird in einen anderen Zusammenhang gebracht – die private Welt.

Der Spielfilm-Producer beginnt nach einer Zigarettenpause davon zu erzählen, dass er am vorherigen Abend noch im Internet nach lustigen Videos mit Formel-1-Bezug gesucht habe und ihm dabei ein Video besonders aufgefallen sei:

„Ein junger Mann sitzt zuhause auf der Couch und sagt in die Kamera, er sei der einzige Mensch auf der Welt, der Formel-1 ohne Ton im Fernsehen anschauen könnte. Daraufhin imitiert er den Klang eines Formel-1-Rennwagens mit seiner Stimme."

Der Producer sucht das Video auf Youtube und zeigt es den anderen Teammitgliedern. Das Video erzeugt große Heiterkeit. Der junge Mann wirkt lächerlich, gleichzeitig imitiert er die Geräusche der Rennwagen auf faszinierende, perfekte Weise. Die Producer fangen sofort an diese Grundidee für die Startkampagne zu adaptieren:

„Man könne doch einen jungen Mann in die Fußgängerzone stellen und die Sounds der Rennwagen nachmachen lassen. Bin gespannt, wie die Passanten reagieren würden."

Ein Producer fügt hinzu:

„Man könnte doch alternativ zwei Geräusch-Imitatoren gegeneinander antreten lassen, wie bei einer Beat-Box-Battle."[15]

Die beiden simulieren ein Rennen bis sie hochrote Köpfe haben.

„Oder man könnte doch gleich ein ganzes Orchester im Frack auf eine Bühne stellen und Formel-1-Geräusche lauthals vor Publikum imitieren lassen. Alle Varianten könnten mit dem Slogan enden: Für alle die es nicht mehr erwarten können. Die Formel-1 auf...".

Die Producer können sich bei der Vorstellung dieser Varianten kaum noch halten vor Lachen. Der schnell erzeugte Variantenreichtum der Idee lässt darauf schließen, dass das Grundmuster funktioniert, die Idee hat Potenzial. Jetzt beginnt auch die Phase, in der die Producer in kompletten Trailern denken, mit dem Claim am Ende.

Humor ist eine der schwierigsten Arten der On-Air-Promotion, denn es bestehen viele Risiken: Versteht der Zuschauer die Pointe? Ist das Timing richtig? Fühlt sich jemand beleidigt? Kann der Witz werblich genutzt werden? Kann der Zuschauer Witz und Produkt verbinden? Um Humor in der Gruppe zu entwickeln, darf man sich selbst nicht zu ernst nehmen. Es fängt oft damit an, dass jemand von peinlichen Situationen erzählt, in denen der Witz auf seine eigenen Kosten geht. Vor allem der freiberufliche Autor ist sich für Selbstironie nicht zu schade. Er schildert lebhaft und sehr anschaulich von einem Ferienjob, den er als Jugendlicher annahm:

„Ich musste in ein körpergroßes, gelbes Hühnchenkostüm mit Federn schlüpfen und in der Fußgängerzone Passanten in ein Fastfood Restaurant locken. Dort gab es Hühnchen-Burger zum Sondertarif. Damit nicht genug, liefen mir prompt einige Mitschüler aus meiner Klasse über den Weg. Davon wache ich heute noch manchmal schweißgebadet auf. Ihr könnt euch ja denken, welche Spitznamen ich danach hatte. Na ja, immerhin gab es zwölf Mark die Stunde."

---

15 Beat-Boxing ist in der jungen Musikszene sehr beliebt. Die Künstler imitieren Schlagzeuge, andere Instrumente oder Stimmen mit Mund und Nase. Bei einer Beat-Box-Battle treten zwei Beat-Boxer gegeneinander an. Das Publikum entscheidet dann, wer die Schlacht gewinnt.

Er fährt fort zu berichten, im Nachhinein habe sich die Erfahrung aber gelohnt, denn ihm sei gestern noch etwas zum Thema Werbeunterbrechung eingefallen:

„Was haltet ihr davon, wenn der Hühnchen-Mann durch die Startaufstellung läuft? Direkt vor dem Rennstart und so den Start verzögert. Wir enden mit dem Claim: Kommt ihnen das bekannt vor? Nur bei uns: Die Formel-1 garantiert ohne Werbung."

Die Vorstellung, dass der Autor im Hühnchenkostüm über die Rennstrecke läuft, sorgt für Vergnügen in der Gruppe:

„Er könnte doch gleich im Hühnchen-Kostüm die Rennwagen während des Rennens anhalten und den Fahrern einen Burger andrehen."

Bemerkenswert ist, dass die Gruppe nicht das Thema des Vortages aufgreift, den Imagetransfer mit Sebastian Vettel, sondern mit der Variante Humor weitermacht. Von der Variante Humor wird nahtlos an die Variante „Werbeunterbrechung" angeknüpft. Der Producer aus der Spielfilmabteilung will im Verlauf des Vormittags noch mal auf Vettel zurückkommen, doch der Projektleiter lehnt dies mit folgender Begründung ab: Die Strategie, sich für die Startkampagne auf einen einzelnen Protagonisten zu verlassen, sei aus mehreren Gründen sehr riskant. Vor allem wenn der Protagonist ein aktiver Sportler aus der Serie sei, wie in diesem Fall ein Formel-1-Fahrer. Die Stars bekommen für Promotion-Aufnahmen von den Sendern keine Gage. Diese Leistung wird nicht bezahlt, sondern ist für die Formel-1 Teil des Marketings. Dafür sind auf Seite des Senders auch keine Budgets vorhanden, somit gibt es keinen Vertrag mit dem Fahrer und auch keine Verpflichtung, die Leistung zu erbringen, oder eine Möglichkeit, die Leistung einzufordern.

Promotion-Drehs in der Formel-1 sind fester Teil der Saisonvorbereitung der Teams. Fast alle Teams treffen sich in der Saisonvorbereitung zu Testzwecken in Jerez de la Frontera, einer Stadt in der spanischen Region Andalusien. Dort testen die Teams mehrere Wochen auf dem Circuito de Jerez, einer ehemaligen Formel-1-Strecke, auf der in der Vergangenheit schon mehrmals der Große Preis von Spanien ausgetragen wurde. Während dieser Zeit finden Pressetermine mit den Verantwortlichen der Teams, den Sponsoren und den Fahrern statt. Den Fernsehstationen wird zu dieser Gelegenheit ein kleines Studio zur Verfügung gestellt, in dem sie mit den Fahrern für die On-Air-Promotion drehen können. Pro Fahrer hat ein Fernsehteam dann fünf bis zehn Minuten für die Aufzeichnung zur Verfügung. Manche Fahrer erledigen diese Aufgabe gerne, andere nicht. Einige Fahrer haben es sehr eilig, andere sind einige Minuten länger verfügbar und manchmal erscheint ein Fahrer gar nicht. Es kommt dann ein Mitarbeiter aus dem Management des Fahrers und erklärt, dass es dem Fahrer sehr leid tue, er aber aus wichtigen Gründen heute nicht dabei sein könne, er stehe aber an einem anderen Tag zur Verfügung. Die Fernsehteams können dagegen nichts unternehmen, denn sie sind auf die Hilfe der Fahrer angewiesen.

Aufgrund dieser Kenntnisse stellt der Projektleiter für die Formel-1-Kampagne die Idee in Frage, sich auf einen Protagonisten wie Vettel zu stützen. Denn es ist sehr unwahrscheinlich, dass ein Formel-1-Fahrer für einen längeren Dreh in diesem Studio mit Kostümen, Maske und Text zur Verfügung stehen würde. Noch fraglicher ist es, ob der Fahrer auch außerhalb des Studios und außerhalb dieses Termins zu Aufnahmen bereit wäre. Für eine klassische Produktwerbung könnte der Fahrer sicherlich einen Termin einrichten, bekäme dann aber auch die entsprechende Gage. In der Sportbranche und von den Sportlern hören Medienvertreter des Öfteren den Vorwurf, dass die Medien die Sportler nur ausnutzen oder schlecht darstellen und dass die Medienindustrie von den Sportlern abhängig sei und von ihnen lebe. Medienvertreter hingegen sehen dies anders und sprechen von einer Symbiose. Die Medien hätten ohne die Sportler zwar keine Inhalte, keine Zuschauer und somit keine Einnahmen, aber den Sportlern würde es ohne die Medien an Öffentlichkeit, Sponsoren und somit auch an Einnahmen fehlen. Das Pay-TV Unternehmen zahlt erhebliche Lizenzkosten an die Verbände, die wiederum den Vereinen und Teams zu Gute kommen.

Wenn eine Kampagne nur auf einen Sportler ausgerichtet ist, gibt es noch ein weiteres Risiko, denn der Kunde könnte diese Darstellung als zu einseitig ablehnen. Der Sender bedient nicht nur die Fans eines Fahrers, sondern die Fans aller Fahrer. Er steht auch nicht für ein spezielles Team, sondern für alle Teams. Sollte sich der Sender überhaupt für einen Sportler entscheiden, könnte es auch ein Anderer sein als der, der von der Agentur vorgeschlagen wird. In diesem Fall ist auch Nick Heidfeld als Träger der Kampagne denkbar, weil auch er ein deutscher Fahrer mit Potenzial ist und außerdem für ein deutsches Team fährt.

Genauso gut käme Lewis Hamilton in Frage, der zu dieser Zeit amtierender Weltmeister ist, zudem fährt er für McLaren-Mercedes.

Der Senior Producer hat dem Sender schon viele Konzepte vorgestellt und kann die Situation einschätzen. Grundsätzlich ist es eine gute Idee, Sebastian Vettel als Imageträger und Star einer Kampagne vorzustellen. Ein Konzept mit Vettel sollte dem Kunden unbedingt präsentiert werden, möglicherweise erwartet der Kunde sogar einen solchen Vorschlag. Aber auch der On-Air-Manager des Senders kennt die Risiken und das Prozedere. Sollte die Wahl auf dieses Konzept fallen, dann muss der Sender mit seiner Marktmacht einen Termin mit dem Fahrer vereinbaren und die entsprechenden Konditionen aushandeln. Dies kann nicht die kleine Agentur leisten. Sollte sich der On-Air-Manager des Senders tatsächlich für Vettel entscheiden, dann müssten ohnehin von der Agentur noch zusätzliche Varianten und Konzepte erarbeitet werden. Für die erste Kundenpräsentation und die Vorstellung der Idee, eine Kampagne auf Vettel aufzubauen, sind die ersten Ansätze des Vortages ausreichend. Es sollte in diesem Stadium der Ideenfindung aus Gründen der Effizienz nicht mehr Zeit auf dieses Thema verwendet werden. Erfolgsversprechender ist es in diesem Fall, die anderen Richtungen auszuarbeiten.

Am Dienstag, dem zweiten Workshoptag, gegen 15 Uhr beschließt der Teamleiter, die Runde aufzulösen. Die Teilnehmer sollen die Zeit nutzen, um Ideen aufzuschreiben und zu entwickeln. Zum Thema „Bigger than live" entstand an diesem Tag überhaupt kein brauchbarer Vorschlag. Die Kreativen sollen sich dazu Gedanken machen und recherchieren. Jeder hat bis Donnerstagmittag Zeit, die Konzepte auszuformulieren. Am Donnerstagnachmittag werden die Ergebnisse in ein Dokument zusammengefasst und sortiert. Am Freitag ist dann das Meeting mit der Abteilungs- und Bereichsleitung der Agentur, die interne Präsentation. Dort werden die Konzepte ausgewählt, die dem Kunden präsentiert werden.

Welche Aufzeichnungen existieren nach dem Workshop im Atelier? Die Ausführungen, Stichworte und Argumente auf dem Whiteboard wurden von einem Producer mitgeschrieben. Er wird seine Aufzeichnungen als E-Mail formulieren und am Tag nach dem Kreativmeeting verschicken. Die Producer haben auf ihren Blöcken nur kurze, stichpunktartige Notizen: Vettel-Lebensgeschichte, James Bond, Beatbox, Orchester oder Hühnchenkostüm ist dort zu lesen.

Es existiert noch keine fertige, ausformulierte Idee, die präsentiert werden könnte. Es gibt kaum Papier, keine handfesten Ergebnisse. Ein ganzer Themenkomplex wie „Bigger than live" wurde gar nicht erst angesprochen. Trotzdem hat die Gruppe den entscheidenden Schritt im Prozess geleistet. Die Aufgabenstellung wurde klar umrissen und überschaubare Teilaufgaben konnten definiert werden. Es gab außerdem genug kreative Ansätze, auf die die Producer aufbauen können. Das Meeting ist wie eine Rampe zu sehen, die die Producer nutzen. Springen muss nun jeder selbst, aber die Richtung ist vorgegeben. Eine Diskussion in der Gruppe gibt den Producern auch das nötige Selbstvertrauen, nun die Ideen alleine und selbstständig auf Papier zu bringen. Sie haben einiges an Input bekommen und können auch dann ihr Gesicht nicht verlieren, wenn sie einen eher schwachen Ansatz formulieren.

Was jetzt folgt, ist das Handwerk der Autoren. Eine Idee muss in wenigen Worten plastisch und pointiert vermittelt und zu Papier gebracht werden. Das ist eine Eigenleistung, die jeder für sich und konzentriert erbringen muss. In der Gruppe ist dies kaum möglich. Dies ist der Teil der Konzeption, der von außen nur schwer einsehbar ist. Die Producer werden jetzt zu Autoren. Es zeigt sich nun, wer in der Lage ist ein Konzept zu entwickeln. Manche Einfälle aus dem Kreativmeeting werden zu Konzepten, manche nicht. Völlig neue Ansätze kommen hinzu. Die Art, wie die Autoren zu ihren Ergebnissen kommen, ist höchst individuell. Einige fahren in die Agentur, um dort zu schreiben, andere arbeiten lieber zu Hause. Bei einigen sprudeln die Worte nur so hervor, andere müssen sich selbst zwingen und sitzen schwitzend solange am Schreibtisch, bis das Blatt voll ist. Am Ende muss aber jeder Producer liefern. Diese Arbeitsphase wird von vielen als der schwierigste Teil des Prozesses betrachtet.

> [Int 4 2011] Bei mir müssen die Ideen einige Zeit sacken. Die Konzepte zu formulieren und aufzuschreiben ist der härteste Teil der Arbeit. Stress, aber positiver Stress. Ein gutes Konzept auf Papier zu bringen kann sehr befriedigend sein. Und die Aussicht auf eine gelungene Umsetzung ist ohnehin eine Belohnung.

Am Donnerstag liegen 64 Ideen vor, die aus mehreren hundert Gedanken gebündelt wurden, die entweder allein oder in der Gruppe entstanden sind. Diese Ideen können als „Rohlinge" bezeichnet werden. Es sind keine fertigen, formulierten Drehbücher. Auf dieser Stufe geht es darum, mit wenigen Worten beim Leser eine Szene entstehen zu lassen, die eigenen Gedanken zu visualisieren. Es sind keine detaillierten Ausarbeitungen, sondern oft ist es nur die Beschreibung einzelner Bilder. Aus diesen Konzepten werden vier bis sechs intern von der Agentur ausgewählt, die anschließend dem Kunden präsentiert werden.

Die 64 Ideen werden in einem Ideenkatalog zusammengefasst. Sie werden weder sortiert noch nach Zielen (Imagetransfer, Bigger than life, Humor, Werbeunterbrechung) geordnet. Im Folgenden wird eine Auswahl der Konzepte aus dem Ideenkatalog wiedergegeben. Der Aufbau der Konzepte folgt dabei dem immer gleichen Schema. Der Titel der Idee steht jeweils zu Beginn, dann wird in kurzen Sätzen der Inhalt beschrieben:

Benzin im Blut! – *Sebastian Vettel ist beim Arzt und lässt sich Blut abnehmen. Aus seinen Adern kommt jedoch kein Blut, sondern Benzin. Claim: Benzin im Blut. Es geht wieder los. Die Formel-1.*

Heiß auf Formel-1! – *Typische Formel-1-Szenen werden im Alltag nachgestellt. Champagnerdusche auf dem Balkon der Mietswohnung; ein Auto fährt an die Tankstelle, plötzlich entsteht eine Pit-Stop-Situation: behelmte Mechaniker eilen herbei und wechseln die Reifen, putzen die Scheiben, tanken etc.*

Sie sind wieder da! – *Der gedrehte Trailer zeigt die F1-Fahrer als Gruppe, die entschlossen in Highspeed-Aufnahmen auf die Kamera (die neue Saison) zugehen (vergleiche den Spielfilm Armageddon, Gang der Astronauten zur Raumfähre). Die Piloten kommen aus der Tiefe des Raumes auf die Start-Ziel-Gerade zu. (Anmerkung: Die Fahrer werden einzeln vor Grün gedreht und in der Post-Production zusammengefügt.)*

Formel-1 – Der Film! – *Es wird eine Geschichte wie bei einem klassischen Spielfilmtrailer inszeniert. Drei Helden (Lewis Hamilton als Weltmeister, Titelverteidiger und Verfolger mit dem Schatz, Alonso als ehemaliger Doppelweltmeister und Bad Guy und Vettel als James Bond). Die Handlung spielt an den schönsten und exotischsten Orten der Welt. Es gibt modernste Technik, schöne Frauen, viele Fans, emotionale Momente (Tränen, Freude) und spektakuläre (Unfälle) Szenen. Off-Text wie bei einem Spiel-*

filmtrailer, der mit Gesten und Blicken der Fahrer unterstützt wird. Vettel wird mit Smoking und Revolver gedreht.

Alles ist neu! *– Ein schneller, komplett dreidimensional animierter Trailer mit vielen technischen Details. Ein dreidimensionales Modell eines Rennwagens verwandelt sich während der Fahrt vom alten Wagen zum Wagen von 2009. Der Heckflügel wird größer, der Frontflügel wird größer und verstellt sich, die Reifen werden ausgetauscht, Zahlen (KW, Höchstgeschwindigkeit) werden eingeblendet. Claim: Die beste Formel-1 aller Zeiten.*

Die Tim-Taylor-Idee! *– Ausgehend von der kurzzeitigen Zunahme um 80 PS durch den Hybrid-Antrieb KERS werden Alltagssituationen gezeigt, in denen die Zunahme um 80 (was auch immer) einen großen Unterschied macht. Ein Mofa fährt plötzlich 80 Kilometer pro Stunde schneller, eine Person ist 80 Zentimeter größer und so weiter.*

Es geht los! *– Verschiedene Uhren laufen Rückwärts und kommen dabei immer näher (Kamerazoom). Bei Null schaltet eine Ampel von Rot auf Grün und es ertönen F1-Sounds (Bilder? Andere Auflösung?)*

Highlights 2008 – Ausblick 2009! *– Zu einzelnen Schlagworten werden Highlights der letzten Saison gezeigt. Die Schlagworte könnten entweder graphisch animiert werden oder als Aufsager der Fahrer (Dreh!) integriert werden. Beispiele:*

- *Schneller als je zuvor (Inboard Kamera mit der höchsten Geschwindigkeit 2008)*
- *Spannender als je zuvor (Lewis Hamilton gewinnt erst im letzten Rennen mit einem Punkt Vorsprung vor Felipe Massa die Weltmeisterschaft)*
- *Emotionaler als je zuvor (Wutausbrüche, Tränen oder große Freude der Fahrer und Fans)*
- *Deutscher als je zuvor (Fünf deutsche Fahrer in der Serie)*
- *Dramatischer als je zuvor (Der spektakuläre Unfall von Robert Kubica in Montreal 2007).*

Hochglanzvariante! *– Vollständig graphisch animierter Trailer. Die Kamera bewegt sich über Flächen, Formen und Kanten und folgt Lichtimpulsen. Es ist nur undeutlich zu erkennen, um was es sich handelt. Nach und nach werden Reifen, Flügel und Seitenkästen deutlich, es handelt sich um einen Formel-1-Boliden. Sobald der Wagen vollständig erkennbar ist schießt er geräuschvoll aus dem Bild. F1 – Der Saisonstart ist auf dem Asphalt zu lesen. (Varianten: Der animierte Rennwagen kann zusätzlich als Projektionsfläche für Szenen aus der letzten Saison oder für Bilder der Fahrer verwendet werden. Originalkommentare der Kommentatoren, Boxenfunk und Aufsager[16] der Fahrer sind denkbar.)*

Angst! *– Das Thema Angst dient als Oberbegriff für diesen Trailer. Was ist Angst? Wie äußert sich Angst? Was ist Angst für einen Formel-1-Fahrer? Ein Fahrer erzählt aus seiner Sicht, was Angst für ihn bedeutet und wie er damit umgeht. Zu sehen ist, wie er sich seinen Rennanzug anzieht, wie er trainiert und wie er sich konzentriert. Gleichzeitig ist Formel-1-Footagematerial zu sehen, das mit graphischen Inserts verdeutlicht, warum der Fahrer Angst bekommen könnte: 800 KW, von 0 auf 100 km/h in 1,7 Sekunden, von 0 auf 300 km/h in 4,7 Sekunden, 400 km/h Höchstgeschwindigkeit, waghalsige Manöver, spektakuläre Unfälle. Der Trailer verdichtet sich immer mehr. Wir hören einen Pulsschlag, der immer schneller wird. Zum Schluss schaltet die Startampel von rot auf grün, das Herz hört auf zu schlagen. Stille. Sprecher: Die Formel-1 auf... . Anschließend laute Formel-1-Sounds und schnelle Bilder. Es geht wieder los! (Ideal: Sebastian Vettel als Protagonist).*

Formel-1@Home! *– Ein Fan oder eine Gruppe von Fans bekommt in einem Workshop erklärt, wie Magnum-Champagnerflaschen fachgerecht geschüttelt und entleert werden (vgl. Kimi Räikkönen flippt nach dem Ge-*

---

16 In diesem Fall ist der Aufsager eine Szene, die mit einem Formel-1-Fahrer gedreht wird. Der Fahrer wird dabei vor grünem (oder blauem) Hintergrund gefilmt und spricht kurze Sätze direkt in die Kamera. Falls möglich werden die Sätze mit kleinen Gesten kombiniert wie Kopf- oder Körperdrehungen. Die Einstellungsgrößen sind close (nur das Gesicht), amerikanisch (ab dem Bauchnabel aufwärts) oder total (der ganze Körper). Der Fahrer spricht dabei einen Text, den ein Assistent des Filmteams auf große Pappen aufgeklebt hat und neben die Kamera hält. Zum Beispiel: „Hi, mein Name ist ... Sehen Sie meinen Heim-Grand-Prix live auf..."

winn der WM 2007 total aus). Alternative: Fans lernen die Zielflagge richtig zu schwenken, Frauen lernen den Sonnenschirm richtig zu halten.

Fan@Home! – *Ein Fan zieht – cineastisch aufgelöst mit Highspeedkamera – einen Fahreroverall an, setzt sich einen Helm auf und setzt sich vor den Fernseher um Formel-1 zu schauen. Claim: Endlich geht es wieder los! Alternative 1: Der Fan geht in die Garage, in der seine Kumpels sitzen, die auch alle Overalls tragen. Gemeinsam sitzen sie nun in kompletter Montur auf Stühlen und schauen auf den Fernseher, der an der Decke hängt (Typisches Bild ist der Mechaniker in der Boxengasse während des Rennens). Alternative 2: Der Fan setzt sich in der Garage in sein Cabrio (oder F1-Wagennachbau) und schaut das Rennen auf dem Fernseher, der auf der Werkbank steht. Oder der Fernseher senkt sich von der Decke (Typisches Bild der Fahrer während des Qualifying).*

Heimwerker! – *Ein Mann baut sich seinen eigenen F1-Boliden zusammen. Wir sehen, wie er ästhetisch, liebevoll und fachkundig das Auto aufbaut (In Anlehnung an den alten König Pilsener TV-Werbespot mit dem Oldtimer). Der Mann setzt sich in den fertigen Wagen und schaut das Rennen (Fernseher auf der Werkbank). Es folgen Footagebilder. Claim: Für alle, die es nicht mehr erwarten können. Das Original nur bei uns. (Alternative: Nur für echte Fans!). Abklapper: Am Ende des Trailers wird noch mal auf den Mann im selbstgebauten Rennwagen geschnitten. Von dem Wagen fällt hinten der Spoiler ab.*

Alles für diesen einen Moment! – *Metall wird glühend rot gegossen, ein Rennwagen wird designt, mathematische Formeln, Diskussionen der Konstrukteure, ein Fahrer beim Training. Claim: Alles für diesen Moment. Anschließend Footage.*

Alptraum! – *Nacht. Ein Mann schläft in seinem Bett. Man sieht ihn nur schemenhaft. Zunächst schläft er ruhig, doch dann hört man Formel-1-Sounds. Detailaufnahmen: heftige Bewegungen seiner Augen (REM), die Armhaare stellen sich auf, er hält ein nicht vorhandenes Lenkrad, er schwitzt, er gibt Gas. Immer unterlegt mit entsprechenden F1-Sounds. Evtl. Integration von Footagematerial. Der Schatten eines F1-Wagens huscht über die Bettdecke. Claim: Es geht wieder los! Wir sehen den Mann von oben, wie er die Augen aufreißt. Er bäumt sich auf und schreit. Wir* hören jedoch keinen Schrei, sondern einen F1-Wagen, der stark beschleunigt.

Werbeunterbrechung! – Hockenheim, das Formel-1 Rennen läuft. Die Fahrer kämpfen Runde um Runde. Plötzlich zwingt eine Werbedame im Kostümchen die Fahrer mitten auf der Strecke zum Anhalten und preist ihnen eine Zahnpasta an. Claim: Kommt ihnen das bekannt vor? Die Formel-1 garantiert ohne Werbeunterbrechung gibt es nur bei uns!

Das Commercial Car! – Ein Lieferwagen mit Ladefläche und großer Werbetafel fährt analog zum typischen Safety-Car als Commercial-Car immer vor den F1-Fahrern her. Die Fahrer versuchen zu überholen, kommen aber an dem Lieferwagen nicht vorbei.
Claim: Ausgebremst? Nicht bei uns. Die Formel-1 garantiert werbefrei, nur bei uns.

Domspatzen! – Der Knabenchor der Regensburger Domspatzen steht aufgereiht in einer Kirche. Die Knaben haben F1-Monturen an. Schnitt auf ein spannungsgeladenes Publikum in feinem Zwirn. Ehrfurcht ist zu spüren, es ist ruhig. Der Chorleiter klopft mit dem Taktstock, schaut in die Partitur, macht die Geste zum Beginn. Aus den Mündern der Kinder kommen Formel-1-Sounds, der Chor hört sich an wie ein Rennen. Claim: Musik in unseren Ohren. Die Formel-1 auf... .

Die perfekte Saison! – Sebastian Vettel geht durch eine belebte Stadt. Er geht mal schneller, mal langsamer, mal bleibt er stehen. Dabei erzählt er von der perfekten Saison: Neue Autos, schnelle Strecken, würdige Gegner, schöne Frauen und keine Werbeunterbrechung!
Claim: Die perfekte Saison mit uns. Die Formel-1 auf...

Lebensgeschichte! – Wir sehen die Entwicklung eines Rennfahrers. Mit drei Jahren bekam er sein erstes Bobbycar, dann das erste Kettcar, Rad, Mofa, Kart, Auto und so weiter. Das Senderlogo ist immer integriert.
Claim: Er war schon immer einer von uns! Die Formel-1 geht wieder los.

Beat-Box! – Einige Freunde sitzen in lockerer Runde auf der Couch und haben Spaß. Einer schreit: „Und jetzt ich!" Er beginnt mit seiner Stimme einen Rennwagen zu imitieren. Solange bis einer der anderen Jungs „Fer-

rari!" schreit. Der Imitator stimmt zu und der nächste ist dran. Claim: Wir haben das Original. Die Formel-1 bei... .
Alternativ: Drei Kerle auf der Couch imitieren F1-Rennwagen und liefern sich ein virtuelles Rennen, bis die Köpfe rot sind. Claim: Wir haben das Original. Die Formel-1 bei... .
Nachklappe: Einer der Jungs verschluckt sich, muss husten und sagt „Verdammt, Fehlzündung!"

7. Ideenauswahl

Den Prozess der Ideenfindung schließt nun die Auswahl ab. Die Agentur entscheidet, welche Ideenrohlinge später dem Kunden präsentiert werden. Die Producer haben innerhalb einer Woche 64 Konzeptansätze formuliert und auf Papier gebracht. Noch während das Dokument von einem der Senior Producer finalisiert wird, passiert etwas, das im Agenturgeschäft immer wieder vorkommt. Dieses Phänomen kennt jeder Kreative und es hat unterschiedliche Bezeichnungen: Zufall, Lucky Punch oder Eingebung. Leider ist dieses Phänomen weder planbar noch in irgendeiner Form verlässlich. Trotzdem wird jeder Kreative bestätigen, dass es einen nicht unerheblichen Einfluss auf die Ideenfindung hat. Einen Tag bevor die gesammelten Ideen der internen Leitung der Agentur präsentiert werden, kommt der Producer, der aus familiären Gründen nicht am Kreativprozess teilnehmen konnte, in das Büro der Senior Producer und erzählt Folgendes:

Er hat am gestrigen Abend mit seinem kleinen Sohn auf dem Fußboden gespielt. Der Sohn hatte zum Geburtstag am Wochenende einen ca. 15 Zentimeter großen Formel-1-Wagen mit Fahrer in Overall und Helm zum Herausnehmen geschenkt bekommen. Vater und Sohn spielen also am Abend mit dem neuen Flitzer und anstatt damit auf dem Boden zu fahren, fliegt der Kleine mit dem Rennwagen durch die Gegend. Er erklärt seinem Sohn daraufhin, dass es sich bei dem Gefährt nicht um ein Flugzeug, sondern um einen Rennwagen handelt. Der Sohn gibt ihm daraufhin zu verstehen, dass es sich weder um einen Rennwagen noch um ein Flugzeug handelt, sondern um ein Raumschiff. Das Gerät habe schließlich Flügel und der Pilot trage einen Raumanzug mit Helm. Während er seinen Sohn beobachtet, denkt er über Formel-1-Rennwagen als Raumschiffe nach und findet die Idee interessant. Er muss an den Film „Independence Day" von Roland Emmerich denken. Ein riesiges Mutter-Raumschiff kommt langsam auf die Erde zugeflogen und der Schatten des Schiffes ist so mächtig, dass ganze Landstriche verdunkelt werden. Aus dem Bauch des Raumschiffes kommen im Film dann kleinere Raumschiffe geflogen. Anstelle dieser Raumschiffe könnten doch Formel-1-Rennwagen heraus kommen und auf die Erde fliegen.

Die Senior Producer sind von der Idee sofort begeistert und können sich die Szenen gut vorstellen, beide kennen den Film „Independence Day". Das Konzept wird formuliert und den gesammelten Ideen beigefügt.

Raumschiff! *– Ein Raumschiff nähert sich aus dem Weltraum der Erde. Zunächst ist nur ein Schatten des Raumschiffes zu erkennen, der über den Mond wandert. Im Hintergrund taucht die Erde auf. Das Raumschiff ist mehr und mehr im Bild erkennbar und fliegt auf die Erde zu, bis sich schließlich am unteren Ende eine große Luke öffnet. Aus dieser Luke fliegen F1-Autos. Die F1-Autos sind die neuen Modelle der Saison – Ferrari F60, McLaren Mercedes MP4-24, BMW Sauber F1.09 und so weiter. Diese Modelle sehen völlig neu und anders aus, als bislang. Sie bewegen sich in Richtung Australien, dem Ort des ersten Rennens.*
Claim: Sie kommen. Noch X Tage.
Variante: Der Spot selbst verändert sich im Laufe der Kampagne. In den ersten Tagen ist nur das Mutterschiff zu sehen, dann immer mehr Details. Erst kurz vor dem Rennen, werden die Rennwagen auf die Erde geschickt.

Das Konzept wird als 65. Ansatz in den Ideenkatalog aufgenommen. Die Textdatei wird kurze Zeit später an das Projektteam, den Abteilungsleiter und den Bereichsleiter als E-Mail-Anhang verschickt. Am folgenden Tag, dem Freitag, werden diejenigen Konzepte ausgewählt, die dann dem Kunden präsentiert werden. Jeder Teilnehmer des Meetings hat ein ausgedrucktes Exemplar des Ideenkataloges vor sich liegen. Der Producer, der eine Idee formuliert hat, liest diese vor und erklärt sie der Gruppe. Die Teilnehmer sitzen an einem großen Tisch im Konferenzraum und lesen die Konzepte parallel mit. Einige machen sich am Rand der Blätter Notizen oder unterstreichen einzelne Wörter, andere machen Fragezeichen hinter Konzepte oder streichen ganze Konzepte durch. Jeder Ansatz wird besprochen, die einen länger, die anderen kürzer. Innerhalb der Ideenfindung stellt dies nun die dritte Hürde dar, die eine Idee überwinden muss. Zuerst muss sie auf der Bildfläche erscheinen. Danach muss sie formuliert werden. Ein erfahrener Producer merkt schon beim Schreiben, ob die Idee funktioniert oder nicht. Lässt sich ein Ansatz nicht in wenigen Sätzen erklären, dann ist er für einen Trailer meist unbrauchbar. Denn bei einem Trailer stehen nur wenige Sekunden zur Verfügung, in denen der Zuschauer die Geschichte verstehen muss. Eine Idee, die im Kopf oder mündlich sehr gut klingt, kann sich auf dem Blatt beliebig und langweilig lesen. Dies heißt aber nicht, dass die Idee nicht für einen Trailer funktioniert. Aus diesem Grund gibt es diese dritte Hürde, die interne Abnahme mit den Kreativen an einem Tisch, die ihre Idee verteidigen können. Die Besprechung wird über zweieinhalb Stunden dauern, denn jeder Ansatz bekommt eine Chance. Alle Teilnehmer haben die Möglichkeit, sich zu den Ansätzen zu äußern, egal ob pro oder contra. Jetzt ist die Chance, alle Argumente auf den Tisch zu legen.

Es gibt unterschiedliche Kriterien, wie die Ideen bewertet werden. Kriterien, die das sofortige Aus einer Idee bedeuten, sind Langeweile, Austauschbarkeit und Beliebigkeit. Beispielsweise werden „Die Tim-Taylor-Idee!" und „Es geht wieder los!" direkt verworfen. Weitere Kriterien sind die Länge der Diskussion zu einem Ansatz, die Anzahl und Güte der Argumente, die hervorgebracht werden. Wird über eine Idee zu lange diskutiert, ist dies meist ein Anzeichen dafür, dass damit etwas nicht stimmt. Vielleicht ist das Grundmuster gut, aber die Ausführung unverständlich oder zu kompliziert oder vice versa. In einigen Fällen stimmt der Aufbau der Idee, aber die Pointe zündet nicht. Lange diskutiert werden die Ideen „Angst!" und „Alptraum!".

Neben den inhaltlichen Kriterien gibt es noch weitere, die das Überleben der Idee beeinflussen. Der Kunde positioniert sich auf dem Markt als hochwertiger TV-Sender und die Formel-1 wiederum ist eines der hochwertigsten Produkte. Alle Ideen, die das Produkt in irgendeiner Form verniedlichen oder klein machen, fallen sofort aus dem Raster. Die Formel-1 verbindet zwei ganz klassische Erzählstrukturen der Unterhaltungsindustrie: Mann gegen Mann und „Man and Machine". Genau diese Botschaft oder zumindest eine davon sollten auch in der Promotion repräsentiert werden.

Ein weiterer Aspekt, der bewertet wird, ist Einzigartigkeit. Eine Agentur muss frische Konzepte präsentieren. Schon die Berufsehre verbietet es, Konzepte „aufzuwärmen" oder Konzepte anzubieten, die zu nah an Umsetzungen der Konkurrenz sind. Beispielsweise wurde der Ansatz der Idee „Alles ist neu!" wenige Tage zuvor in einem sehr ähnlichen Spot von einem großen Energy-Drink-Hersteller, der in der Formel-1 aktiv ist, umgesetzt und im Internet verbreitet. Aus diesem Grund fällt auch diese Idee aus dem Raster.

Eines der entscheidenden Kriterien ist die Umsetzbarkeit der Idee. Das betrifft finanzielle, organisatorische und auch gestalterische Faktoren. Ein guter Producer kann bereits beim Lesen eines Konzeptes die Kosten und den Aufwand abschätzen. Er kann das zu veranschlagende Budget anhand des ersten Satzes der Idee erkennen. Zieht man die Idee „Die perfekte Saison!" heran, bei der Sebastian Vettel durch eine belebte Stadt geht, wird folgendes deutlich: Dass Sebastian Vettel für einen eintägigen Dreh zur Verfügung stehen wird, ist nicht unmöglich, aber auch nicht sehr wahrscheinlich. Zudem muss eine Stadt, eine Straße oder Fußgängerzone gefunden werden. Es bedarf Absperrungen, Drehgenehmigungen, einer großen Anzahl an Statisten, die alle gecastet und bezahlt werden müssen. Man braucht ein professionelles und kostspieliges Team aus Kameraleuten, Licht- und Tonmeistern, Kostüm- und Maskenbildnern und aufwendiges Equipment: Stromgenerator, Catering und so weiter. Bei einem Außendreh muss auch das Wetter mitspielen. Die Agentur hat in der Vergangenheit schon mehrmals solche Produktionen realisiert. Konzepte dieser Art sind aber nur mit größter Kraftanstrengung zu meistern. Hinzu kommt, dass das geplante Budget für eine Startkampagne mit solchen Konzepten weit überschritten wird. Allein dieser Drehtag ist mit einem Betrag zwischen 30.000 Euro und 40.000 Euro anzusetzen. Trotzdem bleibt es eine gute Idee.

In solchen Meetings kommt es auch durchaus vor, dass am Ende gar keine Idee für gut befunden wird. Oder Ideen sollen kombiniert, überarbeitet oder mit neuen Pointen versehen werden. Die Producer werden zudem versuchen, sich in den Kunden, also den On-Air Manager des Senders, hineinzudenken: Was wird er sagen? Welche Argumente wird er anbringen? Welche Erfahrungen aus der Vergangenheit können in die Diskussion eingebracht werden? Am Ende des Meetings werden im Plenum fünf Ideen ausgewählt, die dem Kunden in der darauf folgenden Woche vorgestellt werden.

Es handelt sich um diese Ideen:

- *Werbeunterbrechung!*
- *Die perfekte Saison!*
- *Raumschiff!*
- *Beat-Box!*
- *Heiß auf Formel-1!*

8. Präsentation beim Kunden

Vor einer Kundenpräsentation herrscht in der Agentur immer Aufregung, Nervosität und Anspannung. Wurden die richtigen Konzepte ausgewählt? Sind sie gut genug? Wie wird der Kunde reagieren? Wie und in welcher Form sollen die Konzepte präsentiert werden?

Für Präsentationen gilt der Grundsatz: Alles was hilft, ist erlaubt. In der Vergangenheit gab es Präsentationen, in denen die Producer mit Playmobil-Figuren Szenen nachgestellt haben. Einmal wurde ein Konzept nur mit Hilfe eines einzigen Photos, das auf eine Leinwand projiziert wurde, verkauft. Zwei Producer erzählten die Geschichte zum Bild und tanzten dazu. Es ist eine Inszenierung die unterhalten muss.

Bei der Präsentation im vorliegenden Fall profitiert die Agentur von der langen Zusammenarbeit mit dem Kunden. Der On-Air-Manager des Senders wird zu einem gemeinsamen Termin eingeladen, an dem auch die Kreativgruppe sowie der Abteilungs- und der Bereichsleiter der Agentur teilnehmen. Jeder erhält eine ausgedruckte Power-Point-Präsentation. Auf jeder Seite ist eines der fünf ausgewählten Konzept beschrieben, der Aufbau der Seite ist immer gleich: Überschrift des Trailers, Konzeptidee und Claim. Dazu ein passendes, aus dem Internet recherchiertes Photo, dass den „Look and Feel" der Kampagne widerspiegeln soll.

Der Teamleiter des Kreativteams stellt die Konzepte der Reihe nach vor. Fragen und Diskussionen sind erst am Ende der Präsentation vorgesehen. Nachdem alle Konzepte vorgetragen wurden, wird jedes einzelne nochmals besprochen. Der On-Air-Manager des Senders stellt Fragen und macht Anmerkungen. Das Muster bei vielen ähnlichen Präsentationen ist, dass eine lange und oft zähe Diskussion um Inhalt, Botschaft und Umsetzung der Konzepte folgt. Natürlich geht es auch oft um

Kosten. Jedes Konzept wird präzise analysiert und forensisch zerlegt. Oft enden die Diskussionen ergebnislos und der Kunde braucht Tage, um zu einer Entscheidung zu kommen. Es kann auch sein, dass der Kunde die Ansätze in seiner eigenen Abteilung beim Sender besprechen und seinem Vorgesetzten vorstellen muss. Manchmal sollen zwei bis drei Konzepte weiter ausgearbeitet, manchmal sollen Konzepte kombiniert oder verbogen werden. Manchmal beginnt wieder alles von vorne, da keines der Konzepte überzeugen konnte. Manchmal schlagen Mitarbeiter sowohl von Kunden- als auch von Agenturseite spontan neue Varianten vor, die dann ausgearbeitet werden sollen.

In diesem Fall geschieht jedoch etwas für diese Art von Präsentationen sehr unübliches. Der On-Air-Manager legt sich innerhalb von 30 Minuten auf ein Konzept fest und verkündet seine Entscheidung noch im Meeting mit den Worten: „Das Raumschiff!"

Der Kunde findet sofort gefallen an der Idee und kann sie mühelos vor seinem geistigen Auge visualisieren, auch er kennt den Film „Independence Day". Der Manager begründet seine Entscheidung damit, dass die Idee hervorragend zum Sender passe, da sie auch die zweite große Zielgruppe neben den Sportfans, die Spielfilmfans anspreche. Vielleicht gelingt es ja mit dieser fiktionalen, filmischen Kampagne auch diese Zielgruppe zum Einschalten zu bewegen. Ein Argument für die Idee, auf das selbst die Kreativgruppe nicht gekommen ist. Die Idee soll weiter ausgearbeitet und Varianten sollen entwickelt werden. Jetzt kommt es vor allem auf eine professionelle und hochwertige Umsetzung an. Die Kampagne steht und fällt mit der graphischen Animation dieser Science-Fiction-Welt und des Raumschiffes. Der On-Air-Manager des Senders stellt die Frage, ob die Agentur in der Lage sei, das zu leisten. Das Versprechen wird gegeben und das ist der Startschuss für die Umsetzung der Formel-1-Startkampagne 2009 mit dem Konzept „Raumschiff".

9. Pre-Produktion – Ausarbeitung des Konzeptes

In der darauffolgenden Stufe des Prozesses wird das Konzept soweit verfeinert, dass alle Prozessbeteiligten wie Kunde, Producer und Graphiker genau wissen, was sie erwartet und was sie zu tun haben – je präziser, desto besser. Bislang existieren lediglich fünf kurze Sätze der Idee auf Papier. Alles andere existiert nur in den Köpfen der Kreativen.

Bei der Drehbuchentwicklung wird ein anderes Verfahren als bei der Ideengenerierung angewendet. Zwar wird die Aufgabe wiederum in Teilaufgaben zerlegt: Projektsteuerung, Drehbuchentwicklung und Dreh mit den Formel-1-Fahrern. Das Projektteam wird jedoch aus Gründen der Effizienz verkleinert und diese drei Aufgaben werden verschiedenen Personen zugeordnet. Der Senior Producer übernimmt die Projektsteuerung, ein Producer arbeitet am Drehbuch und der freie Autor erhält die Aufgabe, die Fahrer einzubinden. Die restlichen Teammitglieder aus der Kreativgruppe wenden sich anderen Aufgaben zu, werden aber weiterhin als Sparringspartner für die Ausarbeitung des Konzeptes dienen.

Der Senior Producer kümmert sich in erster Linie um die Koordination des Projektes in der Agentur und die Einhaltung des Zeitplanes. Noch bevor das Drehbuch erstellt ist, müssen die Ressourcen für die Produktion gebucht werden. Die unterschiedlichen Gewerke innerhalb des Hauses wie Art Direction, Sound-Design und Ton werden informiert und an einen Tisch gebracht. Ein wesentlicher Teil der Umsetzung wird in der agentureigenen Abteilung Art Direction abgewickelt werden. Mithilfe von Softwaretools werden virtuelle Welten, Raumschiffe und F1-Rennwagen entstehen.

Der freie Autor und der Producer arbeiten parallel an der inhaltlichen Entwicklung des Drehbuches. Die Formel-1-Startkampagne kann nach vorliegendem Konzept in erster Linie als ein Fictiontrailer definiert werden, der aber einen sportlichen Inhalt kommunizieren soll. Der involvierte Producer gibt sofort zu erkennen, dass dies seine Welt sei und er die Entwicklung dieses Ansatzes übernehmen kann und möchte. Der freie Autor wird daran arbeiten, die Fahrer in den Spot zu integrieren. Die Gründe, warum die Fahrer ein Teil der Kampagne sein sollten, wurden schon diskutiert. Auch in dieser Kampagne sollen die Fahrer die Kampagne personalisieren, den Zuschauer direkt ansprechen und zu den Rennen einladen. Für den Dreh mit den Fahrern müssen detaillierte Anleitungen und Abläufe erstellt werden: Welchen Text sollen die Fahrer sprechen? Wie sollen sie sich bewegen? Welche Einstellungen werden gebraucht?

Beim Drehbuchschreiben liegt die Kunst in der Detailarbeit. Allein für die Umsetzung des ersten Satzes aus dem Konzept „Ein Raumschiff nähert sich aus dem Weltraum der Erde" gibt es unendlich viele verschiedene Varianten. Jeder Mensch hat von diesem Bild eine andere

Vorstellung: Wie sieht das Raumschiff aus? Fliegt es schnell oder langsam? Aus welcher Perspektive kommt es ins Bild? Wie groß ist es? Welches Geräusch verursacht das Raumschiff? Wie ist die Lichtstimmung? Wo stehen Erde, Mond und Sonne? Wird Musik unterlegt und wenn ja, welche? Gibt es einen Off-Sprecher? Es gibt unzählige Möglichkeiten.

Der Producer macht sich an sein Werk und liefert innerhalb von zwei Tagen die ersten Ansätze der Ausarbeitung. Doch der Kreative schießt über das Ziel hinaus und verfehlt das Thema, was bei derartigen Prozessen nicht unüblich ist. Die Ansätze, die der Producer abliefert, entsprechen überhaupt nicht den Vorstellungen des Projektleiters und des freien Autors. Er ist möglicherweise zu tief im Thema, ist übermotiviert oder will besonders originell sein. Ein Auszug seines Konzeptes macht die Themaverfehlung deutlich:

In klassischen Darstellungsmodi der Science-Fiction zeigen wir Weltraumsituationen, die mit starkem Ankunftscharakter überraschend in Elementen der Formel-1 aufgelöst werden. Diese einzelnen Elemente werden in einer dreiphasigen Kampagne mit insgesamt acht Spots zu einer großen Spannungsoktave arrangiert. Es gibt keinen Plot im herkömmlichen Sinne, wohl aber ein emotional zusammenhängendes Stimmungsgemälde: Ein Formel-1-Helm fliegt durchs All auf die Erde zu, Formel-1-Reifen verschwinden wie ein Meteoritenschwarm in einem Wurmloch, das zur Erde führt, wir begegnen Asteroiden, Raumfriedhöfen und Kälteschlaftanks, die die Formel-1 auf außergewöhnliche und dramatische Weise repräsentieren.

Es folgen detaillierte Ausarbeitungen von Asteroidenstürmen, Raumfriedhöfen und Raumschiffen die „äonenlang" unterwegs sind sowie fantastische Szenenbeschreibungen:

Das Schiff zieht unmöglich nahe an einer Sonne oder einem Neutronenstern vorbei. Zurück bleibt ein Formel-1-Pokal, der von der Sonne angezogen wird. Wir folgen dem Pokal, der der Sonne näher kommt und sehen: Langsam löst sich die strukturelle Integrität des Pokals auf und in der Hitze einer Protuberanz zerschmilzt der Pokal in Myriaden Goldkügelchen, die sich auflösen und in der Glut des Sterns aufgehen.

Nach Abgabe dieses Konzeptes lädt der Projektleiter zu einem Krisengespräch ein und bringt den Autor auf den Boden der Tatsachen zurück. Er solle näher an der Vorlage „Independence Day" bleiben und dieses Konzept ausarbeiten. Er solle sich weniger kompliziert ausdrücken, sodass ihm auch die Graphiker folgen könnten. Es seien aber einzelne spektakuläre Ideen in den Konzepten, die er gerne weiter aufnehmen kann. Beispielsweise die Idee mit Rennfahrern in Kältetanks, die plötzlich aus dem Schlaf erwachen und ihre Augen öffnen.

Zwei Tage später legt der Autor Ansätze vor, die deutlich brauchbarer sind. Er hat zudem berücksichtigt, dass sich die Kampagne zeitlich aufbaut. Er schlägt drei Motive vor, die an Komplexität und Inhaltsreichtum zunehmen. Dies ist auch dem Umstand geschuldet, dass zum On-Air-Zeitpunkt der Motive eins und zwei, die Rennfahrer möglicherweise noch nicht oder noch nicht vollständig eingearbeitet werden können. Der Drehtag mit den Fahrern in Jerez ist sehr knapp vor dem On-Air-Termin und zu diesem Zeitpunkt außerdem noch nicht bestätigt. Der Autor präsentiert seinem Team folgende überarbeitete Fassung:

Motiv 1: Das Raumschiff erscheint! (ab 06.03.09)

Der Weltraum. Es ist der interstellare Leerraum zwischen den Galaxien: Stille – Weite – Kälte. Langsamer Kameraschwenk auf die Erde. Die Erde ist klein, blau und in großer Entfernung.
Leiser Sphärengesang.
Mit tiefem Dröhnen, von links oben in langsamer Fahrt heranschwebend: Ein gigantischer Raumfrachter. Der Frachter ist so groß, dass sein gesamter Umfang gar nicht erkennbar ist. Er fährt durchs Bild in Richtung Erde.
Musik geht in Dröhnen über. So offenbart sich im Vorbeiziehen dessen Größe.
Großes Raumschiff – kleine Erde.
Graphik-Inserts: Sie kommen! Noch 20 Tage.
Anmerkungen: Insgesamt puristischer Stil ohne Off-Sprecher.

Motiv 2: Aufwachen! (ab 14.03.09)
Der Weltraum. Wir sehen das Schiff an uns vorbeiziehen – im Hintergrund die Erde, Australien ist erkennbar. Wir werden in das Schiff hineingezogen und machen eine schnelle Fahrt durch das Innere des Schiffes.

Das Schiff innen: sehr hell, viel Licht, glatt, sauber. Vibrationen. Maschinensummen.

Ein sehr, sehr großer Raum, von dem viele Gänge abgehen. Vor den Gängen stehen jeweils ein Formel-1-Rennwagen und ein ca. zwei Meter großer Tank. Jeder Tank hat in Kopfhöhe transparente Sichtflächen. Die Tanks sind vereist und beschlagen.

Die Kamera kommt näher an einen Tank heran und bewegt sich in Richtung des Sichtfensters. Durch die vereiste Scheibe sehen wir ein menschliches Gesicht im Kältetank. Zoom und Naheinstellung auf das entfernt vertraut wirkende Gesicht des Mannes im Tank. Die Stilmittel der Entfremdung werden schrittweise zurückgenommen und wir erkennen mit einem Schock: Dies ist der weltbekannte Formel-1-Fahrer Lewis Hamilton.

In den anderen Tanks sind weitere Gesichter zu erkennen: Sebastian Vettel, Fernando Alonso und so weiter.

Lewis Hamilton öffnet plötzlich – unterstützt durch einen Sound-Effekt – die Augen, als würde er aus einem Traum aufwachen.

Schnitt auf außen: Das Schiff rauscht über uns in Richtung Erde davon.

Graphik-Insert: Sie kommen! Noch 10 Tage.

Motiv 3: Die Formel-1-Boliden erscheinen! (ab 21.03.09)
Der Weltraum. Wir sehen das Schiff an uns vorbeiziehen – im Hintergrund die Erde, Australien ist erkennbar. Wir werden in das Schiff hineingezogen und machen eine schnelle Fahrt durch das Innere des Schiffes.

Das Schiff innen: sehr hell, viel Licht, glatt, sauber. Vibrationen. Maschinensummen.

Ein sehr, sehr großer Raum, von dem viele Gänge abgehen. Vor den Gängen stehen jeweils ein Formel-1-Rennwagen und ein ca. zwei Meter großer Tank. Die Tanks öffnen sich und die Fahrer kommen zum Vorschein.

Sehr close sind Teile von Rennanzügen zu erkennen. Lichtakzente erscheinen an den Kanten. Druckknöpfe an Handschuhen werden geschlossen, Schnallen an den Stiefeln fixiert, Reisverschlüsse werden zugezogen, Helme aufgesetzt und Visiere werden geschlossen.

Die Fahrer laufen zu ihren Rennwagen.

In der Mitte des Raumes fährt ein Rennwagen auf ein Podest – eine besondere Vorrichtung zum Beamen. Ein Fahrer sitzt im Rennwagen. Er wird gescannt und mit einem Lichteffekt verschwindet er.

Schnitt: Das Raumschiff ist von außen über Australien zu sehen. Ein Lichtimpuls verlässt das Raumschiff in Richtung Australien.

Schnitt: Albert Park. Der Start- und Zielbereich.
Ein Lichtimpuls ist zu sehen, der Rennwagen erscheint. Nach und nach erscheinen immer mehr Autos auf der Strecke. Bis alle 18 Autos in einer Startaufstellung stehen und abfahrtbereit sind.
Graphik-Insert: Sie sind da! Das Rennen. Sonntag um 07.00 Uhr.
Aufsager der Fahrer: Der große Preis von Australien. Live bei … .

Das Drehbuch ist zu diesem Zeitpunkt ausreichend genau und wird nicht weiter ausgearbeitet. Parallel zum Drehbuch der Kampagne entwirft der freie Autor die Szenen, die mit den Rennfahrern gedreht werden müssen. Er schreibt Texte und Aktionen, die die Fahrer sprechen und ausführen sollen, wie aus folgendem Auszug seiner Ausarbeitung deutlich wird:

Einstellungen mit den Fahrern vor Grün: Der Gang durch das Raumschiff.

- *Fünf Schritte auf die Kamera zu. Rechts und links an der Kamera vorbei aus dem Bild gehen.*
- *Fünf Schritte von der Kamera weg. Rechts und links an der Kamera vorbei ins Bild gehen.*
- *Von rechts und links ins Bild an der hinteren Seite der Greenbox.*
- *Von rechts und links ins Bild direkt vor der Kamera.*
- *Close: Augenaufschlag (Augen vorher zehn Sekunden geschlossen halten).*
- *Close und Total: Fahrer stehen seitlich zur Kamera. Kopfdrehungen von links und rechts, Blick in die Kamera.*
- *Close: Anziehen aus verschiedenen Perspektiven. Reißverschlüsse, Handschuhe, Schuhe, Helme aufsetzen, Visier zuklappen.*
- *Total: Fahrer laufen von links und von rechts ins Bild und bleiben in der Mitte stehen*
- *Amerikanisch: Aufsager.*

Aufsager-Texte: (exemplarisch und auszugsweise am Beispiel Sebastian Vettel)

- *Mein Name ist Sebastian Vettel!*
- *Ich fahre für Red Bull!*
- *Sehen Sie mich live auf …!*

- *It's showtime!*
- *Der große Preis von Australien in Melbourne, Albert Park! (Es müssen alle 17 Grand Prix Schauplätze genannt werden.)*
- *Der große Preis von Deutschland – mein Heim Grand Prix!*
- *Die Jagd beginnt!*
- *Das Rennen des Jahres!*
- *Die Formel-1 – live auf...!*
- *Etc.*

Die Formel-1-Starkampagne 2009 ist zu diesem Zeitpunkt schon weit vorgeschritten. Kunde und Agentur haben sich auf ein Grundkonzept geeinigt. Dieses wurde weiter ausgearbeitet, bis schließlich ein kurzes Drehbuch entstanden ist. Parallel dazu wurden Ansätze entwickelt, wie die F1-Fahrer in die Szenen integriert werden können, um eine persönliche Ansprache der Zuschauer zu ermöglichen.

Dennoch wird noch nicht mit der eigentlichen TV-Produktion begonnen. Im Prozess wurde bislang ausschließlich in Tabellen- und Textform und auf Papier gearbeitet. Es folgt noch ein weiterer Arbeitsschritt, der auch auf Papier entsteht: die Entwicklung eines Storyboards. Sie markiert den Übergang von der Textform zur Bildform. Ein Storyboard ist die Visualisierung eines Drehbuches durch einen Zeichner. Dieser bekommt das Drehbuch per E-Mail zugeschickt und wird telefonisch gebrieft. Zeichner sind hochspezialisierte Fachkräfte, die auf freiberuflicher Basis arbeiten. Weder Sender noch Agenturen haben Zeichner fest angestellt, denn dafür ist die Auslastung in der Regel zu gering. Gute Zeichner bekommen Tagesgagen zwischen 500 Euro und 1.000 Euro und arbeiten meist von zu Hause aus. Nachdem der Zeichner das Drehbuch und alle nötigen Informationen von den Autoren erhalten hat, beginnt er, die Motive auf Papier zu zeichnen, so wie sie in seinem Kopf aussehen.

Storyboards werden aus mehreren Gründen angefertigt. Die Entwürfe dienen als Vorgaben für die Producer und Graphiker. Mit diesen müssen sie nicht in lange Konzeptionsphasen einsteigen, sondern können direkt mit der operativen Arbeit beginnen. Gute Zeichner sind in der Konzeption meist besser und schneller und somit effektiver als die hausinternen Fachkräfte. Die Agentur sichert sich mit den Storyboards jedoch auch ab. Bevor teure Fachkräfte in der Agentur an teuren Maschinen arbeiten, werden die Storyboards dem Kunden präsentiert. Erst wenn der Kunde mit den Visualisierungen zufrieden ist und die Storyboards abgenommen hat, beginnt die TV-Produktion an den Geräten. Mithilfe von Zeichnern können mögliche Änderungen schneller, leichter und kostengünstiger durchgeführt werden, als wenn schon mit Softwaretools gearbeitet wird. Zeichner sind sehr flexibel und können sich den Kundenwünschen sehr genau anpassen. Auch sie gehen strategisch vor und zerlegen die Aufgaben in ihrem Kopf. Jedes Storyboard durchlebt dabei eine innere Evolution. Anfangs versucht sich der Zeichner selbst an das Thema heranzuarbeiten und die Zeichnungen sind dementsprechend roh. Die Producer nutzen die Kreativität der Zeichner und lassen sie die Szenerie einmal komplett entwickeln, ohne sich einzumischen. Erst danach findet ein reger Kommunikationsaustausch statt, der so lange dauert, bis alle Beteiligten mit dem Ergebnis zufrieden sind. Die Zeichnungen werden dabei immer genauer und detaillierter. Sobald die Prozessbeteiligten in der Agentur – Kreativgruppe, Abteilungsleiter, Bereichsleiter – mit Drehbuch und Storyboard zufrieden sind, folgt eine weitere Präsentation, die Zwischenabnahme, mit dem Kunden. Der gesamte Produktionsprozess an der Formel-1-Startkampagne dauert mittlerweile zweieinhalb Monate. Die einzelnen Schritte lassen sich klar nachvollziehen. Angefangen bei der Bedarfsentwicklung in der Sportredaktion des Senders, über die Sendeplanung und Freigabe durch die Programmverantwortlichen, die Auftragsvergabe und Ideengenerierung findet der Prozess schließlich ein Ende in der Ausarbeitung des Konzeptes. Nun endet der reine Papierprozess und die Fernsehproduktion beginnt. In zwei Wochen wird das erste Motiv, eine Woche später das zweite Motiv und in vier Wochen die ganze Kampagne On-Air sein. Dieser Produktionsphase widmen sich die weiteren Erläuterungen.

Die letzte Phase des Papierprozesses, die Evolution des Storyboards, soll hier anhand ausgewählter Zeichnungen dokumentiert werden. Die Beispiele veranschaulichen, wie der Text erstmals in Bilder verwandelt wird, über die in der Agentur und mit dem Kunden diskutiert werden kann.

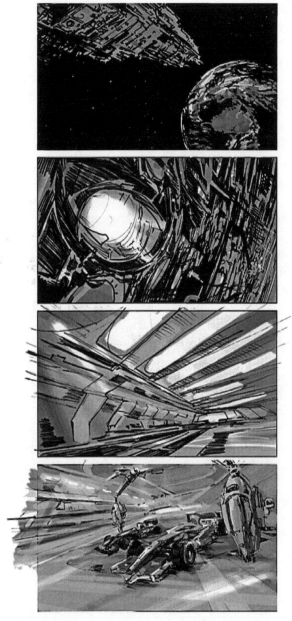

Abbildung 10: Das Raumschiff nähert sich der Erde. Quelle: CC.

UNIKATPRODUKTION | 145

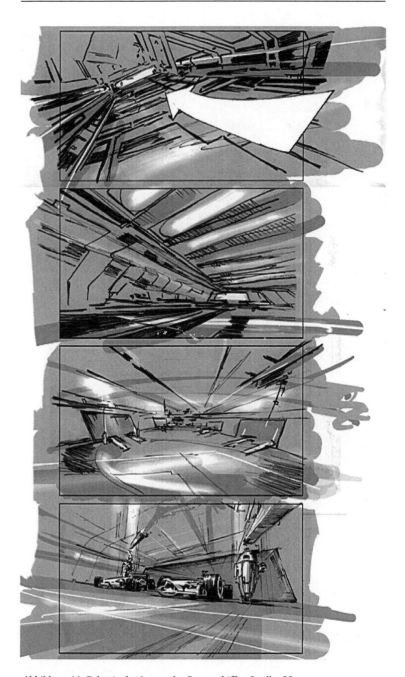

Abbildung 11: Fahrt in das Innere des Raumschiffes. Quelle: CC.

Abbildung 12: Fahrt auf den Kälteschlaftank mit Formel-1-Fahrer. Quelle: CC.

UNIKATPRODUKTION | 147

Abbildung 13: Ein Rennwagen wird mit einem Lichtstrahl aus dem Raumschiff auf die Erde gebeamt. Unten der Start- und Zielbereich der Rennstrecke Albert Park, Australien. Quelle: CC.

KÄLTESCHLAFTANK
(FRONT)

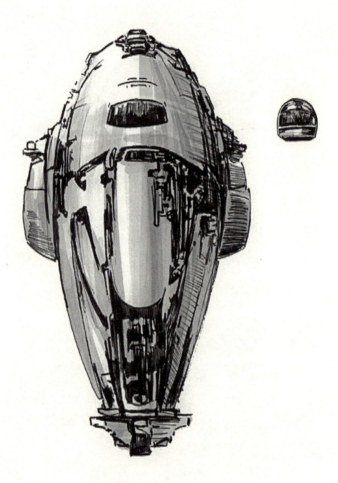

Abbildung 14: Detail Kälteschlaftank. Quelle: CC.

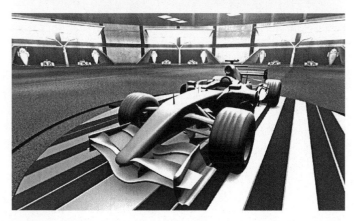

Abbildung 15: Detail Transporter des Raumschiffes. Unten: Übersetzung der Zeichnung in ein Computermodell. Quelle: CC.

IV. Produktion und Post-Produktion

In diesem Kapitel wird die Herstellung der Formel-1-Startkampagne vom Dreh über den Schnitt bis zum sendefertigen Produkt beschrieben. Nachdem die Drehbücher, die Konzepte für die Aufsager und die Skribbles des Zeichners vom Kunden – in diesem Fall von dem On-Air-Manager des Senders – abgenommen wurden, beginnt die Produktion. Erst an dieser Stelle des Entstehungsprozesses, zwei Wochen bevor das erste Element der Kampagne gesendet wird, endet der reine Papierprozess. Erst jetzt findet der Übergang vom Medium Papier auf das Medium TV statt und mit der audiovisuellen Produktion wird begonnen.

Es wird sich jedoch zeigen, dass auch während der digitalen Produktion, die wesentlichen Gedanken zunächst auf Papier entwickelt werden. Im Folgenden wird der Herstellungsprozess der Formel-1-Startkampagne 2009 in der Agentur analysiert.

Zunächst wird das verantwortliche Projektteam der Agentur wiederum verkleinert. Von der ursprünglich fünfköpfigen Kreativgruppe werden nur zwei Personen den Prozess weiter bearbeiten: der Senior Producer in seiner Rolle als Projektleiter und der Producer in der Rolle des Supervisors für die Graphik. .

Die Kampagne besteht aus drei Trailern, für die jeweils ein Drehbuch vorliegt:

– Motiv 1: Das Raumschiff erscheint! (15 Sekunden)
– Motiv 2: Aufwachen! (30 Sekunden)
– Motiv 3: Die F1-Autos erscheinen! (60 Sekunden)

Im Drehbuch wird zwar beschrieben, was in den einzelnen Trailern erzählt werden soll, aber ohne genaue Timings, ohne Länge und Anzahl der Einstellungen und ohne genaue Szenenauswahl. Die „Stunde der Wahrheit" schlägt bei der On-Air-Promotion im Schneideraum, dem Arbeitsplatz der Cutter.

Ein Exkurs zur Vorgehensweise in der Werbebranche soll die Komplexität der Cutter-Tätigkeit im Produktionskontext veranschaulichen. Im Gegensatz zur On-Air-Promotion erhalten Cutter und Graphiker bei kommerziellen Werbefilmen detailliert ausgearbeitete Drehbücher, sogenannte Shooting Boards. Darunter werden zeitlich exakt bestimmte Szenenbeschreibungen sowie Dialoge, Monologe und Off-Texte verstanden. Um nichts dem Zufall zu überlassen, wird in vielen Fällen für Werbefilme ein Mock-up gedreht. Diese Mock-ups werden mit sehr günstigen Methoden gedreht und geschnitten, um sie dem Kunden zu präsentieren. Sie dienen dann als Schablone für den eigentlichen Dreh und die Postproduktion des wesentlich aufwendigeren Endproduktes.

Cutter in der Werbebranche verdienen mit bis zu 1.000 Euro pro Schicht die höchsten Tagesgagen im Metier, obwohl durch die strengen Vorgaben oft nur ein geringes Maß an Kreativität gefragt ist. Die Qualität dieser Cutter liegt aber oft im sozialen Bereich. Der bisweilen schwierige Umgang mit Kunden, Produktionsfirma und Regisseur erfordert großes Fingerspitzengefühl. Die verschiedenen Gruppen verfolgen unterschiedliche Interessen. Die Marketingmitarbeiter auf Kundenseite wollen ihre Chefs zufrieden stellen und ihre Markenbotschaft kommunizieren, die Produktionsfirma will den Kunden glücklich machen, um an einen Folgeauftrag zu gelangen, behält aber die Kosten im Blick. Der Regisseur sieht sich sowohl dem Kunden als auch der Produktionsfirma verpflichtet und möchte ein hochwertiges Ergebnis erzielen, um wieder gebucht zu werden. In vielen Fällen akzeptiert der Regisseur gleichzeitig kaum Abstriche an seinem (Kunst)-Werk. Im oftmals sehr kleinen Schneideraum werden die verschiedenen Interessensgruppen zum ersten Mal mit dem fertigen Produkt konfrontiert. Reibungen sind besonders dann vorprogrammiert, wenn die Erwartungen einer Seite nicht erfüllt werden. Im Schnitt zeigt sich, ob eine Idee funktioniert, und in solchen Abnahmesituationen müssen Cutter oft spontane Änderungen vornehmen und Lösungen aufzeigen. Dies ist nur möglich, wenn der Cutter sein Handwerk und die nötigen Tools perfekt beherrscht. Historisch betrachtet ist Filmschnitt ein klassischer Frauenberuf (vgl. Blumenberg 1978: S. 1). Oftmals werden Anekdoten von aufbrausenden Regisseuren überliefert, die nur durch weibliche Cutterinnen beruhigt werden konnten, wohingegen die Situationen mit männlichen Cuttern sehr schnell eskalieren konnten.

Die Graphiker und Producer in der On-Air-Promotion haben weniger klare Vorgaben, dafür einen höheren Freiheitsgrad um Szenen auszuprobieren.

1. Graphik

Die visuelle Wahrnehmung eines Senders basiert auf dem Graphikdesign. Auch für die On-Air-Promotion sind graphische Elemente von enormer Bedeutung. Kernelemente des Graphikdesigns sind die Farbwahl, die Mechanik der Graphik, die Art und Lesbarkeit von Schriften und der Einsatz und Umgang mit dem Logo[17] des Senders. Im TV herrschen die Farben Blau, Rot und Gelb vor. Je mehr Wert ein Sender auf Information legt, desto höher ist der Anteil der Farbe Blau im Corporate- und On-Air-Design, wie beispielsweise bei der ARD. Blau suggeriert dem Zuschauer seriöse und schnörkellose Informationsvermittlung. Rot hingegen ist die Farbe der Unterhaltung.

Das Corporate Design wird von der Marketingabteilung entwickelt und von der Geschäftsführung verabschiedet. Es ist das Erscheinungsbild eines Unternehmens und wird von der Visitenkarte über den Geschäftsbrief bis zum TV-Produkt als Wiedererkennungsmerkmal eingesetzt. Das On-Air-Design ist immer eine Deklination des Corporate Design des Senders. Es gibt verschiedene Möglichkeiten, graphische Elemente in der On-Air-Promotion einzusetzen: Opener, Closer, Inserts, Compositing oder 2D- und 3D-Animationen.

Graphische Opener dienen der Orientierung für den Zuschauer, denn sie enthalten Informationen über den Kanal, auf dem das Programm zu sehen sein wird. Ein Closer, auch Schlusstafel genannt, ist die Zusammenfassung der Information, die ein Trailer vermitteln soll, wie der Name des Programms, Tag und Uhrzeit der Ausstrahlung. Hinzu kommen Informationen, die das Alleinstellungsmerkmal einer Ausstrahlung unterstreichen sollen, wie „live", „in HD", „exklusiv" und so weiter. Opener und Closer werden auch als die Verpackung eines Trailers bezeichnet. Unterschiedliche Auffassungen gibt es über die Wahl der Schriftart, also die graphische Gestaltung der Typographie vor allem im Spielfilmbereich. Einige Sender verwenden bei der Programmwerbung die originale Schriftart des Programms und nutzen so die bekannten Filmtitel eingeführter und etablierter Marken wie Star Wars oder Indiana Jones, die einen hohen Wiedererkennungswert beim Zuschauer ha-

---

17 Unter Logo, der Abkürzung für Logotype, wird die Wort-Bildmarke, also das Unternehmens- oder Senderzeichen verstanden.

ben. Andere Sender versuchen wiederum jede Möglichkeit zu nutzen, den Zuschauer mit ihrer Hausschrift vertraut zu machen.

Unter Inserts werden typographische Elemente verstanden, die entweder in das vorhandene Videobild integriert werden oder auf graphischen Hintergründen stehen, auf sogenannten Vollbildgraphiken. Die Vollbildgraphiken haben den Vorteil, dass sie immer identisch aussehen und an derselben Stelle im Trailer eingebaut werden können. Zudem stechen sie ins Auge, da der Bildfluss unterbrochen wird. Typographien und Schriftanimationen werden auch direkt in das Videobild integriert, indem sie in das Bild gestanzt werden. Dieses Vorgehen wird vor allem dann gewählt, wenn zum einen eine Information über das Programm herausgestellt werden soll, beispielsweise der Name eines mitwirkenden Stars oder Athleten, der auch gleichzeitig im Bild zu sehen sein soll, zum anderen, wenn die Dramaturgie des Trailers durch Typographie verstärkt werden kann mit Begriffen wie „Angst", „Liebe", „Hass" etc.

Typischerweise werden auch das Compositing und die 2D/3D-Animationen zum Graphikdesign gezählt, obwohl diese Disziplinen weit über das Animieren von Titeln hinausgehen. Compositing wird definiert als das Zusammenfügen von zwei oder mehr ursprünglich verschiedenen Videospuren zu einer Szene. Beispielsweise wird ein Sportler, ein Schauspieler oder ein Produkt vor einem grünen oder blauen Hintergrund gefilmt und anschließend im Compositing vor einen anderen Hintergrund gesetzt. Am Computer angefertigte oder reale Hintergründe wie Landschaften werden eingesetzt oder zwei Spieler eines Fußballvereins werden gegenübergestellt. So entsteht der Eindruck, dass sich die Kontrahenten tatsächlich gegenüberstehen, obwohl sie zu unterschiedlichen Zeiten an unterschiedlichen Orten aufgezeichnet wurden. Dieses Verfahren wird auch im Kino eingesetzt, um Dinosaurier wiederauferstehen zu lassen, die dann in New York ihr Unwesen treiben oder um Raumschiffe in Dünenlandschaften landen zu lassen. Die farbbasierte Freistellungstechnik wird Blue- oder Greenscreen-Technik oder Blue- oder Greenbox-Verfahren genannt. Es ist für die On-Air-Promotion mittlerweile alltägliches Geschäft und wird immer dann angewendet, wenn sich die Sport- oder Filmstars in virtuellen Räumen bewegen.

In der Praxis wird sowohl mit blauen als auch mit grünen Hintergründen gearbeitet, wobei sich im Videobereich in den letzten Jahren vermehrt grüne Hintergründe durchgesetzt haben. Das technische Verfahren nennt sich Cromakeying, das bedeutet, dass die Person oder das

Objekt vor dem Hintergrund freigestellt wird und so in andere Hintergründe montiert werden kann. Blau oder Grün wird gewählt, da sich diese Farben am meisten vom menschlichen Hautton abheben und das Freistellen von Personen erleichtert wird. Die gefilmte Person sollte dabei keine Kleidung in der Hintergrundfarbe tragen. Besonders anfällig ist dieses Verfahren bei den Pixeln an den Kanten des Körpers und um die Haare. Bei hochwertigen Cromakeys werden die Kanten, wenn nötig sogar manuell nachgezeichnet und ausgebessert, und die Personen lassen sich nahtlos in andere Hintergründe integrieren. Bei schlecht umgesetzten Cromakeys sind um die Personen blaue oder grüne Ränder sichtbar oder Teile der Frisur sind abgeschnitten.

Mit der Einführung der Zweikern-Prozessortechnologie in Graphikcomputern seit dem Jahr 2004 werden auch vermehrt 2D- und vor allem 3D-Animationen im TV-Bereich eingesetzt. Die schnellen und leistungsfähigen Prozessoren erlauben erstmals die rechenintensiven Vorgänge auch für die On-Air-Promotion. Vor 2004 waren solche Animationen entweder gar nicht möglich oder konnten nur von wenigen spezialisierten Unternehmen mit sehr hohen Kosten umgesetzt werden. Professionelle Cromakeys konnten vor 2004 in der Agentur nur an einer Maschine mit dem Namen Flame hergestellt werden. Die Soft- und Hardware für einen Flame lag bei ungefähr 250.000 Euro, eine Schicht am Gerät kostete den Kunden 2.500 Euro und ein Designer, der das Gerät beherrschte, schlug mit weiteren 500 Euro bis 1.000 Euro zu Buche. Da die Geräte anfällig und die Bedienung kompliziert war, durften nur sehr erfahrene Graphiker daran arbeiten. Heute liegen die Investitionskosten bei weniger als einem Zehntel dieser Kosten. Ein professioneller 3D-Arbeitsplatz kostet heute circa 20.000 Euro[18] und jeder Graphiker, sogar die Praktikanten, darf daran arbeiten. Dieser Technologiesprung führte zu einer massiven Aufwertung des gesamten Graphikbereiches und zu völlig neuen kreativen Ideen und Umsetzungsmöglichkeiten.

3D ist die Abkürzung für dreidimensional und steht für die Kreation und Animation von räumlichen Körpern. Die vierte Dimension ist die Zeit, so versteht man unter 4D räumliche Körper, die auf einer definierten Zeit-

---

18 Beim genannten Beispiel handelt es sich um die Kosten für den Computer Apple Mac Pro mit zwölf Prozessorkernen, Software: Nuke. Stand: Januar-Juni 2011.

achse eine Bewegung vollziehen. In der 3D-Abteilung der Agentur entsteht die komplette Animation für die Formel-1-Startkampagne: das Raumschiff, das auf die Erde zufliegt, das Innere des Raumschiffes, virtuelle Formel-1-Rennwagen, Hintergründe für die Einbindung der Fahrer und so weiter.

Der Erfolg der Kampagne beim Kunden, bei den Zuschauern und bei den Preisrichtern hängt neben der Idee von den Fertigkeiten und Qualitäten der Producer, Graphiker und Tonmeister ab. Ein schönes Konzept auf Papier ist wertlos, wenn die Umsetzung nicht gelingt. Genau aus diesem Grund wird in Agenturen so viel Aufwand in die Vorbereitung, in den Papierprozess gesteckt. Eine gute Vorbereitung erhöht die Wahrscheinlichkeit einer guten Umsetzung. Producer, Graphiker und Tonmeister sind sowohl Kreative als auch Handwerker. Sie müssen laufend Ideen entwickeln, um Konzepte umzusetzen. Hunderte Entscheidungen zu Bild- und Szenenauswahl, Musik, Farben und Formen müssen getroffen werden und müssen richtig sein. Die Beteiligten müssen ihre Werkzeuge beherrschen, deren Möglichkeiten und Grenzen genau kennen. Vor allem bei den Graphikern gibt es eine große Auswahl an geeigneten Softwaretools, von denen jedes Vor- und Nachteile hat. Die Programme sind enorm komplex, aus diesem Grund spezialisieren sich die Graphiker in der Regel auf zwei bis drei Programme, die sie dann umfänglich beherrschen wie Nuke, Maya, 3D Studio Max oder Cinema 4D.

Die graphischen Animationen der Startkampagne entstehen mit dem Programm Maya der Firma Autodesk auf Apple Macintosh Computern. Maya ist eine sehr verbreitete Software für 3D-Animationen und visuelle Spezialeffekte und wird in der Film- und Fernsehproduktion und der Spielentwicklung eingesetzt. Die Funktionsweise von 3D-Graphiksoftware ist bei allen Programmen ähnlich. Zunächst werden virtuelle Körper oder Objekte erschaffen, die alle erdenklichen Formen haben. Sie können Raumschiff, Rennwagen oder komplette Welten mit Sonnen- und Planetensystemen darstellen. Die Körper werden zunächst mit einem Gitternetz dargestellt und können im virtuellen Raum bewegt werden. Der Graphiker nimmt eine bestimmte Kameraposition ein und bewegt sich mit dieser virtuellen Kamera um das Objekt. Im nächsten Schritt wird das Objekt animiert. Raumschiffe lernen fliegen, Rennwagen fahren und die Erde dreht sich. Die große Kunst in der Animation liegt darin, dass die Bewegungen natürlich aussehen, dass physikalische

Gesetze beachtet werden, dass Größen- und Proportionenverhältnisse, Perspektiven, Schatten, Beleuchtung, Bewegungsunschärfen, Tiefenschärfen, Symmetrien und weitere wichtige Elemente real wirken. Nachdem die Objekte geschaffen und animiert wurden, erhalten sie eine Textur, eine Oberfläche. Rennwagen bekommen die Lackierungen der aktuellen Saison und die Erde wird von einer Kugel aus Gitternetz zum blauen Planeten mit Festland, Inseln und Meer. Sowohl die Modelle als auch die Texturen können entweder gekauft werden oder müssen selbst von Hand entwickelt werden. Die eigene Herstellung ist sehr zeitaufwendig, daher greifen Graphiker meist auf bestehende Produkte zurück. Diese werden wiederum von spezialisierten Agenturen oder freiberuflichen Graphikern auf virtuellen Marktplätzen im Internet zum Kauf angeboten. In diesem Beispiel sind die Rennwagen, die Helme der Fahrer und die Erde gekaufte Modelle. Das Raumschiff wurde eigens für die Kampagne entwickelt.

Für die Formel-1-Startkampagne 2009 beruht das Konzept primär auf einer graphisch animierten Welt sowie dem Äußeren und Inneren eines graphisch animierten Raumschiffes. Darum beginnt der Herstellungsprozess in der Graphikabteilung. Der Projektleiter und der für das Projekt ausgewählte Graphiker setzen sich an einen Tisch, besprechen die Skribbles des Zeichners und das weitere organisatorische Vorgehen.

Da es kein auf die Sekunde genaues Konzept gibt, beginnt der Graphiker seine Arbeit mit einem sogenannten Animatic. Ein Animatic ist die Visualisierung und Animation des Storyboards. Ziel und Zweck eines Animatics ist es, die Szene so genau wie möglich darzustellen: Einstellungen, Länge und Anzahl der Einstellungen sowie Schnitte. Es können auch Musik und Off-Sprecher angelegt werden. Für den Animatic benutzt der Graphiker möglichst einfache Modelle ohne Textur, um die Rechenzeiten gering zu halten und erarbeitet sich auf diese Weise ein Provisorium. Damit verhindert er, dass Einstellungen oder Ansichten aufwendig produziert werden, die im Endprodukt gar nicht vorkommen oder Szenen länger als eigentlich nötig animiert werden müssen. Ein Animatic ist das erste visuelle Produkt, jedoch nur ein Zwischenschritt, um in der eigentlichen Produktion möglichst effizient zu sein. Nach drei Tagen wird das Animatic zwischen Projektleiter, Producer und Graphiker besprochen, noch einen weiteren Tag geändert und schließlich abgenommen.

Abbildung 16: Graphik-Arbeitsplatz in der Agentur. Quelle: CC.

Der Graphiker, der an der Formel-1-Startkampagne arbeitet, hat ein außerordentliches Gefühl für Timing. Nach seiner Ausbildung zum Photographen hat er fünf Jahre als Producer gearbeitet, bevor er das Fach wechselte. Er ist Vater von zwei kleinen Kindern, spielt Schlagzeug und Keyboard in einer Band, fährt leidenschaftlich gerne mit dem Mountainbike und ist Filmfan. Während sich der Graphiker mit dem Animatic beschäftigt, unterbreitet er den Vorschlag, das Raumschiff nicht klassisch, sondern auf die Formel-1 bezogen zu gestalten, etwa als Reifen oder als Lenkrad. Die Idee, dass das Raumschiff die Form eines Formel-1-Lenkrades hat, stößt bei den Producern auf Gefallen. Zum Leidwesen des Graphikers gibt es aber kein Modell eines F1-Lenkrades zu kaufen und er muss es selbst anfertigen. Um ein Modell selbst anzufertigen, werden entweder Bilder des Objektes aus dem Internet oder selbst aufgenommene Bilder verwendet und vermessen. Besser ist es, wenn ein reales Modell des Objektes zur Verfügung steht. Dieses Modell kann von allen Seiten und Ansichten photographiert werden. Diese Photos werden dann in das Graphikprogramm importiert und das Objekt kann digital in 3D nachgebaut werden. Nach kurzer Recherche und einigen Anrufen kann ein Lenkrad besorgt werden, da zufälligerweise in der gleichen

Stadt eines der Formel-1-Teams und das dazugehörige Automobilmuseum ihren Sitz haben. Der Graphiker kann dann anhand seiner Photos und einigen Messungen das Lenkrad nachbauen.

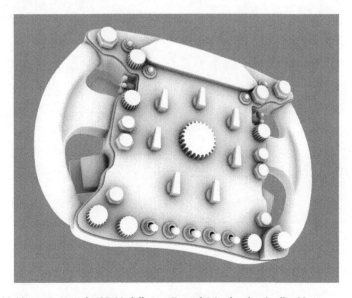

Abbildung 17: Digitales 3D-Modell eines Formel-1-Lenkrades. Quelle: CC.

Abbildung 18: Übersetzung des Lenkrades in eine 3D-Animation des Raumschiffes. Quelle: CC.

Der erste Trailer, der On-Air geht, ist das Motiv 1: Das Raumschiff erscheint! Es handelt sich um eine reine 3D-Animation, die zeigt das Raumschiff nur von außen. Das Raumschiff in Gestalt eines F1-Lenkrades fliegt auf die Erde zu und am Ende steht der Claim: „Sie kommen. Noch 20 Tage." Daneben baut sich das Senderlogo auf.

Abbildung 19: Animation Motiv 1: Das Raumschiff erscheint! Schlussbild. Quelle: CC.

Der zweite Trailer wird zehn Tage vor dem ersten Rennen On-Air gehen. Bei diesem zweiten Trailer spielt ein Großteil der Handlung im Inneren des Raumschiffes, das auch komplett mit 3D-Software animiert wird. Zudem wird der erste Fahrer Lewis Hamilton zu sehen sein. Die Fahrer werden zeitgleich zur Entstehung des ersten Trailers aufgezeichnet. Dazu später mehr.

Abbildung 20: Diverse Innenansichten des Raumschiffes. Bis auf die Fahrer ist alles mithilfe der 3D-Software Maya entstanden. Quelle: CC.

Der On-Air-Manager des Senders ist während dieser Phase der Produktion mindestens jeden zweiten Tag anwesend, um den Vorschritt zu überwachen und Zwischenergebnisse abzunehmen. Dieses Vorgehen erleichtert und erschwert die Produktion gleichermaßen. Auf der einen Seite entsteht somit hoher Kommunikations- und Abstimmungsaufwand, auf der anderen Seite läuft die Produktion nicht Gefahr tagelang in die falsche Richtung zu produzieren und Ergebnisse zu generieren, die vom Kunden nicht gewünscht werden.

2. Dreh

Der Producer entwickelt zusammen mit einem Kameramann ein Set für das Green-Screen-Studio, in dem die F1-Fahrer vor grünem Stoff gedreht werden sollen. Die Gesten, Blicke und Tonaufnahmen der Fahrer werden dann anschließend im Schnitt in die Szenen integriert. Erst danach geht das gedrehte Videomaterial in die Graphik zum Compositing. Das komplette Equipment, das sich aus Stoffen, Kamera, Licht, Ton und so weiter zusammen setzt, muss von der Agentur gestellt und an den Drehort ins andalusische Jerez transportiert werden. Beim Dreh wird ein fünfköpfiges Team der Agentur vor Ort sein: der Senior Producer, Producer, Kameramann mit Assistent (zweite Kamera) und der Tonmeister. Der Senior Producer wird dabei die Rolle des Regisseurs am Set übernehmen. Folgende Abbildung zeigt den auf Papier gezeichneten Vorschlag des Kameramannes, wie er das Set aufbauen möchte:

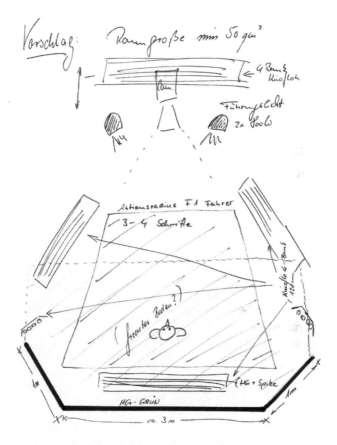

Abbildung 21: Set für Green-Screen-Studio. Quelle: CC.

In Jerez kann mit allen Rennfahrern innerhalb von drei Tagen gedreht werden. Die Drehtage sind für das Team jedoch sehr anstrengend. Der von der *Fédération Internationale de l'Automobile* (FIA) gestellte Raum für die Aufnahmen ist nur wenige Meter von der Rennstrecke entfernt, auf der die Teams den ganzen Tag Testfahrten machen. Das bedeutet, dass bei Einstellungen mit Text der Tonmeister penibel darauf achten muss, dass der Fahrer auch zu verstehen und nicht im selben Augenblick im Hintergrund ein Rennwagen zu hören ist. An diesen Tagen sind TV-Stationen aus der ganzen Welt in Jerez, um mit den Fahrern zu drehen, dementsprechend eng ist der Zeitplan. Es gibt zwar einen Zeitplan für die Aufnahmen, doch dieser gerät regelmäßig außer Kontrolle. Für das Kamerateam bedeutet dies, dass alle Mitglieder jeden Tag 16 Stunden am Set verbringen müssen, um ihren Slot nicht zu verpassen. Das Team wartet nach dem Setaufbau und dem Ausleuchten der Szene die meiste Zeit in einem Nebenzimmer. Kommt dann ein Fahrer zum Dreh, muss die Crew blitzschnell bereit sein und mit den Aufnahmen beginnen, denn die Fahrer bringen nur wenig Zeit mit.

Die Fahrer müssen in kurzer Zeit drei unterschiedliche Aufgaben erfüllen. Sie sprechen Texte für die Aufsager, die am Ende eines Trailers eingebaut werden. Sie müssen mehrmals quer und längs durch das improvisierte Studio laufen (totale Einstellung) und sie müssen sich ihre Rennkleidung wie Schuhe, Handschuhe und Helm anziehen (close).

Abbildung 22: Set in Jerez, Red Bull Rennfahrer Mark Webber vor Grün. Quelle: CC.

Abbildung 23: Nick Heidfeld vor Grün für Aufsager (amerikanisch) und mit Helm (close). Quelle: CC.

Abbildung 24: Crowd Shot mit Nick Heidfeld, Lewis Hamilton und Sebastian Vettel aus dem fertigen Trailer. Die Fahrer werden nachträglich zusammengefügt und vor einen Hintergrund gestellt. Rechts: Nick Heidfeld zieht sich den Helm im fertigen Trailer auf. Quelle: CC.

3. Schnitt

In diesem Schritt des Herstellungsprozesses ändert der Producer erneut seine Rolle und wird nach Ideenfinder, Autor, Supervisor für den Graphiker, Regisseur beim Dreh nun zum Cutter. Die Aufgabe des Cutters ist es, auf Basis der Idee auf Papier und mithilfe von graphischen Elementen, gedrehtem Material, Footage, Geräuschen, Musik, O-Tönen der Fahrer und Off-Text eines Sprechers, einen Trailer zu montieren. Der Trailer muss logisch und nachvollziehbar aufgebaut sein, einer Dramaturgie folgen, prägnant sein und ein klares Produktversprechen abgeben. Der Arbeitsplatz des Cutters ist ein circa zehn Quadratmeter großer, schallisolierter Raum mit einem großen Schreibtisch, auf dem mehrere Monitore stehen. Computer und sonstige Hardware wie Audio- oder Videogeräte befinden sich in einem Rack im Raum und sind über Kabel mit dem zentralen Maschinenraum verbunden. In der Agentur wird das Editing-System Media Composer der Firma Avid genutzt.

Abbildung 25: Producer im Schneideraum. Quelle: CC.

Anspruchsvolle Trailer sind dramaturgisch so aufgebaut, dass mehrere Stimmungswechsel stattfinden. Die Zuschauer sollen durch ein Auf und Ab der Gefühle emotionalisiert werden. Oft werden starke Gefühle wie Liebe, Freude, Triumph oder Hass und Angst betont. Dies gilt nicht nur für Spielfilme, sondern genauso für Sportereignisse. Die Liebe zum eigenen Verein, die Abneigung gegenüber dem Gegner, die Angst vor dem Abstieg oder die Freude über die Meisterschaft sind gängige Aufhänger. Hochwertige Trailer haben wie Filme oder Bücher einen Spannungsbogen, eine Geschichte die erzählt wird. Ein Trailer sollte immer den Anspruch haben, mehr als nur die Aneinanderreihung markanter und spektakulärer Szenen zu sein. On-Air-Promotion muss verkaufen und unterhalten.

Die Trailersprache und das Verständnis der Zuschauer haben sich im Laufe der Zeit stark verändert. Das Tempo der Trailer ist schneller, die Schnittfrequenz ist höher. Vor allem bei privatwirtschaftlichen Fernsehunternehmen gibt es kaum noch Trailer ohne Effekte, seien es visuelle Effekte, graphische Insertierungen oder Audioeffekte. Die heutigen Zuschauer verfügen gleichzeitig über eine ausgeprägte Medienbildung. Die Producer können ihre Geschichten heute kompakter erzählen und

mehr Informationen hinein packen. Sie sind freier in ihren Erzählstrukturen, da der Zuschauer beispielsweise Zeitsprünge oder Zitate besser versteht.
Das in Trailern verwendete Videomaterial kann verschiedene Quellen haben. Unterschieden werden:

- Footage
- Drehmaterial/Dreharbeiten
- Lizenzmaterial

Das Wort Footage kommt ursprünglich aus dem Filmbereich und umfasst das gedrehte Rohmaterial, aus dem in der Post-Produktion ein Film geschnitten wird. Im TV-Bereich steht der Begriff Footage für Archivmaterial und umfasst Filme, Serien, Dokumentationen oder Live-Signale vom Sportmaterial.

Im Falle der Formel-1 müssen die Sender die Übertragung des Sende-Signales (Feed) des Formel-1-Vermarkters FOM von Bernie Ecclestone abnehmen. Alle Sender der Welt greifen somit auf die gleichen Signale zurück. Die FOM begründet dieses Vorgehen mit der Garantie über gleich bleibend hohe Qualität der Signale und mit logistischen Gründen. Der Verkauf der mit allen Graphiken konfektionierten Signale ist jedoch die lukrativste Einnahmequelle der FOM. Außerdem kann sie mit der Kontrolle über die Produktion sicherstellen, dass die Sponsoren der Rennserie ausreichend lange im Bild zu sehen sind. Die Sender dürfen vor Ort lediglich sogenannte unilaterale Signale produzieren. Typisches Beispiel hierbei sind die Interviews, die die Moderatoren der Sender in der Boxengasse führen. Vor Ort werden wesentlich mehr Signale produziert als diejenigen, die während eines Rennens tatsächlich gesendet werden. Meistens erhalten die Sender nach dem Rennen noch Bänder oder Files mit dem Zusammenschnitt aus den spektakulärsten Bildern, die nicht on air gingen.

Bei Startkampagnen, egal ob für Fußball oder Formel-1, stehen die On-Air-Producer regelmäßig vor dem gleichen Problem: Sie können nur Footage aus der bereits vergangenen Saison verwenden. Probleme treten auf, wenn in der neuen Saison die Teams neue Trikots oder Sponsoren bekommen, Spieler den Verein oder Fahrer den Rennstall wechseln und Rennwagen zum Einsatz kommen, die anders aussehen.

Steht kein Footage für das zu bewerbende Programm zur Verfügung, besteht die Möglichkeit, Material selbst bei Dreharbeiten zu produzieren. Aus Budgetgründen werden Drehs nur durchgeführt, wenn das Programm die Ausgaben rechtfertigt oder wenn es sich um eine besonders wichtige Programmwerbung handelt. Der Start einer Fußballbundesliga-Saison oder der Start einer Formel-1-Saison gehören zu diesen prominenten Ereignissen.

Lizenzmaterial wird von Agenturen oder freischaffenden Produzenten angeboten. Ähnlich wie bei Photo- oder Musikdatenbanken gibt es eine Auswahl an unterschiedlichem Material, das bereits gedreht wurde und das über Stichworte auf Internetportalen gesucht werden kann. Es handelt sich dabei in erster Linie um generisches Material wie Tier-, Landschafts- oder Objektaufnahmen. Möchte ein Sender einen Trailer über ein Event in Melbourne produzieren und soll zur Wiedererkennung ein Bild der Stadt verwendet werden, kann eine solche Einstellung von einer Agentur erworben werden, ohne dass der Sender ein Kamerateam nach Australien schicken muss. Auch bei der Startkampagne für die F1-Startkampagne wurde Lizenzmaterial der Stadt Melbourne verwendet. Das Prinzip ist mit dem des Nachrichtenmarktes vergleichbar, auf welchem Agenturen wie Reuters, AP oder AFP den Sendern dieser Welt Nachrichtenbilder gegen Entgelt zur Verfügung stellen. Der Vorteil ist, dass schnell und unkompliziert auf dieses Material zugegriffen werden kann. Als Nachteil erweist sich, dass es weder einzigartig noch auf einen Sender zugeschnitten ist.

Bei der Formel-1-Startkampagne 2009 wird ein Mix aus verschiedenen Quellen für den Schnitt genutzt. Grundsätzlich wird für die On-Air Promotion alles Material verwendet, das lizenzrechtlich erlaubt ist und hilft, die Geschichte zu erzählen. Wie bereits erwähnt, werden aufwendige 3D-Animationen und Aufsager der Fahrer verarbeitet. Darüber hinaus wird Footagematerial aus der Übertragung, Lizenzmaterial der Stadt Melbourne und Drehmaterial aus einer länger zurückliegenden Kampagne integriert, dass zufällig sehr gut in die Handlung passt und eine staunende Menschenmenge zeigt, die den Blick nach oben richtet. Im Original schauten die Menschen auf ein Hochhaus, in diesem Trailer wird auf das Raumschiff umgeschnitten.

Abbildung 26: Links: Lizenzmaterial der Stadt Melbourne. Rechts: Panoramaaufnahme mit integriertem 3D-Raumschiff. Quelle: CC.

Abbildung 27: Gedrehtes Material aus einer zurückliegenden Kampagne. Quelle: CC.

Abbildung 28: Footagematerial aus Formel-1-Übertragungen 2008. Quelle: CC.

Abbildung 29: Footagematerial mit 3D-animierten Rennwagen und graphischen Inserts sowie Senderlogo. Quelle: CC.

Eine übliche Vorgehensweise ist, dass der Cutter den Schnitt damit beginnt, passende Musiken auszuwählen und ein Musikbett zu schneiden. So entsteht die Stimmung des Trailers ohne ein einziges Bild. Als Ankerpunkte in einem Rohschnitt, einer frühen Schnittfassung, dienen entscheidende O-Töne. Auf sie wird musikalisch hingeführt und sie markieren einen dramaturgischen Wendepunkt, dem oft ein Musikwechsel folgt. Dies geschieht auch in diesem Fall. Der Cutter erstellt mit den markanten O-Tönen der Fahrer und der Musik ein Skelett und setzt die bereits vorhandenen Animationen aus der Graphik-Abteilung und die Videobilder darauf. Der erste Tempowechsel im finalen Trailer wird durch den Satz: „It´s showtime!" von Lews Hamilton markiert. Die Musik wechselt nach dem Satz und die Fahrer ziehen ihre Rennmontur an, um dann per Lichtstrahl zur Erde transportiert zu werden.

4. Ton

Auf der Audioebene sind Trailer meist sehr komplex und bestehen in der Regel aus fünf Elementen:

- Musik
- Off-Sprecher[19]
- O-Töne[20]
- Atmo[21]
- Sound-Effekte.[22]

Musik
Für aufwendige Trailer mit großem Budget werden Musiken komponiert und eingespielt, die besonders genau die gewünschte Stimmung wiedergeben. Diese Praxis ist aus Kostengründen allerdings nur in Ausnahmefällen bei Trailern üblich. Auch auf kommerzielle Musiktitel aus

---

19 Sie werden Off-Sprecher genannt, da der Sprecher immer nur zu hören ist und niemals im On, d. h. On-Air, zu sehen ist.
20 O-Ton ist die Abkürzung für Originalton.
21 Atmo wird als Kurzform für Atmosphäre verwendet.
22 SFX steht als Abkürzung für Soundeffekte.

den Charts aller Genres, sei es klassische oder gängige Popmusik, wird bei der On-Air-Promotion verzichtet.[23]

Für TV-Trailer verwenden die Sender und Agenturen hauptsächlich Musiken spezialisierter Musikstudios und Musikverlage.[24] Diese Musiken werden speziell für den Einsatz in der On-Air-Promotion geschrieben und produziert. Die Titel sind in definierten Längen von 90, 60, 30 und 15 Sekunden verfügbar. Sie folgen einer inneren Dramaturgie mit musikalischen Höhepunkten, haben einen Anfang und eine Ende und müssen deshalb in vielen Fällen gar nicht mehr manuell geschnitten werden. Die Stücke sind professionellen Unternehmen der Film-, Fernseh-, und Werbewirtschaft vorbehalten und nicht frei im Handel erhältlich. Die Webseiten dieser Verlage sind so aufgebaut, dass in Rubriken wie Drama, Action, Family, Kids oder Sport nach passenden Stücken gesucht werden kann. Diese werden dann online abgehört und von der Seite herunter geladen, falls sie verwendet werden. Die Agenturen schließen mit den Verlagen im Vorfeld Verträge, in denen entweder die Bezahlung einer Pauschalsumme für die uneingeschränkte Nutzung der Datenbank vereinbart wird oder die Abrechnung nach Einzeltiteln. Agenturen nutzen das Angebot hauptsächlich, um Kosten zu sparen. Die Nutzungs- und Verwertungsrechte dieser Titel sind wesentlich günstiger als bei kommerzieller Musik. Zudem müssen die Agenturen kein eigenes Archiv aufbauen und keinen Musikredakteur beschäftigen. Juristische Probleme aufgrund unklarer Rechtsverhältnisse der Musiktitel werden vermieden.

Aufgrund der Fülle von Audio-Informationen in einem Trailer werden Musiktitel meist ohne menschlichen Gesang verwendet, um nicht noch eine weitere Ebene einzuführen. Ausnahmen sind die meist sehr langen Imagetrailer der Sender, bei denen es lange Strecken zu füllen gibt, sowie Trailer, deren Konzept auf den meist deutschen Worten aus dem Text des Songs basieren. Eine weitere Abweichung sind Trailer mit Musikdeals. Musikdeal bedeutet, dass ein Verlag einen Song vermarkten möchte und ihn deshalb kostenfrei den Sendern für die On-Air-

---

23 In einem Fall wollte der Kunde für einen Trailer einen Titel aus den Charts einsetzten. Das Management der Band forderte 150.000 Euro für die Nutzung des Titels für einen Monat in einem Trailer. Der Deal kam nicht zustande.

24 Beispiel für einen Musikverlag: www.x-raydogmusic.com.

Promotion zur Verfügung stellt. Im Gegenzug muss nach maximal zehn Sekunden der Refrain des Titels mit Gesang in voller Länge ohne weitere Tonkulisse zu hören sein. Darüber hinaus müssen der Musiktitel und der Name der Band graphisch eingeblendet werden. Von der Auswahl der Musik wird die Stimmung eines Trailers maßgeblich bestimmt. Soll eine große, erhabene Stimmung erzeugt werden, wird oft Musik vollinstrumentierter, klassischer Orchester verwendet. Möchte der Producer den Eindruck von Energie und Geschwindigkeit vermitteln, kommen oft Stücke der Pop-, Rock- oder Elektro-Musik zum Einsatz.

Die Audioebene ist auch deshalb so wichtig, da Fernsehen in vielen Fällen ein Nebenbei-Medium ist. Mit Schallwellen wird der Zuschauer erreicht, auch wenn er nicht voll auf die Bildebene konzentriert ist. Zuseher lesen gleichzeitig, kümmern sich um die Wäsche oder surfen vermehrt im Internet. Der Sender muss die wenigen Kontaktchancen, die er mit der Zielgruppe hat, nutzen, um seine Botschaft zu platzieren.

Off-Sprecher
Der Off-Sprecher der On-Air-Promotion wird nicht ohne Grund Station Voice genannt. On-Air-Promotion ist eine der wenigen Möglichkeit im Sendeablauf, den Zuschauer direkt anzusprechen und auf kommendes Programm aufmerksam zu machen. „Sehen SIE morgen", „sehen SIE heute" und „sehen SIE gleich" sind typische Formulierungen. Die Wahl des Sprechers ist oftmals langfristig. Michael Lott war über 15 Jahre „die Stimme" des Senders Premiere.

Der Markt der Station-Voice-Sprecher in Deutschland ist klein. Voraussetzungen für die Tätigkeit sind akzentfreies Deutsch, langjähriges Sprach- und Atemtraining und eine seriöse, glaubhafte, verbindliche, meist sonore Stimme. Da diese Sprecher oft exklusiv für einen Sender arbeiten, sind Gagen von bis zu 1.000 Euro pro Stunde keine Seltenheit. Für die F1-Kampagne gibt es zwei unterschiedliche Sprachversionen. Das erste Motiv kommt mit folgenden Worten aus: „Sie kommen. Noch 20 Tage. Bei Premiere Sport." Der Off-Spruch für den finalen Trailer lautet: „Sie sind da. Die Vorberichte und das Rennen. Sonntag ab sieben Uhr."

O-Töne
Akustische Elemente wie Worte, Sätze und Geräusche aus bereits existierenden Filmen und Aufnahmen, sowie für einen Trailer eigens aufge-

nommene akustische Elemente werden O-Töne genannt. Bei Formel-1-Trailern gehört der Boxenfunk zu den sehr beliebten O-Tönen. Auch bei der Startkampagne 2009 sind zu Beginn Wortfetzen aus dem Funkverkehr zwischen Rennstall und Fahrer wahrzunehmen. Der Off-Text der Kampagne wird ergänzt durch O-Töne der Fahrer, die im On zu sehen sind. Lewis Hamilton sagt: „Melbourne, Albert Park", Sebastian Vettel kündigt an: „Der große Preis von Australien in Melbourne" und Nick Heidfeld ergänzt: „Die Formel-1. Live bei Premiere."

Atmo

Unter Atmo werden Raum-, Hintergrund- und Umweltgeräusche verstanden, die der Orientierung des Zuschauers dienen. Fehlt die Atmo, wirken Filme sonderbar flach und realitätsfern. Atmos können Geräusche und Klänge sein, beispielsweise Wind, vorbeifahrende Autos, fliegende Raumschiffe oder Fangesänge in einem Stadion.

Sound-Effekte (SFX)

Unter Sound-Effekten werden alle Töne subsumiert, die in keine der schon genannten Kategorien passen. Sound-Effekte unterstützen die Bildebene und lassen sie größer und präsenter erscheinen. Es gibt zum Beispiel menschliche, tierische, natürliche, technische und elektronische Geräusche. Geräusche können verzerrt oder mit beliebigen Effekten wie beispielsweise Hall belegt werden. Die Cutter bedienen sich dabei aus riesigen Online-Datenbanken, die mithilfe von Suchbegriffen abgefragt werden. Wird beispielsweise der Begriff „Explosion" eingegeben, so ergeben sich, je nach Datenbank, mehrere hundert Treffer: klein, mittel, groß, von Kanonen erzeugt, Science-Fiction-Explosionen, mit Splitterhagel oder ohne und so weiter. Die Agenturen haben Verträge mit den Verlagen dieser Sound-Effekte und können gegen Pauschalsummen beliebig viele Sounds nutzen. Jeder Cutter legt sich im Laufe der Zeit zusätzlich sein eigenes Soundarchiv an, das seltene Sounds aus Datenbanken, aus Filmen oder Sportereignissen wie beispielsweise einen satten Golf-Abschlag oder den Start eines Formel-1-Rennwagens enthält und immer wieder eingesetzt wird.

Ton-Mischung, Sprachaufnahme und Abnahme
Die finalen Arbeitsschritte in der Post-Produktion sind die Sprachaufnahme des Off-Sprechers[25] und die anschließende Mischung des sendefertigen Tones. Der Text für die Sprachaufnahme stammt entweder von den angestellten Textern oder von den Producern. Nur wenige Producer sind auch gute Texter und können auf den Punkt genau formulieren. Aus diesem Grund nehmen sie gerne die Hilfe von professionellen Textern in Anspruch. Im Falle der Formel-1-Startkampagne wird der Text vom Producer selbst geschrieben, da das Konzept nur wenige Sätze vorsieht und die Off-Texte nicht Teil der Geschichte sind, sondern lediglich die Informationen am Ende des Trailers hervorheben.

Bei wichtigen Projekten sind die Producer bei der Sprachaufnahme mit dabei und führen Regie. Während der Tonmeister mit der Aufnahme beschäftigt ist und die technische Qualität überwacht, achten die Producer darauf, dass der Text inhaltlich richtig gesprochen wird und Betonung, Ausdruck, Klangbild und Klangfarbe dem Zweck des Trailers entsprechen, damit die gewünschte Emotion vermittelt wird. Bei der Aufnahme werden in kurzen Abständen mehrere Varianten gesprochen.

In der Mischung verwandelt der Tonmeister die unterschiedlichen Tonstücke in einen homogenen Tonteppich. Tonpegel und Dynamik[26] werden angepasst und störende Geräusche entfernt. Die Sprache wird verständlich gemacht, indem parallele Geräusche und Musiken leiser gezogen werden. Der Tonmeister der Formel-1-Startkampagne hat an der School of Audio Engineering[27] den Studiengang Sound Engineering belegt und ist seit dieser Zeit in verschiedenen Unternehmen als Tonmeister tätig gewesen. Für die technische Umsetzung wird in der Agentur das Audioproduktionssystem Pro Tools der Firma Avid verwendet.

---

25 Im Arbeitsalltag wird für die Aufnahmen mit Sprechern der Begriff „Voice Recording" verwendet.
26 Unter Dynamik im Ton wird der Unterschied zwischen Laut und Leise innerhalb eines Werkes verstanden.
27 School of Audio Engineering (SAE Institute): Es handelt sich um eine private Ausbildungsstätte für Tonmeister mit unterschiedlichen Kursangeboten.

Abbildung 30: Audio-Suite mit angrenzender Sprachkabine für die Aufnahme des Off-Sprechers. Quelle: CC.

5. Abnahme

Die Abnahme erfolgt meist im Schneideraum. Der Producer fügt dort alle Gewerke zu einem finalen Produkt zusammen und präsentiert dies live den Entscheidern auf Agentur- und Senderseite. Im Schneideraum einigen sich die Akteure dann direkt und mündlich, ob das Produkt so gesendet werden kann oder ob noch Änderungen erfolgen müssen. Bei Projekten dieser Größenordnung werden zwei oder drei Tage für Änderungen eingeplant. Für diese Startkampagne wird ohne weitere inhaltliche Änderungen ein sendefähiges Broadcast-File erzeugt und ausgeliefert. Dies ist eine Datei, die zur Ausstrahlung geeignet ist, und via Transferserver dem Unternehmen übergeben wird, das die Produktionsstufen Playout und Uplink für den Sender abwickelt.

Die Gefäße, die am Anfang des Prozesses von der Abteilung Scheduling für die Formel-1-Startkampagne erzeugt wurden, werden nun mit Inhalt gefüllt. Im Uplink wird der Trailer über riesige Satellitenantennen auf die Satelliten-Transponder des Satellitensystems Astra gespielt und von dort über Zentraleuropa ausgestrahlt. Jeder Abonnent, der im Besitz eines Receivers und einer gültigen Smartcard ist, kann nun die Formel-1-Startkampagne 2009 auf der Pay-TV Plattform konsumieren.

Die Produktion ist damit abgeschlossen, es fehlt nur noch die Abrechnung. Die Abrechnung mit dem Kunden, die Rechnungsstellung, sowie das agenturinterne Projektcontrolling finden natürlich wieder auf Papier statt.

Am Ende des beschriebenen dreimonatigen Produktionsprozesses steht ein Produkt von 60 Sekunden Länge, für das die Agentur und die beteiligten Producer, Graphiker und Tonmeister viel Lob sowie eine wichtige internationale Auszeichnung beim bedeutendsten Branchentreffen in New York erhalten haben. Das Überschreiten des Budgets spielt in diesem Fall keine große Rolle, denn durch den Erfolg der Kampagne reduzierte sich die Preissensibilität der Akteure auf Kundenseite.

Es wurde aufgezeigt, wie sich die Akteure in der Produktion verhalten, welche Gedanken und welche Motivation sie haben. Veranschaulicht wurde, wie und warum Entscheidungen getroffen werden, wie sich Informationen verdichten und wie die Transformation vom Papier hin zum Fernsehen verläuft.

Dass die Kampagne erst kurz vor der ersten Ausstrahlung fertig gestellt wurde, und welcher personelle, kreative, finanzielle und zeitliche Aufwand hinter dem Produkt steht, ist einem Großteil der Zuschauer nicht bekannt. Auch die Akteure bleiben im Hintergrund verborgen.

5. Technische Entwicklung – Klassische vs. Moderne Produktionsmethoden

Augenblicklich erlebt die TV-Produktion erneut einen technischen Umbruch. Viele Produktionshäuser in Deutschland stellen in den Jahren 2010 bis 2013 die Produktionsabläufe von band-basierten auf filebasierte Prozesse um. Einige Beispiele sind die Sender SWR, BR, ZDF, ProSieben und Sat1. Gleichzeitig werden immer mehr audiovisuelle Inhalte nicht mehr in Standard Definition (SD), sondern in High Definition (HD) produziert. In der Agentur wird bereits 2009 ein zentrales, filebasiertes Content-Management-System mit dem Namen Avid Interplay eingeführt und seit 2010 werden rund ein Drittel aller Produktionen in

HD abgewickelt. Beide Umstellungen – von Bändern auf Files und von SD auf HD – sind hochkomplex und beschäftigen die technischen Abteilungen der Häuser über Jahre. Für die SD-HD Umstellung müssen alle wesentlichen technischen Komponenten in der Produktionskette ausgetauscht werden. HD hat im Vergleich zu SD eine vierfach höhere Datenmenge und auch die benötigte Bandbreite ist ungleich höher. Während SD mit 10Mbit/s auskommt, wird für HD 1Gbit/s benötigt. Das bedeutet, dass Monitore ausgetauscht werden müssen, um HD überhaupt beurteilen zu können. Performante Rechner, leistungsstarke Server und neue Kabel müssen angeschafft und installiert werden und auch für die Software ist ein Upgrade nötig. Um auf dem neuesten technischen Standard zu sein. müssen die Produktionshäuser somit kräftig investieren. Auch für die Umstellung von band-basierten auf file-basierte Prozesse ist neue Hard- und Software nötig, aber die wesentlichen Änderungen betreffen hierbei die Arbeitsabläufe.[28] Der klassische Arbeitsablauf in Sendeanstalten basiert seit den 1950er Jahren auf Bändern, sogenannten Videotapes, und den entsprechenden Aufnahme- und Abspielgeräten.[29] Damals wurde das größte technische Problem der TV-Geschichte gelöst, das darin bestand, das Programm aufzuzeichnen. Bis dahin war Fernsehen immer live, audiovisuelle Aufnahmen waren bis zu diesem Zeitpunkt nur mit Film möglich.

Der Arbeitsablauf mit Bändern ist sequentiell. Die Entstehung eines Trailers mit Magnetbändern sah wie folgt aus: Ein Magnetband, auf dem ein Film aufgezeichnet ist, wurde von einem Studio angeliefert. Nach der Qualitätskontrolle wurde aus Sicherheitsgründen eine Kopie, das Sendeband, angefertigt, um nicht mit dem Original, dem Master, arbeiten zu müssen. Dieser Prozess fand in sogenannten MAZ-Straßen statt. Die Sendebänder wurden für die Produktion genutzt, das Master kam in das Bandarchiv.

Bis vor zehn Jahren gab es auch noch die sehr strikte Unterscheidung zwischen Cutter und Redakteur. Der Redakteur war für die Inhalte zuständig und der Cutter war der technisch Ausführende, der Operator. Der Redakteur musste im Archiv das Band mit dem Film oder dem

---

28 Im Arbeitsalltag wird für die Abläufe der Begriff „Workflow" verwendet.
29 Im englischen ist der Ausdruck Video Tape Recorder (VTR) und in Deutschland der Ausdruck Magnetaufzeichnung (MAZ) gebräuchlich. MAZ steht dabei auch Synonym für die Aufzeichnungsgeräte.

Sportereignis bestellen und warten, bis es zur Verfügung stand. Dieser Prozess konnte unter Umständen ein bis zwei Tage dauern. Der Anteil der Papierarbeit und der Anteil der Arbeit, bevor in den Schnitt gegangen werden konnte, war bei diesem band-basierten Prozess wesentlich höher als bei modernen Produktionsmethoden. Zunächst sahen sich die Redakteure das Programm an einem günstig ausgestatteten Sichtplatz an und erstellten manuell sogenannte Schnittlisten. Jedes Band hatte als zeitliche Referenz einen Timecode. Eine Sekunde besteht dabei aus 25 Einzelbildern, den Frames. Wird das Band mit 25 Frames pro Sekunde abgespielt, so entsteht beim Zuschauer die Illusion der bewegten Bilder. Die Redakteure schnitten den Trailer mithilfe der Schnittlisten zunächst „auf Papier", da zum einen die Maschinenzeiten sehr teuer und zum anderen Änderungen nur mit sehr großem Aufwand möglich waren. Dazu schrieben die Redakteure in den Schnittlisten den frame-genauen Timecode des Zuspielers und frame-genau die Stelle auf dem Master auf, an der diese Szene im Endprodukt, d. h. auf dem neuen Band, platziert werden sollte.

	Master		Zuspieler		Zuspielers
	TC In	TC Out	TC In	TC Out	
1	00:00:00:00	00:00:05:00	10:00:05:00	10:00:10:00	Band 1
2	00:00:05:00	00:00:10:00	10:00:20:10	10:00:25:10	Band 2

Abbildung 31: Schnittliste für linearen Schnitt. Quelle: Eigene Darstellung.[30]

Sobald der Redakteur die Schnittliste erstellt hatte, nahm er alle Bänder, die für den Schnitt nötig waren sowie die CDs mit den Musiken, die unterlegt werden sollten, und ging in den Schneideraum zum Cutter. Dort

---

30 Timecode In (TC In) ist die Stelle auf dem Masterband, an der die Szene beginnen soll. Timecode Out (TC Out) ist die Stelle, an der die Szene enden soll. Die Längenangaben für Master und Zuspieler müssen pro Zeile übereinstimmen. Zum Beispiel sind es in Zeile 1 jeweils fünf Sekunden. In der folgenden Zeile wird der zweite Schnitt beschrieben. Er muss dort beginnen, wo der erste Schnitt endet. Die ersten beiden Stellen (00:) stehen für Stunden, die folgenden Stellen stehen für Minuten, Sekunden und schließlich Frames von 0 bis 25. In der KirchGruppe war es üblich, dass der Timecode nicht bei 00:00:00:00, sondern bei 10:00:00:00 begann.

wurde linear geschnitten. Linearer Schnitt bedeutet, dass Szenen aus einem Band mithilfe von Bandmaschinen auf ein weiteres, leeres Band kopiert werden. Dem Cutter standen dabei ein oder zwei Bandmaschinen als Zuspieler oder Player zur Verfügung und mit einer Bandmaschine oder Recorder konnte aufgenommen werden.[31] Sowohl auf dem Master als auch auf dem Zuspieler wurden Timecode In und Timecode Out mit einer Tastenkombination markiert. Der Kopiervorgang in Echtzeit konnte gestartet werden. Für den Tonschnitt standen zu Beginn zwei Tonspuren zur Verfügung und später vier. Visuelle Effekte konnten nur mit hohem Aufwand und über den Umweg eines Bildmischers kreiert werden. Selbst einfache Effekte, wie die Blende von einem Bild in das nächste, waren nur möglich, wenn zwei Zuspielgeräte zur Verfügung standen. Graphische Titel im Videobild waren nur mit sogenannten Schriftgeneratoren möglich, die es oft nur in Senderegien und meist nicht im Schneideraum gab.

Nach dem Schnitt ging das neu entstandene Band, das Master, mit dem Trailer in die Farbkorrektur und anschließend in die Tonnachbearbeitung zur Sprachaufnahme. Jeder Prozess baute auf den vorherigen Prozess auf und die Bänder waren physisch immer an der Stelle des Prozesses, an der gerade gearbeitet wurde. Für alle anderen Akteure waren die Bänder in dieser Zeit nicht greifbar. Dieser Arbeitsablauf wurde über Jahrzehnte sowohl bei analogen (Betacam SP) als auch bei digitalen (Digital Betacam) Kassetten angewendet. Das Verhältnis zwischen Redakteur und Cutter war sehr intensiv, da sie über Stunden, Tage und manchmal sogar Wochen auf engstem Raum und zum Teil ohne Tageslicht im Schneideraum zusammen arbeiten mussten. Diese Methode war bis in die Mitte der 1990er Jahre alltäglich.

Im Filmschnitt waren die Prozesse noch komplizierter, da die physischen Filmstreifen per Hand mit der Schere geschnitten wurden, um an einer anderen Stelle mit Klebstoff wieder zusammengefügt zu werden. Um einen Zuspieler bewerten zu können, musste der Cutter die Filmstreifen in den Projektor einlegen oder die Filmstreifen gegen das Licht halten. Die Cutter waren auf die Hilfe von Assistenten angewiesen, die die Filmdosen aus dem Archiv holten und die entsprechenden Sze-

---

31 Ein ähnliches Prinzip wandten früher Privatpersonen an, um aus einer oder mehreren Audiokassetten mithilfe eines Kassettenrekorders eine selbstaufgenommene Kassette mit Titeln ihrer Wahl zu erstellen.

nen kopierten. Die einzelnen Filmstreifen wurden anschließend auf einen sogenannten Galgen oder Bin gehängt und dem Cutter zur Verfügung gestellt. Bild und Ton wurden auf unterschiedlichen Medien geschnitten und erst am Schneidetisch zusammengefügt. Am Ende eines Tages lag unter dem Cutter ein Berg mit aussortierten Filmschnipseln und es war kaum möglich, ein einzelnes Bild wieder zu finden, falls aus irgendeinem Grund eine Szene zu früh geschnitten worden war.

Die Arbeitsabläufe änderten sich erst mit Einführung der computerbasierten, non-linearen Schnittsysteme Mitte der 1990er Jahre fundamental. Der Content wurde auf eine Festplatte gespielt, digitalisiert oder ingested, und dann weiterverarbeitet. Im non-linearen Schnitt war es erstmals möglich, ohne Spul- oder Kopiervorgänge eine beliebige Stelle aus dem Ausgangsmaterial an eine beliebige Stelle in der zu bearbeitenden Sequenz zu schneiden, anschließend zu verschieben oder wieder zu löschen. Ein einmal digitalisierter Film, ein Fußballspiel oder ein Formel-1-Rennen waren auf der Festplatte als Ganzes oder als Klammermaterial vorhanden und standen für die Bearbeitung ständig zur Verfügung. Die Cutter liefen nicht mehr Gefahr, Szenen wegzuschneiden, zu verlieren oder nicht greifbar zu haben. Bildblenden, Video- und Audioeffekte, graphische Schriftanimationen konnten einfach und am gleichen System ausgeführt werden. Der Technologiesprung in der Computertechnik revolutionierte und vereinfachte den Schnitt, trotzdem mussten die sequentiellen Arbeitsabläufe größtenteils weiter eingehalten werden. Zuspielmaterial musste als Band im Archiv bestellt werden. Das Zuspielmaterial und auch die geschnittene Sequenz lagen zwar nach dem Ingest digital als File vor, jedoch nur auf dieser einen Festplatte. Über Jahre wurden in der Produktion nun Festplatten anstelle von Bändern in die einzelnen Stationen der Bearbeitung wie Graphik oder der Tonnachbearbeitung getragen. Am Ende der Bearbeitung wurde wieder ein Band ausgespielt, das für die Ausstrahlung, Playout und Uplink, verwendet und anschließend archiviert wurde.

Dieser sequentielle Prozess änderte sich erst ab 2007 mit der Einführung von komplett file-basierten Arbeitsabläufen. Das Ausgangs- oder Zuspielmaterial kommt nun schon als File in der Agentur an und wird auf einem Server, einem zentralen Speichersystem, gespeichert. Die Producer haben heute in der Regel nicht mehr mit Bändern, Festplatten und CDs zu tun. Diese Infrastruktur stellt allen Prozessbeteiligten das Material auf dem zentralen Speicher jederzeit zur Verfügung.

Unterschiedliche Personen und Gewerke können gleichzeitig auf ein und dasselbe Material zugreifen. In der Agentur stehen alle Fußballspiele einer Saison, alle Formel-1-Rennen sowie alle Filme permanent für die Weiterverarbeitung zur Verfügung. Manuell erstellte Schnittlisten, Bandtransfers und sequentielle Abläufe sind nicht mehr nötig.

Arbeitsschritte, die früher mit Bändern Tage in Anspruch nahmen wie Bandauswahl, Bandbestellung im zentralen Senderarchiv, Sichtung und die Erstellung der Schnittliste, sind heute ohne Zeitverlust von einer Person in kürzester Zeit möglich. Die einzelnen Arbeitsschritte können im System nachvollzogen werden und müssen nicht mehr auf Papier oder in separaten Datenbanken festgehalten werden. Auch für Dritte, wie Projektleiter oder Redakteure, ist über Software-Tools an ihrem Arbeitsplatz jederzeit ersichtlich, in welchem Stadium der Bearbeitung sich ein Projekt befindet. Früher wurden in die Bänder sogenannte Laufzettel gesteckt, auf denen die Mitarbeiter die einzelnen Arbeitsschritte notieren mussten. Nur auf dem Laufzettel war der aktuelle Projektstatus ersichtlich. Heute dokumentiert das System die Prozesse. Während früher aufgrund dezentraler Infrastruktur eine strikte zentrale Prozessorganisation über eine Disposition nötig war, fördert die heutige zentrale Infrastruktur eher dezentrale Arbeitsabläufe. Da das Material jedem zu jeder Zeit zur Verfügung steht, können und müssen sich die Prozessbeteiligten stärker selbst organisieren.

Eine weitere Änderung liegt darin, dass sich die Rechenleistung der Computer über die Jahre vervielfacht hat. Das Beispiel der Graphikrechner wurde schon aufgezeigt. Dies wirkt sich auch auf die Qualität der Arbeit aus. Noch vor wenigen Jahren dauerte beispielsweise der Export einer Videosequenz aus dem Schnitt für die Graphikabteilung Stunden. Bis die Graphik erstellt und gerechnet wurde, vergingen wieder Stunden, ebenso wie für den Re-Import der fertigen Graphik in das Schnittsystem. Dieser Prozess wurde aufgrund der Dauer oft nur einmal durchgeführt und schlechte Ergebnisse mussten akzeptiert werden. Performante Rechner und effiziente Video-Kompressionsverfahren erlauben den Austausch von Dateien heute schneller als die Echtzeit der Sequenz.

Die Durchlaufzeiten in der TV-Produktion haben sich durch den technischen Fortschritt erhöht. Während noch vor wenigen Jahren zwei bis drei Tage Produktionszeit für einen Trailer von 30 Sekunden Länge angesetzt wurden, sind es heute ein bis eineinhalb Tage. Für die Producer sind die Abläufe einfacher, schneller und transparenter geworden. Dafür müssen heute pro Zeiteinheit mehr Entscheidungen getroffen werden. Die Beobachtung in der Agentur zeigt, dass eigenverantwortliche Mitarbeiter mit dieser Belastung besser zurechtkommen, da ihnen mehr Gestaltungsmöglichkeiten zur Verfügung stehen. Mitarbeiter, die gewohnt sind, eine Aufgabe von Anfang bis zum Ende zu erledigen, kommen eher unter Druck.

Mit dem technischen Wandel ging auch ein Wandel an die Anforderungen und Qualifikationen der Mitarbeiter einher. Bis vor zehn Jahren kamen viele TV-Cutter aus der Videotechnik oder der Messtechnik. Durch ihre technische Ausbildung brachten diese Personen sehr viel Sachverstand – bis auf Schaltkreisebene – für ihre Geräte mit und konnten dadurch technische Fehler sehr schnell beheben. Dieser Typ des Cutters ist heute kaum noch anzutreffen. Nun geht es darum, verschiedene Geräte schnell und virtuos bedienen zu können und sich mühelos mit neuen Plug-ins auseinanderzusetzen. Breites Wissen ist notwendig, tiefes technisches Know-how für ein Gerät ist nicht mehr erforderlich. Cutter werden heute Producer oder Mediengestalter genannt, denn sie müssen nicht nur schneiden, sondern auch Texte schreiben, Graphiken und Animationen selbst erstellen können und sich mit Content-Management-Systemen auskennen. Programme, die früher nur von Graphikern bedient werden konnten, wie Adobe Photoshop oder After Effects, gehören heute zum Standardrepertoire jedes Producers. Producer sind heute unabhängiger in Bezug auf die zeitlichen Abläufe, aber auch bezüglich der Bedienung der Software-Tools. Video- und Audiomessgeräte werden heute von Mitarbeitern aus der technischen Abteilung eingestellt, der Producer muss lediglich die Werte interpretieren können.

Während früher die Qualität der Produkte stark von einzelnen Personen abhing, stehen heute wesentlich mehr und einfachere Instrumente zur Verfügung, um ein gutes Produkt zu erzeugen. Es hat sozusagen eine „Demokratisierung der Produktionstechnik" stattgefunden. Früher konnten die Cutter erst nach Jahren der Ausbildung an die teuren Geräte, heute haben schon die Praktikanten Graphik- und Schnittsoftware zu Hause auf ihren Rechnern. Praktikanten von Medienhochschulen ohne Berufserfahrung sind innerhalb von zwei bis drei Monaten in der Lage, einen einfachen Trailer zu produzieren.

[Int 5 2011] Anfang der 1990er Jahre gab es bei der Kirch-Gruppe einen „Inferno". Ein Inferno ist eine Kombination aus Hard- und Software mit der graphische Insertierungen und Farbkorrekturen in Filmauflösung gemacht werden konnten. Das Gerät kostete eine Million Mark und nur zwei Mitarbeiter durften das Gerät nach vielen Schulungen bedienen. Mussten Reparaturen oder neue Einstellungen vorgenommen werden, wurden Spezialisten aus London eingeflogen. Das ist heute völlig undenkbar.

[Int 1 2011] Ab November 1996 habe ich ein sechsmonatiges Praktikum bei der KirchGruppe als Redakteur/Producer absolviert. Kurz zuvor wurde die digitale Pay-TV Plattform DF1 gegründet. Auf der Plattform liefen alle Filme aus der legendären Filmbibliothek von Leo Kirch sowie aktuelle Sportereignisse. Ein Novum waren Formel-1-Rennen aus mehreren frei wählbaren Kameraperspektiven. Um die Produkte auf der Plattform zu bewerben, wurde eine Abteilung für On-Air-Promotion aus dem Boden gestampft. Eine Tochterfirma der KirchGruppe, die Taurus Media Technik, kaufte 20 digitale, non-lineare Schnittsysteme der Firma Avid, auf denen die Trailer geschnitten wurden. Nur gab es, bis auf wenige Ausnahmen, kaum jemanden in Deutschland, der sich mit On-Air-Promotion auskannte und auch nur wenige Experten, die sich mit der neuen, digitalen Technik auskannten. Die On-Air-Graphiken kamen aus London und für die ersten Trailer wurden Graphiker aus den USA eingeflogen. Der damalige Leiter der On-Air-Promotion hat daraufhin junge, engagierte Personen aus den unterschiedlichsten Bereichen eingestellt: Filmhochschüler, Regisseure, Informatiker, Videotechniker, Cutter, Kunst-, Theater- und Literaturwissenschaftler, Redakteure, Photographen und so weiter. Das Problem war, dass sich die erfahrenen Video- und Film-Cutter nicht mit den modernen Computersystemen auskannten. Die Jungen hingegen konnten Computer bedienen, hatten aber keine Ahnung vom Schnitt. Wir haben uns monatelang in den Avid-Suiten eingesperrt und getüftelt, ausprobiert, diskutiert und uns die Trailer gegenseitig vorgespielt und die Handbücher der Maschinen studiert. Wir haben uns intensiv mit dem Thema On-Air-Promotion auseinandergesetzt, mit dem Video- und Audiomaterial experimentiert, Musiken ausprobiert und Titelanimationen gebastelt. In dieser Zeit entstanden sicherlich die schlechtesten Trailer des Planeten. Ich erinnere mich an einen Westerntrailer mit Technomusik. Aber mit der Zeit wurden die Ergebnisse immer besser und besser und schon nach einem Jahr gewannen wir Preise auf internationalen Festivals. Im Grunde ist es noch heute so: jeder profitiert vom anderen. Das Handwerk, also der Umgang mit den Maschinen und dem Material, kann und muss man lernen. Für den kreativen Teil der Arbeit muss jeder auf seine Weise seinen eigenen Stil entwickeln. Gibt man zu viel vor, entsteht auch immer nur das Gleiche. Früher gab es eher die Unterscheidung zwischen Kunst, Handwerk und Technik im Schnitt. Dieser Übergang ist nun fließender und ich würde Schnitt heute als schöpferische Tüftelei bezeichnen.

Es gibt aber auch Nachteile der modernen Produktionstechnik. Softwareprodukte werden sehr schnell und günstig entwickelt und kommen oft nicht voll ausgereift auf den Markt. Dies ist nicht nur bei Office-Anwendungen, sondern auch im Broadcast-Bereich der Fall. Selbst bei Branchengrößen wie Avid wird die Software erst im laufenden Betrieb und auf Drängen der Kunden weiterentwickelt. Zudem gibt es eine große Vielfalt an unterschiedlichen Produkten, die verschiedene Vor- und Nachteile aufweisen. Diese beiden Probleme, die unfertigen Produkte und die Produktvielfalt, gab es in der tape-basierten Welt nicht. Der Bau der Aufnahme- und Abspielgeräte war derart kostenintensiv, dass nur komplett entwickelte Geräte in die Massenproduktion gingen.

[G4 2011] Die Geräte waren nahezu perfekt und fehlerfrei. Selbst bei 14-tägigen Langzeittests am Stück mit unterschiedlichsten Anforderungen traten kaum relevante Fehler auf.

Zudem war der Broadcast-Technik Markt duopolistisch aufgeteilt. Die Sender konnten im Grunde nur zwischen zwei Herstellern wählen: Sony oder Panasonic. Sony hatte mit Betacam SP und ab 1993 mit Digital Betacam Speichermedien, Geräte und Video-Kompresssionsverfahren eingeführt, die auf der ganzen Welt als Standard und Norm dienten. Eine Digital Betacam Kassette aus dem einen Produktionshaus konnte ohne Probleme in einem anderen Produktionshaus abgespielt werden. Vor allem die Inhalte-Produzenten legten großen Wert auf einheitliche Formate, denn sie mussten sicher gehen, dass ihr Material fehlerfrei das Haus verließ und überall auf der Welt abgespielt werden konnte.

Heute gibt es eine unüberschaubar große Anzahl an verschiedenen File-Formaten. Jeder Hersteller versucht sein eigenes Format als Weltstandard einzuführen. Nach jahrelangem Kampf der Industrie wurde zusammen mit der European Broadcasting Union (EBU) das Containerformat Material Exchange Format (MXF) eingeführt, um Files zwischen verschiedenen Unternehmen austauschen zu können. Aber selbst für dieses vermeintlich einheitliche Format mussten viele Kompromisse eingegangen werden, so dass eine Vielzahl an unterschiedlichen MXF-Formaten zustande kam.

[G5 2011] Selbst ein File, das auf den ersten Blick korrekt aussieht, kann fehlerhaft sein. Bild und Ton können am Anfang und am Ende synchron sein, doch in der Mitte der Sequenz können Asynchronitäten auftreten. Dieses Problem taucht in der Praxis sehr häufig auf, genauso können manche Files überhaupt nicht oder nur in schlechter Qualität abgespielt werden. Bei Tapes gab es solche Probleme nicht. Ein Tape musste nur an einer Stelle auf Synchronität geprüft werden. Waren an dieser Stelle Bild und Ton im Einklang, war das ganze Band synchron. Drückte man auf Play, so fuhr das Band ab.

Der Wandel von der band-basierten Videotechnik hin zur file-basierten Broadcast-IT macht die Arbeit in den technischen Abteilungen der Agenturen und Produktionshäuser komplizierter. Die Erfahrung klassischer Broadcast-Ingenieure und Videotechniker, die in einigen Firmen aufgrund ihres großen Wissensschatzes ein rigoroses Regiment führten, hat Grenzen erreicht, wenn es um Datenaustausch geht. Dort sind IT-Spezialisten und Informatiker gefragt, die sich sehr gut mit IT-Systemtechnik, Netzwerktechnologie und Kompressionsverfahren auskennen. Diese Spezialkräfte bringen wiederum nur sehr wenig Erfahrung mit den Eigenheiten der Videoproduktion und noch weniger Erfahrung mit Fernsehproduktionen mit.

[G5 2011] Früher waren die erfahrenen Ingenieure die Spitzenkräfte. Jeder Neuling konnte von diesen Koryphäen etwas lernen. Heute kann sich ein Hochschulabgänger innerhalb kurzer Zeit zur Spitzenkraft entwickeln. Allerdings fehlt es den jungen Kräften oft an Lebens- und Führungserfahrung, an politischen Kenntnissen und Netzwerken. Selbstüberschätzung ist auch ein Problem.

Bei MAZen gab es wenige Standardeinstellungen und der Anwender konnte kaum Fehler machen. Bei den modernen Software-Produkten gibt es unzählige Einstellungsmöglichkeiten, die allesamt Auswirkungen auf die Qualität des Produkts haben, unterschiedliche Video-Player oder fehlende Plug-ins erschweren die Situation. Gleiches gilt für die Archivierung, denn in Band-Archiven gab es angestellte Archivare. Nur diese

Personen waren berechtigt, dass Archiv zu betreten und Einträge in den Datensätzen vorzunehmen. Dieses System war zwar zeit- und ressourcenintensiv, sicherte aber die Qualität des Archivs. Bänder wurden nur gegen Unterschrift ausgegeben und die Archivare wussten zu jeder Zeit, wo sich ein Band befand. Raubkopien und die illegale Verbreitung von professionellem Content wurde erst mit der Einführung von filebasierten Arbeitsprozessen ein Problem. Heute kann jeder, der Zugriff auf das zentrale Speichersystem hat, die Metadaten beliebig verändern und Material kopieren, ohne Spuren zu hinterlassen. Dass die Systeme heute für viele Mitarbeiter zugänglich sind, birgt Gefahren.

> [Int 5 2011] Ein Virus hat auf unseren Archiven vor kurzem ungefähr 1.500 Stunden Videomaterial zerstört. Das entspricht in etwa unserer Jahresproduktion. Zum Glück war es alter Content, der für die Produktion nicht mehr gebraucht wurde. Wir hatten zwar Backups, doch auch auf diesen Festplatten war der Virus teilweise vorhanden, so dass große Teile des Materials für immer verloren gingen. Der Virus kam ins System, als ein freiberuflicher Graphiker ein Software-Plug-in von zu Hause auf einem USB-Stick mitgebracht hatte. Er lud das Plug-in aus dem Internet und es war mit dem Virus infiziert. Dass wir überhaupt darauf gekommen sind, ist reiner Zufall. Viele Fehler können von unseren Technikern gar nicht mehr nachgewiesen werden. Während früher höchstens eine einzelne Arbeitsstation betroffen war, wird heute nicht selten die ganze Produktionslandschaft in Mitleidenschaft gezogen. Früher konnten sich die Cutter bei technischen Problemen selbst helfen, heute muss sofort die Unterstützung durch einen Techniker angefragt werden.

Die Agentur verfügt nur noch über ein sehr kleines Bandlager, dafür jedoch über die Möglichkeit, 2.500 Stunden sendefähiges Videomaterial zu speichern und zu bearbeiten. Der permanent gekühlte Maschinenraum ist mit einem Rechenzentrum mittlerer Größe vergleichbar. Die Investitionen in die technische Infrastruktur und die zentralen Speicher- und Content-Management-Systeme belaufen sich auf mehrere Millionen Euro.

Abbildung 32: Links das Bandlager. In der Mitte das moderne Datenarchiv mit Robotersystem. Rechts die zentralen Server- und Content-Management-Systeme. Quelle: CC.

[Int 5 2011] Insgesamt betrachtet ist der file-basierte Arbeitsablauf richtig und der unumkehrbare Weg in die Zukunft. Das Produktionsvolumen kann heute viel schneller abgearbeitet werden. Auch das Qualitätsniveau der Produkte hat sich erhöht. Allerdings können heute einzelne Projekte leichter unter die Räder kommen. Unsere Erfahrung ist, dass es bei Agenturen, Dienstleistern und auch bei Sendern zu wenig Know-how über die verschiedenen File-Formate gibt. Die Zeit für die Fehlerbehebung ist allerdings nicht eingeplant, darüber hinaus treten regelmäßig zufällige Störungen auf. Ein File lässt sich in unserem Haus problemlos abspielen, in einem anderen Haus ruckelt das Bild und niemand kann sagen, woran es liegt. Auch die Folgen menschlicher Fehler sind heute differenzierter einzuschätzen. Wurde ein Band früher an einer Stelle beschädigt, so wurde diese eine Stelle repariert. Bei uns ist vorgekommen, dass ein Techniker eine falsche IP-Adresse für einen Server eingegeben hat und das ganze Haus für Stunden stillstand. Die Industrie sucht händeringend nach einheitlichen Normen und Standards und nach qualifizierten Fachkräften. Ich denke, in fünf bis zehn Jahren sind wir auf einem guten Weg.

Nach den umfangreichen Erläuterungen zur Unikatproduktion im Kontext einer Agentur widmet sich das Kapitel C der industriellen Produktion im Vergleich.

C. Fließbandarbeit

I. Das Projekt Sky Sport News HD

Im Jahr 2009 stieg die News Corporation – einer der größten Medienkonzerne der Welt unter der Leitung von Rupert Murdoch – als Hauptgesellschafter bei der deutschen Pay-TV-Plattform Premiere ein. Im Juli 2009 wurde Premiere in Sky Deutschland umfirmiert. News Corporation ist weltweit sehr erfolgreich im TV-Markt, vor allem im Pay-TV-Markt. Rupert Murdoch hat zu Beginn des Jahres 2013 sein Unternehmen News Corporation in zwei unabhängige, jeweils börsennotierte Unternehmen aufgeteilt. Unter dem Namen News Corp. sind von nun an alle Zeitungsaktivitäten gebündelt. Unter der Dachmarke 21st Century Fox sind alle elektronischen Medien vereint, darunter fallen beispielsweise das Filmstudio 20th Century Fox und die Sender Fox News aus den USA, BSkyB, Sky Italia und Sky Deutschland. Die TV-Sparte ist die wirtschaftlich erfolgreichste Sparte im ganzen Konzern. Gleichzeitig werden durch den Verbund unter dem Dach eines Mutterkonzerns Wissen, Konzepte, Programm und Personal ausgetauscht. So entsandte Murdoch auch Manager nach Deutschland, die zuvor im weltweiten Konzern bei anderen Sendern tätig waren. Diese international erfahrenen Manager brachten Ideen mit nach Deutschland, die in anderen Ländern erfolgreich getestet und umgesetzt worden waren. Eine Idee, die vor allem in den USA, England und Italien sehr erfolgreich war und sozusagen als DNA der News Corporation bezeichnet werden kann, sind Nachrichtenkanäle.

Rupert Murdoch begann seine Karriere im Zeitungsgeschäft im australischen Adelaide. Bald darauf expandierte er die Geschäftstätigkeiten seiner Firma News Corporation auf weitere Länder wie England, die USA und auch auf den asiatischen Markt. Murdoch kaufte nicht nur immer neue Zeitschriften und Zeitungen auf, sondern weitete die Unternehmungen auch auf die Sektoren Film, Radio, Buch, Internet und TV aus. Im Bereich des Pay-TV lassen sich in den verschiedenen Ländern deutliche Muster in den Geschäftsaktivitäten erkennen. News Corporation erwirbt die Rechte an den wichtigsten nationalen und internationalen Sportligen wie der Premier League, der höchsten Spielklasse im englischen Fußball oder der Serie A, der höchsten Spielklasse im italienischen Fußball, zudem die Rechte an der Formel-1, an großen Tennisturnieren wie Wimbledon, prestigeträchtigen Boxkämpfen oder den wichtigen Turnieren im Golfsport. Im Entertainmentbereich werden die Rechte an großen Hollywoodproduktionen erworben und eine Reihe von Kooperationen mit den großen Playern auf dem Dokumentationsmarkt wie Discovery Communications und den großen Wettbewerbern auf dem Markt der Kinderunterhaltung wie Disney geschlossen. Die inhaltlichen Zutaten für erfolgreiches Pay-TV sind für Murdoch also Sport, Entertainment, Dokumentationen und Kinderprogramm. Eine weitere Zutat, die nicht fehlen darf, sind Nachrichten. Diese Strategie kann ohne Zweifel als interorganisationale Standardisierung auf Konzernebene bezeichnet werden. In England verbreitet BSkyB einen allgemeinen Nachrichtenkanal mit Sky News HD und einen Sportnachrichtenkanal mit Sky Sports News HD. Bei Sky Italia werden mit Sky TG24 ein allgemeiner Nachrichtenkanal, mit Sky Meteo 24 ein Wetterkanal und mit Sky Sport 24 ein Sportnachrichtenkanal produziert und ausgestrahlt. Diese Liste ließe sich noch erweitern, so ist unter anderem auch noch der sehr erfolgreiche, aber umstrittene und erzkonservative US-Nachrichtenkanal Fox News zu erwähnen.

Speziell die erfolgreichen Pay-TV-Unternehmen BSkyB und Sky Italia galten und gelten als Vorbilder für den Aufbau von Sky Deutschland. Premiere beziehungsweise Sky Deutschland waren in 2009 zwar im Sport- und Entertainmentbereich aktiv, verfügten jedoch über keinen Nachrichtenkanal. So entspricht es der Strategie, dass auch für Sky Deutschland der Aufbau von Nachrichtenkanälen – *Launch* ist der übliche Begriff für einen Senderstart in der Fernsehsprache – vom Management diskutiert wurde.

Es ist anzumerken, dass der Aufbau eines allgemeinen Nachrichtenkanals aufwendiger und anspruchsvoller ist als der Aufbau eines

Sportnachrichtenkanals. In allgemeinen Nachrichtenkanälen wird eine Vielzahl von Themengebieten von Wirtschaft, über Politik und Sport bis hin zum Wetter redaktionell abgedeckt. Bei Katastrophen, Kriegen oder Unwettern muss spontan von überall auf der Welt, am besten live und mit eigenem Reporter, berichtet werden. Dazu werden unterschiedliche redaktionelle Ressorts, sowie ein weltweites Korrespondentennetz benötigt. Ein Sportnachrichtenkanal hingegen ist monothematisch, und erlaubt lange Planungsvorläufe in der Produktion. Dazu ist ein redaktionelles Ressort ausreichend und die Themen sind überwiegend national. Es existieren auf dem Free-TV-Markt mit n-tv (RTL Gruppe) und N24 (ehemals ProSiebenSat.1 Media AG) bereits etablierte Wettbewerber. ARD und ZDF betreiben in Deutschland zwar keine reinen Nachrichtenkanäle, Nachrichten machen jedoch einen großen Teil des Programms aus. Die beiden öffentlich-rechtlichen Sendergruppen können auf ein weltweites Korrespondentennetz zugreifen und wiederholen ihre Beiträge auf den verschiedenen ARD Regionalprogrammen, Phoenix, ZDFinfo und zunehmend auch im Internet. Anders sieht es hingegen im Sportsektor aus. Auf diesem Gebiet gibt es kein vergleichbares Produkt; daher lag es nahe, diese Lücke zu schließen.

1. Gründe für einen Sportnachrichtenkanal

Um den Launch eines Sportnachrichtenkanals vorzubereiten, wurden bei Sky Deutschland zwei erfahrene News Corporation Manager verpflichtet, die sowohl am Aufbau von Sky News in England als auch von Sky Sport 24 in Italien beteiligt waren. Die beiden Personen bereiteten eine Präsentation vor, die das Projekt „Sportnachrichtenkanal" beschrieb und vorstellte. Im Sinne dieser Arbeit kann somit die erste Frage nach der „Papierisierung" beantwortet werden: Der Grundstein und der erste Akt des Aufbaus des Sportnachrichtenkanal war reine Papierarbeit.

In seiner Agenturtheorie arbeitet Helmut Schanze die Tatsache heraus, dass Medienarbeit seit ihren Anfängen im Buchdruck stets Auftragsarbeit ist (vgl. Schanze; Schüttpelz 2008: S. 154). Dies kann am Beispiels des Aufbaus von Sky Sport News HD bestätigt werden. Schüttpelz erkennt darin jedoch auch eine "latente Umkehr in der Medienarbeit. Eigentlich sagt Helmut Schanze beides zugleich: Medienarbeit ist Auftragsarbeit, aber auch: Auftragsarbeit ist Medienarbeit, und zwar zumindest auf die eine irreduzible Weise: sie ist mündliche Medienarbeit. Mit einem anderen Wort: Auftragsarbeit ist Rhetorik, oder sie ist Schauspielerei" (Schanze; Schüttpelz 2008: S. 154).

Im Folgenden wird die Präsentation auszugsweise vorgestellt und analysiert. Einige Daten, vor allem finanzielle, fallen unter das Betriebsgeheimnis und können nicht veröffentlicht werden. Die erste Seite der Präsentation hebt die Gründe für den Aufbau eines Sportnachrichtenkanals hervor.

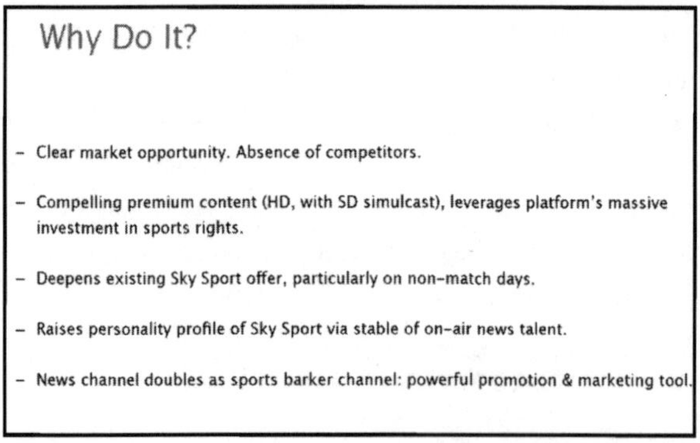

Why Do It?

- Clear market opportunity. Absence of competitors.
- Compelling premium content (HD, with SD simulcast), leverages platform's massive investment in sports rights.
- Deepens existing Sky Sport offer, particularly on non-match days.
- Raises personality profile of Sky Sport via stable of on-air news talent.
- News channel doubles as sports barker channel: powerful promotion & marketing tool.

Abbildung 33: Why Do It?, Präsentation zu Sky Sport News HD.
Quelle: Sky Deutschland.

Die Seite beginnt mit der Frage „Why do it?", also warum sollte ein Sportnachrichtenkanal gemacht werden? Das wichtigste Argument ist, dass aufgrund fehlenden Wettbewerbs eine klare Marktlücke ausgemacht werden kann. Zwar gab es zu dieser Zeit im Free-TV den Sportsender Sport 1, dieser ist jedoch kein Sportnachrichtensender im klassischen Sinne. Vielmehr ist es ein Mix aus verschiedenen Programmbausteinen wie Dokumentationen, beispielsweise der Autosendung „Die PS-Profis – Mehr Power aus dem Pott", Homeshopping am Vormittag und den Sexy Sport Clips in der Nachtschiene. Montag bis Freitag von 18.30 bis 19.15 Uhr wird mit „Bundesliga Aktuell" ein Format gesendet, das Neues aus der deutschen Fußballbundesliga berichtet und es existiert ein Format „Sport1 News" zu unregelmäßigen Sendezeiten. Von einem echten Sportnachrichtensender kann aber nicht gesprochen werden. Bis auf kurze Nachrichtenblöcke über Aktuelles aus dem Sport gibt es bei keinem deutschen Sender Sportnachrichten rund um die Uhr. Bis in die späten 1990er Jahre mussten sich Sportfans im Teletext von ARD, ZDF und Sat.1 über Sportergebnisse informieren. Zusätzlich gibt es im Free-TV für die Bundesliga die Sportschau (ARD) und im Printbereich den Sportteil der Tageszeitungen sowie Sportmagazine wie „Kicker" und „Sport Bild". Vor allem die tägliche Bildzeitung hat traditionellerweise einen ausgeprägten Sportteil. Reine Sporttageszeitungen wie die „La Gazzetta dello Sport" in Italien und „L'Équipe" in Frankreich gibt es in Deutschland nicht. Beide gehören jedoch zu den meistgelesenen Zeitungen des jeweiligen Landes. Mit dem Durchbruch des Internets konnten sich Sportfans dann auf den einschlägigen Sportseiten wie Kicker.de oder diversen Foren informieren. Weiterhin gab es jedoch keine Rundum-die-Uhr-Berichterstattung im TV und genau diese Lücke soll der Sportnachrichtenkanal ausfüllen.

Das zweite Argument der Präsentation betont, dass mit einem Sportnachrichtensender ein echtes Premiumangebot – in HD und gleichzeitig in SD – für den Zuschauer geschaffen werden kann, indem die hochwertigen und in einigen Fällen exklusiven Sportrechte von Sky Deutschland nach der Live-Übertragung weiter ausgewertet werden. Dies ist ein ganz entscheidender Punkt! Ein Sender, der bereits im Besitz teurer Rechte für Live-Sport wie der Fußball-Bundesliga oder der UEFA Champions League ist, möchte (und muss) diese Rechte ökonomisch maximal ausbeuten. Dies war bis zu diesem Zeitpunkt bei Sky Deutschland nicht der Fall.

Das Programm eines Sportnachrichtenkanals ist eine Mischung aus unterschiedlichen Programmquellen und somit auch aus unterschiedlichen Programmrechten. Hauptbestandteil ist die Moderation aus dem eigenen Studio. Alles andere wird entweder selbst von Sky produziert (siehe das Kapitel News Gathering in dieser Arbeit) oder muss zugekauft werden. Die mit Abstand wichtigste und kostenintensivste Programmquelle für einen Sportnachrichtenkanal in Deutschland sind aber die Spiele der Fußball-Bundesliga, und genau dieses Recht war bereits im Portfolio von Sky Deutschland. Das bereits vorhandene Rechtepaket, zu dem auch die UEFA Champions League und die Formel-1 gehören, wird zudem durch den Erwerb weiterer Nachrichtenrechte angereichert wie für US-Sport, Olympia, die Tour de France oder Skirennen. Hier wird nicht das teure Recht für die Live-Übertragung der ganzen Veranstaltung gekauft, sondern lediglich der (günstigere) news access. Hinzu kommen Nachrichtenpakete von Sportagenturen wie Reuters, SID (Sport-Informations-Dienst) oder DPA (Deutsche Presse Agentur). Der Sender bekommt dabei von den Agenturen das entsprechende Bild- und Tonmaterial zu allen möglichen Themen rund um den Sport angeliefert. Der Sender kann dann entweder bereits vorgefertigte Beiträge nutzen oder eigene Beiträge aus dem Material anfertigen. Entscheidend ist aber, dass mit einem Sportnachrichtenkanal Sky Deutschland erstmalig eine Möglichkeit schafft, die Premium-Rechte aus dem nationalen und internationalen Sport weiter auszuwerten und noch aufwendiger zu inszenieren. Sky kann darüber hinaus auch journalistische Themen besetzen oder gar erschaffen. Ein Trainerwechsel muss kein Thema sein, aber ein 24-Stunden-Nachrichtenkanal kann ihn zu einem machen. Die Events eines Sportwochenendes werden die ganze Woche über diskutiert und debattiert. Die (einmal bezahlten) Bilder können immer wieder gezeigt werden. Die „Helden" und der Sport bekommen mehr Raum. Mit einem Sportnachrichtenkanal wird so die vom Zuschauer wahrgenommene „Sportkompetenz" von Sky als Marke massiv erhöht.

Der dritte Punkt „Deepens existing Sky Sport offer, particulary on non-match days" wurde bei Sky intern schon länger als Problem der Zuschauerbindung diskutiert. Im frei empfangbaren Fernsehen sind die Sender darauf bedacht, die Zuschauer so lange wie möglich zu binden. Es gibt die sogenannten „appointments to view", also Programme – Serien, Nachrichten, Spielfilme – die zu den immer gleichen Sendezeiten ausgestrahlt werden, damit sich der Zuschauer an den Sendeplatz gewöhnen kann. „Appointment to view" bedeutet, dass der Sender ein bestimmtes Programm zu einer bestimmten Zeit ausstrahlt und der Zuschauer sich danach richten muss. Hat der Zuschauer „sein" Programm konsumiert, versuchen die Sender den Übergang ins nächste Programm so sanft und interessant wie möglich zu gestalten, um möglichst viele Zuschauer zum Verweilen einzuladen.

Die ganze Sendeplanung ist danach aufgebaut, dass Überschneidungen der Zielgruppen möglichst groß sind. Beispiele hierfür sind mehrere aufeinander folgende Crime-Formate am Dienstag bei RTL oder aufeinander folgende Comedy-Formate am Montag auf ProSieben. Über den Tag verteilt wechseln die Lizenzprogramme ab mit „frischer" Ware wie Nachrichten oder Infotainmentprogrammen oder fiktionalen seriellen Produktionen im Vorabendprogramm. Der Zuschauer bekommt somit abwechselnde Programmfarben präsentiert, die sein Interesse aufrechterhalten sollen.

Im Programm von Sky ist es viel schwieriger, diese Zuschauerbindung zu generieren. Es gibt im Programm fast gar keine frische Ware wie Nachrichten, Infotainmentprogramme oder speziell für die Plattform produzierte exklusive serielle fiktionale Programme. Das Programm kann nicht so zusammengestellt werden, dass ein Zuschauer den ganzen Tag oder den ganzen Abend auf einem Kanal bleibt. Die Zuschauer wählen ihr Programm vielmehr situativ nach ihren Bedürfnissen und dem aktuellen Angebot aus. In den Anfängen des digitalen Fernsehens wurde dies noch als Innovation vermarktet unter dem Werbeslogan: „Der Zuschauer ist sein eigener Programmdirektor." Es gibt dabei nur ein Problem. Der Zuschauer nimmt das „appointment to view" gerne wahr, zappt danach aber gnadenlos weiter, egal wie gut die Sportübertragungen oder die Hollywood-Blockbuster in deutscher Erstaufführung waren. Die Bindung des Zuschauers kann nur schwer bis gar nicht aufrechterhalten werden. Ein eigener Sportnachrichtenkanal kann dieses Dilemma lösen. Den Zuschauern wird eine primäre Anlaufstation auf der Programm-Plattform Sky geboten, die als Erstes eingeschaltet wird. Dies ist zu vergleichen mit einer „landing page" eines Internetbetreibers. Der Nutzer kommt auf die Seite und von dort aus sucht er sich die Informationen und Angebote, die er konsumieren möchte.

Alle Nachrichtenkanäle der News Corporation funktionieren ähnlich. Sie werden schon bei der Programmierung der Set-Top-Box auf den Startkanal gelegt. Der Zuschauer schaltet die Box ein und es läuft „frisches" Programm, immer aktuell. Dort kann er sich informieren und dann in das Programm schalten, das er sich ausgewählt hat. Auch nach dem Ende eines „appointment to view" kann zu jeder Zeit wieder in den Nachrichtenkanal gewechselt werden. Der Zuschauer hat eine „Anlaufstelle", bleibt so auf der Plattform und erhält den Eindruck, dass auch außerhalb des Live-Sports oder der Spielfilme hochwertiges Programm verfügbar ist. Und es kann innerhalb der Nachrichtenkanäle mit Hilfe der On-Air-Promotion auf weiteres Programm hingewiesen werden, das den Zuschauer eventuell interessiert. Dass diese Rechnung aufgeht, zeigen die Einschaltquoten des Sportnachrichtenkanals in Italien. Die Quoten sind in den Spielpausen (non-match days) genauso hoch wie während der laufenden Saison der Serie A.

Die Wichtigkeit der Personalisierung im Fernsehen wurde bereits im Teil „Unikatproduktion" ausführlich diskutiert. Das vierte Argument der Präsentation „Raises personality profile of Sky Sport via stable of on-air news talent" zielt darauf ab. Es soll damit zum Ausdruck gebracht werden, dass ein Sportnachrichtenkanal die Möglichkeit bietet, die Gesichter einer großen Schar von Moderatoren und Reportern als Projektionsfläche für die Marke Sky zu nutzen. Der Charakter der Plattform wird durch die fachkundigen Moderatoren geschärft, erhält Persönlichkeit und im wahrsten Sinne des Wortes ein Gesicht, mit dem sich der Zuschauer identifizieren kann.

Der letzte Aspekt lautet „News channel doubles as sports barker channel: powerful promotion & marketing tool." Unter einem „barker channel" wird im TV ein Kanal verstanden, der ausschließlich mit On-Air-Promotion, also Werbung für das eigene Programm, bestückt ist. In der Regel laufen dort Programmschleifen von 15 bis 30 Minuten Länge, die auf aktuelles Programm hinweisen. Die Schleifen werden täglich oder wöchentlich aktualisiert. Ein Barker ist im englischen Sprachraum eine Person, ein Anpreiser oder Ausrufer, der versucht mit seinen Überredungskünsten vorbeilaufende Passanten in eine Zirkus-, Variete- oder Theatervorführung zu locken. Nachrichtenkanäle erfüllen eine ähnliche Funktion. Während des Nachrichtenprogramms wird ständig auf andere Programmhighlights auf der Plattform hingewiesen, sei es durch On-Air-Promotion wie Trailer oder durch die Moderatoren selbst. Es sollen nicht nur die neuesten Nachrichten verbreitet werden, der Zuschauer wird auch gleichzeitig über das Programm informiert, egal ob Sportprogramm, Filme oder Dokumentationen.

Diese fünf Aspekte sind die wesentlichen Argumente dafür, warum ein Sportnachrichtenkanal für Sky sinnvoll ist. Auf der nächsten Seite der Präsentation werden die „Key Features", also Kerndaten oder Schlüsselfunktionen erläutert, die die Charakteristik des Sportnachrichtenkanals ausmachen. Die Originalfolie sieht folgendermaßen aus:

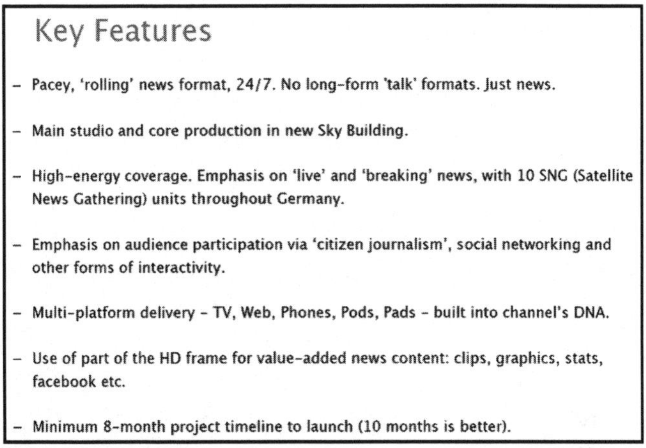

> **Key Features**
>
> – Pacey, 'rolling' news format, 24/7. No long-form 'talk' formats. Just news.
>
> – Main studio and core production in new Sky Building.
>
> – High-energy coverage. Emphasis on 'live' and 'breaking' news, with 10 SNG (Satellite News Gathering) units throughout Germany.
>
> – Emphasis on audience participation via 'citizen journalism', social networking and other forms of interactivity.
>
> – Multi-platform delivery – TV, Web, Phones, Pods, Pads – built into channel's DNA.
>
> – Use of part of the HD frame for value-added news content: clips, graphics, stats, facebook etc.
>
> – Minimum 8-month project timeline to launch (10 months is better).

Abbildung 34: Key Features, Präsentation Sky Sport News HD.
Quelle: Sky Deutschland.

Der Charakter des Kanals wird folgendermaßen beschrieben: „Pacey ‚rolling' news format, 24/7. No long-form ‚talk' formats. Just news". Es soll also ein „schneller" Kanal werden, auf dem 24 Stunden am Tag, sieben Tage die Woche sogenannte „rolling news" zu sehen sein sollen. Rolling News ist eine Nachrichtenart, wie sie vor allem im angloamerikanischen Sprachraum häufig anzutreffen ist. Kern der Idee ist ein Block von 15 Minuten Länge, manchmal auch 30 Minuten, in dem die wesentlichen Nachrichten des Tages kurz und prägnant moderiert werden. Die Moderation aus einem Studio wird unterstützt von Graphiken, vorgefertigten Beiträgen, den sogenannten Mazen, und Live-Schalten zu den Reportern vor Ort. Dieser Block von 15 Minuten Länge wird ständig wiederholt, also vier Mal pro Stunde und das über den gesamten Tag verteilt. Der Block selbst entwickelt sich über den Tag hinweg weiter. Nachrichten werden umgeschrieben, neue Nachrichten kommen dazu und andere wiederum fallen raus. Es kann jederzeit in den Kanal geschaltet werden, denn es gibt keinen Anfang und kein Ende, kein „appointment to view". Der Zuschauer merkt von selbst, wenn sich die Nachrichten wiederholen und schaltet dann weiter. Der genaue Aufbau eines Blocks soll an anderer Stelle noch detailliert beschrieben werden. In dem Programmschema sind keine Talkformate oder tiefer gehende Hintergrundberichte vorgesehen, es sollen nur die Sportnachrichten des

Tages zu sehen sein. Dieses Konzept ist ein Novum in der deutschen TV-Landschaft.

Das zweite Key Feature „Main studio and core production in new Sky building" geht auf die Produktion selbst ein. Das Hauptnachrichtenstudio und der Kern der Produktion sollen im Hauptgebäude von Sky angesiedelt werden. Das heißt, auch die Art der Produktion ist ein Novum für diesen Sender. Weder bei DF1 noch bei Premiere gab es jemals eine eigene TV-Produktion dieser Größenordnung im Haus. Das Programm wurde fast ausschließlich von externen Dienstleistern produziert. Premiere, der Vorgängersender von Sky Deutschland, war vielmehr eine administrativ tätige Organisation, die im Wesentlichen den Rechteeinkauf, die Buchhaltung, das Marketing und am Wichtigsten: die Pflege der Kundendaten, beinhaltete. Das Fehlen eigener Produktionskapazitäten war auch der Grund, warum Premiere lange Zeit spöttisch als „Papierfernsehen" bezeichnet wurde. Das soll sich mit einem eigenen Sportnachrichtenkanal ändern.

Im Jahr 2009 wurde der Hauptsitz von Sky in ein neues Gebäude verlegt. Auch dieses neue Gebäude war als reines Verwaltungs- und Bürogebäude geplant und gebaut. Diese Entscheidung zieht einen signifikanten Eingriff in die bauliche Struktur und technische Infrastruktur des Gebäudes nach sich. Auf die Problematik des Gebäudeumbaus wird später noch genauer eingegangen. Diese Idee bedeutet aber auch, dass Sky ein „echter" Fernsehsender werden und sich dies auch positiv auf die Motivation und das Selbstverständnis der Mitarbeiter auswirken soll. Es soll auch erwähnt sein, dass zwar kleinere Formate wie „Sky Lounge", „Sky Magazin" und „Zapping" im Haus produziert wurden, dies jedoch nicht mit der sehr umfangreichen hausinternen Produktion bei BSkyB oder Sky Italia zu vergleichen ist.

Das dritte „Key Feature" beschreibt die Art der Produktion: „High-energy coverage. Emphasis on ‚live' and ‚breaking' news, with 10 SNG (Satellite News Gathering) units throughout Germany." Sky Sport News HD soll eine energiegeladene Form der Präsentation von Nachrichten werden. Die Nachrichten sollen nicht nur von den Moderatoren im Studio von einem Blatt Papier abgelesen werden. Vielmehr soll mit einer Flotte von SNG-Fahrzeugen so viel Material wie möglich an den Orten des Geschehens produziert werden, möglichst live. Unter SNG wird im Nachrichtengeschäft eine Satellitenberichterstattung verstanden. Kleintransporter werden mit Fernsehtechnik, einer Kamera und einem

Schnittplatz ausgestattet und mit einer Satellitenantenne versehen. Über diese kann dann entweder ein Live-Signal oder ein vorgefertigter Beitrag direkt ins Sendezentrum übertragen und ins laufende Programm integriert werden. Ein Reporter mit Senderlogo auf dem Mikrofon erläutert die Geschehnisse und versucht, vor Ort die Stimmen der Beteiligten einzufangen, beispielsweise anlässlich eines Transfers eines Spielers zu einem anderen Verein oder eines Trainerwechsels. Dies vermittelt dem Zuschauer, dass die Nachrichten exklusiv recherchiert sind und dass ständig ganz nah am Puls der Zeit, bestenfalls vor der Konkurrenz, produziert wird.

Das vierte „Key Feature" geht auf die Art der Zuschauereinbindung ein: „Emphasis on audience participation via ‚citizen journalism', social networking and other forms of interactivity". Sport im Allgemeinen und Fußball im Besonderen lebt von der Diskussion und der Debatte. Der Gedanke hinter diesem Argument ist, dass sich speziell Sportnachrichten ganz besonders dazu eignen, Zuschauer und Fans an den Geschehnissen partizipieren und ihre eigene Meinung kundtun zu lassen. Wie schon im ersten Teil der Arbeit „Unikatproduktion" ausführlich beschrieben, ist Sport Emotion – Sportnachrichten werden von Zuschauern und Fans oft sehr emotional aufgenommen, verarbeitet und auch kommentiert. Im Sportjournalismus weit verbreitet sind die sogenannten „vox pops", abgeleitet vom lateinischen „vox populi", die Stimme des Volkes. Zuschauer und Fans werden bei aktuellen Ereignissen mit einbezogen und erhalten ein Forum, um ihre eigene Meinung zu verbreiten. Dies geschieht meist, indem ein Reporter einen Zuschauer am Trainingsgelände zu den neuesten Gerüchten oder dem vergangenen oder folgenden Spieltag befragt, oder wenn Zuschauer auf dem Weg ins Stadion zum Ausgang des Spiels kurz interviewt werden. Nicht nur die Zuschauer, auch die Sportler und Funktionäre selbst kommen zu Wort über Twitter-Nachrichten oder Facebook-Statusmeldungen, die als Graphiken in die Sendung eingebaut und von den Moderatoren vorgelesen werden. Auf den Facebookseiten des Senders werden Fragen zu aktuellen Themen gestellt, die die Zuschauer oder Nutzer kommentieren können oder es werden – nicht repräsentative – Umfragen gestartet, beispielsweise kann der Zuschauer dann bei Facebook oder auf anderen Seiten abstimmen. So kann heute die Stimmung des Volkes zu bestimmten Themen sehr schnell und sehr kostengünstig eingefangen und reflektiert werden. Nur am Rande sei erwähnt, dass es für einen Fan einem

Ritterschlag gleichkommt, wenn der eigene Kommentar auf einem sozialen Netzwerk in die Sendung schafft.

Das nächste „Key Feature" spricht die Distribution an: „Multiplatform delivery – TV, Web, Phones, Pods, Pads – built into channel's DNA." Der Kanal soll nicht nur linear über den Receiver zu Hause empfangbar sein, sondern auch im Internet und auf mobilen Geräten wie Handys, tragbaren MP3- und MP4-Playern oder auf Tablet-Computern. Dadurch soll der Zuschauer auf allen gängigen mulitmediafähigen Geräten zu jeder Zeit und an jedem Ort die Möglichkeit haben, Sportnachrichten zu sehen. In der DNA des Senders angelegt bedeutet dass dies schon bei der Planung des Senders und bei der Art der Berichterstattung Berücksichtigung findet. Wenn der Sender in Sportbars, in den Wartehallen von Flughäfen oder in den Lobbys von Hotels läuft, dann meist ohne Ton, also muss der Sender auch nur visuell funktionieren. Mit Hilfe von Graphiken, egal ob als Laufband am unteren Bildrand oder als Vollbildgraphik auf dem gesamten Bildschirm, müssen die Nachrichten gut lesbar sein. Das gilt auch für Mobiltelefone und Tablet-Computer, die viel kleinere Bildschirmgrößen haben als die Fernseher zu Hause im Wohnzimmer. Sportnachrichten sollen auch ein kleiner „Happen" sein für Zuschauer, die unterwegs sind oder im Büro arbeiten. In 15 Minuten ist jeder über die Neuigkeiten aus der Sportwelt informiert.

Auch der nächste Punkt „Use of part of the HD frame for value-added news content: clips, graphics, stats, facebook etc." bezieht sich auf die visuelle Erscheinung des Senders. Nachrichtenkanäle aus der anglo-amerikanischen Welt haben oft den gleichen Look.

Abbildung 35: Bloomberg TV „J-Frame". Quelle: Bloomberg TV.

Hier werden zwei Bildausschnitte zum Vergleich aufgeführt: oben der Bildausschnitt des US-amerikanischen Nachrichtensenders „Bloomberg TV" und unten das realisierte On-Air-Design von Sky Sport News HD nach dem Launch. Weit über 90 Prozent der On-Air-Zeit bei Sky Sport News HD wird mit den Einstellungen „single anchor and dual anchor" bestritten. Beide Einstellungen sind standardisiert, links sitzt immer die weibliche Moderatorin und rechts sitzt immer der männliche Moderator.

Abbildung 36: Sky Sport News HD „Single Anchor, J-Frame".
Quelle: Sky Deutschland.

Abbildung 37: Sky Sport News HD „Dual Anchor mit Promotion im Wing".
Quelle: Sky Deutschland.

Dieses graphische Konzept der Bildaufteilung wird mit dem englischen Begriff „J-Frame" bezeichnet, da die Form der Graphik einem stilisierten J ähnlich sieht. Der untere Teil wird „Ticker" und der Teil im rechten Bildrand wird als „Wing" bezeichnet. Es ist grundsätzlich möglich, den Ticker im unteren Bildabschnitt in mehrere übereinander liegende Bereiche zu unterteilen, die mit verschiedenen Daten bespielt werden können. Im Beispiel von Bloomberg ist der Ticker aufgeteilt in ein Laufband für Börsendaten – schwarz unterlegt – mit dem nebenstehenden Senderlogo. Darüber ist die Einblendung „LIVE" zu sehen, die darauf hinweist, dass die Moderation live stattfindet. Im unteren Teil sind, links blau unterlegt, Datum und Uhrzeit zu sehen, in der Mitte, grau unterlegt, werden kurze Schlagzeilen (Headlines) eingeblendet und rechts rot unterlegt werden die Börsendaten einzelner Unternehmen gezeigt. Die Programmierung solcher Ticker ist sehr komplex, da die Daten aus verschiedenen Quellen kommen. Im Abschnitt Ablauforganisation wird der Vorgang näher beschrieben.

Im rechten Bildrand, im Wing, sehen wir bei Bloomberg den Verlauf des CAC-40 (ein französischer Börsenleitindex) sowie die Entwicklung ausgewählter französischer Aktien. Ticker und Wing können individuell an die jeweilige Sendung angepasst, unterschiedlich designt und mit den verschiedensten Daten gefüllt werden. Die Daten aus Ticker und Wing im Beispiel von Bloomberg lassen darauf schließen, dass es sich um eine Show über Finanznachrichten handelt. Die Inhalte von Ticker und Wing können thematisch an die Moderation angepasst oder von der Moderation losgelöst betrieben werden. Wenn über die Fußball Bundesliga gesprochen wird, können beispielsweise auch die entsprechenden Daten zu dieser Liga eingeblendet werden. Nur ein Teil des Gesamtbildes ist für den Moderator oder die Moderatoren reserviert. Der Rest des Bildes beinhaltet graphische Informationen. Dies können Bilder sein, aber auch Statistiken wie Tabellen oder Spielstände, Bewegtbild wie Clips einer Pressekonferenz eines Fußballvereins oder On-Air-Promotion, die auf bevorstehende Sendungen hinweist. Der Zuschauer hat die Möglichkeit, der Moderation zuzuhören oder einen Text zu lesen.

Das letzte „Key Feature" bezieht sich auf den Projektablauf. Die Manager fordern acht, besser zehn Monate von der Beschlussfassung und Genehmigung bis zum Launch, also Senderstart. Dieser Erfahrungswert ergibt sich aus ähnlichen Projekten in anderen Ländern. Trotzdem muss gesagt werden, dass der Aufbau eines neuen Senders in so kurzer Zeit sehr „sportlich" ist. Dieses kurze Zeitfenster erzeugte enormen Leidensdruck auf alle Beteiligten in der Umsetzung.

Auf der Seite „Production Summary" wird mit vier kurzen Stichpunkten die Produktionsweise des Sportnachrichtenkanals beschrieben.

Production Summary

- End-to-end, non-linear, server-based workflow with journalist driven graphics and studio automation.
- Mini-transmission suite, also in new Sky building, sends completed channel – HD & SD – as pass-through to service provider for playout.
- SNG-based reporter presence in Munich, Berlin, and in seven regional locations selected as focal points for national sports coverage (e.g Stuttgart, Frankfurt, Cologne, Dortmund, Hannover, Hamburg, Nürnberg...).
- Innovative, journalist driven news & analysis tools: e.g. touchscreen apps for social networking sites such as Facebook and Twitter.

Abbildung 38: Production Summary, Präsentation Sky Sport News HD. Quelle: Sky Deutschland.

Die gesamte Produktionskette soll IT-basiert auf der neuesten Technologie aufgebaut werden: „End-to-end, non-linear, server-based workflow with journalist driven graphics and studio automation." Vom Anfang bis zum Ende sollen alle Prozesse in computerunterstützten Systemen erfolgen und die Graphik- und Automationssysteme sollen von Journalisten bedient werden können. Auf die Graphik- und die Sendeautomation wird im Abschnitt Ablauforganisation noch detailliert eingegangen.

Außerdem soll ein sendefertiges Signal innerhalb des Sky Gebäudes entstehen, das an einen Dienstleister transferiert wird. Dieses Signal wird dann auf den Satelliten gespeist und an die Zuschauer verbreitet: „Mini-transmission suite, also in the new Sky building, sends completed channel – HD & SD – as pass-through to service provider for playout."

Mit „SNG-based reporter presence in Munich, Berlin, and in seven regional locations selected as focal points for national sports coverage (e.g. Stuttgart, Frankfurt, Cologne, Dortmund, Hannover, Hamburg, Nürnberg ...)" ist gemeint, dass die Reporter zum Teil gar nicht im Hauptquartier arbeiten, sondern vor Ort operieren, dort wo die Sportereignisse stattfinden, primär dort, wo die Clubs der Fußballbundesliga ihre Heimstätten haben.

Der letzte Punkt beschreibt „Innovative, journalist driven news & analysis tools: e.g. touchscreen apps for social networking sites such as Facebook & Twitter." Zu den aktuellen Trends bei der Präsentation von Nachrichten gehört der Einsatz von unterstützenden Hilfsmitteln, die den Journalisten helfen, ihre Geschichten zu erzählen und anschaulich zu machen. Dazu gehört die Verwendung von Touchscreens. Auf den Touchscreens können Graphiken und Clips aller Art abgespielt werden. Die Journalisten können diese Informationen nicht nur zeigen, sondern auch live bearbeiten. So können Text-Passagen mit Hilfe einer Toolbar (Werkzeugkasten) am Rande des Bildschirms mit einer Fingerbewegung farblich unterlegt werden. Die Journalisten können auf diese Weise Bilder, Texte und sogar Videos auf verschiedene Arten manipulieren. Es ist ihnen möglich, zu vergrößern und zu verkleinern oder zu zeichnen, zum Beispiel um etwas mit einem roten Pfeil zu kennzeichnen. Des Weiteren können die Journalisten im Studio Clips selbstständig abfahren, wiederholen und auch anhalten. Dies ist eine völlig neue und innovative Art der Präsentation, bei der der Journalist mit Hilfe der Automatisierung ohne einen weiteren Mitarbeiter ein Thema auf seine eigene Art und Weise und in „seiner" Geschwindigkeit gestalten und erzählen kann.

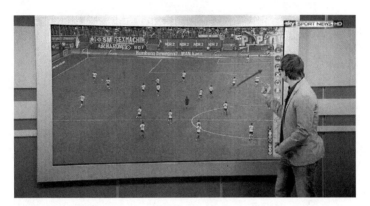

Abbildung 39: Touchscreen im News Studio. Quelle: Sky Deutschland.

2. Kosten

Nach dem „Production Summary" werden die Kosten für den Aufbau des gesamten Sportnachrichtenkanals aufgeführt. In amerikanischen Unternehmen ist die Unterscheidung von Capex und Opex üblich. Capex steht für Capital Expenditure, damit sind einmalige Investitionskosten gemeint. Umgangssprachlich wird auch vom „one-shot" oder von „money out the door" gesprochen. Opex ist die Abkürzung für Operational Expenditure und bezeichnet jährlich oder monatlich wiederkehrende Kosten, solange zum Beispiel eine Vertragsbeziehung mit einer dritten Partei besteht. Wird ein Projekt vorgestellt, müssen immer die dazugehörigen Kosten ermittelt und in Capex und Opex unterteilt werden. Die folgende Aufstellung zeigt die Kategorien, die in Kostenblöcke zusammengefasst wurden, die Zahlen selbst wurden entfernt.

*Abbildung 40: Capex Breakdown, Präsentation Sky Sport News HD.
Quelle: Sky Deutschland.*

Aus Gründen der Lesbarkeit wird das Originaldokument nochmals in anderer Form dargestellt:

1. Studio (without Set) built ‚within the walls' of Sky's new building (e.g. in the Foyer), Studio space + Camera systems + Audio systems + Lights etc.
2. News Set, including all ‚on camera' Monitors & specialist ‚on camera' Equipment, such as Touchscreens
3. Studio Gallery, including 3rd party Automation (Mosart) & separate Audio Gallery
4. Mini Master Control, including live QC, facility-wide Signals Distribution, facility-wide Comms & various tapeless delivery Systems
5. Avid Interplay upgrade, including iNews, Ingest & Studio Playout, Editing, Browse, MAM, Archive & all ‚office'-based Hardware and Software

6. Live broadcast Graphics, including Ticker or Tickers + core Database, and all non-live Graphics Systems
7. Transmission suite + Automation for two broadcast Channels (HD & SD) & various streaming services
8. Everything ‚Multi-Platform' including Video/Graphics delivery & Asset Management
9. All equipment for News acquisitions and distribution from the field, ENG, Audio, Laptops etc.
10. Design, Software development, launch-related Training
11. Consultancy services & project management including Flights, Nights & other Expenses

Die einmaligen Investitionen setzen sich insgesamt aus elf sehr grob gefassten Positionen zusammen. Der erste Block umfasst den Bau eines Studios inklusive der Kamera- und Audiosysteme sowie des Lichts. Auf zweiter Position werden das Set, also die Kulissen und der Bühnenbau, und alle Monitore, die on air zu sehen sein werden, inklusive zweier 103 Zoll großen Touchscreen-Monitore, zusammengefasst. Punkt 3 weist die Regie (Gallery) mit der Sendeautomation aus. Unter Punkt 4 wird alles aufgelistet, was üblicherweise in einem Hauptschaltraum (Master Control Room oder MCR) vorzufinden ist: Die gebäudeweite Signaldistribution der Video- und Audiosignale über Videokabel und Glasfaserkabel sowie das interne Kommunikationssystem. Innerhalb der Sender ist es notwendig, dass die für die Produktion wichtigen Arbeitsplätze schnell miteinander kommunizieren können. Das geschieht nicht über Telefon, sondern über vorprogrammierte Panels, bei denen jede Taste einem Gesprächspartner zugewiesen ist. Diese Panels können im Unternehmen sein oder sich auch in anderen Unternehmen befinden. Die Nutzung eines Telefons würde zu lange dauern. Die ganze Infrastruktur zur Bearbeitung des Videomaterials fällt unter Punkt 5. Ein bereits existierendes „Avid Interplay" System soll für den Livebetrieb aufgerüstet werden. „Avid Interplay" ist eine Technologie zur Medienproduktion und Ressourcenverwaltung. Von unterschiedlichen Arbeitsplätzen kann auf Material zugegriffen werden, das zentral auf Servern abgespeichert ist. Nach der Bearbeitung kann es aus dem System direkt gesendet und anschließend archiviert werden. „iNews" ist das automatisierte Redaktionssystem der Firma Avid, mit dem die Redakteure ihre Sendungen erstellen sollen. Beide Systeme, „Interplay" und „iNews", werden im Abschnitt Ablauforganisation noch genauer beschrieben. Es müssen zudem Geräte angeschafft werden, die die Möglichkeit haben, verschiedene Signale aufzunehmen (Ingest) und auch wieder auszuspielen (Playout). Innerhalb dieser Infrastruktur müssen Journalisten und Editoren das Material sichten, bearbeiten, schneiden und archivieren können (Editing and Browse). Unter die technische Infrastruktur fallen auch alle Hardware- und Software-Komponenten, die für den allgemeinen Office-Betrieb notwendig sind wie Büro-Rechner mit Word, Excel, Outlook und Internet Explorer. Der nächste Punkt umfasst alle Graphiksysteme, die für die Live-Graphiken notwendig sind wie das Laufband am unteren Bildrand (Ticker) und die Graphiken am rechten Bildrand (Wing). Dazu gehört auch eine Datenbank, um die Graphiken zu steuern und eine Infrastruktur, um die Graphiken zu erstellen, bevor diese gesendet werden, sogenannte „Templates" (Vorlagen). Die „Transmission Suite" unter Punkt 7 ist der Raum, in dem der Kanal final konfiguriert wird. Material aus verschiedenen Quellen, wie das Studiosignal aus der Regie, Teile der Live-Graphiken, der On-Air-Bug (das Senderlogo) sowie die Werbung und die Trailer werden hier vereint und dieses Signal wird dann über den Satelliten verbreitet. Unter „Everything Multi-Platform" werden alle Anschaffungen subsumiert, die die Distribution über verschiedene Wege wie mobile Endgeräte oder das Internet ermöglicht. Darunter fallen Encoder und Decoder sowie eine Datenbank. Punkt 9 fasst die Geräte zusammen, die es erlauben, vor Ort zu drehen, Beiträge zu finalisieren und zum Sendezentrum zu transferieren wie beispielsweise IP-Verbindungen über das Internet. ENG bedeutet Elec-tronic News Gathering, also elektronische Berichterstattung. Im Fall des Sportnachrichtenkanals ist das eine professionelle elektronische TV-Kamera und ein professionelles Mikrofon. Die Kamera zeichnet Bild und Ton entweder auf eine Flash-Speicherkarte auf oder es kann direkt auf einem Laptop aufgenommen werden. Auf dem Laptop befindet sich eine Software, um das Material zu schneiden und eine weitere Software, um das Material über das Internet als IP-Stream ins Sendezentrum zu schicken. Unter Punkt 10 fallen alle Kosten für die Entwicklung des On-Air-Designs, die Anpassung von Standardsoftware für die spezifischen Bedürfnisse des Kanals sowie das Training für die Mitarbeiter vor dem Sendestart. Im letzten Punkt werden die Kosten für Berater und Projektmanagement genannt.

Nachdem die einmaligen Investitionskosten aufgeführt wurden, werden nun die laufenden Kosten erklärt.

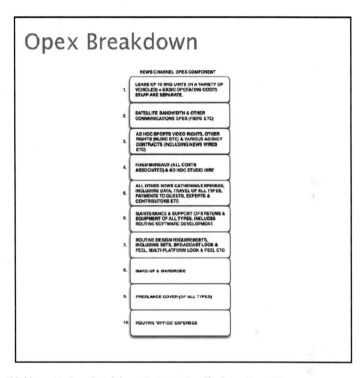

Abbildung 41: Opex Breakdown, Präsentation Sky Sport News HD.
Quelle: Sky Deutschland.

Auch dieses Originaldokument wird aus Gründen der Lesbarkeit nochmals in anderer Form dargestellt:

1. Lease of 10 SNG Units (in a variety of Vehicles) + basic operating Costs. Staff are separate.
2. Satellite Bandwith & other communication Opex (Fibre etc.)
3. Ad hoc Sports Rights, other Rights (Music etc.) & various Agency Contracts (including News wires etc.)
4. Fixed Bureaux (all costs associated) & ad hoc Studio hire
5. All other News Gathering expenses including Data, Travel of all types, Payments to Guests, Experts & Contributors etc.

6. Maintenance & Support of Systems & Equipment of all Types. Includes routine Software development
7. Routine Design Requirements including Sets, Broadcast Look & Feel, Multi-Platform Look & Feel etc.
8. Make up & Wardrobe
9. Freelance cover (of all types)
10. Routine ‚office' expenses

Der größte singuläre Kostenblock ist die Miete der SNG-Fahrzeuge. Allein für die Miete der Fahrzeuge inklusive der technischen Ausstattung sowie für das täglich notwendige Personal ist jährlich ein Betrag in Millionenhöhe aufzubringen. Der zweite Punkt auf der Opex-Liste sind die Entgelte für Satellitenbandbreite zur Übertragung aus den SNGs ins Sendezentrum und sonstige Leitungsentgelte, um die Videosignale in das und aus dem Sendezentrum zu bekommen. Unter Punkt 3 fallen alle Rechtekosten für Sportnachrichten, Kosten für Rechte an Musiken, die verwendet werden und die Vertragskosten mit den Nachrichtenagenturen. Im nächsten Punkt werden die Kosten für die festen Büros in den wichtigen Ballungszentren in Köln, Hamburg und Wien aufgeführt. Unter den 5. Punkt fallen die Kosten für Datendienstleister, die statistische Daten zu allen Sportarten liefern wie Opta, Impire oder Stats. Unter diesen Punkt fallen auch alle weiteren Kosten der Nachrichtenerstellung wie die Honorare und Gagen für Experten, Sportler und Gäste. Punkt 6 zählt die Kosten für alle Support- und Wartungsverträge der genutzten Systeme auf. Unter den nächsten Punkt fallen die jährlichen Kosten für die Anpassung und Änderung des Designs, sei es im Studio oder on air. Unter Punkt 8 fallen alle Kosten für das Make-up und die Garderobe der Moderatoren und Reporter. Punkt 9 subsumiert die Kosten für alles Personal, das zur Produktion nötig und nicht fest angestellt ist. Der letzte Punkt „Routine office expenses" steht für alle Ausgaben, die im normalen Geschäftsbetrieb anfallen wie Büroausstattung, Leasing-Fahrzeuge für Führungskräfte, Reise- und Bewirtungskosten und so weiter. Auf einer weiteren Seite werden die Personalkosten aufgezeigt. Die Personalkosten sind der größte Kostenfaktor des gesamten Projektes. Details können aber aufgrund des Datenschutzes nicht veröffentlicht werden. Die Kosten der einzelnen Segmente können, wie bereits erwähnt, nicht offen gelegt werden. Sky hat aber in einer Presseerklärung vom 24. Februar 2011 erstmals den bevorstehenden Start des

Nachrichtenkanals bekannt gegeben und die Kosten für den Aufbau und den Betrieb für drei Jahre mit 48 Millionen Euro angegeben. Hier ein Auszug aus der Pressemeldung:

> „Sky Deutschland verkündete heute den Start des ersten Senders in Deutschland und Österreich, der täglich 24-Stunden live Sport News präsentiert. Der Sender soll unter dem Namen „Sky Sport News HD" ab kommendem Winter on air gehen. Der Schwerpunkt des neuen Angebots liegt auf energiegeladener, topaktueller Live-Berichterstattung rund um die Uhr mit einem speziellen Fokus auf Sportnachrichten aus Deutschland und Österreich. Als Teil der Multi-Plattformstrategie von Sky Deutschland wird „Sky Sport News HD" über TV, Internet, Smartphones, Tablet PCs sowie in Sportsbars und Hotels angeboten werden. [...] „Sky Sport News HD" bindet zudem die Zuschauer über soziale Netzwerke und diverse interaktive Elemente optimal ein. [...] Die Redaktion, das Hauptstudio und der Großteil der Produktion werden sich im neuen Sky Gebäude in Unterföhring befinden. Sie werden von mobilen Teams in Deutschland und Österreich, die vor Ort von allen aktuellen Geschehnissen berichten, unterstützt. [...] Der Start von „Sky Sport News HD" wird durch ein weiteres Gesellschafterdarlehen in Höhe von 48 Millionen Euro unterstützt. [...] Das Angebot füllt eine Marktlücke in Deutschland und Österreich und ist ein weiteres Beispiel für unser Ziel, unseren Kunden das bestmögliche Fernseherlebnis zu bieten" (Sky 03/2011a).

Das gesamte Projekt Sky Sport News HD mit einem Volumen von 48 Millionen Euro und rund 200 Mitarbeitern, die neu eingestellt werden mussten, wurde auf der Basis einer nicht einmal zehn Seiten umfassenden Präsentation vorgestellt und schließlich bewilligt. Alle wesentlichen Informationen für den Aufbau und den Betrieb von Sky Sport News HD sind auf diesen Seiten in komprimierter Form zu finden. Dieses Papier ist somit die Keimzelle des ersten Sportnachrichtenkanals in Deutschland und einer bis dahin einmaligen, industriellen Produktionsweise.

Bisher wurde das Profil Sportnachrichtenkanals erläutert. Nun soll im Sinne der Akteur-Netzwerk-Theorie erklärt werden, wie diese Handlungsanweisungen in die Realität übersetzt wurden. Es folgt die genaue Beschreibung der Aufbau- und Ablauforganisation des Sportnachrichtenkanals Sky Sport News HD. Soviel kann vorab verraten werden: Nachrichtenfernsehen ist industrielle TV-Produktion in reinster Form.

II. Aufbauorganisation

Im folgenden Abschnitt wird die industrielle TV-Produktion beschrieben. Dieser Teil ist nicht in die Abschnitte Pre-Produktion, Produktion und Post-Produktion gegliedert, wie in der Unikatproduktion üblich. Industrielle Herstellung wird in der Analyse meist in Aufbauorganisation und Ablauforganisation unterteilt, denn es geht nicht darum die Herstellung eines einzelnen Produktes bzw. einer einzelnen Nachricht aufzuzeigen. Es geht darum, die Prozesse sichtbar zu machen. Diese Methodik wird auch in dieser Arbeit angewendet. Zunächst wird die Aufbauorganisation des Sportnachrichtenkanals beschrieben. Der Abschnitt beginnt mit einer detaillierten Beschreibung der Aufbauphase von Februar 2011 bis zum Start des Senders am 01.12.2011.

1. Die Aufbauphase von Sky Sport News HD

Ein Projekt dieser Größenordnung ist im deutschen TV-Bereich sehr ungewöhnlich. Der zur RTL Gruppe gehörige Nachrichtenkanal n-tv wurde 1992 gestartet und N24 begann mit der Ausstrahlung im Januar des Jahres 2000. Seit dieser Zeit wurde in Deutschland kein Nachrichtensender mehr aufgebaut. Bei Nachrichtenkanälen sind sowohl der technische Aufbau sowie die Aufbau- und die Ablauforganisation besonders komplex. Bei Spielfilmkanälen ist die technische Installation relativ einfach, da die Ware nur abgespielt wird. Je höher der Anteil an Live-Programmen, desto komplizierter sind die Prozesse.

Für den Aufbau des Sportnachrichtenkanals werden aus diesem Grund nur erfahrene Manager in die Projektleitung berufen. Diese Manager werden nun kurz vorgestellt. Die Projektleitung bis zum Launch des Kanals trug der Australier Jim Rudder. Hier ein Auszug aus einer Pressemitteilung von Sky Deutschland:

> „Bis zum Launch des Senders im kommenden Winter liegt die Gesamtverantwortung und Projektleitung für alle Themen rund um den Aufbau des Senders bei Jim Rudder. Der gebürtige Australier kam im Juli 2009 zu Sky und verfügt über mehr als 30 Jahre internationale TV-Erfahrung. In seiner jetzigen Funktion als Senior Vice President Broadcast Operations zeichnet er unter anderem für die Sky Creative Services GmbH verantwortlich. In dem hundertprozentigen Tochterunternehmen der Sky Deutsch-

land Fernsehen GmbH & Co. KG ist der Produktionsbereich einschließlich der Formatentwicklung und On-Air-Promotion gebündelt. Rudder war maßgeblich an der erfolgreichen Einführung und Etablierung der neuen Marke beteiligt und schaffte es, die Abläufe des gesamten Sky Sendebetriebs zu optimieren. Ferner gehörte er zum Launch-Team des ersten europäischen 24-Stunden Nachrichtenkanals Sky News bei BSkyB und war zuvor Berater und Projekt Manager bei Sky Italia" (Sky 03/2011b).

Unterstützt wurde Jim Rudder von Patrick McGuinness, in der Rolle als Consultant Project Manager. Beide begannen ihre Karrieren als Reporter und Journalisten in den Redaktionen verschiedener Nachrichtensender in Australien und England.

An dieser Stelle ist zu erwähnen, dass der Autor dieser Untersuchung der dritte Projektmanager neben Rudder und McGuinness für den Aufbau des Nachrichtenkanals war und das Team vervollständigte.

Nach dem Launch übernahm Roman Steuer die Gesamtleitung des Sportnachrichtenkanals. Roman Steuer war ab 01. Mai 2011 maßgeblich am Aufbau des Kanals beteiligt und ist unter anderem auch für den Aufbau der Redaktion verantwortlich. Auch die Ernennung von Roman Steuer wurde in einer Pressemitteilung publiziert:

> „Der bisherige Sky Sportchef Roman Steuer übernimmt ab dem Start von Sky Sport News HD als neuer Senior Vice President die Leitung des neuen und einzigartigen Sportnachrichtenkanals. Roman Steuer wird am 1. Mai 2011 seine neue Aufgabe beginnen. Roman Steuer ist bereits seit September 1999 in der Sportredaktion des Unternehmens tätig. In seiner Funktion als Leiter Produktmanagement Sport war er im Jahre 2002 als Teamchef für die Produktion der Olympischen Winterspiele in Salt Lake City verantwortlich. Seit August 2006 ist der gebürtige Regensburger als Vice President Sports für das gesamte Sportprogramm von Sky zuständig. In dieser Zeit erhielt die von ihm geführte Redaktion zweimal den begehrten „Sport Bild-Award" und wurde damit als beste Sportredaktion in Deutschland ausgezeichnet. Ferner war Steuer maßgeblich an der erfolgreichen Einführung von HDTV und der 3D-Technik bei Sky beteiligt. Vor seiner Tätigkeit für Sky war Roman Steuer unter anderem für den Bayerischen Rundfunk, bei Tele 5 und als Chef vom Dienst beim Deutschen Sportfernsehen (heute Sport 1) tätig" (Sky 03/2011c).

Neben dem Gesamtverantwortlichen für Sky Sport News HD sind der Redaktionsleiter „Intake" (Programmbeschaffung) und der Redaktionsleiter „Output" (Sendungsherstellung) die wichtigsten Personen in der Redaktion. Sky hat auch zu der Verpflichtung der beiden Redaktionsleiter eine Pressemitteilung herausgegeben:

> „Nach der Vorstellung von Roman Steuer als Senderverantwortlichen und der Verpflichtung von Kate Abdo als das Gesicht des neuen Senders, erhält das Redaktions-Team von Sky Sport News HD weitere Verstärkung. Dominik Böhner und Jörg Zwacka sind künftig für die Redaktionsleitung des 24-Stunden-Sportnachrichten-Senders verantwortlich. Dominik Böhner trat am 1. Juli seine neue Stelle an und wird als Redaktionsleiter die gesamte Planung und operative Erstellung der News vor Ort verantworten sowie die Einsätze der Außenreporter im gesamten Sendegebiet koordinieren. Jörg Zwacka wird ab 1. August als Redaktionsleiter für die Sendungsherstellung und den Live-Betrieb in der Zentralredaktion im Studio München zuständig sein.
> Dominik Böhner war zuletzt als Abteilungsleiter für News und Aktuelles bei Sport 1 tätig, wo er über drei Jahre lang unter anderem die Sendungen „Bundesliga Aktuell" und „Sport 1 News" verantwortete. Bereits seit 1999 war er in unterschiedlicher Funktion für das damalige DSF tätig. Seine Fernseh-Karriere begann der 36-jährige Münchner 1995 beim MDR in Dresden, ehe er von 1996 bis 1999 für das SAT.1 Boulevard-Magazin „Blitz" tätig war. Neben seiner Tätigkeit für Sky ist Dominik Böhner auch Dozent für TV- und Online-Sportjournalismus an der Medienakademie in München.
> Jörg Zwacka war in den vergangenen beiden Jahren in der „ran"-Redaktion für SAT.1 tätig, wo er unter anderem als Leiter der Sendung und Ablaufredakteur die Live-Übertragungen aus der UEFA Champions League und UEFA Europa League betreute. Davor war der 40-jährige Westfale als freier Mitarbeiter in der Bundesliga-Berichterstattung für Premiere, das DSF und arena tätig. Von 2000 bis 2006 war er Redakteur für die Sport-News von ProSieben, SAT.1 und N24 in München" (Sky 07/2011).

2. Der Aktionsplan bis zum Senderstart

Die Aufgabe, die vom Vorstand an die Projektleitung gestellt wurde, war, den Kanal am 01.12.2011 zu „launchen", also an den Start zu bringen. Es war aus Gründen des Marketings wichtig, den Kanal vor dem für das Pay-TV so wichtigen Weihnachtsgeschäft on air zu haben. Dies liefert ein zusätzliches Verkaufsargument für potenzielle Abonnenten. Das Projektteam hatte somit zehn Monate Zeit, den Sender aufzubauen. In den Pressemitteilungen wurde immer von einem Launch „im Winter" gesprochen, intern gab es jedoch diese harte „Deadline". Die erste Aufgabe der Projektleitung war es, sich einen Überblick über die anstehenden Aufgaben zu verschaffen und diese zu definieren. Wie kann eine permanente, ständig rotierende Infrastruktur geschaffen werden? Aus welchen Elementen besteht diese vor der Planung und nach der Ausführung? Das folgende Originaldokument zeigt die Vorgehensweise.

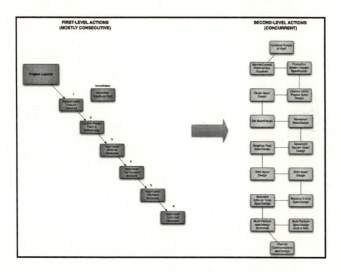

Abbildung 42: Aktionsplan bis zum Senderstart. Quelle: Sky Deutschland.

Auch dieses Originaldokument wird aus Gründen der Lesbarkeit nochmals in anderer Form dargestellt.

Links: „First-Level Actions (mostly consecutive) for Project Launch"

1. High-Level Channel Decisions
2. Confirm Project Team & Methodology
3. High-Level Editorial Decisions
4. High-Level ‚On Camera' Decisions
5. High-Level Workflow Decisions
6. High-Level Technical Decisions
7. Immediately Advertise/Headhunt Staff

Rechts: „Second-Level Actions (Concurrent)"

1. Continue Pursuit of Staff

2. Identify/Contact Editorial/Ops Suppliers
3. Production System Design/Specifications
4. Channel MCR/Playout Spec/Design
5. Studio Spec/Design
6. Set Spec/Design
7. Newsroom Spec/Design
8. Newsroom System Spec/Design
9. Graphics Pack Spec/Design
10. SNG Spec/Design
11. ENG Spec/Design
12. Bureaux (if any) Spec/Design
13. Specialist Editorial Tools Spec/Design
14. Multi-Platform Spec/Design (technical)
15. Multi-Platform Spec/Design (look&feel)
16. Channel Communications Spec/Design

Die Projektleitung unterteilt den Aufbau des Sportnachrichtenkanals in „first-level actions", die aufeinander aufbauen und „second-level actions", die gleichzeitig ablaufen.

Die „first-level actions" sind mit „high level" gekennzeichnet und darunter werden die grundlegenden Definitionen und Entscheidungen verstanden, die den Sender definieren. Als Erstes müssen die konstitutiven Entscheidungen getroffen werden. Einige dieser Entscheidungen wurden bereits anhand der Projekt-Präsentation besprochen: aktuelle Nachrichten aus der Welt des Sports mit Fokus auf Deutschland; schnelle Abfolge der Nachrichten mit vielen Live-Schalten und Berichten vor Ort; großes Redaktions- und Operations-Team; inhaltlicher Fokus auf Fußball; starke Einbindung graphischer Elemente ins Programm; starke Einbindung interaktiver Elemente wie Facebook und Twitter; Distribution über TV, aber auch über Web und mobile Endgeräte; Auslegung auf häusliche Nutzung, aber auch auf Bars, Hotels und öffentliche Orte wie Flughäfen.

Eine wichtige Entscheidung betrifft die tägliche Sendelänge, genauer die tägliche Live-Strecke. Die tägliche Live-Strecke aus dem Nachrichtenstudio beginnt morgens um 07.00 Uhr und endet nachts um 01.00 Uhr. Das heißt, es wird 18 Stunden live aus dem Studio gesendet und das jeden Tag ohne Ausnahme. Eine derart lange Live-Strecke hat es bis zu diesem Zeitpunkt in Deutschland nicht gegeben. Die längsten

Strecken im deutschen Fernsehen produzieren n-tv und N24. Beide Sender sind in der Regel von 06.00 Uhr bis 12.00 Uhr live und danach meist nur noch 10 Minuten zu jeder vollen Stunde für ein Nachrichten-Update.

Aufgrund der nur zehnmonatigen Projektphase musste eine Aufgabe sofort angegangen werden. Für den neuen Sender mussten diverse Personalstellen neu besetzt werden. Um die neuen Mitarbeiter für die spezifischen Aufgaben finden, anstellen und ausbilden zu können, mussten sie idealerweise zwei Monate vor dem Senderstart im Hause sein. Das heißt, das Recruiting musste innerhalb von sieben bis acht Monaten abgeschlossen sein. Besondere Brisanz hatte dieser Teil des Projektes, da ungefähr 200 neue Mitarbeiter gesucht und eingestellt werden mussten. Der Prozess des Recruiting, der Personalbeschaffung, wird später noch genauer beschrieben.

Nach den „high-level channel decisions" folgt der Schritt „confirm project team & methodology". Dazu müssen zunächst Teilprojekte aus dem Gesamtprojekt abgeleitet werden. Die einzelnen Teilprojekte müssen definiert und die Verantwortlichkeiten besprochen werden. Für jedes Teilprojekt wird eine verantwortliche Person benannt und auch dafür bereitgestellt werden. Zusätzlich muss festgelegt werden, wie und auf welche Art und Weise das Teilprojekt abgearbeitet werden soll und wann Ergebnisse geliefert werden müssen.

Der dritte Schritt sind die „high-level editorial decisions": Wofür steht der Kanal und wie kann das erreicht werden? Aufgrund der Dichte der Informationen, die dem Zuschauer präsentiert werden sollen, können die Themen nur oberflächlich und nicht in der Tiefe erzählt werden. Die Ausrichtung des Kanals kann als „boulevardesk-informativ" bezeichnet werden, also eine Leitlinie, die sich zwischen Boulevardzeitungen wie der Bild-Zeitung und dem Informations-Magazin Spiegel bewegt. Diese Verortung des Nachrichtensenders in der Medienlandschaft beeinflusst den Erzählstil, die Rhetorik, das Erscheinungsbild und schließlich jede einzelne Moderation und jeden Beitrag. Der vierte Schritt wird mit „high-level on-camera decisions" beschrieben. Das bedeutet, alles was der Zuschauer auf dem Bildschirm sieht, muss mit äußerster Sorgfalt definiert und gestaltet werden. Die Anzahl der Sets innen und außen, das Set-Design, Farben, Lichtdesign, die Anzahl der Moderatoren pro Sendung, die Art der Moderation – stehend oder an einem Tisch – Hintergründe, Anordnung der Monitore, Befüllung der Monitore mit Inhalten und so weiter. Interessant ist die Verteilung der Punkte 5 und 6. Klassischerweise werden zuerst die grundlegenden technischen Entscheidungen getroffen und die Workflows, also die Arbeitsprozesse, richten sich danach aus. In diesem Fall ist es umgekehrt. Es werden zuerst die Prozesse definiert und erst anschließend die dafür notwendige technische Infrastruktur festgelegt. Das hat damit zu tun, dass die Projektleiter selbst über journalistische Erfahrung verfügen und um die Wichtigkeit schneller und reibungsloser Prozesse, insbesondere im Nachrichtengeschäft, wissen. Die Wahl der technischen Lösung muss sich unbedingt an den Abläufen ausrichten, sonst ist es nicht möglich, in dieser Taktzahl zu produzieren. Bei anderen Projekten treffen oft Ingenieure Entscheidungen, die nicht genau zu den Arbeitsabläufen der Journalisten und Producer passen. Sobald die „first-level actions" ausreichend definiert sind, können die Subprojekte näher spezifiziert werden. Daraus leiten sich die „second-level actions" ab. Die Liste der Teilprojekte beginnt mit der Jagd nach geeignetem Personal. „Identify Contact Editorial / Ops Suppliers" heißt, dass in der hausinternen Sportredaktion von Sky nach geeigneten Redakteuren gesucht werden soll und dass für technisches Personal die Kontakte zu Lieferanten und Dienstleistern aktiviert und genutzt werden sollen. Schritt für Schritt werden die Aufgaben näher definiert. Der nächste Meilenstein im Projektmanagement ist die Zuordnung von Verantwortlichen zu den einzelnen Aufgaben. Das folgende Organigramm (Originaldokument) soll einen Eindruck über die Komplexität des Projektes vermitteln. Jeder Teilprojektleiter berichtet an die zentrale Projektleitung.

3. Aufbauorganisation der Projektphase

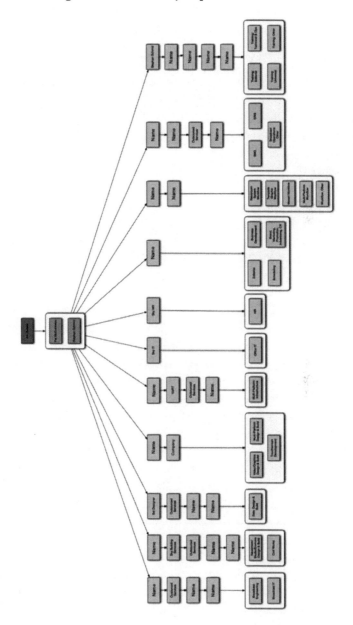

Abbildung 43: Aufbauorganigramm der Projektphase. Quelle: Sky Deutschland.

Auch dieses Originaldokument wird aus Gründen der Lesbarkeit nochmals in anderer Form dargestellt. Das Gesamtprojekt wird in folgende Teilprojekte gegliedert (gelb unterlegt von links nach rechts):

1. Broadcast Engineering and Broadcast IT
2. Newsroom/Studio/Environs Design & Build; Civil Works
3. Sets: Design and Built
4. Video/Graphics Design & Build, Multi-Platform Design & Build, Touchscreen Development
5. Multi-Platform Infrastructure
6. Office IT
7. HR
8. Editorial, Scheduling, Business Development, Brand, Marketing, Promotion, Advertising, CR
9. Newsroom System Workflow, Templates Graphic Workflow, Mosart Workflow, Multi-Platform Workflow, Workflow others
10. SNG, ENG, Broadcast Operations, Training Editorial, Training Universal, Training Technical & Ops, Training others

In den obersten Kästchen sind die drei Projektleiter genannt. Auf der unteren Ebene, von links nach rechts, werden die einzelnen Aufgaben definiert. In den gelb unterlegten Kästchen ist das Teilprojekt betitelt und darüber stehen die dafür verantwortlichen Personen und/oder Unternehmen. In der ersten Spalte werden die Verantwortlichen für den Aufbau der „Broadcast Technology" genannt, gefolgt vom Studiobau und sonstigen Bauaktivitäten, dem Set-Design, und dem Set-Bau. Es folgt die Entwicklung des gesamten Graphikdesigns, des Multiplatform-Designs und der Touchscreen-Anwendung, der Aufbau der technischen Infrastruktur für die verschiedenen Endgeräte, Aufbau der Office-IT-Infrastruktur, die Personalbeschaffung (HR für Human Ressources) sowie der gesamte Aufbau der Redaktion und des redaktionellen Konzeptes bis hin zum Sendeplan.

Die Definition der Workflows, also der Arbeitsschritte im Newsroom, in der Graphik, der Regie und allen anderen Aufgaben ist einer Person zugeordnet, ebenso wie der Aufbau der SNG- und ENG-Flotte, der Aufbau eines Leitungsbüros und das Training des neuen Personals aus der Redaktion, der Technik, den Operations und allen übrigen Mitarbeitern. Die einzelnen Arbeitsschritte werden später noch genauer beschrieben.

Sobald die einzelnen Teilprojektleiter benannt sind, werden diese im nächsten Schritt die Definitionen ihrer Aufgaben weiter verfeinern. So entsteht eine Kaskade von Papieren, die immer genauer das eigentliche Aufgabenfeld absteckt. Die nächste Stufe sieht dann konkrete Leistungsbeschreibungen vor und benennt auch schon die Firmen und Dienstleister, mit deren Hilfe die Aufgaben tatsächlich umgesetzt werden. Genauer werden die Aufgaben in dieser Phase des Projektes nicht beschrieben. Die weiteren Aufgaben und Präzisierungen werden mit dem weiteren Projektfortschritt definiert. Die Papiere werden immer detaillierter, Informationen verdichten sich. Folgende Abbildung zeigt symbolhaft die nächste Detailstufe:

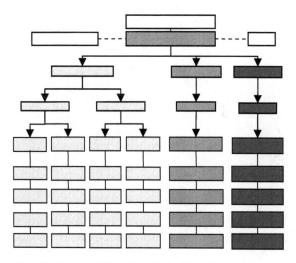

Abbildung 44: Definition der Teilprojekte. Quelle: Eigene Darstellung.

Nachdem alle Teilaufgaben definiert und die verantwortlichen Personen benannt wurden, ist der nächste wichtige Schritt im Projektmanagement der Zeitplan. Wenn ein festes Datum wie der Senderlaunch am 01.12.2011 vorgegeben ist, dann wird dieses Datum auch im Zeitplan als Fixpunkt genommen und von dort an zurück gerechnet. Die Dauer der einzelnen Schritte wird mit den Prozessbeteiligten abgeschätzt und damit ergibt sich ein Anfangsdatum. Bei diesem Projekt gab es einen Berater, dessen Aufgabe es war, die zeitliche Projektplanung zu erstellen, zu steuern und die beteiligten Unternehmen und Dienstleister immer wieder an die Vorgaben zu erinnern. Falls abzusehen war, dass bestimmte Termine nicht gehalten werden konnten, musste der Zeitplan geändert werden. Das „chinesische Prinzip", einfach mehr Arbeiter an ein Teilprojekt zu setzen, funktioniert in der Realität nur bei wenigen Aufgaben. Viele Aufgaben bauen aufeinander auf und können nicht simultan abgearbeitet werden. So muss der Bau weitgehend fertig sein, damit die Videotechnik installiert werden kann. Die Systemintegratoren, die Dienstleister, die die technische Installation vornehmen, lassen sich in die Verträge schreiben, dass die Baustelle „staubfrei" übergeben werden muss. Die Abbildung unten zeigt den ersten Entwurf des Zeitplanes, bei dem nur die groben Arbeitsschritte genannt sind.

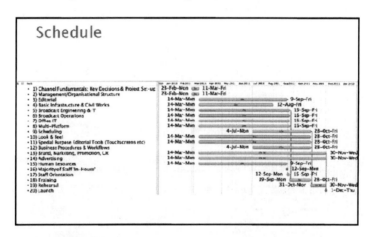

Abbildung 45: Zeitplan für den Aufbau von Sky Sport News.
Quelle: Sky Deutschland.

Das Zeitplanmanagement, auch Gantt-Management, wird mit Hilfe der Standard-Software Microsoft Project erstellt. Die Aufgaben können dort bis ins letzte Detail konkretisiert werden und die Abhängigkeiten zwischen den einzelnen Aufgaben können graphisch dargestellt werden. Die Microsoft-Project-Datei wurde jede Woche auf Papier ausgedruckt und an die Wand des Projektbüros geheftet, gegen Ende des Projektes bedeckte es die komplette, drei Meter hohe Wand von oben bis unten. Hier ein Auszug:

FLIESSBANDARBEIT | 221

Abbildung 46: Finale Microsoft Project Zeitplanung. Quelle: Sky Deutschland.

Auf der finalen Zeitplanung lassen sich die einzelnen Projektphasen gut erkennen. Unterschiedliche Personen, Zeichen und Dinge stehen an unterschiedlichen Stellen im Mittelpunkt. Die Planungsphase – der Bereiche mit den vielen Balken oben links – geht von Anfang Februar bis Mitte Juni. Das heißt von insgesamt zehn Monaten Projektdauer sind knapp fünf Monate reine Papierarbeit. In dieser Zeit wird geplant, gezeichnet, entworfen, designt, es werden Berechnungen angestellt, Workflows und Kalkulationen erstellt und Verträge geschrieben. Erst im Juni wird mit der zweiten Phase – ersichtlich an den vielen Balken in der Mitte – begonnen. Diese Phase umfasst den Bau und die technische Installation und muss laut Projektplan bis Ende September abgeschlossen sein. Für den Umbau des Bestandsgebäudes, den Aufbau von Studio- und Nachrichtenredaktion (Newsroom) für die Audio- und Videoverkabelung blieben somit nur dreieinhalb Monate. Dieses enge Zeitfenster sorgte für enorme Irritationen und viel Stress, vor allem bei den beteiligten Baufirmen und den technischen Systemintegratoren.

Der Zeitplan ist bei Projekten dieser Größenordnung vor allem in der Umsetzungsphase das beherrschende Thema. Unvorhergesehene Unwägbarkeiten, behördliche Auflagen (bei diesem Projekt gab es extrem strenge Auflagen durch den Brandschützer), spontane Änderungen durch die Projektleitung und viele andere Gründe führen zu Verzögerungen, die oftmals nicht aufgeholt werden können. Dazu der Head of Engineering des Projektes:

> [Int 5 2011] Die Bau- und Installationsphase bei diesem Projekt war ein approximierender Prozess. Die Projektleitung bestand

aus drei Personen und es gab keinen Planungsstab mit vielen Mitarbeitern, wie das bei anderen Projekten üblich ist. Zu Beginn dieses Projektes war so gut wie nichts detailliert geplant. Die Detailplanung entstand erst im Laufe des Prozesses und viele Entscheidungen waren auch voneinander abhängig. Dieser approximierende Ansatz ist in der kreativen Arbeit sehr verbreitet und üblich. Ingenieure und Bauunternehmen sind dies nicht gewöhnt und hatten damit erhebliche Schwierigkeiten. Normalerweise ist die Vorgehensweise in Deutschland so, dass alles fix und fertig auf dem Papier durchgeplant wird, bevor mit der Installation begonnen wird.

Das Gute an kleinen Projektteams sind kurze Wege, wenige Entscheider, die sich nicht gegenseitig widersprechen, rasche und verbindliche Entscheidungen. Nachteilig ist eben, dass im Voraus nicht alles geplant werden kann und nicht für jedes Teilprojekt ein hauseigener Fachplaner zur Verfügung steht. Beim Aufbau des Sportnachrichtenkanals wurde viel Planungsarbeit an die Dienstleister ausgelagert. Aber dieser Nachteil ist auch wiederum ein Vorteil. Bei der kurzen Projektdauer wurde am Ende auch tatsächlich die neueste Technik verbaut. Ich kenne das von öffentlich-rechtlichen Projekten mit über 150 Mitarbeitern im Planungsstab und einer Projektdauer von zweieinhalb Jahren und oft noch wesentlich längeren Zeiträumen. Die Workflows und Geräte, die am Anfang des Projektes geplant werden, sind dann oft schon bei der Installation wieder veraltet.

Der Grund für dieses enge Zeitfenster liegt in der Projektphase nach der Installation, die aus „training & rehearsal" besteht. Die wichtigsten Teile der Installation müssen bereits acht Wochen vor dem Senderstart funktionstüchtig zur Verfügung stehen, um das Personal zu schulen. Ein Großteil der Mitarbeiter, die für das Projekt eingestellt wurden, hat noch nie in einer derart industriellen Produktionsumgebung gearbeitet. Sie sind weder mit den Workflows noch mit den technischen Geräten vertraut. Aufgrund der täglichen 18-stündigen Live-Strecke, gibt es nach dem „Launch" auch kaum noch Möglichkeiten zu Proben (rehearsals). Bei hochgradig industriellen Produktionen wie bei diesem Sportnachrichtenkanal muss die Logistik geübt werden und reibungslos funktionieren, bevor der „Schalter umgelegt" wird und der Kanal on air ist.

Wenn ein Unternehmen ein Projekt wie den Sportnachrichtenkanal durchführt, stößt es unweigerlich an seine organisatorischen Grenzen. Wo sonst nur wenige neue Mitarbeiter eingestellt werden, sollen in vier Monaten 200 neue Mitarbeiter eingestellt werden. Wo sonst jeder

Cent in einem aufwendigen Genehmigungsverfahren beantragt werden muss, sollen in kürzester Zeit knapp 50 Millionen Euro investiert werden. Solche Projekte wirken sich nicht nur auf die unmittelbar Beteiligten aus, sondern auf die gesamte Organisation. Das fängt bei Umbau- und Umzugsmaßnahmen an, die mit Schmutz, Behinderungen und Lärm verbunden sind. Nicht jeder Mitarbeiter findet es außerdem gut, dass sich über Monate im Unternehmen alles nur noch um ein Thema dreht. Und es führt dazu, dass für jeden betroffenen Teilbereich des Unternehmens temporär neue Strukturen und Prozesse definiert und eingeführt werden müssen. Gewohnte Strukturen und Prozesse in bereichsübergreifenden Abteilungen wie dem Zentraleinkauf, der IT oder dem Controlling können ein Projekt dieser Art leicht zum Scheitern bringen.

Um eine industrielle Produktionsinfrastruktur aufzubauen, werden überraschenderweise zunächst standardisierte Prozesse im Unternehmen ausgehebelt. In der Abteilung Einkauf, die die Einkäufe des ganzen Unternehmens abwickelt, mussten zwei Mitarbeiter nur für die Beschaffungen des Sportnachrichtenkanals abgestellt werden. Der sonst übliche Prozess des Bestellwesens und die dazugehörigen Genehmigungsverfahren wurden komplett außer Kraft gesetzt. Der ganze Einkauf für das Projekt wurde direkt der Projektleitung des Sportnachrichtenkanals unterstellt. Im Bereich Controlling wurden zwei Mitarbeiter ausschließlich damit beschäftigt, die Ausgaben für den neuen Kanal ordnungsgemäß für das interne Rechnungswesen aufzubereiten. Die komplette Investitionssumme musste ad hoc zur Verfügung stehen und nicht wie sonst üblich erst in komplizierten, finanzoptimierten Verfahren beschafft werden. Die interne IT musste aufgrund der neuen Mitarbeiter und der komplexen neuen IT-Infrastruktur für den Kanal personell um 20 Prozent aufgestockt werden. Hinzu kam, dass aufgrund der 18-stündigen Live-Strecke des Kanals im Support-Bereich der IT Schichtbetrieb eingeführt werden musste, worüber die Mitarbeiter anfangs nicht sehr glücklich waren. Ganz besondere Herausforderungen gab es aber vor allem im Bereich der Personalbeschaffung.

4. Recruitment – Personalbeschaffung

In der Personalabteilung mussten drei neue Mitarbeiter eingestellt werden, die sich ausschließlich um das Recruiting für den Sportnachrichtenkanal kümmerten. Die erste Aufgabe bestand darin, den Prozess des Recruiting zu definieren. Folgendes Originaldokument zeigt, wie sich die Recruiter den Workflow vorstellten.

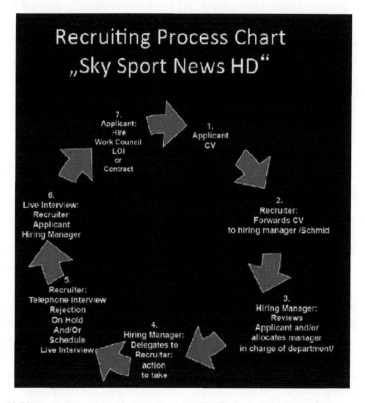

Abbildung 47: Recruitment Process Chart. Quelle: Sky Deutschland.

Alle eingehenden Bewerbungen durchliefen eine erste Kontrolle. Dabei werden Spaßbewerbungen oder abwegige Bewerber und Bewerbungen herausgefiltert. Diese Spaßbewerbungen führten oft zu großer Heiterkeit und wurden gerne im Recruiter-Team herumgereicht. Die übrigen Bewerbungen gehen dann zum „Hiring Manager" aus der Projektleitung. Für das Projekt war der Autor der vorliegenden Arbeit unter anderem als Hiring Manager tätig. Mit der tatkräftigen Unterstützung von zwei erfahrenen Mitarbeitern aus der TV-Branche, die zusätzlich für diese Aufgaben abgestellt wurden, wurden die Bewerber für die jeweiligen Stellen in A, B und C Kandidaten bewertet. Die präferierten Bewerbungen gehen dann zurück zum Recruiter, der ein Telefoninterview mit dem Bewerber durchführt. Dabei wird die Stellenausschreibung mündlich besprochen und es werden die Rahmendaten des Bewerbers abgefragt: Erstmöglicher Einstellungstermin? Gehaltsvorstellung? Besondere Bedingungen? Beispielsweise möchten manche Bewerber nur Teilzeit arbeiten oder nur von zu Hause aus. Der Recruiter schreibt dann über das Telefonat einen kurzen Bericht und schildert die Rahmendaten und den persönlichen Eindruck über den Gesprächspartner, der im Laufe des Interviews entstand. Der „Hiring Manager" entscheidet daraufhin, ob der Kandidat für ein persönliches Interview eingeladen wird, ob er abgelehnt wird oder auf eine Warteliste kommt. Am persönlichen Gespräch nehmen der Hiring Manager, eine Führungskraft aus der jeweiligen Fachabteilung, ein Recruiter und natürlich der Bewerber teil. Die Gespräche dauern in der Regel eine Stunde, in der der Bewerber zunächst seinen persönlichen Werdegang schildert. Hier ergaben sich einige Male Überraschungen im Vergleich zum schriftlichen Lebenslauf. Auch nach der Motivation, ausgerechnet für dieses Unternehmen arbeiten zu wollen, wurde im Gespräch gefragt.

In der Managementliteratur finden sich viele Beispiele für Fragen, die in solchen Interviews gestellt werden können: Wie sehen sie die Mitarbeiter aus ihrem aktuellen Unternehmen? Was war ihre größte Niederlage? Was war ihr größter Triumph? Was ist ihre größte Schwäche? Oder Fragen, bei denen es nicht um die Antwort selbst geht, sondern darum, wie der Bewerber reagiert: Warum haben sie in diesem speziellen Fach eine schlechte Zensur bekommen? Hier gibt es eine Lücke zwischen ihrem schriftlichen Lebenslauf und dem, was sie eben gesagt haben. Wie können sie das erklären?

Für Junior- und mittlere Stellen wurde auf diese Fragen verzichtet. Bei Stellen mit mehr Verantwortung wurden solche Fragen öfter gestellt, um zu sehen, ob sich der Bewerber aus der Reserve locken lässt und wie er oder sie reagiert. Für eher techniklastige Positionen wurde zusätzlich ein Ingenieur in das Gespräch eingeladen, der technische Begrifflichkeiten, Verständnis- und Workflowfragen mit den Bewerbern diskutierte, um einen Eindruck von deren Fähigkeiten zu erlangen. Ingenieure wurden zusätzlich – deren Einverständnis vorausgesetzt – einer Art schriftlichem Test unterzogen, bei dem ganz konkrete Fragen beantwortet werden mussten.

In den Gesprächen, vor allem für die operativen Stellen wie die der Editoren (Avid Operator), wurde auch immer betont, dass eine gewisse

Affinität zum Sport und zur Sportberichterstattung von Vorteil wäre. Zum einen beschäftigen sich diese Mitarbeiter jeden Tag acht Stunden mit diesem Genre und zum anderen müssen auch sportliche Kenntnisse vorhanden sein. Welcher Spieler sieht wie aus? Bei welchem Verein ist er? Wie sieht das aktuelle Trikot der Saison aus? Ein Mitarbeiter, der von dieser Materie nichts weiß, geht im täglichen Ablauf unter. Die Zuschauer regieren auf formale Fehler dieser Art sehr sensibel, speziell wenn der Anspruch eines Sender ist, Deutschlands bestes Sportnachrichtenfernsehen zu machen.

Ein Thema, bei dem die Bewerber sehr unterschiedlich reagierten, war die Frage nach dem Gehalt. Es gab eine ganze Reihe von Bewerbern, vor allem auf Ingenieurstellen und Führungspositionen, die ihre große Chance witterten und ein Vielfaches vom Marktwert der Stellen forderten. Als Gesprächsführer bleibt dann nur übrig, den Bewerber mit der Wahrheit zu konfrontieren. Es wurde das Gehalt genannt, das das Unternehmen bereit ist zu bezahlen. Diesen Bewerbern musste sehr sachlich und nüchtern klar gemacht werden, dass das geforderte Gehalt nicht in Frage kommt und dass eine Einigung auf dieser Grundlage nicht zustande kommt. Zum einen sollte es einen fairen Gehaltsrahmen für alle Mitarbeiter ohne Ausnahme geben, zum anderen sollte verhindert werden, dass ein neuer Mitarbeiter vom ersten Tag an mit der Einstellung zur Arbeit kommt, dass er zu wenig verdient. Die große Mehrheit der Bewerber wurde jedoch völlig unsicher, wenn es auf das Gehalt zu sprechen kam. Oft ging es soweit, dass der Recruiter den Bewerber darauf hinweisen musste, dass es ein üblicher Teil einer Vertragsverhandlung ist und auch genau so gesehen werden sollte. Die Gehaltsbänder für die einzelnen Positionen wurden von der Projektleitung vorgegeben und es gab ein Minimum und ein Maximum, das je nach Qualifikation der Bewerber im Gespräch angeboten wurde. Das Gehaltsniveau befindet sich bei den meisten Stellen im Branchenmittel, trotzdem viel es den Bewerber oft sehr schwer, über das Gehalt zu verhandeln.

Das lag auch daran, dass bewusst sehr junge Mitarbeiter eingestellt wurden, die gerade ihre Ausbildung abgeschlossen oder maximal zwei Jahre Berufserfahrung hatten. Den Bewerbern wurde in sehr jungen Jahren eine Festanstellung bei einem renommierten Arbeitgeber angeboten, was im TV-Bereich eher unüblich geworden ist.

Insgesamt wurden in der Redaktion und im technischen Bereich jeweils ungefähr hundert Mitarbeiter für den Sportnachrichtenkanal eingestellt. Die Erfahrung in der Technik war, dass pro eingestelltem Mitarbeiter etwas mehr als vier persönliche Interviews geführt wurden, am Ende waren es circa 450 Einstellungsgespräche in sechs Monaten für die technischen Berufe und etwa genauso viele für die Redaktion.

Bevor allerdings die Gespräche geführt werden konnten, mussten zwei Problemstellungen gelöst werden. Aufgrund der in Deutschland neuen Form der industrialisierten Produktion des Sportnachrichtenkanals, wurden Mitarbeiter mit Qualifikationen benötigt, die so auf dem Markt nicht vorzufinden waren. So mussten die Mitarbeiter, die für die Personalbeschaffung zuständig waren, erst lernen, nach welchen Profilen gesucht werden musste. Dies wird kurz am Beispiel der Stelle des Control Room Operators erläutert. Früher hieß dieser Beruf Regisseur. Aber das neue Berufsbild in einer hochgradig automatisierten Regie (Control Room) hat so gut wie nichts mehr mit der althergebrachten Arbeitsweise eines Regisseurs zu tun. Vielmehr ist es die Kombination aus der Arbeit eines Videomischers (Vision Mixer), einem Arbeiter also, der die Videosignale einer Sendung aus verschiedenen Quellen an einem großen Mischgerät oder einer Konsole steuert, und eines Audiomischers (Audio Mixer), ein Arbeiter, der alle Audiosignale einer Sendung aus unterschiedlichen Quellen an einem großen Mischgerät oder einer Konsole steuert. Darüber hinaus sollte ein Control Room Operator Kameras justieren können, Regieerfahrung haben oder mit einer ähnlichen Automation gearbeitet haben. Er oder sie musste auch die persönlichen Fähigkeiten mitbringen, die technische Verantwortung für eine Sendung zu übernehmen. Es handelt sich also um eine anspruchsvolle Tätigkeit, auf die in Deutschland niemand 100-prozentig passte. Bei anderen Stellen im Bereich Graphik war es ähnlich. Daraufhin machte die Projektleitung Vorschläge, wie diese entsprechenden Stellenausschreibungen aussehen könnten:

> *Control Room Operator*
> *Are you a studio vision switcher looking to step up to studio director? Are you eager to master cutting-edge studio technology and drive the output of a live news channel? If so, Sky Deutschland needs studio directors for Sky Sport News HD, the Munich-based 24-hour sports news channel which will launch later this year. If you're an established studio director looking for a change of direction or a new challenge, or a vision switcher looking to kick-start your career, please apply to ...*

Avid Operator
Are you a video editor in need of a new challenge or direction? Are you trained in video and seeking an opportunity to use those skills? Are you interested in video and eager to be trained for the excitement and challenges of a 24-hour television newsroom? Sky Deutschland needs Avid operators for Sky Sport News HD, the Munich-based 24-hour sports news channel which will launch later this year. Tasks include front-line video editing, the management of incoming video feeds and the organisation of the video archive. Interested parties please apply to ...

Graphic Artists
Sky Deutschland seeks young, highly-motivated artists for its graphics team at Sky Sport News HD, the Munich-based 24-hour sports news channel which will launch later this year. Familiarity with Adobe's Creative Suite - After Effects, Photoshop, Illustrator etc - is an advantage; extensive training will be supplied for broadcast-specific graphics systems, such as Viz Artist. A 24-hour news channel is an exciting place to work. If you're up for a new challenge, or looking to kick-start your graphics career, please apply to ... (P1 S (Sky) 2012).

Diese sehr amerikanische Form musste dann auf deutsche Gepflogenheiten übersetzt werden. Die finalen Stellenausschreibungen sahen dann am Beispiel eines Control Room Operators und eines Ingenieurs so aus:

Bild-/ Audio-Techniker (m/w)

Aufgaben:
- *Verantwortlicher Studio-Regisseur eines 24 Stunden Sport News Senders in HD*
- *Steuerung des Sendesignals mithilfe modernster Automationstechnik (Mosart)*
- *Management unterschiedlicher Quellen (Studio, Graphik-Templates, Beiträge, Live-Schaltungen und so weiter)*

Voraussetzungen:
- *Diese Ausschreibung richtet sich an Bildmischer, die zum verantwortlichen Studio-Regisseur aufsteigen wollen oder an Regisseure, die neue Herausforderungen suchen*
- *Abgeschlossenen Berufsausbildung oder Studium in relevanten Umfeldern*

- *Mehrjährige Berufserfahrung an gängigen Live-Broadcast Systemen (Bildmischer, Studiotechnik, Senderegie)*
- *Übernahme der Verantwortung für das Live Feed*
- *Sehr gute Englisch-Kenntnisse*
- *Hohe Belastbarkeit und großes Engagement, sowie Bereitschaft zum Schichtdienst und zur Wochenendarbeit*
- *Affinität zum Thema Sport mit aktuellem Bezug*
- *Verlässlichkeit, strukturierte Arbeitsweise und hohes Maß an Eigenverantwortung*
- *Ausgeprägte Kommunikations- und Teamfähigkeit*

Broadcast Project Engineer (m/w)

Aufgaben:
- *Aufbau und Betrieb neuer Broadcast-Technologien in enger Zusammenarbeit und Abstimmung mit dem Bereich Broadcast Operation*
- *Bedarfsanalysen, Vorschläge zur Produktauswahl für SW/HW, Aufbau und Installation, Test, Betrieb, Workflowbeschreibungen*
- *Ausbau und Verbesserung vorhandener Technologien eines 24h Live Sport Nachrichtenkanals sowie einer umfangreichen Postproduktionsumgebung*
- *Management von Projekten und selbstständige Übernahme und Umsetzung von Aufgaben*

Voraussetzungen:
- *Hochschulabschluss des Studienganges Medientechnik oder Elektrotechnik/IT-Technologie mit medientechnischer Ausrichtung oder vergleichbare berufliche Qualifikation*
- *Mehrjährige Berufserfahrung in vergleichbarer Tätigkeit*
- *Sehr gute Kenntnisse der Broadcast Technik und Broadcast IT*
- *Erfahrung und sicherer Umgang mit gängigen Content-Management-Systemen (CMS)*
- *Sicherer Umgang mit allen gängigen Betriebssystemen, Datenbanken und Netzwerktechnologien*
- *Sehr gute Erfahrungen in Media Handling und Workflow Management*
- *Schnelle Auffassungsgabe, da „Training on the job"*
- *Selbstorganisation und Fähigkeit zum selbstständigen Arbeiten*
- *Hohe Belastbarkeit*

230 | PAPIERFERNSEHEN

- Bereitschaft für flexible Arbeitszeiten im Schichtbetrieb auch am Wochenende
- Gute Englischkenntnisse

(P2 S (Sky) 2012).

Die zweite große Herausforderung für die Recruiter bestand darin, dass das Unternehmen Sky bis dato nicht auf der Liste potenzieller Arbeitgeber für technisches Personal stand. Es gab keine Erfahrungswerte mit dem Unternehmen und die Bewerber konnten sich nicht über den Markt informieren. Auch die Recruiter konnten den Markt nicht für die Mund-zu-Mund Propaganda nutzen. Es hat einige Zeit in Anspruch genommen, überhaupt die richtigen Kanäle für die Stellenausschreibungen zu finden wie Fachzeitschriften Print und Online, Foren, Blogs, soziale Netzwerke und so weiter. Graphiker beispielsweise suchen ihre Stellen sehr gerne über die einschlägigen Foren, auf denen sie auch Tipps für ihre tägliche Arbeit finden. Sie sind ständig im Internet unterwegs und lesen kaum die Printausgaben der Fachzeitschriften. Darüber hinaus wurden mit Ausbildungsstätten, Berufsschulen, Akademien, Hochschulen, aber auch mit Dienstleistern und Lieferanten persönliche Gespräche aufgenommen, um die Stellengesuche zu verbreiten oder an Schwarzen Brettern auszuhängen. Ein früher Versuch war eine generelle Stellenanzeige in der Süddeutschen Zeitung:

Abbildung 48: Stellenausschreibung in der Süddeutschen Zeitung.
Quelle: Sky Deutschland.

Das erstaunliche an dieser Stellenanzeige war der Rücklauf. Für die redaktionellen Stellen war der Rücklauf sehr gut, für die technischen Berufe ging der Rücklauf gegen Null.

Da die Arbeit in einer 24/7-News-Umgebung für die Mitarbeiter eine Belastung darstellt, hat die Projektleitung die kritischen Punkte für das Recruiter-Team zusammengestellt und formuliert. Die Recruiter wurden angehalten, die Punkte in jedem Telefoninterview anzusprechen und zu erläutern, um gegenüber den Bewerbern von Beginn an mit offenen Karten zu spielen. Die Arbeitsverhältnisse wurden ungeschminkt kommuniziert:

Shift work and unsociable hours:
A majority of news channel employees works shifts. Unsociable hours are routine; every employee of the channel should expect unsociable hours; shift patterns for individual workers will be entirely at the discretion of management (unless rules or regulations dictate otherwise). Only a minority works ‚overnight', but many will begin earlier than 06.00 or finish later than 22.00. Weekend work is routine. In fact, Saturday and Sunday are the most important days of the week. For some positions, frequent changes to shift patterns are routine. For others (e.g. Output Desk journalists) changes in shift patterns are infrequent (months or years under the same shift pattern). From previous experience, shift work and unsociable hours begin to cause problems around 6-12 months after launch (once the launch magic wears off).

Overtime:
Certain staff members, particularly reporters and technical staff in the field and members of small teams with unique skills, will work overtime routinely. It's best that this be formalised.

Annual Leave:
The channel will be on 24/7/365. Certain periods of the year will be ‚less important' editorially (e.g. mid-summer), but the channel's staff requirements will diminish only marginally during these periods. Annual leave, therefore, cannot be concentrated into traditional ‚high season' periods (typically, weeks that coincide with school holidays). The timing of an individual's annual leave must be entirely at management's discretion.

Travel time:
Certain staff will travel widely and routinely.

Small teams with unique skills:
Certain staff falls into a category that I call ‚small teams with unique skills'. Examples are Studio Control Room staff. For small teams with unique skills issues linked to shift-work and overtime are extra critical. Extreme care must be taken with these teams and the rules and regulations governing their employment. For example, a sudden illness may mean that staffers on shift simply MUST stay and, therefore, it's best that this be formalised.

Pressure:
The nature of 24-hour ‚rolling' news channel means that certain journalistic and technical staff will be under intense pressure. Some staff simply will not cope with the pressure. They will leave or will need to be moved elsewhere. Candidates who come to these positions with some experience of extended live broadcasts - TV or Radio - will have an advantage, at least initially
(P3 S (Sky) 2012).

Vor allem die Schichtarbeit ist ein Dauerthema bei den Mitarbeitern. Arbeitsbeginn für die Mitarbeiter der Frühschicht ist 04.00 Uhr. Sie haben dann drei Stunden Zeit, die erste Sendung um 07.00 Uhr vorzubereiten. Themen müssen recherchiert, Beiträge geschnitten und vertont, Live-Schalten vorbereitet und die Moderatoren geschminkt werden. Hier ein Auszug aus dem Schichtplan:

Schichtzeiten	Positionen
04:00-12:30	Mod. 1 + 2 Sendungen: 7-11 Uhr
08:00-16:30	Mod. 3 + 4 Sendungen: 11-16 Uhr
13:00-21:30	Mod. 4 + 6 Sendungen: 16-21 Uhr
18:00-01:30	Mod. 7 + 8 Sendungen: 21-01 Uhr
11:30-20:00	Mod. 9 INSIDE REPORT Sendung: 19-19:30 Uhr
14:30-23:00	Mod. 10 TRANSFER REPORT Sendung: 18 Uhr und 22:30 Uhr
	Redaktionsdienst
04:00 - 14:45	CvD Output 1 Sendung: 07:00-13:00Uhr
06:30 - 15:00	AR 1
06:00 - 14:30	AR 1 - Spieltag
04:30 - 13:00	Belt 1
04:30 - 13:00	Block 1
05:30 - 14:00	Headliner 1
00:30 - 09:00	Ticker 1
07:30 - 16:00	Red Intake 1 / Block
07:30 - 16:00	Rep 1 Touchscreen
05:30 - 14:00	Digital Signage Red. 1

Abbildung 49: Schichtplan Frühschicht. Quelle: Sky Deutschland.

Es gibt in der Redaktion nach der Frühschicht eine Tagschicht, bei der die Mitarbeiter in einem Zeitfenster von 09.30 bis 20.00 ihre Schichten absolvieren und es gibt noch eine Spätschicht, bei der einzelne Mitarbeiter bis 01.30 Uhr anwesend sein müssen.

15:30 – 02:15	CvD Output 3 Sendung: 19:00–01:00
16:00 – 23:30	AR 4
16:00 – 00:30	AR 4 – Spieltag
17:00 – 01:30	AR 5
14:00 – 22:30	Belt 3
16:30 – 01:00	Belt 4
14:30 – 23:00	Belt 5
16:00 – 00:30	Belt Topspiel
16:00 – 23:30	Transfer Report – Supervisor
14:00 – 22:30	Transfer Report – Belt 1
14:00 – 22:30	Transfer Report – Belt 2
15:00 – 23:30	Transfer Report – Data Red.
15:00 – 23:30	Block 3
16:30 – 01:00	Multimedia 2 / Ticker 3
16:30 – 01:00	Headliner 3
15:00 – 23:30	Intake 2
15:30 – 00:00	Red. Intake 3 / Schalten / Block
16:00 – 00:30	Rep 3 Touch

Abbildung 50: Schichtplan Spätschicht. Quelle: Sky Deutschland.

Abbildung 51: Sendeschema Sky Sport News HD. Quelle: Sky Deutschland.

Am 12. September 2011 verbreitete Sky folgende Pressemitteilung:

> *„200 neue Mitarbeiter haben heute bei Sky Deutschland ihren ersten Arbeitstag. Sky baut damit sein Personal um rund 20 Prozent aus, um den Start des neuen Senders Sky Sport News HD vorzubereiten. Zum Sky Sport News HD-Team gehören insgesamt 14 Moderatoren, 76 Sportredakteure, 70 Techniker sowie 40 Mediengestalter. Die Redaktion, das Studio und der Großteil der Produktion des Senders befinden sich in der Sky Unternehmenszentrale in Unterföhring bei München"* (Sky 09/2011).

Ein Redaktionsleiter Output nach einem Jahr Sportnachrichtenkanal auf Sendung zum Thema Druck:

> [Int (2)1 2013] Nicht jeder Redakteur ist dem Druck gewachsen. Ein Sportredakteur im normalen Fernsehen hat den Druck, dass seine Sendung zu einem bestimmten Zeitpunkt läuft, oft nur einmal pro Woche. Bis dahin muss alles fertig sein. Bei Sport-Live-Übertragungen ist die Sendung immer gleich: Pre-Show, Event, After-Show und Analyse mit Experten. Und danach ist erstmal Zeit, sich auf die nächste Sendung vorzubereiten. Wir haben hingegen den Druck, dauerhaft produzieren zu müssen, jeden Tag brauchen wir 18 Stunden Content. Es gibt für alle Beteiligten in diesem Prozess keine Zeiten, bei denen es ruhiger ist. Zudem erwarten wir von jedem Redakteur, dass er täglich bis zu fünf Minuten sendefähigen Content produziert. Im herkömmlichen Fernsehen schafft ein Redakteur eine bis zweieinhalb Minuten.

Ein Redaktionsleiter Intake zum Thema Schichtbetrieb nach einem Jahr Sportnachrichtenkanal auf Sendung:

> [Int (2)3 2013] Ich kann die Mitarbeiter nicht nach Schema F einplanen: Fünf Tage Arbeit, jedes Wochenende frei und so weiter. Ich habe insgesamt zwölf unterschiedliche Rollenprofile zu besetzen. Es gibt Mitarbeiter, die können fünf Rollen abdecken und es gibt Mitarbeiter, die decken nur eine Rolle ab. Es gibt Personen in der Redaktion, die private Beziehungen führen. Die müssen wir so planen, dass sie auch gemeinsame Wochenenden miteinander verbringen können. Es gibt Krankheit, Urlaub und weitere Gründe, warum sich ein Schichtplan nicht vollkommen standardisieren lässt. Und einige Mitarbeiter beschweren sich natürlich darüber, dass sie einmal fünf Tage arbeiten und zwei Tage frei haben und einmal drei Tage arbeiten und einen Tag frei haben.

5. Training & Rehearsal

Die nötige Qualifikation der Mitarbeiter war am Markt nicht zu finden, also mussten die Personen entsprechend ihrer Tätigkeiten ausgebildet werden. Sky Sport News HD ist der erste Sender in Deutschland, der die industrialisierte Produktionsweise in dieser Konsequenz eingeführt hat. Nicht nur für deutsche Verhältnisse, sondern auch im internationalen Vergleich ist der Grad an Automatisierung und Standardisierung außerordentlich hoch. Beim Aufbau des Senders wurden Technologien und Software-Programme eingeführt, die in dieser Form und Kombination in Deutschland bislang nicht genutzt wurden. Die Beschreibung der Programme und der zugehörigen Workflows folgt später. Die Mitarbeiter, die für den Nachrichtenkanal eingestellt wurden, hatten in vielen Fällen vorher keinen Kontakt zu diesen Technologien. Auch die Arbeitsabläufe, die mit diesen Technologien verbunden sind, waren für einen Großteil der Mitarbeiter unbekannt. Aus diesem Grund war ein Hauptziel der Personalbeschaffung, die Mitarbeiter mindestens zwei Monate vor Senderstart verfügbar zu haben. In diesen zwei Monaten wurden die Mitarbeiter intensiv an der neuen Soft- und Hardware und in den Arbeitsabläufen geschult. Für jede einzelne Berufsgruppe wurde definiert, welche Trainings zu absolvieren sind. Die Beispiele unten zeigen die Journalisten und die Control Room Operatoren.

Journalists	Control Room Operators
1) INews Super User	1) INews Basic
2) INews Train-the-Trainer	2) INews Rundown
3) INews Basic	3) INews VizRT
4) INews Rundown	4) INews Mosart
5) INews VizRT	5) Mosart basic
6) INews Mosart	6) Mosart advanced
7) Newscutter & Interplay Access	7) Interplay Assist
8) Newscutter & Interplay Access basic	8) Scheduall basic
9) Newscutter & Interplay Access adv.	9) Video Monitoring System
10) Interplay Assist	10) Video Router
11) Scheduall basic	11) Comms System
12) Scheduall advanced	12) Vinten Robotics
13) Video Monitoring System	13) Vision Mixer panel basic

14) Video Router	14) Audio Mixer panel basic
15) Comms System	15) Multi-Viewer system
16) Aspera basic	16) Lighting System
17) The Prompter System	17) Rosco View
18) Touchscreen systems	18) Aspera basic
19) On-Air-Voice Training	19) Touchscreen systems

Abbildung 52: Trainingsplan Liste. Quelle: Sky Deutschland.

Zwei Mitarbeiter waren zweieinhalb Monate damit beschäftigt, den Trainingsplan zu entwerfen, die Personen einzuteilen und Räume, Trainer und entsprechendes Equipment zu organisieren. Der Trainingsplan war ausgedruckt circa drei Meter breit und einen Meter hoch und wurde im Projektbüro an eine Wand befestigt. Jeder Schulungsteilnehmer bekam eine Mappe mit den persönlichen Schulungsunterlagen, dem Thema und der Termin- und Raumangabe zum jeweiligen Training. Täglich mussten von den neuen Mitarbeitern zwei Schulungen besucht werden, die zwischen drei und vier Stunden lang waren. Die Klassen hatten maximal acht Teilnehmer.

Abbildung 53: Trainingsplan. Quelle: Sky Deutschland.

Raum:	Kurs	Bereich	Name
0.8.3.	1	Inews Basic	Media Management	Name
	2		Media Management	Name
	3		Video Editors	Name
Trainer:	4		Engineering	Name
Name	5		Floor Manager	Name

Abbildung 54: Detaillierter Trainingsplan. Quelle: Sky Deutschland.

Für die Schulungen wurde ein besonderes Konzept angewendet, dass mit „train the trainer" bezeichnet wurde. „Train the trainer" bedeutet, dass besonders talentierte Mitarbeiter ausgewählt wurden, die dann von professionellen Dienstleistern oder den Herstellern der genutzten Soft- und Hardware in intensiven Trainingseinheiten ausgebildet wurden. Diese Mitarbeiter mussten sich in kurzer Zeit in ein Themengebiet einarbeiten und so sicher im Umgang damit werden, dass sie danach selbst Trainings für die restlichen Mitarbeiter geben konnten. So konnten nicht nur Kosten gespart werden, denn professionelle Trainer rufen eine Tagesgage von 1.500 Euro bis 2.500 Euro auf, sondern es wurde auch sichergestellt, dass die Mitarbeiter sich wirklich mit der Thematik auseinandersetzen. Denn um ein Training für andere Kollegen zu geben, ohne sich zu blamieren, mussten mehr als nur die Zusammenhänge verstanden werden.

Ungefähr zwei Wochen vor dem Sendestart war die Trainingsphase abgeschlossen und die ersten Proben (Rehearsals) für den neuen Sender wurden angesetzt. Anfangs konnten nur 15 bis maximal 30 Minuten am Tag produziert werden. Die Systeme arbeiteten fehlerhaft, Programmierungen waren noch nicht abgeschlossen, das Studio war noch nicht ausgeleuchtet und vieles mehr. Diese beiden Wochen vor Sendestart waren entscheidend für den Erfolg des Senders! Die technischen Systeme mussten „zum Laufen" gebracht und die Workflows und die Kommunikation intern und zu den Dienstleistern musste geübt werden. Die täglich produzierten Sendungen wurden immer länger. Nach einigen Tagen wurde eine Stunde geschafft, dann zwei und so weiter. Erst drei Tage vor Sendestart konnte die erste 18-stündige Sendestrecke gefahren werden. Parallel wurde aber immer noch rund um die Uhr an allen Systemen fieberhaft geschraubt, verbessert und optimiert.

6. Anpassung der Architektur an die Organisationsstruktur

Die Planer, Architekten und Ingenieure hatten zwei Aufgaben zu lösen. Erstens musste die gesamte Infrastruktur für den Sportnachrichtenkanal in ein Bürogebäude installiert werden, das niemals für eine TV-Produktion vorgesehen war. Zweitens mussten alle Komponenten wie Studio, Nachrichtenredaktion, Regie und so weiter so konzipiert und gebaut werden, dass sie die hochindustrielle Produktionsform des Nachrichtenfernsehens nicht nur unterstützen, sondern auch fördern. Der Bau musste also an die Workflows der Produktion angepasst werden. Sky bezog zwar erst einige Monate vor der Entscheidung für den Sportnachrichtenkanal ein komplett neu gebautes Hauptquartier, doch die Planungen für das Gebäude begannen circa sechs Jahre zuvor und der Bau circa drei Jahre zuvor. Die Planung erfolgte noch unter dem ehemaligen Premiere-Vorstand Georg Kofler und sah ein Bürogebäude in der Außenform eines Stadions für ungefähr 1.000 Mitarbeiter vor.

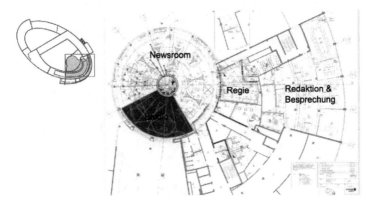

Abbildung 55: Pläne des Bürogebäudes. Quelle: Sky Deutschland.

Im linken kleinen Grundriss ist die Außenform des Sky-Gebäudes zu sehen. Das Rechteck mit der grauen Fläche markiert den Teil, der für den Sportnachrichtenkanal umgebaut wurde. Die Vergrößerung rechts zeigt die Fläche des Sportnachrichtenkanals. Im Rondell befindet sich der Redaktionsraum. Das Studio ist rot markiert, daneben rot umrandet die Regie, rechts daran weitere Redaktionsarbeitsplätze und Besprechungsräume. Die räumliche Nähe beschleunigt die Workflows und verbessert die Kommunikation.

Die Fläche, in die der Sportnachrichtenkanal installiert wurde, wurde zuvor als großer Besprechungsraum genutzt. Die Fläche ist mitten im Gebäude, vom Eingangsbereich sichtbar im ersten Stock über einer Kaffeebar und der Kantine gelegen. Jeder, der das Gebäude betritt, sieht als erstes das Studio und die Moderatoren durch eine große Glasscheibe. Dies war ein nicht unbedingt geplanter, dennoch sehr wirksamer Nebeneffekt. Nach Jahren als „Papierfernsehsender" zog zum ersten Mal eine TV-Produktion in das Gebäude, an eine präsente Stelle, die für jeden sichtbar war.

Um die aus der Art der Produktion abgeleiteten Workflows bestmöglich baulich abzubilden, befinden sich die Nachrichtenredaktion (Newsroom) mit circa 60 Arbeitsplätzen und das Studio ohne bauliche Trennung in einer kreisrunden Fläche mit 400 Quadratmetern. Die Fläche ist komplett offen bis auf einen runden Bereich in der Mitte, die sogenannte Rotunde. Die Rotunde konnte nicht entfernt werden, da sie ein tragendes Element aus Beton und Stahl ist. Anfangs als extrem störend empfunden, wurde – wie so oft im Fernsehen – aus dieser Not eine Tugend gemacht. Die Rotunde sieht aus wie die Nabe an einem Rad und bekam den internen Namen „the hub", was soviel bedeutet wie Zentrum, Mittelpunkt, Drehscheibe oder eben Nabe. Es entstand die Idee, dass Redaktionsraum und Studio nicht nur im Zentrum des Sky-Gebäudes sind, sondern dass dieser Raum im Zentrum des Sportgeschehens in Deutschland stehen soll. Alle Informationen aus der Welt des Sports laufen dort zusammen, werden aufbereitet und dem Zuschauer präsentiert.

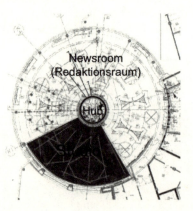

Abbildung 56: Gebäudeplan Newsroom. Quelle: Sky Deutschland.

Es gibt also nicht nur einen „hub" innerhalb des Newsrooms, sondern der Newsroom selbst soll der „hub" der Sportwelt werden. Diese Idee wurde auch im On-Air-Design des Kanals übernommen. Die „Signation" des Senders stellt einen „hub" dar, in den die Nachrichten aus dem Sport, visualisiert durch Lichtströme, zentral fließen.

Abbildung 57: Die Form des „Hub" wurde auch im On-Air-Design des Senders übernommen. Quelle: Sky Deutschland.

Vor dem Umbau wurden unzählige Tests durchgeführt. Potenzielle Studiopositionen wurden ausprobiert, ausgeleuchtet und gefilmt. Es wurde auch mit verschiedenen Technologien experimentiert, um Lichtkästen auszuleuchten. Hier war die Aufgabe, in der Kamera eine gleichmäßige Lichtfläche zu erzeugen, denn herkömmliche Verfahren waren nicht gleichmäßig genug für HD-Produktionen.

Abbildung 58: Oben: Versuche mit Lichtkästen. Unten: Studiofläche vor dem Umbau mit dem Versuch, die richtige Position für den Moderationstisch zu finden. Quelle: Sky Deutschland.

Aufgrund der kurzen Bauzeit von fünf Monaten waren phasenweise 60 Ingenieure und Arbeiter gleichzeitig beschäftigt. Es wurden 200 Kilometer Kabel verlegt, 150 neue Computer mit über 300 Monitoren aufgestellt, 77 TV-Monitore eingebaut, eine eigene Stromversorgung sowie ein Dieselgenerator für Notstrom und 102.530 einzelne LED-Pixel verbaut.

Abbildung 59: Baufortschritt. Von oben nach unten: Einbau der beiden großen Glasscheiben zum Foyer, Umbau des Hub, fertiges Studio. Quelle: Sky Deutschland.

Das Nachrichtenstudio hat nur eine Größe von circa 100 Quadratmetern. Um es optisch größer erscheinen zu lassen, wurde der Hintergrund hinter dem Nachrichtentisch (main anchor desk) verändert. Die ursprüngliche Fensterkonstruktion wurde entfernt und es wurden zwei große Glasscheiben verbaut. Dadurch wurde das Studio optisch um das ganze Foyer, das nun im Hintergrund zu sehen ist, verlängert, obwohl das Studio in Wirklichkeit 50 Zentimeter hinter den Moderatoren zu Ende ist. Dies hatte allerdings zur Folge, dass der gesamte Bereich im Foyer als Set betrachtet werden musste, weil er nun im „On" (also im Bild zu sehen) war. Der Bereich des Foyers, der nun im „On" war, musste entsprechend dem Studiodesign umgebaut werden. Der untere Teil, der nicht im Bild zu sehen ist, wurde in seiner ursprünglichen Form und Farbe gelassen.

Das Setdesign für den Sportnachrichtenkanal durchlief im Laufe der Zeit drei Phasen.

Abbildung 60: Umbau Foyer. Oben der Originalzustand mit dem Studio über der Kaffeebar, links unten ein „Rendering" des Setdesigners, rechts unten der Umbau. Quelle: Sky Deutschland.

Abbildung 61: Drei Designphasen von oben nach unten ("Renderings").
Quelle: Sky Deutschland.

Der erste Designvorschlag kam von einem neuseeländischen Architekten. Der Entwurf wurde als zu brav, zu altbacken und zu „amerikanisch" eingestuft. In einer frühen Projektphase war noch ein zweites Set im Foyer geplant, das aber aus verschiedenen Gründen nicht realisiert werden konnte. Der zweite und der dritte Entwurf stammen jeweils von Florian Wieder, einem international sehr erfolgreichen Setdesigner mit Büros in München und Los Angeles. Der zweite Entwurf wurde als zu dunkel empfunden. Sowohl Decke als auch der Studioboden waren schwarz, die Oberlichter hatte die Form von „Amöben" und der Studiotisch war futuristisch in der Anmutung, für zwei Moderatoren geschaffen und drehbar, denn der Designer hatte eine zweite Einstellung mit den Redaktionsarbeitsplätzen im Hintergrund im Sinn (siehe Abbildung oben Mitte rechts). Der dritte und finale Entwurf taucht das Studio in die Primärfarben rot und blau, mit einem sehr hohen Anteil von rot. Fußboden und Decke bekamen helle Farben und der Studiotisch bekam eine Form, wie sie in amerikanischen Nachrichtenstudios üblich ist. In dieser Form wird von „2+2" gesprochen, das bedeutet es sind meistens zwei Moderatoren am Tisch, es können aber zusätzlich noch zwei weitere Gäste am Tisch Platz nehmen. Es wird nur in Richtung „Foyer" geschossen, also gedreht.

Viele Nachrichtenstudios weltweit sind entweder rot oder blau oder beides. Blau steht für Information, investigativen Journalismus, Seriosität und Kälte. Rot steht für Emotion. In Deutschland sind die Nachrichtenstudios der öffentlich-rechtlichen Sender meist blau (in Wahrheit sind die Studios innen grün – green screen studios – und die blaue Farbe wird am Videomischpult nachträglich eingestanzt). Das Nachrichtenstudio von RTL wurde früher in den Farben Rot, Gelb und Blau bespielt. Mit dem Moderator Peter Klöppel hielt bei RTL die Seriosität Einzug und das Studio ist nun primär blau. Die Nachrichtenstudios von ProSieben oder RTL2, in denen auch viel über Klatsch und Tratsch aus der Musik-, Film-, und Fernsehwelt berichtet wird, sind primär rot. Die News Corporation nutzt standardisiert die Primärfarben rot und blau. Die Abbildung unten zeigt das Studio von „Sky News" aus London.

Abbildung 62: Sky News Studios London. Quelle: BSkyB.

7. Die Organisationsstruktur des Sportnachrichtenkanals

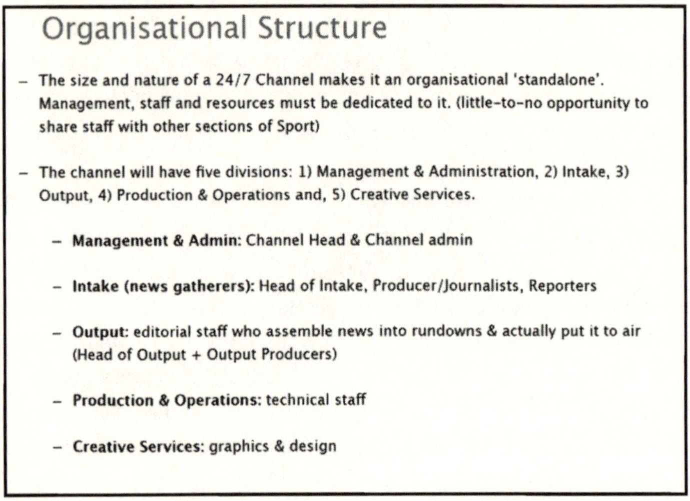

> **Organisational Structure**
>
> – The size and nature of a 24/7 Channel makes it an organisational 'standalone'. Management, staff and resources must be dedicated to it. (little-to-no opportunity to share staff with other sections of Sport)
>
> – The channel will have five divisions: 1) Management & Administration, 2) Intake, 3) Output, 4) Production & Operations and, 5) Creative Services.
>
>   – **Management & Admin:** Channel Head & Channel admin
>
>   – **Intake (news gatherers):** Head of Intake, Producer/Journalists, Reporters
>
>   – **Output:** editorial staff who assemble news into rundowns & actually put it to air (Head of Output + Output Producers)
>
>   – **Production & Operations:** technical staff
>
>   – **Creative Services:** graphics & design

Abbildung 63: Organisational Structure, Präsentation Sky Sport News HD. Quelle: Sky Deutschland.

Die Erfahrung der News Corporation aus Ländern wie England oder Italien lehrt, dass Nachrichtenkanäle organisatorisch nicht oder nur sehr schwer in bereits bestehende Organisationsstrukturen eingebunden werden können. Manager, Mitarbeiter auf allen Stufen und sonstige Ressourcen sind hochgradig spezialisiert und sollen und müssen sich allein auf das Nachrichtengeschäft konzentrieren. Die Aufbauorganisation eines Nachrichtenkanals wird klassischerweise in fünf Bereiche unterteilt. Unter „Management & Administration" fallen der Leiter des Kanals, das dazugehörige Sekretariat und Stabstellen wie die strategische Planung oder das Controlling. Die Redaktion wird in die beiden Bereiche Intake und Output unterteilt. Intake – zu Deutsch Planungsredaktion – ist der Bereich, der die Nachrichten, Beiträge und Live-Schalten mit Reportern vor Ort produziert. Output – zu Deutsch Sendungsredaktion – ist der Bereich, der aus allen Themen und Beiträgen einen Sendungsablauf erstellt und diesen auch on air bringt und so ein für die Zuschauer interessantes und relevantes Programm zusammenstellt.

„Production & Operations" wird unter dem Schlagwort „technical staff" zusammengefasst. Die Mitarbeiter aus dem Bereich „Operations" sind in erster Linie für das Leitungs- und Signalmanagement verantwortlich, dazu gehören Glasfaserleitungen sowie Internet- und Satellitenverbindungen. Sie sorgen dafür, dass Material, das für die Sendung benötigt wird, zur richtigen Zeit am richtigen Ort ist. Die Mitarbeiter aus dem Bereich „Production" unterstützen die Redaktion dabei, Programm zu erstellen. Editoren schneiden die Beiträge, die „Studio Operators" sorgen für einen reibungslosen Ablauf im Studio. Sie kümmern sich darum, dass die technischen Geräte im Studiobereich funktionieren und verkabeln die Moderatoren und Gäste mit Mikrofonen. Die „Control Room Operator" oder „Mosart Operator" bedienen die Automation in der Regie. Die Workflows der einzelnen Positionen werden im Abschnitt Ablauforganisation noch näher beschrieben. Die „Transmission Operator" stellen den finalen sendefertigen Kanal mit allen graphischen Animationen, Werbung und On-Air-Promotion zusammen.

Der letzte Bereich betrifft Graphik und Design. Zehn Graphiker sollen die Graphiken, die für den Live-Betrieb notwendig sind, entwickeln und animieren. Die genaue Aufteilung mit der genauen Anzahl der Mitarbeiter wird auf einem zweiten Organigramm noch vertieft. Auffallend ist der hohe Bedarf an Mitarbeitern im Bereich der Redaktion, insgesamt werden 57 Redakteure benötigt, und der hohe Bedarf an Mitarbeitern im Bereich „Operations". Dies lässt sich damit erklären, dass diese Mitarbeiter fast rund um die Uhr für die Produktion zur Verfügung stehen müssen und deshalb in Schichtdienste eingeteilt werden.

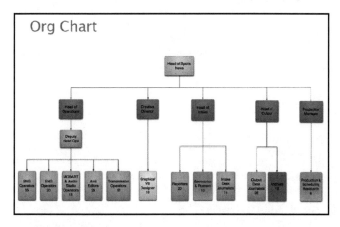

Abbildung 64: Organigramm (Beispiel), Präsentation Sky Sport News HD. Quelle: Sky Deutschland.

Der Hauptgrund für die Industrialisierung der Prozesse ist, Kosten zu reduzieren. Jeder Euro soll in die Beschaffung von Nachrichten gesteckt werden. Im Vergleich zu den Kosten des Aufbaus der technischen Infrastruktur für einen Sportnachrichtenkanal im Jahr 2008 in Italien und dem Aufbau der technischen Infrastruktur in Deutschland 2011 konnten mehrere Millionen Euro gespart werden. Mit diesen Mitteln kann die komplette Reportercrew für Sky Sport News HD für ein Jahr betrieben werden, um vor Ort Nachrichten zu produzieren. Und das ist es, was das Programm für den Zuschauer interessant, abwechslungsreich und sehenswert machen soll.

Die Budgets für den Aufbau eines Nachrichtenkanals werden mit Hilfe automatisierter Prozesse und der damit einhergehenden Reduzierung des Personals zugunsten der Nachrichtenbeschaffung verschoben. Noch vor wenigen Jahren musste ein Großteil der zur Verfügung stehenden Mittel für die technische Infrastruktur ausgegeben werden. Heute wird der größte Teil des Budgets in die Nachrichtenerstellung gesteckt.

An dieser Stelle ist die Beschreibung der Aufbauorganisation für den Sportnachrichtenkanal abgeschlossen. Der Zusammenhang von Aufbau- und Ablauforganisation wird von einem Projektleiter folgendermaßen auf den Punkt gebracht:

> [Int (2) 2 2013] Fewer people pushing buttons means more money for news gathering.

Das folgende Kapitel zur Ablauforganisation beschreibt ausführlich, wie und mit welchen Methoden eine Sendung beim Sportnachrichtenkanal entsteht.

III. Ablauforganisation

Im folgenden Abschnitt wird die Ablauforganisation des Sportnachrichtenkanals Sky Sport News HD beschrieben. Der gesamte Workflow von Sky Sport News HD kann in zwei Zeichnungen systematisiert werden. Die erste Zeichnung bildet den Workflow für alles Material ab, das in die Redaktion kommt. Die zweite Zeichnung bildet den Workflow für die interne Bearbeitung und den Materialfluss des ausgehenden Materials ab.

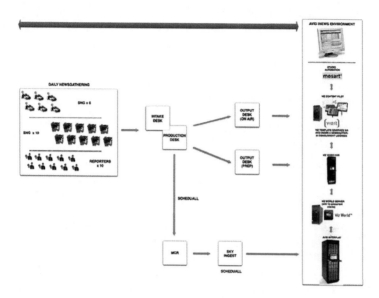

Abbildung 65: Workflow für eingehendes Material. Quelle: Sky Deutschland.

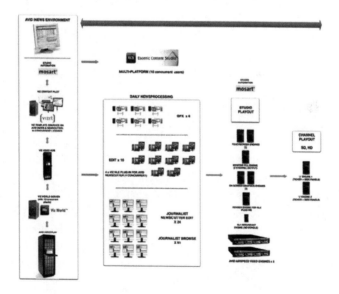

Abbildung 66: Workflow für ausgehendes Material. Quelle: Sky Deutschland.

Im folgenden Abschnitt wird die Ablauforganisation für die Kernprozesse der Erstellung von Nachrichten in einer automatisierten Umgebung beschrieben. Der erste Abschnitt beschreibt die Grundlage dieser Art der Produktion: Die Standardisierung der Geschichten, die erzählt werden.

1. Standardisierung der Inhalte

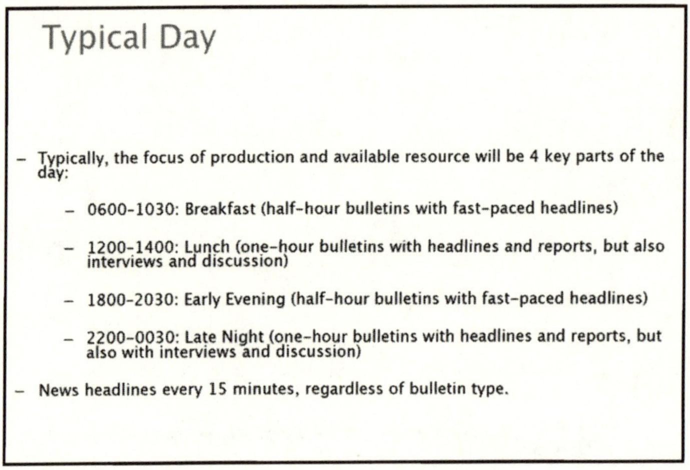

Typical Day

- Typically, the focus of production and available resource will be 4 key parts of the day:
  - 0600-1030: Breakfast (half-hour bulletins with fast-paced headlines)
  - 1200-1400: Lunch (one-hour bulletins with headlines and reports, but also interviews and discussion)
  - 1800-2030: Early Evening (half-hour bulletins with fast-paced headlines)
  - 2200-0030: Late Night (one-hour bulletins with headlines and reports, but also with interviews and discussion)
- News headlines every 15 minutes, regardless of bulletin type.

Abbildung 67: Typical Day, Präsentation Sky Sport News HD.
Quelle: Sky Deutschland.

Dieses Originaldokument beschreibt vier Kernelemente eines Sendetages. Die Zeiten von 06.00 Uhr bis 10.30 Uhr (Breakfast) und von 18.00 Uhr bis 20.30 Uhr (Early Evening) werden mit dem höchsten Aufwand betrieben, denn zu diesen Zeiten werden die meisten Zuschauer erwartet – morgens vor der Arbeit und abends direkt nach der Arbeit. Alle News Bulletins, die Themen des Tages, sollen innerhalb von 30 Minuten berichtet werden. Davon unabhängig sollen die Schlagzeilen alle 15 Minuten wiederholt werden, egal welches Sendeschema gerade gefahren wird. In der Zeit von 12.00 Uhr bis 14.00 Uhr (Lunch) und 22.00 Uhr bis 00.30 Uhr (Late Night) wird die Geschwindigkeit der Sendung variiert und deutlich langsamer. Die Themen des Tages sollen in einer Stunde statt in 30 Minuten abgearbeitet werden, die übrige Zeit kann mit Interviews und Diskussionen mit Experten gefüllt werden. Wie genau eine Sendung aussieht, wird nun erläutert.

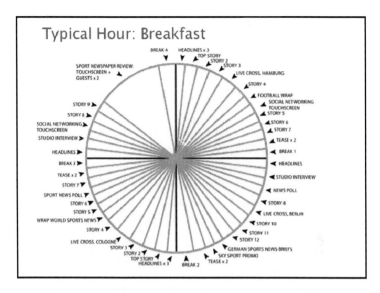

Abbildung 68: Typical Hour: Breakfast, Präsentation Sky Sport News HD.
Quelle: Sky Deutschland.

Der Kreis stellt eine Stunde Programm dar, aufgeteilt in vier Blöcke à 15 Minuten. Auf den ersten Blick sehen die 15 Minuten Blöcke sehr ähnlich aus. Bei näherer Betrachtung wird die Strategie aber deutlich. Die Blöcke sollen in unterschiedlichen Varianten präsentiert werden, damit der Zuschauer das Gefühl von Abwechslung bekommt. Jeder Block beginnt mit den Headlines. Das sind die drei wichtigsten Nachrichten (Schlagzeilen), die den Einstieg in eine „Show" markieren. Im ersten Block folgt darauf die Topstory. Dies ist meist ein vorgefertigter Beitrag von maximal drei Minuten Länge, der sich mit dem Thema des Tages beschäftigt. Im zweiten Block folgt auf die Headlines ein Studiointerview mit einem Gast oder Experten, im dritten Block kommt wieder die Topstory und im vierten Block folgt wieder das Studiointerview.

In Block 1 folgen nach der Topstory zwei weitere Beiträge, Story 2 und Story 3, die von den Moderatoren aus dem Studio anmoderiert werden. Auf die Beiträge folgt eine Live-Schalte über eine SNG nach, in diesem Beispiel Hamburg. Anschließend kommt ein weiterer Beitrag, Story 4, gefolgt von einer Zusammenfassung der neuesten Ereignisse aus dem Fußball, „Football Wrap", sowie einem Blick auf die Sportthemen, die bei Facebook oder Twitter diskutiert werden, „Social Networking". Nach drei weiteren Beiträgen, Story 5 bis 7, folgt ein Teaser (eine Programmankündigung) auf die folgenden Themen, in diesem Beispiel das Studiointerview und die Live-Schalte nach Berlin. Nach der Werbepause (Break) ist der erste Block abgeschlossen.

Im zweiten Block werden nicht die Beiträge aus der ersten Viertelstunde wiederholt, sondern es werden andere Themen behandelt, Story 8 bis 12. Als neue Elemente kommen ein Studiointerview, ein Umfrageergebnis, eine weitere Live-Schalte nach Berlin, sowie ein bunter Beitrag mit Meldungen deutscher Athleten über alle Sportarten hinweg (German Sports News). Erst im dritten Block werden die Storys wiederholt. Die neuen Elemente in diesen 15 Minuten sind eine neue Live-Schalte nach Köln, sowie ein Beitrag mit „Sport News" aus aller Welt (Wrap World Sports News).

Im vierten Block wird nach den Schlagzeilen das Studiointerview aus Block 2 wiederholt. Dazu gibt es ein sehr langes Element mit fünf bis sieben Minuten, in dem die Sport-Schlagzeilen aus den aktuellen Zeitungen aufgearbeitet werden. Die Ausschnitte aus den Zeitungen oder auch den Webseiten werden auf den Touchscreen gespielt und der Reporter kann diese nicht nur kommentieren, sondern auch – wie vorher beschrieben – bearbeiten, indem er Ausschnitte vergrößert oder farblich markiert. Dieses Segment kann allein vom Reporter moderiert oder mit Gästen diskutiert werden. So wird zum Beispiel nach einem Formel-1-Wochenende die Presseschau zum Rennen oft von einem Formel-1-Experten kommentiert.

Die Stories selbst werden über den Tag hinweg ständig umgearbeitet, damit dem Zuschauer nicht langweilig wird. Es kann zwar immer das gleiche Thema behandelt werden, aber die Art und Weise der Präsentation variiert. Der Projektleiter sagt dazu „a lot of writing has to be done during the day" [Int (2) 2 2013].

Zusammenfassend besteht eine Stunde Nachrichtenprogramm am Vormittag aus:

- 4 Headlines (Die Nachrichten des Tages)
- 12 vorgefertigten Beiträgen von einer bis drei Minuten Länge
- 3 Live-Schalten zu unterschiedlichen Zeiten und Themen
- 1 Interview mit einem Gast oder Experten
- 7 bunten Stücken wie Umfragen oder Sportzusammenfassungen

- 1 Presseschau in Tageszeitungen und Internetportalen
- 4 Werbeblöcken mit Flächen für On-Air-Promotion

Jeder Nachrichtensender legt sich ein inhaltliches Konzept zu, damit die Zuschauer sich an das Profil des Sender gewöhnen können, aber auch damit die Mitarbeiter wissen, wie und was sie produzieren müssen. Die erste Aufgabe dieses Sportnachrichtenkanals ist, dass die wichtigen Sportkunden der Plattform befriedigt werden sollen. Bis zu 80 Prozent der Nachrichten kommt aus dem Bereich nationaler Fußball. Das bedeutet, dass sich mindestens drei aus fünf Schlagzeilen (englisch: Bulletins) pro Nachrichtenblock mit dem Thema Fußball beschäftigen. Dazu ein Redaktionsleiter von Sky Sport News:

> [Int (2) 1 2013] Zum Ende der Ligen, also im Mai, schaffen wir diese Vorgabe sehr gut und übererfüllen sie zum Teil, da dann die Nachrichtenlage sehr dicht ist. In der Sommer- und Winterpause fällt uns das schwerer und es sind dann auch Tage dabei, an denen wir weniger Themen zum Fußball haben. Wir haben im Durchschnitt 40 bis 50 unterschiedliche Nachrichtenthemen pro Tag und von denen schaffen es ungefähr 90 Prozent in die Sendung.

Neben der ersten und zweiten Fußballbundesliga wird auch von internationalen Topligen aus England, Spanien und Italien sowie von internationalen Wettbewerben wie der UEFA Champions League und der Europa League reichlich berichtet. Besonders interessant sind natürlich Spiele der großen internationalen Wettbewerbe mit deutscher Beteiligung.

Ein weiterer Fokus liegt auf deutschen Athleten, egal welche Sportart sie betreiben und Sportereignissen, die in Deutschland stattfinden wie beispielsweise eine Ski-Weltmeisterschaft. Es sollen auch vorrangig Themen berücksichtigt werden, die im Live-Programm auf der Plattform stattfinden. Das können die eigenen Sender, aber auch Partnerkanäle sein. Der Super Bowl wird jedes Jahr von ESPN, einem Kanal auf der Plattform, übertragen und ist auch selbstverständlich in den News ein Thema. Berücksichtigt wird auch die Relevanz der Sportarten. Nach Fußball ist das in Deutschland sicherlich die Formel-1, danach Tennis, Golf, Wintersport, Boxen, Handball, Basketball und so weiter. Regelmäßig im Programm ist auch ein Beitrag mit den Neuigkeiten aus dem gesamten US-Sport. Sportliche Großveranstaltungen wie die Olympischen Spiele oder Fußballweltmeisterschaften finden sich selbstverständlich auch in den Newsblöcken wieder. Zum Abschluss einer Sendung wird regelmäßig ein „bunter Beitrag" gemacht, der skurrile Themen wie das „Skirennen der Weihnachtsmänner" in unterhaltsamer Art und Weise aufbereitet. Auch wie die Beiträge selbst aufgebaut sein sollen, wird standardmäßig vorgegeben, wie hier am Beispiel des Openers gezeigt wird.

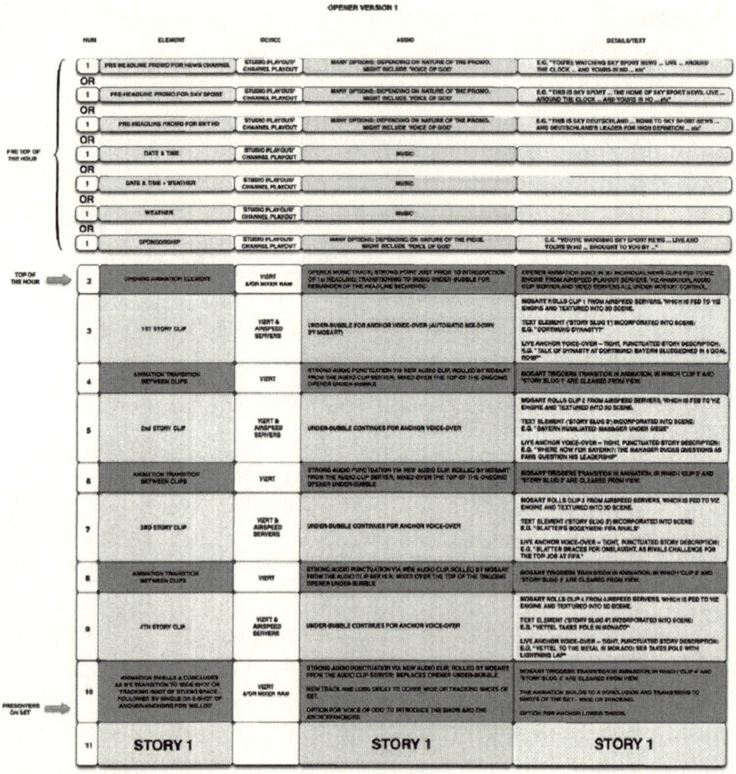

Abbildung 69: Show Opener. Quelle: Sky Deutschland.

Ein Redaktionsleiter Output zum Sendekonzept:

> [Int (2) 1 2013] Das Sendekonzept „rolling news" wurde am Anfang festgelegt. Das Sendekonzept und die industrielle Produktionsweise sind hochkomplex und für fast alle Beteiligte Neuland.

Die Redaktionskollegen und die Kollegen aus der Technik haben ein Jahr gebraucht, die Workflows und die Struktur zu verinnerlichen und zu beherrschen. Erst nach einem Jahr fangen wir überhaupt an, darüber nachzudenken, ob es auch richtig ist, wie wir es machen. Erst jetzt stellen wir Konzepte auch in Frage. Vorher sind wir überhaupt nicht dazu gekommen.

Wir haben erst nach einem Jahr angefangen, vom „rolling news" Konzept Ausnahmen zu machen. Mit „Transfer Report", einer Sendung zum Vereinswechsel von Fußballspielern in der Sommer- und Winterpause und „Inside Report" einer Sendung mit längeren Hintergrundberichten aus der Welt des Sports, haben wir zwei Sendungen mit festen Sendezeiten ins Programm genommen. Beide Sendungen sind 60 Minuten lang und werden nur einmal am Tag gezeigt, „appointment to view" eben. Die Sendungen geben uns als Sportnachrichtensender mehr Profil bei den Zuschauern. Und die Redakteure freuen sich, wenn sie auch mal längere Stücke, mit mehr Zeit für die Recherche, machen dürfen.

Der Redaktionsleiter Intake zum Thema Inhalte:

[Int (2) 3 2013] Es geht in erster Linie um Geschwindigkeit. Wir haben uns auf die Fahnen geschrieben, als erster Kanal in Deutschland eine Nachricht zu senden. Jeder Journalist muss sich natürlich selbst überlegen, welche Story er bringt. Nehmen wir das Beispiel einer Pressekonferenz mit Borussia Dortmund Trainer Jürgen Klopp. Er erzählt nur Dinge, die wir schon kennen, aber er hat eine neue Frisur. Dann ist die Story nicht, was er erzählt, sondern wie er es erzählt, nämlich mit einem neuen Haarschnitt. Und zum Thema Haarschnitt in der Fußball-Bundesliga fällt mir plötzlich ganz viel ein, mit dem ein Beitrag interessant gemacht werden kann.

Man muss sich ja auch mal in einen Sportjournalisten hineinversetzen, der den 400. Spielbericht über ein Fußball-Bundesliga-Spiel schreibt. Natürlich bedient der sich aus seinem Phrasentopf: ... und dann die 47. Minute und Flanke-Kopfball-Tor! Da muss ich als Führungskraft Impulse setzen und die Journalisten dazu bringen, auch mal neue Wege zu gehen.

2. News Gathering

Das „News Gathering", also die Nachrichtenerstellung vor Ort, hat oberste Priorität bei diesem Sendekonzept. In den Bereich „News Gathering" werden besonders viel Einsatz und auch viele finanzielle Mittel gesteckt. Der Zuschauer soll das Gefühl haben, dass der Nachrichtenkanal ständig (als Erster) vor Ort ist und Informationen aus erster Hand liefert.

Abbildung 70: Links oben: Pressekonferenz Bundesliga. Rechts oben: Wimbledon 2012. Mitte Links: Rücktritt Magdalena Neuner. Mitte Rechts: Vier-Schanzen-Tournee. Links unten: Euro 2012 Polen/Ukraine. Rechts unten: Super Bowl 2012 Indianapolis. Quelle: Sky Deutschland.

Die Wahl der SNG-Basisfahrzeuge (Satellite News Gathering) fiel auf das Modell Vito von Mercedes-Benz. Viele TV-Stationen bevorzugen größere Fahrzeuge, um mehr Technik (und Personal) unterzubringen und dem Problem der beschränkten Nutzlast der Fahrzeuge aus dem Weg zu gehen. Für einen Sportnachrichtenkanal sind kleinere Fahrzeuge wie der Vito von Vorteil, um schnell und flexibel zu sein, denn vor allem in Innenstadtlagen und Trainingsgeländen ist die Parksituation oft eingeschränkt. Die Konstruktion des Fahrzeugs erlaubt Industrialisierung in höchster Form. Der Truck wird von nur einer Person betrieben. Diese Person fährt, bedient die Kamera, schneidet, vertont den Beitrag und überträgt das Material oder die Live-Schaltung per Satelliten-Uplink ins Sendezentrum. Hinzu kommt lediglich ein Report aus der Redaktion. Der Reporter ist für den Inhalt verantwortlich, schreibt den Beitrag und steht für die Moderation des Beitrages oder für Live-Schalten vor der Kamera.

Abbildung 71: SNG Truck außen; Auf dem Dach befindet sich die Antenne zum Uplink. Quelle: Sky Deutschland.

Abbildung 72: SNG Truck innen; Technik für Aufnahmen, Schnitt, Vertonung und Uplink. Quelle: Sky Deutschland.

Abbildung 73: SNG Truck Laderaum; Videokabel für die Kamera, Stromversorgung, Generator und Kreuzschiene. Quelle: Sky Deutschland.

Abbildung 74: SNG Truck von Sky Sport News HD im Einsatz. Quelle: Sky Deutschland.

Neben den SNG-Fahrzeugen gibt es für den Sportnachrichtenkanal noch 5 ENG-Fahrzeuge – ENG steht für „Electronic News Gathering". Das sind Opel Astra Kombis mit einem „Kit" zur Aufnahme: Kamera, Mikrofon, Licht sowie ein Laptop für den Schnitt. Die Autos werden von den Reportern selbst gefahren und diese bedienen auch das gesamte Equipment. Sie drehen, schneiden und schicken das Material ins Sendezentrum. In Ausnahmefällen fährt ein Kameramann mit, um die Aufnahme für eine Moderation zu machen. Der Transfer der Daten erfolgt via Internet. Dazu wird eine spezielle Technologie der Firma Aspera genutzt. Die Reporter öffnen eine Software auf dem Laptop und können große Files mit hoher Geschwindigkeit verschicken, sobald sie Zugriff auf das Internet per WLAN, Ethernet oder mobiler Datenkarte haben. Während Sky Sport News HD mit einem Operator für die gesamte Technik und einem Reporter auskommt, nutzen andere Sender bedeutend mehr Personal.

Abbildung 75: ENG-Crew von Sky Sport News HD mit einer Reporterin, einem Kameramann und einem Operator. Quelle: Sky Deutschland.

Oben die Crew von Sky Sport News HD und im Vergleich dazu ein Bild einer herkömmlichen ENG-Crew des britischen Senders BBC beim selben Formel-1-Rennen in Hockenheim im Jahr 2012. Von der BBC vor Ort sind zwei Experten, die vor der Kamera stehen, zwei Kameramänner mit jeweils einem Assistenten, ein Tonmann sowie zwei Aufnahmeleiter, also insgesamt neun Personen.

Abbildung 76: ENG-Crew der BBC. Quelle: Sky Deutschland.

3. Das Redaktionssystem

*Abbildung 77: Newsroom/Nachrichtenredaktion; im Zentrum der „hub".
Quelle: Sky Deutschland.*

Die grundsätzliche Sendeplanung wird von der Chefredaktion erstellt, das sind der Leiter des Sportnachrichtenkanals, die beiden Redaktionsleiter für Intake und Output sowie die Chefs vom Dienst (CvDs). Im Herbst eines Jahres wird die Jahresplanung für die kommenden zwölf Monate gemacht. Dabei werden, in Absprache mit der Sky Sportredaktion, alle Termine, die ins Programm kommen sollen, diskutiert: alle Bundesligaspieltage, alle Spieltage der UEFA Champions League und der Euro League, alle Formel-1-Rennen, alle großen Golfturniere und so weiter. Dazu kommen sportliche Großereignisse wie Welt- und Europameisterschaften in unterschiedlichen Sportarten, Olympische Spiele etc. Auf dieser Basis wird der grobe Einsatzplan für alle Ressourcen und auch die Budgetplanung für das folgende Jahr erstellt. Welche SNG muss wann wo sein? Ist schon jetzt abzusehen, dass weitere SNGs hinzugebucht werden müssen? Wo müssen die Reporter vor Ort sein (Pflichttermin ist beispielsweise der Super Bowl in den USA)? Die Jahresplanung wird anschließend verfeinert und auf Quartals- und Monatsebene heruntergebrochen. Basierend auf dem verfügbaren Budget wird eine „rollierende Planung" erstellt, die auch unterjährig stets aktualisiert wird.

Am Ende eines Monats findet jeweils eine Besprechung statt, bei der sehr konkret der folgende Monat besprochen und geplant wird. Spätestens jetzt wird an jede Aufgabe der Name eines Redakteurs gefügt. Die Planer verfolgen mögliche Änderungen bei Sportereignissen oder Wettbewerben, um die Programmplanung daran anzupassen. Sollten beispielsweise bei der Champions League alle deutschen Mannschaften schon in der Vorrunde ausscheiden, so sind die Runden bis zum Finale weit weniger interessant als mit deutscher Beteiligung. Ressourcen für SNGs und Reporter vor Ort können dann eventuell eingespart und zu anderen Veranstaltungen geschickt werden. Mit einem Vorlauf von mindestens zwei Wochen wird die Planung auf Tagesniveau festgelegt.

Dreimal täglich findet eine Redaktionssitzung statt, in der der konkrete Sendeplan des Tages besprochen und gegebenenfalls aktualisiert wird. Die wichtigste Besprechung mit der gesamten Redaktionsleitung ist jeden Morgen um 09.00 Uhr. In der Sitzung werden alle Themen besprochen, die diesen Bereich betreffen wie Sondersendungen, Verbesserungen, Änderungen und Wünsche. Die tatsächliche Sendeplanung wird automatisiert und rein digital mit der Software „iNews" des Herstellers Avid erstellt. Alle Redakteure arbeiten hauptsächlich mit diesem Programm. Die Oberfläche der Software sieht optisch aus wie eine Mischung aus Microsoft Excel und Microsoft Word.

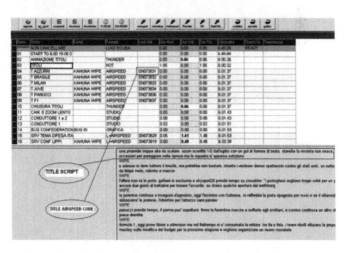

Abbildung 78: Benutzeroberfläche iNews. Quelle: Sky Deutschland.

Es gibt eine Tabellenstruktur für die Erstellung des Sendeablaufes. Darin wird chronologisch festgelegt, welcher Sendungsteil wann und wie lange on air ist. Dies kann eine Moderation, ein Beitrag, eine Live-Schalte, ein Telefoninterview oder eine Graphik sein. Daneben gibt es Felder für Text. Darin erstellen die Redakteure die Texte der Beiträge und die Texte für die Moderatoren. Jeder Sendungsteil bekommt einen Titel und wird automatisch mit einer Identifikationsnummer (ID) versehen. Innerhalb von „iNews" können auch Graphiken gesteuert werden. Die Graphiken werden einmalig als sogenanntes „Template" von einem Designer erstellt und mit einer Animation programmiert. Dies kann eine Animation sein, die die Graphik erscheinen lässt, oder auch wieder aus dem Bild verschwinden lässt. Es können aber auch Animationen wie Farbverläufe innerhalb der Graphik selbst sein. Der Redakteur ruft die Graphik in „iNews" auf und kann diese selbstständig an die jeweilige Sendung anpassen. Die Hilfe eines Graphikers ist nicht mehr nötig, der komplette Prozess wird von nur einem Journalisten bearbeitet.

Abbildung 79: Arbeitsplatz Chef vom Dienst (CvD). Quelle: Sky Deutschland.

Der Chef vom Dienst (CvD) ist als redaktioneller Schichtleiter inhaltlich für die Sendung verantwortlich. Auf dem bunten Monitor links sieht der Chef vom Dienst die eingehenden Signale, die gerade ins Haus kommen. Auf den meisten Leitungen ist ein Testbild zu sehen. Das heißt, es kommt gerade kein Live-Signal ins Haus. Darunter, mit vielen roten Anzeigen, befindet sich ein „Riedel-Panel". Das ist eine Kommunikationseinheit, bei der jede Taste mit einem Teilnehmer im Arbeitsprozess belegt ist. Auf Knopfdruck kann der CvD mit den Moderatoren, der Regie, dem Leitungsbüro oder den Schnittplätzen sprechen, um Anweisungen zu geben oder sich einen Überblick über die Lage zu verschaffen. In sehr hektischen Zeiten steht der CvD einfach auf und schreit durch die Redaktion. Auf dem Monitor ganz rechts läuft immer der Sportnachrichtenkanal zur Kontrolle. Auf den beiden Monitoren vor dem CvD laufen Officeanwendungen (primär Outlook) und alle Programme, die zum Erstellen der Sendung notwendig sind wie iNews. Auf seinem Schreibtisch liegt eines der wenigen Papiere im Newsroom, ein Schreibblock.

Abbildung 80: Typischer Arbeitsplatz eines Journalisten (inklusive Schreibblock). Quelle: Sky Deutschland.

Ein Redaktionsleiter zur Arbeit im Newsroom:

> [Int (2) 3 2013] Für viele nach wie vor irritierend ist die Arbeit im Großraumbüro. Man ist immer abgelenkt und nie für sich. Für wichtige Telefonate muss der Raum verlassen und ein so genannter „quiet room" oder ein Konferenzzimmer aufgesucht werden. Auf der anderen Seite bekommt jeder so alles mit. In separierten Büros könnten wir gar nicht produzieren.

Trotz aller Automationen und aller technischer Hilfsmittel, auch beim Nachrichtenfernsehen werden die Geschichten von Menschen geschrieben und von Menschen rezipiert. Die Kreativität der Redakteure und Reporter und die daraus resultierende Qualität der Beiträge und Moderationen, die Relevanz und Originalität der Themen und die Art der Präsentation prägen das Erscheinungsbild und sind maßgeblich für den Erfolg auf dem Zuschauermarkt. Innerhalb der Redaktion herrscht ein professioneller und freundlicher Umgang. Hier eine typische Mail eines Chefs vom Dienst an die gesamte Redaktion:

Hallo zusammen!

Morgen schließt das Transferfenster – Endspurt in der Winter-Transferphase.
Um 12 Uhr müssen die Spieler auf der Transferliste stehen, um 18 Uhr müssen die Unterlagen spätestens per berühmtem Fax bei der DFL vorliegen. „Transfer Report" geht am 31.01. und auch am 01.02. noch jeweils auf Sendung. Für morgen wird entscheidend: Was passiert noch auf dem letzten Drücker?

@Reporter: Wo auch immer wir heute und morgen sind – hakt bitte nach, Augen und Ohren auf! Wer will noch mal – wer hat noch nicht?
Wenn wir die Entscheider vor dem Mikro haben: „Wie laufen die letzten Stunden des Transferfensters ab? Zieht man gerne noch mal im letzten Moment den Joker?"

@Hamburg: Nehmt ihr bitte heute mit Transfermarkt.de Kontakt auf und bereitet sie vor? Mit ihnen wollen wir ein Fazit ziehen: Wie lief die Transferphase im Vergleich zur Sommerphase und zu letztem Winter? Ist ein Trend erkennbar? Was war das heißeste Gerücht, das sich nicht bewahrheitet hat? Und so weiter...

@Reporter X: Können wir Allofs noch mal bekommen (auch gerne aufgezeichnet)? Da du abends in HH drehst – vielleicht können wir dich neutral in den „Transfer Report" schalten?

@Reporter Y: Du betreust ja morgen Abend die Schalte in den „Inside Report". Wäre auch schick, dich zwischen 18.00 und 18.30 Uhr zu schalten. Auf Schalke war ja doch einiges los.

Natürlich lenken wir den Blick auch ins Ausland – im Speziellen nach England und Italien und in die angeschlossenen Funkhäuser.
@Newsops: Morgen bitte den ganzen Tag BSkyB und Sky Italia mitzeichnen. Oben drauf bestellen wir – je nach Belegung – den einen oder anderen Truck (Anmerkung: SNG). Das hat beim letz-

ten Mal im Sommer bei der vdV-Nummer (Anmerkung: van der Vaart) echten Mehrwert gebracht.
Zudem erinnere ich an die Live-Crosses von BSkyB mit Moderator 1 (um 13.30 Uhr) und Moderator 2 (um 20:30 Uhr). Klappt das technisch?

Die Shows am Freitag bieten sich an, um einen Highlight-Rückblick auf das vergangene Transferfenster zu machen (Guardiola-Day, Holtby weg – Bastos da, Hoffenheim kauft groß ein, BVB schnappt sich Sahin und verlängert wichtige Verträge, Wolfsburg krallt sich Perisic und verkauft C-Spieler, u.s.w.) und vielleicht einen kleinen Ausblick auf den Sommer zu wagen (Wo laufen noch Verträge aus? An wem baggert Guardiola? u.s.w.).

Danke und Gruß
Chef vom Dienst

(P4 S (Sky) 2012)

4. Schnitt

Jeder Journalist hat die Möglichkeit, direkt an seinem Arbeitsplatz alles Material, das auf den Servern lagert, zu sichten und zu bearbeiten. Früher wurde das Material in der Mazstraße aufgezeichnet, kopiert, auf Bänder gezogen und die Bänder wurden über eine Disposition verwaltet, angefragt und ausgeliehen. Falls der Redakteur nicht genau wusste, wo das Material, das er brauchte zu finden war, musste ein Auftrag zur Programmrecherche erteilt werden. Der Auftrag wurde dann von Archivaren abgearbeitet und die Bänder wurden dem Redakteur geschickt. Ein typischer Auftrag war zum Beispiel, „suche bitte alle Tore aus der Begegnung X gegen Y vom letzen Spieltag."

Die Journalisten bei Sky Sport News HD können ihr Material selbst über Suchmasken suchen und bearbeiten, direkt am Arbeitsplatz, ohne Wartezeiten und ohne die Mithilfe weiterer Personen. Nach der Recherche kann das Material auch direkt am Arbeitsplatz bearbeitet werden. Jeder Arbeitsplatz ist mit der Software „Newscutter" von Avid ausgestattet. Mit diesem Programm kann professionell Video- und Audiomaterial geschnitten werden. Das Material kann für den finalen Schnitt selektiert, vorgeschnitten und schon mit Graphiken belegt werden. Die Journalisten können mit diesem Workflow in nur wenigen Minuten Material suchen, bewerten und bearbeiten, wofür früher Stunden und Tage benötigt wurden.

Sobald der Redakteur das Material für den Beitrag beisammen hat, speichert er dieses ab und wechselt den Arbeitsplatz. Im Newsroom befinden sich vier Schnittplätze, sogenannte „Hardware Newscutter". An diesen Arbeitsplätzen arbeiten ausgebildete Cutter. Die Cutter rufen das zum Teil vorgeschnittene Rohmaterial des Redakteurs auf und finalisieren den Beitrag. Am Ende entsteht so ein handwerklich sauber geschnittenes Stück, das auch allen technischen Richtlinien des Senders entspricht. Während der Cutter den Beitrag schneidet, schreibt der Redakteur gleichzeitig den finalen Text für die Sprachaufnahme (Voice Over) in „iNews". Die Sprachaufnahme für den „Off-Text" des Beitrages wird auch direkt am Arbeitsplatz des Cutters eingesprochen. Der Redakteur greift sich dafür ein sogenanntes „Lippenmikrofon", das er sich direkt vor den Mund hält und spricht den Text (im Großraumbüro) ein. Der Cutter zeichnet die Sprachaufnahme auf und legt diese unter den Beitrag. So wird mit hochmodernen Workflows ein Beitrag, inklusive Graphiken und Sprachaufnahme, allein im Newsroom sendefertig erstellt. Von nur zwei Mitarbeitern, an zwei Arbeitsplätzen, die nur wenige Meter voneinander entfernt sind. Durch diesen industriellen, bandlosen Prozess können enorme Zeitvorteile im Vergleich zu herkömmlichen Herstellungsverfahren realisiert werden.

Abbildung 81: Schnittplatz im Newsroom (Hardware Newscutter): links der Cutter, rechts der Redakteur. Der Redakteur schreibt den Text für die Sprachaufnahme (Voice over) in iNews, während der Cutter den Beitrag schneidet.
Quelle: Sky Deutschland.

*Abbildung 82: Sprachaufnahme mit Lippenmikrofon im Newsroom.
Quelle: Sky Deutschland.*

Folgendes Originaldokument zeigt die System-Architektur der Videoproduktion des Sportnachrichtenkanals.

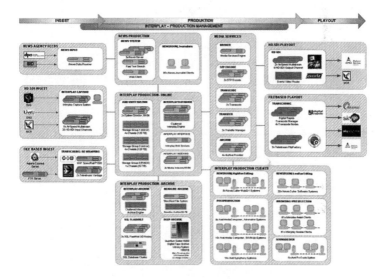

Abbildung 83: iNews & Interplay System Architektur. Quelle: Sky Deutschland.

Ein Redaktionsleiter zur Computerisierung der Prozesse :

> [Int (2) 1 2013] Ich selbst bin ja noch mit der Schreibmaschine aufgewachsen. Und viele Redaktionskollegen in leitenden Positionen, egal ob Print oder TV, sind ebenso aufgewachsen. Die jungen Redakteure von der Schule gehen viel unbekümmerter an Computer und Software heran. Die wissen, da kann nichts kaputt gehen. Ich selbst habe zum Beispiel beim Schnitt immer noch Skrupel. Für eine Generation von Redakteuren, die schon in der Schulzeit Filme auf dem Laptop geschnitten hat, ist diese Produktionsweise ein Traum.

5. Graphiken

Ein weiteres Novum in der TV-Produktion ist, dass für die Erstellung eines Live-Senders kein Graphiker mehr benötigt wird. Wie oben beschrieben wurde bei Sky Sport News HD ein „journalist-driven template based graphic system" eingeführt. Die Sendegraphiken für den Livebetrieb werden ausschließlich von den Redakteuren erstellt. Die dafür nötigen „Templates" können direkt aus „iNews", dem Redaktionssystem, geladen werden. Der Journalist ruft das entsprechende Modul via „ActiveX plugin" auf und sucht sich die Graphik, die er verwenden möchte aus den vorgegebenen „Templates" aus. Er fügt graphische Elemente wie Vereinslogos oder Logos von Ligen oder Wettbewerben hinzu (auch diese können aus einem Pool ausgewählt werden), tippt eigenhändig den Titel ein und speichert alles zusammen ab. Sogar ein Video kann in die graphische Sequenz eingefügt werden. Solch komplexe Animationen waren vor Einführung der industriellen Fertigungsweise überhaupt nicht möglich und konnten nur aus der Regie gefahren werden. Das beim Sportnachrichtenkanal genutzte Graphiksystem ist vom Hersteller Vizrt, der viele Fernsehsender weltweit ausstattet. Dieses System erlaubt es, Graphiken sehr schnell zu erstellen und in hoher Qualität inklusive 3D-Animationen in Echtzeit zu senden, ohne die Unterstützung von Graphikern.

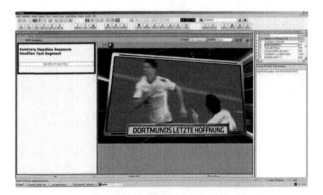

Abbildung 84: iNews Template zur Erstellung einer Headline. Der Text wird direkt vom Journalisten am Schreibtisch eingegeben. Ein Graphiker ist hier nicht mehr nötig. Quelle: Sky Deutschland.

FLIESSBANDARBEIT | 269

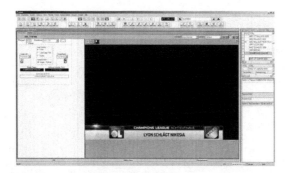

Abbildung 85: iNews Template zur Erstellung eines „lower third" (auch Bauchbinde genannt). Quelle: Sky Deutschland.

Abbildung 86: iNews Template zur Erstellung eines „bumper" (Sendungsübergang). Quelle: Sky Deutschland.

Abbildung 87: iNews Template zur Erstellung einer Vollbildgraphik. Quelle: Sky Deutschland.

Zur Veranschaulichung die Abbildung einer Vollbildgraphik on air.

Abbildung 88: Vollbildgraphik on air. Quelle: Sky Deutschland.

Im Abschnitt Aufbauorganisation wurde beschrieben, dass für den Sportnachrichtenkanal zehn Graphiker eingestellt wurden. Die Aufgabe dieser Graphiker, deren Arbeitsplätze sich zum Teil auch im Newsroom befinden, ist die Erstellung der „Templates". Die „Templates" können sehr einfach sein, aber auch komplexe Animationen inklusive Audio- und Videomaterial aus verschiedenen Quellen beinhalten. Beim Start des Senders war die Anzahl der „Templates" noch gering, schon nach zwölf Monaten gab es mehrere Hundert dieser „Templates". Mittlerweile können die Journalisten aus über 400 „Templates" auswählen. Circa 20 bis 30 davon werden regelmäßig angewendet. Viele der „Templates" werden nur für einen speziellen Zweck oder eine Sendung erstellt. Spielt beispielsweise im „El Clásico" Real Madrid gegen den FC Barcelona, dann wird es sicherlich eine Graphik geben, bei der die beiden Protagonisten der Vereine, Messi und Ronaldo, vis-à-vis gegenüber gestellt werden, ähnlich wie Boxer.

Abbildung 89: Graphikarbeitsplatz im Newsroom.
Quelle: Sky Deutschland.

Folgendes Originaldokument zeigt eine typische technische Zeichnung, wie sie von Ingenieuren erstellt wird. Die Zeichnung stellt die System-Architektur des Graphiksystems dar. Alle Systeme und Workflows des Sportnachrichtenkanals wurden so „papierisiert".

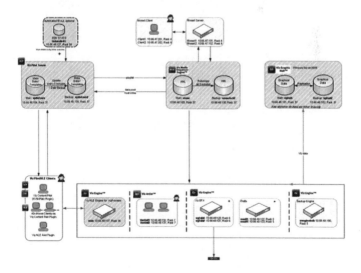

Abbildung 90: System Architektur der Live-Graphiken. Quelle: Sky Deutschland.

Das Erscheinungsbild des Senders inklusive des „J-Frame" wurde schon besprochen. Die meiste Zeit sieht das Programm so oder so ähnlich aus: „Ticker" im unteren Bildrand und „Wing" im rechten Bildrand.

Abbildung 91: J-Frame. Quelle: Sky Deutschland.

Die Daten für die tatsächlichen Inhalte (hier eine Tabelle der Ligue 1 aus Frankreich) können aus unterschiedlichen Quellen kommen. Beide Elemente, Ticker und Wing, werden entweder über ein vollautomatisches Datensystem gefüttert oder die Daten werden manuell eingegeben. Im ersten Fall werden Statistiken von einem Datendienstleister wie Opta auf einen internen Server „gepusht". Die Daten werden extrahiert, in ein Datenkarussell eingespielt, mit den entsprechenden graphischen Animationen versehen und gesendet. Der Prozess wird einmalig programmiert und läuft völlig automatisch.

Die Daten für Ticker und Wing können aber auch manuell eingegeben werden. Ein Redakteur ruft dazu ein Interface auf, wählt den Inhalt und die Art der Darstellung und kann die nötigen Daten aus einer Datenbank manuell importieren oder diese händisch eingeben.

Abbildung 92: User Interface Wing. Quelle: Sky Deutschland.

Abbildung 93: User Interface Ticker. Quelle: Sky Deutschland.

Die Eingabe der Daten für Ticker und Wing erfolgt wiederum im Newsroom durch einen Journalisten. Auch für diesen Prozess sind weder ein Graphiker, noch ein Designer oder Techniker notwendig.

Abbildung 94: Ticker & Wing Workstation direkt im Newsroom. Quelle: Sky Deutschland.

Der Leiter der Sportgraphik bei Sky zu den Entwicklungen in der Graphik:

> [Int (2) 4 2013] Früher war das Leben als Graphikdesigner bei einem Sender sehr viel experimenteller als heute. Es wurden ständig neue Techniken und Methoden ausprobiert und getestet. Graphiken waren meist Unikate. Das Ziel eines Graphikers war es, etwas Neues, Unkonventionelles, noch nie Dagewesenes zu erschaffen. Das gibt es heute zwar auch noch vereinzelt bei aufwendigen Kampagnen oder speziellen Aktionen, generell liegt der Fokus jedoch eindeutig auf Geschwindigkeit und Output.
>
> Der Beruf des Designers ist heute techniklastiger als früher. Was die Geräte und die Software mittlerweile leisten können ist enorm. Die Designer müssen sich tiefgehender mit ihrem Equipment auseinandersetzen und verstehen, was damit alles möglich ist. Darüber hinaus müssen die Graphiker heute auch mit unterschiedlicher Software zurechtkommen, dazu gehören die komplette Adobe Creative Suite und 3D Programme wie Maya von Autodesk oder Cinema 4D Studio von Maxon. Bis vor

wenigen Jahren konnten die meisten Graphiker nur eine einzige Software bedienen.

In jedem Sender gibt es normalerweise drei unterschiedliche Unterabteilungen der Graphik: Verpackungsgraphik, On-Air-Graphik und Infographik. Die Verpackungsgraphik entwickelt (neues) Graphikdesign für neue Shows und Sendeformate. Dies ist eine sehr künstlerische Arbeit, denn das Design soll die Botschaft der Sendung und des Senders unterstreichen. Der zweite Bereich On-Air ist zuständig für die Promotion und entwickelt Graphiken für Trailer, Teaser und Kampagnen. Diese Tätigkeit ist manchmal künstlerisch, aber oft ist es Handwerk. Der dritte Bereich Infographik erstellt alle Graphiken, die während des laufenden Programms den Zuschauer auf bestimmte Informationen aufmerksam machen sollen. Dazu zählt auch der Sportnachrichtenkanal. Dieser Bereich war schon immer industriell angelegt, denn es kam auf Geschwindigkeit und nicht auf Kunst an. Infographiken können sein: Titeleinblendungen am unteren Bildrand, um Personen zu kennzeichnen (Bauchbinden), Hinweise auf folgendes Programm, Hinweise auf Aktionen wie Telefonumfragen und Gewinnspiele, aber auch Tafeln mit Tabellen und Spielständen bei Sportereignissen und so weiter. Die Erstellung der Infographiken nimmt heute den größten Teil der gesamten Graphikproduktion ein. In vielen Fällen werden die eher künstlerischen Graphikentwicklungen für Verpackung und On-Air sogar an Agenturen ausgelagert.

Im Bereich der Infographiken ist auch die größte technologische Entwicklung im TV-Bereich zu beobachten. Moderne Graphiksysteme wie die Produkte des Unternehmens Vizrt zeichnen sich durch automatisierte Prozesse aus. Die Automation bedeutet, dass Arbeitsschritte und Prozesse von einem Operator, Entwickler oder Graphiker einmal definiert werden und dann unendlich oft eingesetzt und wiederholt werden können, und zwar von Redakteuren und nicht von Graphikern.

In klassischen Regien gibt es einen Operator für den Schriftgenerator. Der hat eine Infographik wie den Namen einer Person eingegeben und abgespeichert. Auf Anweisung des Regisseurs oder nach dem vorher festgelegten Sendeablauf hat der Operator dann die Schrift eingeblendet (wenn die Person erschien) und wieder ausgeblendet, per Knopfdruck. Animationen für Einstieg und Ausstieg waren nicht möglich. Heute bietet Vizrt vorgefertigte Templates. Der Name wird direkt vom Redakteur eingegeben und mit dem Sendeablauf verknüpft. Für Ein- und Ausstieg sind aufwendige 3D-Animationen möglich. Ein Graphiker ist hierfür gar nicht mehr nötig. Ein- und Ausblendung der Graphiken erfolgen vollautomatisch. Diese Art der Graphikproduktion ist wesentlich schneller und sieht zudem auch noch besser aus, da die Animationen sehr aufwendig gestaltet werden können. So kann das Programm mit der Automation wesentlich informations- und graphiklastiger gestaltet werden als noch vor Jahren. Und dieses Mehr an aufwendigen Graphiken sieht man auch beim zappen durch die Kanäle. Die meisten Infographiken bei Sky Sport News HD kommen heute aus dem System und gehen on air, ohne dass ein Mensch Hand anlegen muss.

6. Studiobetrieb

Ein weiteres Beispiel der hochgradig industrialisierten Produktionsweise des Sportnachrichtenkanals ist, dass für den gesamten 18-stündigen Live-Betrieb kein einziger Kameramann benötigt wird. Auch dies ist in der deutschen Senderlandschaft einmalig.

Im Kapitel Aufbauorganisation wurde zwar erläutert, dass sechs Kameraleute eingestellt wurden. Die Realität ist aber, dass diese Mitarbeiter vielmehr die Rolle eines Aufnahmeleiters haben, ihre Berufsbezeichnung lautet korrekterweise auch „Cameraman & Floor Manager". Nur sehr selten bedienen diese Mitarbeiter tatsächlich Kameras. Bislang ist der einzige Einsatz für Kamerapersonal der Dreh mit einer Handkamera, falls aus einem redaktionellen Grund ausnahmsweise nicht im Studio, sondern außerhalb gedreht werden soll. Im Außenbereich des Gebäudes und an der Kaffeebar wurden so genannte „wallboxes" installiert. Das Videokabel der Kamera kann dort eingesteckt werden und das Signal gelangt direkt in die Regie. So kann beispielsweise in lockerer „Bar-Atmosphäre" ein Interview mit einem Gast live gesendet oder aufgezeichnet werden.

Die eigentliche Aufgabe dieser Mitarbeiter ist das „floor management". Moderatoren, Reporter und Gäste werden mit Mikrofonen verkabelt und die Objektive der Studiokameras müssen gereinigt und Batterien und Akkus für Funkstrecken oder Handgeräte müssen immer geladen sein. Es dürfen keine Kabel im Weg sein, zu Sendebeginn müssen alle Monitore im Set und im Newsroom eingeschaltet werden und die Moderatoren müssen jederzeit die Texte auf den Promptern lesen können.

Abbildung 95: Prompter. Quelle: Sky Deutschland.

Die Studiokameras für den Live-Betrieb werden komplett aus der Regie gesteuert. Sechs Studio-Kameras stehen auf einer „Robotic", die aus der Regie mit Hilfe eines „Joysticks" in alle Richtungen bewegt werden kann. Die Kameraköpfe können geneigt und geschwenkt werden, das Stativ kann nach oben oder unten bewegt werden und die Schärfe kann in der Regie „gezogen" werden. All diese Tätigkeiten werden von einem „Control Room Operator" ausgeführt. Einmal wöchentlich werden die Kameras von einem „Support Engineer" „gematcht", das heißt, es wird ein Farbabgleich mit allen Kameras gemacht.

Die Fahrten der „Kamera-Robotic" und die meisten Bewegungsabläufe sind wiederum in „Templates" einmalig programmiert und abgespeichert. Zu Beginn jeder Show gibt es beispielsweise ein Zoom auf die Moderatoren in Verbindung mit einer leichten Kopfbewegung der Kamera. Diese Bewegung wird als „Template" im Sendeablauf hinterlegt. Die Bewegung läuft dann automatisch ab, der „Control Room Operator" muss lediglich die Ausgangsposition überprüfen und gegebenenfalls manuell korrigieren. Diese „Templates" gibt es für jede Situation im Studio: ein Moderator, zwei Moderatoren, Gäste, Reporter am Touchscreen und so weiter.

Abbildung 96: Studio-Kameras mit „Robotic". Quelle: Sky Deutschland.

Ein Abteilungsleiter Broadcast Operations, in dessen Verantwortungsbereich auch der Studiobetrieb fällt, zum „Verlust" der Kameraleute:

> [Int(2) 5 2013] Kameraleute sorgen für sichere Einstellungen. Ein Kameramann folgt dem Moderator oder dem Gast, das Framing (die Auswahl des Bildausschnittes) wird ständig der Situation angepasst und die Schärfe wird ständig nachgezogen. Ein Kameramann holt aus einer Einstellung noch mal zehn Prozent heraus. Aber für Nachrichten ist das gar nicht relevant. Wir haben in diesen automatisierten Umgebungen fast ausschließlich statische Einstellungen an standardisierten Orten wie dem Moderationstisch. Das permanente „Pendeln" der Kamera gibt es nicht mehr. Vielleicht wenn die automatische Gesichtserkennung so weit fortgeschritten ist, dass eine Software dies übernimmt. Die Kameraleute in automatisierten Studios sind eigentlich keine Kameraleute mehr, sondern Aufnahmeleiter. Entsprechende Schwierigkeiten wie Unzufriedenheit und Langeweile können die Folge sein. Aber wir nehmen diese Nachteile in Kauf, um Kosten und Ressourcen zu sparen und die freigewordenen Budgets in die journalistische Qualität zu stecken. Daraus entsteht echter Mehrwert für den Zuschauer.

7. Regie/Control Room

Den größten Beitrag zur Industrialisierung der Produktionsweise in einem Nachrichtenkanal leistet die Regieautomation, auch Sendeautomation genannt, mit weit reichenden Auswirkungen auf das Personal. Diese Automation ist der Schlüssel für effiziente Arbeitsabläufe in der Sendeabwicklung. Die Software, die in der Regie von Sky Sport News HD eingesetzt wird, heißt „Mosart". Mosart kontrolliert alle Geräte, die in einer Regie genutzt werden – die Kreuzschiene, auf der alle Video- und Audiosignale von unterschiedlichen Quellen aufliegen, die Kameras, den Bildmischer, den Audiomischer und die Graphiksoftware Vizrt, mit der die graphischen „Templates" erstellt und gesteuert werden. Mosart „kennt" alle Komponenten, die für die Erstellung einer Show benötigt werden und kann diese ersetzen oder steuern. In einer herkömmlichen Regie arbeiten bis zu 15 Personen. Jedes Gerät wird von einem dafür vorgesehenen Mitarbeiter bedient. Ein Bildingenieur bedient den Bildmischer, ein Audioingenieur bedient den Audiomischer, ein Techniker bedient den Schriftgenerator für Titeleinblendungen und ein Regisseur leitet die Sendung und so weiter. Mit Hilfe der Sendeautomation wird die Anzahl der Mitarbeiter auf drei reduziert.

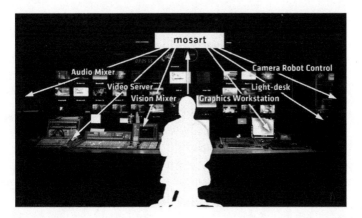

Abbildung 97: Der Control Room Operator steuert alle Geräte in der Regie mit Hilfe der Sendeautomation. Quelle: Sky Deutschland.

Zur industriellen Arbeitsweise in der Regie ein Abteilungsleiter, Broadcast Operations, in dessen Bereich auch der Control Room fällt:

> [Int(2) 5 2013] Erst die Standardisierung der Inhalte ermöglicht die Standardisierung der Show. Nachrichtenfernsehen ist weltweit gleich. Es ist immer ungefähr die gleiche Anzahl von Kameras im Studio, der Wechsel von Beiträgen und Moderationen ist Standard und auch die Opening-Sequenzen laufen oft nach dem gleichen Muster ab. Die standardisierten redaktionellen Vorgaben können mit einer immer gleichen Kette von Prozessen durch

Software abgebildet werden. Mit der Sendeautomation kann heute eine beliebige Anzahl von Geräten mit einem Knopfdruck bedient werden. Früher hätte man für jeden Handgriff einen Operator benötigt und selbst damit war man selten synchron. Jede Lampe im Studio konnte und musste separat gesteuert werden, heute wählen wir nur noch aus drei voreingestellten Presets für das gesamte Studio aus. Beleuchter gibt es nicht mehr.

Die Mitarbeiter sind heute universeller einsetzbar, aber auch leichter austauschbar. In Dänemark, dem Land, in dem unsere Automation erfunden und erstmals eingeführt wurde, wird die Regie von zwei angelernten Studenten bedient! Das ist wie in der Industrie: Eine kurz angelernte Fachkraft kann mit Hilfe von Automaten ein gutes Werkstück erzeugen, aber auch nicht mehr. In der Trainingsphase beim Aufbau des Senders haben wir gesehen, dass die Control Room Operator nach zwei Wochen mit der Automation umgehen konnten.

Der nächste Schritt wird sein, dass Redakteure und sogar die Moderatoren selbst die Regie übernehmen. Das größte Problem an diesen Prozessen ist aber: Es gibt kein Korrektiv mehr. Jeder Fehler in der Regie geht gnadenlos on air, denn eigenständige Korrekturen der Mitarbeiter sind kaum möglich. In konventionellen Regien sitzen nach wie vor 10 bis 15 Personen. Das ganze System ist auf Improvisation ausgelegt. Unser System funktioniert wie ein Fließband, sobald es steht, kann der Einzelne kaum etwas ausrichten.

Standardmäßig sitzen in der Regie drei Personen: der Operator Mosart 1, der Operator Mosart 2 und ein Ablaufredakteur. Die beiden Mosart Operator arbeiten zusammen wie Pilot und Co-Pilot im Cockpit eines Flugzeuges. Der Mosart 1 Operator steuert die gesamte Sendung, während der Mosart 2 Operator ihn dabei unterstützt, indem er Kamerapositionen überprüft, Schärfen zieht, die Verfügbarkeit von Beiträgen auf dem Videoserver testet und so weiter. Insgesamt wurden bei Sky Sport News HD elf „Control Room Operator" fest angestellt, die abwechselnd beide Positionen besetzen. Der Videomischer, der Audiomischer und alle anderen Geräte, mit denen in herkömmlichen Regien Sendungen gefahren werden, werden hier nur noch im Falle einer Havarie eingesetzt, also wenn die Automation aus irgendeinem Grund nicht mehr funktionieren sollte. Im Alltag sind die Geräte nicht mehr bemannt.

Mit Papier wird in der Regie nicht mehr gearbeitet. Nur der Ablaufredakteur macht sich von Zeit zu Zeit Notizen auf einem Block.

Abbildung 98: Regie von Sky Sport News HD. Rechts der Mosart 1 Operator, links der Mosart 2 Operator, der gerade mit dem Joystick eine Kamera justiert.
Quelle: Sky Deutschland.

Die dritte Arbeitskraft in der Regie ist der Ablaufredakteur der Sendung. Er ist für den inhaltlichen Sendeablauf in Absprache mit dem Chef vom Dienst verantwortlich. Der Ablaufredakteur übernimmt weitgehend die Daten aus dem Redaktionssystem iNews, kann aber spontane Änderungen durchführen, beispielsweise wenn ein interessantes unvorhergesehenes Interview in einer Live-Schalte zustande kommt oder wenn ein Beitrag nicht rechtzeitig fertig werden sollte.

Abbildung 99: Ablaufredakteur in der Regie vor iNews. Auf dem linken Monitor schwarz unterlegt sieht er den Prompter-Text, den die Moderatoren sprechen.
Quelle: Sky Deutschland.

Ein Abteilungsleiter über die Grenzen der Automation:

> [Int (2) 5 2013] Die kreative Freiheit beim Sendungsmachen ist eingeschränkt. Spontane Änderungen im Showdesign sind kaum möglich. Ein Prozess oder ein Design, das vorher nicht geplant wurde, gibt es auch on air nicht. Bei Sondersendungen können wir nur die ganze Zeit im Studio bei den Moderatoren bleiben, bis entsprechende Elemente produziert wurden. Wir hatten den Fall, dass für einen ausländischen Gast erstmals ein Dolmetscher in die Sendung einbezogen werden musste. Der Workflow war zu dieser Zeit noch nicht eingerichtet und wir mussten einen abenteuerlichen Umweg gehen, denn es mussten händisch Fader am Audiomischpult gezogen werden. Grundsätzlich hat man die Freiheitsgrade auch mit einer Automation spontan zu reagieren, dazu werden aber die Skills aus einer herkömmlichen Regie gebraucht. Und die meisten Mitarbeiter können dieses Wissen nicht mehr spontan abrufen. Sie sind einfach nicht mehr daran gewöhnt.

Die graphische Benutzeroberfläche der Regieautomation „Mosart" ist leicht verständlich aufgebaut. Die einzelnen Komponenten einer Sendung sind untereinander angeordnet. In diesem Beispiel sind die mintgrünen Bereiche Live-Aufnahmen aus dem Studio mit einer bestimmten Kamera. Blau sind Beiträge, die von einem Videoserver abgefahren werden, Gelb sind Graphiken, die eingeblendet werden. Der Operator sieht immer, an welcher Stelle der Sendung er sich gerade befindet, das ist der rot unterlegte Bereich, und welcher Teil als Nächstes kommt.

Abbildung 100: Graphische Benutzeroberfläche (GUI = Graphical User Interface) der Regieautomation Mosart. Quelle: Sky Deutschland.

Über konfigurierte „Templates" werden einzelne Elemente des Sendeablaufes gesteuert. Beispielsweise gibt es zu Beginn einer jeden Sendung eine komplexe „opening sequenz" mit animierten 3D-Graphiken, Videoausschnitten, Musik, Geräuschen und einem „live-voice-over" eines Moderators. Hinzu kommt eine Kamerafahrt mit geneigtem Kamerakopf und Zoom auf die Moderatoren ausgehend von einer totalen Studioeinstellung. Solch komplexe Anfangssequenzen sind mit herkömmlichen Regien oft gar nicht umsetzbar. Bei Sky Sport News HD wird diese komplizierte Sequenz von einem Mitarbeiter per Knopfdruck ausgelöst. Die Steuerung übernimmt dann die Automation. Im Aufbauprozess einer automatisierten Regie gibt es deshalb den Prozess des „show designs." Die Sequenzen und Abläufe werden wochenlang programmiert, getestet und geübt. Sobald sie aber nach den Vorstellungen der Redaktionsleitung funktionieren, können diese Sequenzen auf Knopfdruck abgefahren werden.

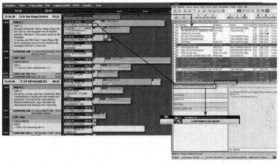

Abbildung 101: Integration von Regieautomation Mosart und Redaktionssystem iNews. Quelle: Sky Deutschland.

Die Sendung selbst kann jederzeit, auch sehr kurzfristig, abgeändert werden. Die Regieautomation bezieht die Ablaufdaten aus dem Redaktionssystem „iNews", in dem die Journalisten den Sendeablauf erstellen. Änderungen im Sendeablauf können sofort von der Regieautomation umgesetzt werden. Der „Control Room Operator" kann eine einfache Sendung auch „freihändig" fahren und die Automation umgehen. Dazu ein Redaktionsleiter:

> [Int(2) 2 213] Wir haben uns auf die Fahnen geschrieben aktuell zu sein und die Automation hilft uns dabei. Die Geschwindigkeit, die wir mit den automatisierten Produktionsprozessen errei-

chen, ist außerordentlich hoch. Als wir erfahren haben, das Josep „Pep" Guardiola Trainer des FC Bayern München wird, haben wir ganz spontan eine zweistündige Sondersendung gemacht. Innerhalb von drei Minuten waren wir on air. Zuerst hatten wir nur die Live-Moderation und die Einblendung „breaking news", dann kamen die Graphiken, dann die Beiträge, dann Telefoninterviews. Und schließlich haben wir unseren FC-Bayern-Experten Uli Köhler ins Studio geholt und ohne Pause zwei Stunden live aus dem Studio gesendet. Mit herkömmlichen Methoden hätten wir Stunden der Vorbereitung für so eine Sendung gebraucht. Ganz davon zu schweigen, dass bei einem normalen Kanal dafür keine Sendefläche zur Verfügung steht.

Ich mochte auch die Headline sehr, die sich die Redakteure haben einfallen lassen: Vom Pep zum Sepp. Da musste sich die folgende Schicht schon mächtig ins Zeug legen, um etwas ähnlich Gutes zu produzieren.

Die Regieautomation in Verbindung mit dem Redaktionssystem gibt den Redakteuren die völlige Kontrolle über die Sendung, ganz unabhängig von technischen Gegebenheiten. Die Grenze dieser Freiheit ist allerdings dort erreicht, wo die komplexeren Elemente nicht im Vorfeld programmiert und getestet wurden. Um den Control Room Operatoren die Arbeit zu erleichtern, wurde extra ein spezifisches Keyboard entwickelt, auf dem die einzelnen Funktionen leichter erkennbar sind. Auf der Tastatur gibt es „shortcuts" zu Kameras, externen Videoquellen und so weiter. Für die Control Room Operator ist das Keyboard das wichtigste Werkzeug, mit dem die Automation gesteuert wird. Wenn sich die Operatoren untereinander unterhalten, reden sie nicht davon, eine „Sendung zu fahren" oder „Regie zu machen", wie dies früher der Fall war, sondern sie sagen „Operator X drückt schon".

Abbildung 102: Kundenspezifisch gefertigtes Keyboard für die Regie. Quelle: Sky Deutschland.

Ein Abteilungsleiter zu den veränderten Berufsbildern in der Regie:

> [Int (2) 5 2013] Ich selbst habe Jahre lang Regie geführt, zunächst in herkömmlichen Regien und später in automatisierten Umgebungen. Ich persönlich habe mich dem Prozess der Industrialisierung vollkommen ergeben. Ich akzeptiere Hierarchien. Dafür wurde ich auch lange Zeit von meinen Kollegen angefeindet, wie ich denn den Status eines Regisseurs, vom weißen Schal über den Jaguar auf dem Hof bis hin zu kreativen Entscheidungen der Sendungsführung, aufgeben konnte.
>
> Früher wurde die Verantwortung auf mehrere Schultern verteilt, heute tragen die Redakteure die Verantwortung für das Produkt. Genau jetzt befinden wir uns in der Übergangsphase. Die Prozesse sind so komplex, dass oft drei Tage Forschungsarbeit notwendig sind, bevor wir sagen können, wo das Problem lag. Beim Radio gibt es die Automation schon seit den 1980er Jahren. Dort gibt es Clipmaschinen und Playlists und nur die Live-Elemente werden gesprochen. So machen wir es im Prinzip auch. Diese Arbeitsweise macht aber auch nur bei News Sinn. Shows wie „Wetten, dass...?" können so nicht produziert werden. Dort ist der Regisseur wie ein Dirigent zu sehen, der von der ersten redaktionellen Idee bis zum Ende am Tisch sitzt und alle Informationen in einer Show zusammenführt. Die Control Room Operator sind in ihrem Handlungsspielraum viel eingeschränkter. Es ist mehr wie „Malen nach Zahlen", der Operator bedient das System, aber alles wurde vorher programmiert und geübt. Künstlerisch-gestalterische Aufgaben gibt es im Live-Betrieb nicht mehr. Künstlerische Freiheit gibt es nur noch in der Phase des „Show Designs", wenn Einstellungen und Abläufe „designt" und geprobt werden. Automation bedeutet die Vorwegnahme von Entscheidungen im Alltag.

Ein Redaktionsleiter von Sky Sport News HD zu den veränderten Aufgaben der Journalisten:

> [Int (2) 1 2013] Den Journalisten wurde die Bequemlichkeit genommen. Bei einer herkömmlichen Sendung muss ein Journalist sich nur um seine Story kümmern. Wenn unsere Journalisten einen Beitrag machen, müssen sie auch die Kamera bedienen, schneiden und die Graphiken einfügen können. Diese Entwicklung hat Vor- und Nachteile. Der Vorteil ist, dass sich die Journalisten mit der gesamten Produktionskette auseinandersetzen müssen und alle Stufen beherrschen sollten.

Aber selbstverständlich bekomme ich mehr Qualität in einen Beitrag, wenn ich auf jeder Produktionsstufe einen Spezialisten an meiner Seite habe. Man muss sich bei dieser Produktionsweise vom 100-Prozent-Denken verabschieden.

Aber genauso wie ich sind viele Kollegen aus der Redaktion mit dieser hochgradig industriellen Produktionsweise erst vor 14 Monaten in Berührung gekommen. Alle hatten eine steile Lernkurve. Es wird mit der Zeit sehr viel besser.

Hiermit ist die Analyse der Aufbau- und Ablauforganisation Nachrichtenproduktion abgeschlossen. Alle wichtigen Papiere wurden gezeigt. Die tatsächliche Produktion der Nachrichten verläuft papierlos in IT-Systemen. Bei aller Technologie kann dennoch nicht vollkommen auf Papier verzichtet werden. Für Notfälle steht versteckt hinter dem Moderationstisch und von der Kamera nicht zu sehen, ein Drucker, auf den die Redakteure Texte direkt an die Moderatoren schicken könnten.

Abbildung 103: Moderationstisch mit Drucker (rot markiert).
Quelle: Sky Deutschland.

IV. Industrialisierung der Nachrichtenproduktion

Unter Industrialisierung[32] wird im Allgemeinen „der Schritt weg von einer handwerklichen, ein Gesamtwerk umfassenden Tätigkeit hin zu einer arbeitsteiligen Fertigung unter Einbezug der Automatisierung" verstanden (vgl. Bartmann 2005: S. 14). Nach Hess ist die Industrialisierung zu verstehen als:

> „klassisches Managementkonzept, dass früher im verarbeitenden Gewerbe und heute infolge des stetig steigenden Einsatzes von Informations- und Kommunikationstechnologien auch im Dienstleistungsbereich zur Anwendung kommt" (Hess et al. 2006: S. 1).

In der Literatur findet sich eine Reihe von Begriffen, mit denen Industrialisierung definiert wird – wie Rationalisierung oder Mechanisierung. Bei genauer Betrachtung sind aber immer drei Merkmale entscheidend. Hess et. al. definieren Industrialisierung durch

> „eine verstärkte Standardisierung von Prozessen und damit eine steigende Automatisierung von Aufgaben sowie eine erhöhte intra- und interorganisationelle Arbeitsteilung" (Hess et. al. 2006: S. 1).

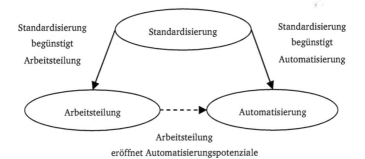

Abbildung 104: Merkmale der Industrialisierung.
Quelle: Hess et al. 2006: S. 1, modifizierte Darstellung.

---

32 Zur historischen Entwicklung des Begriffes „Industrialisierung" (Fordismus, Taylorismus, Lean Production etc.) (vgl. Dettmer 1999: S. 119 ff.)

Kern definiert Standardisierung folgendermaßen:

„Standardisierung (Normung) ist die Vereinheitlichung von vielfach benötigten Gegenständen (Sachgüter, Leistungsmengen) und Methoden und Abläufen irgendwelcher Art. Sie dient i.w.S. dem Rationalprinzip und i.e.S. der Wirtschaftlichkeit von Leistungsprozessen" (Kern 1979: S. 1353).

Mellerowicz unterscheidet generell die betriebsinterne Vereinheitlichung, die rationale Fertigung wie auch die betriebliche Spezialisierung beispielsweise auf eine Produktgruppe (vgl. Kern 1979: S. 1354). Staiger unterscheidet weiterhin technologische und stilistische Standards wie die IT-Infrastruktur und die Anwendungssoftware (vgl. Staiger 1985: S. 96 ff).

Arbeitsteilung bedeutet, einen „Handlungskomplex in Teilhandlungen zerleg[en] und verschiedenen Personen zuordne[n]" (Kern 1979: S. 147). In der aktuellen wissenschaftlichen Literatur wird diese Definition dahingehend erweitert, dass in diesem Zusammenhang auch Verantwortung geteilt wird, um die Motivation zu erhöhen (vgl. Krems 2009: S. D-2). Krems unterscheidet Arbeitsteilung nach der reinen Arbeitsmenge, nach Objekt (Art des Arbeitsgegenstandes), Verrichtung (Art der Tätigkeit, Berufe oder Prozesse), Rang (Entscheidungsvorbereitung, Entscheidung, Ausführung), Phase (Planung, Durchführung, Kontrolle) und Zweckbeziehung (unmittelbare Fachaufgaben und mittelbare Verwaltungsaufgaben) (vgl. Krems 2009: S. D-3 ff). Somit fällt auch die Verringerung der Fertigungstiefe durch Outsourcing auch unter Arbeitsteilung. Automatisierung meint „jede Übertragung [von] Arbeitsprozesse[n] auf Aggregate, wobei Steuerungs- und Kontrollprozesse vom Menschen übernommen werden" (Kern 1979: S. 286).

Nachrichtenkanäle sind prädestiniert für die Industrialisierung. Automation, Standardisierung und Arbeitsteilung können bei dieser Art der Live-Produktion besonders effizient auf die Prozesse übersetzt werden. Je höher die Repetition der Inhalte und auch der Prozessschritte ist, desto effizienter kann mit automatisierten Prozessen produziert werden. Die Industrialisierung der Live-Produktion hat aber klare Grenzen. Für Live-Shows wie „Wetten, dass...?" eignen sich industrialisierte Prozesse nicht. Der Aufwand für die Konfiguration der Systeme bei einmaliger Nutzung wäre viel zu groß und die Kreativität würde zu stark beschnitten werden.

Bei einem Nachrichtenkanal erhöht sich aber mit der Automation die Qualität, denn größere Teile des Budgets können ins „News Gathering", in die Nachrichtenbeschaffung vor Ort, gesteckt werden. Der Hauptgrund für die Industrialisierung der Prozesse ist, Kosten zu reduzieren. Die Budgets für den Aufbau eines Nachrichtenkanals werden mit Hilfe automatisierter Prozesse und der damit einhergehenden Reduzierung des Personals zugunsten der Nachrichtenbeschaffung verschoben. Noch vor wenigen Jahren musste ein Großteil der zur Verfügung stehenden Mittel noch für die technische Infrastruktur ausgegeben werden. Heute wird jeder Euro in die journalistische Qualität gesteckt. Immer mehr nationale und internationale Nachrichtensender gehen diesen Weg: NDR, N24, BSkyB, Fox Sports USA, Foxtel Australien und Sky Italien, um nur einige Bespiele zu nennen, arbeiten bereits mit Redaktionssystemen, Sendeautomationen und Graphik-Templates oder führen diese in naher Zukunft ein.

Die beiden folgenden Tabellen fassen die Ergebnisse der Beobachtung bei Sky Sport News HD zusammen. Die Unterscheidung erfolgt nach Aufbauorganisation und Ablauforganisation.

Aufbauorganisation	Standardisierung	Arbeitsteilung	Automatisierung
Interorganisationale Ebene	Nachrichtenkanäle als Teil der DNA der News Corp.	Internationale Fachkräfte der News Corp. unterstützen den Aufbau des Senders.	Es werden nur Standard Hard- und Software Komponenten genutzt, keine speziellen Anfertigungen.
Aufbauorganisation Sky Sport News HD	Sky Sport News HD ist auf „Rolling News" ausgelegt. Mit dieser Produktionsweise sind kaum andere Produkte möglich.	Sport News als eigenständiger Geschäftsbereich innerhalb von Sky Deutschland. Die Redaktion wird aufgeteilt in	Die Automatisierung hat die größten Auswirkungen auf die Aufbauorganisation. Mitarbeiterzahlen können massiv ge-

		Intake und Output. Zusätzlich gibt es einen technischen Bereich bei dem Cutter, Control Room Operator und Ingenieure angesiedelt sind.	senkt werden. Die freiwerdenden Mittel werden in das „News Gathering" gesteckt. Eine große Anzahl von Reportern und Journalisten soll interessantes Programm machen.
Projektebene	Standardisierung durch klar definierte Workflows: Recherche, Produktion, Post-Produktion, On-Air. Mit dem Konzept „Train the Trainer" wird das Personal selbst ausgebildet.	Klar definierte Arbeitsteilung nach Verrichtung, Rang, Phase und Zweckbeziehung über redaktionelle und technische Berufsgruppen. Neue Stellenprofile entstehen, andere fallen weg.	Die Automatisierung ändert die Anforderungen an die einzelnen Stellen. Journalisten müssen mehrere Stellenprofile abdecken und werden zum Vorausdenken gezwungen. Massive Beschleunigung der Produktionsprozesse durch Anwendung neuester Software.

Abbildung 105: Zusammenfassung Aufbauorganisation. Quelle: Eigene Darstellung.

Ablauforganisation	Standardisierung	Arbeitsteilung	Automatisierung
Inhalte	Das Sendeschema sowie der Aufbau einer typischen Sendestunde sind standardisiert.	Immer mehr Aufgaben werden zu den Redakteuren verschoben.	Automatisierung der Sendeplanerstellung mit dem Redaktionssystem „iNews".

News Gathering	Diese Art der Produktion eignet sich ausschließlich für Nachrichtenkanäle.	Die SNG wird von nur einem Operator betrieben, der den Truck fährt, dreht, schneidet und das Material via Satellit zum Sendezentrum transferiert.	Das technische Set-Up wurde speziell für den Betrieb durch einen Mitarbeiter entwickelt.
Schnitt	Über einen Katalog einheitlicher Schlagworte können Redakteure und Cutter Material suchen.	Die Redakteure bereiten einen „Rohschnitt" vor. Der Cutter finalisiert den Beitrag und macht mit dem Redakteur die Sprachaufnahme für die „Voice-Over".	Jeder Redaktionsarbeitsplatz ist an das Produktions-System angeschlossen. Jeder Redakteur kann an seinem Arbeitsplatz alles Material sichten, bewerten und bearbeiten.
Graphik	Das Graphik-Konzept basiert auf „Templates". Diese werden einmalig von Graphikern programmiert.	Für den Live-Betrieb sind keine Graphiker mehr nötig. Die Graphiken werden von den Redakteuren eingesetzt.	Durch Programmierungen und die Integration von Datendienstleistern wird manuelle Arbeit minimiert.
Studiobetrieb	Lichtstimmungen für die Sets sind vorprogrammiert und werden auf Knopfdruck abgerufen. Ständiges Einleuchten und damit verbundene Wartezeiten sind nicht mehr nötig.	Obwohl 18 Stunden pro Tag live aus dem Studio gesendet wird, sind Kameraleute nicht mehr nötig. Die Kameras werden aus der Regie gesteuert.	Die Kamera-Robotic ermöglicht ferngesteuertes Fahren der Kameras, sowie Schwenken und Neigen der Kameraköpfe.

Regie	Das Konzept der Automation beruht auf vorab programmierten „Templates". Ein Template steuert multiple Prozesse für die in herkömmlichen Regien jeweils ein Mitarbeiter notwendig ist. Nachteil ist die Verringerung der Flexibilität.	In der Regie hat die Automation große Auswirkungen auf die Arbeitsteilung. In herkömmlichen Regien arbeiten 10 bis 15 Personen, in automatisierten Umgebungen maximal drei Personen.	Eine Software steuert (fast) alle Geräte, einer Live-Sendung.

Abbildung 106: Zusammenfassung Ablauforganisation. Quelle: Eigene Darstellung.

Diese Tabellen lassen sich folgendermaßen zusammenfassen. Beim Sportnachrichtenkanal Sky Sport News HD sind auf interorganisationaler Ebene folgende Ergebnisse zu beobachten. Nachrichtenkanäle können sozusagen als Teil der DNA der Mutterfirma News Corporation bzw. 21st Century Fox verstanden werden. Dies ist ein Indiz für Standardisierung. Überall auf der Welt baut der Konzern weitgehend einheitliche Nachrichtenprogramme auf. Beispiele sind die Länder England, Italien, USA, Australien und Deutschland. Internationale Fachkräfte der News Corporation unterstützen und überwachen dabei den Aufbau neuer Sender arbeitsteilig. Darüber hinaus wird bei allen Installationen ein extrem hoher Grad an Automation angestrebt.

Die Aufbauorganisation von Sky Sport News HD ist auf die Produktion von „Rolling News" ausgelegt. Nachrichten und Schlagzeilen werden dabei rund um die Uhr im 15-Minuten-Takt wiederholt, es gibt keine festen Sendezeiten, kein „appointment to view". Standardisierung wird durch klar definierte Workflows gewährleistet, von denen aufgrund der technischen Installation kaum abgewichen werden kann. Sky Sport News HD ist ein eigenständiger Geschäftsbereich innerhalb von Sky Deutschland. Die Redaktion ist aufgeteilt nach Intake (Planungsredaktion) und Output (Sendungsredaktion). Zusätzlich gibt es den organisatorisch eigenständigen Bereich Broadcast Operation, bei dem die

Cutter, Control Room Operator und die Ingenieure angesiedelt sind. Es herrscht klar definierte Arbeitsteilung nach Verrichtung, Rang und Phase durch technische und redaktionelle Berufsgruppen. Neue Stellenprofile wie der Control Room Operator sind dadurch entstanden. Berufe wie der klassische Beleuchter im Studio sind weggefallen. Auch bei diesem Kanal hat die Automatisierung den größten Einfluss auf die Aufbauorganisation. Die Mitarbeiterzahlen für Regie, Produktion und Graphik konnten im Vergleich zu traditionellen Sendern dramatisch gesenkt werden. Die freiwerdenden finanziellen Mittel werden in das News Gathering, die Nachrichtenerstellung vor Ort, sowie die journalistische Qualität investiert. Eine große Anzahl von Reportern und Journalisten soll interessantes, relevantes und abwechslungsreiches Programm für die Zuschauer machen.

Durch die Anwendung neuester Soft- und Hardware konnten Produktionsprozesse enorm beschleunigt werden. Was noch vor wenigen Jahren Stunden und gar Tage gedauert hat, kann heute in Minuten geschafft werden. Oft nur von einem einzigen Mitarbeiter an einem Arbeitsplatz in wesentlich höherer Qualität.

Bei der Ablauforganisation von Sky Sport News HD sind die Dimensionen Standardisierung, Arbeitsteilung und Automatisierung entscheidend für den Erfolg. Das Sendeschema als Ganzes, sowie der typische Aufbau einer Programmstunde sind standardisiert, ebenso der Aufbau einzelner Beiträge und Moderationen. Beim News Gathering konnte aufgezeigt werden, dass nur noch eine Person für den Betrieb eines SNG-Trucks (Satellite News Gathering) notwendig ist. Dieser Mitarbeiter fährt, dreht, schneidet, vertont und überspielt den Beitrag oder die Live-Schalte per Satellitenantenne ins Sendezentrum.

Alle Redaktionsarbeitsplätze sind an das zentrale Produktionssystem angeschlossen. Jeder Journalist kann von seinem Arbeitsplatz aus Material sichten, bewerten und bearbeiten. Szenen können über einen Katalog von Schlagworten gesucht werden. Selbst die Sprachaufnahme für den Off-Text findet direkt am Arbeitsplatz statt. Das Graphikkonzept basiert auf „Templates". Diese Templates werden einmalig von Graphikern entwickelt und mit Animationen programmiert. Für den Live-Betrieb sind jedoch keine Graphiker mehr notwendig. Die Graphiken werden von den Redakteuren aufgerufen, bearbeitet und in den Sendeablauf eingebaut. Die Informationsgraphiken werden größtenteils vollautomatisch durch ein Datenkarussell mit Daten wie Tabellen oder

Spielständen gefüttert. Die manuelle Eingabe ist nur noch in Ausnahmefällen notwendig.

Im Studiobetrieb ermöglicht modernste Kamera-Robotik das ferngesteuerte Fahren der Kameras, sowie das Schwenken und Neigen der Kameraköpfe. Die Kameras werden manuell aus der Regie justiert und automatisch von einer Software gesteuert. Klassische Kameraleute gibt es im Studio nicht mehr, obwohl jeden Tag 18 Stunden Liveprogramm erzeugt wird. Umbauphasen für Licht sind nicht mehr nötig. Lichtstimmungen für die jeweiligen Sets sind vorprogrammiert und werden auf Knopfdruck abgefahren.

Auch das Konzept der Regieautomation beruht auf vorab programmierten Templates. Ein Template in der Regie steuert multiple Prozesse und Geräte. In einer traditionellen Regie sind zehn bis 15 Personen notwendig, in dieser automatisierten Regie arbeiten maximal drei Personen. Auch bei dieser Art der Produktion hat die Logistik Vorrang vor der Improvisation. Die wichtigste Phase beim Aufbau war die sechswöchige Probephase. Als der Schalter zur Live-Produktion umgelegt wurde, mussten alle Prozesse und Workflows reibungslos funktionieren.

Zum Abschluss dieses Kapitels die aus Sicht der Produzenten wichtigste Frage: Wie nehmen die Zuschauer den neuen Kanal an? Kurz nach dem einjährigen Bestehen veröffentlichte Sky Deutschland folgende Pressemitteilung:

> „85 Prozent der Sky Kunden sind mit dem Programmangebot von Sky Sport News HD zufrieden oder sehr zufrieden. Auch über den Kreis der Sky Haushalte hinaus genießt Sky Sport News HD einen hohen Bekanntheitsgrad. Dies bestätigte kürzlich eine Studie, die im Auftrag des Sport-Informations-Dienstes (SID) durchgeführt wurde. Sieben von zehn sportinteressierten Deutschen kennen Sky Sport News HD. Besonders bei den jüngeren Zuschauern ist der Sender beliebt. 18 Prozent der Zuschauer sind Männer zwischen 14 und 29 Jahren – im gesamten deutschen Fernsehen liegt dieser Wert bei lediglich 5 Prozent. Die Fangemeinde wächst auch online immer weiter: Das Reporternetzwerk auf Twitter (u.a. @SkySportNewsHD) zählt mittlerweile über 57.000 Follower, der Facebook-Auftritt (Facebook.com/SkySportNewsHD) hält über 45.000 Fans rund um die Uhr auf dem Laufenden. Sky Sport News HD zählt mit bis zu 1000 Nennungen im Monat zu den meistzitierten Sportmedien in Deutschland" (Sky 11/2012).

Zum zweijährigen Geburtstag von Sky Sport News HD wurde folgende Pressemitteilung von Sky Deutschland veröffentlicht:

„Am 1. Dezember 2011 ging Sky Sport News HD auf Sendung und berichtet nunmehr seit 727 Tagen (Stand: 26.11.2013) täglich rund um die Uhr live und aktuell über alle Neuigkeiten aus der Welt des Sports. [...] Seit Senderstart ist die durchschnittliche tägliche Nutzung konstant gestiegen. Im dritten Quartal 2013 lag die durchschnittliche Nettoreichweite bei 0,36 Mio. Zusehern pro Tag, die den Sender mindestens für eine Minute am Stück einschalteten. Im Verhältnis zum ersten Quartal 2012 bedeutet das eine Steigerung von 156 Prozent. Seit Senderbestehen liegt die Verweildauer auf dem Sender im Durchschnitt bei 17 Minuten.
Eine von Sky beauftragte Studie [...] untersuchte die Nutzung und den Nutzen von Sky Sport News HD in ausgewählten Verbänden und Vereinen des deutschen Spitzensports. Insgesamt 145 führende Funktionäre und Medienchefs nahmen daran teil. 54,5 Prozent der Befragten gaben dabei an, Sky Sport News HD mehrmals pro Woche zu nutzen, 18,6 Prozent sogar täglich. Damit hat sich Sky Sport News HD zwei Jahre nach Sendestart in der Gruppe der meistgenutzten Sportmedien etabliert und liegt auf Platz 1 unter den TV-Sendern. Im Fazit bewerteten 58 Prozent der Umfrageteilnehmer den Sender mit ‚sehr gut' oder ‚gut', wobei die Schnelligkeit und Aktualität des Senders als besonders positiv hervorgehoben wurden" (Sky 11/2013).

D. Conclusio

Ziel dieser Arbeit war es, die Black Box Fernsehproduktion zu öffnen. Theoretische Grundlagen der vergleichenden Analyse sind die Agenturtheorie der Medien nach Helmut Schanze, die Produktionsethnographie nach Hortense Powdermaker, sowie der sozialwissenschaftliche Ansatz der Akteur-Netzwerk-Theorie (ANT). Dies ist keine betriebswirtschaftliche Arbeit. Sie unterscheidet sich aber auch von herkömmlichen kulturwissenschaftlichen Arbeiten. Im Fokus stehen die Kosten und nicht die Informationsasymmetrie. Methodisch ist es eine ethnologische Feldforschung, die in der Akteur-Netzwerk-Theorie angesiedelt ist. Diese Arbeit ist eine Beschreibung der Realität und der Alltagspraxis der Kulturproduktion, und das für die Akteur-Netzwerk-Theorie relativ untypisch, unter Kostengesichtspunkten. Anhand der beiden Untersuchungsgegenstände Unikatproduktion und industrialisierte Fertigung wird anschaulich aufgezeigt, wie die beiden Disziplinen Kulturwissenschaft und Betriebswirtschaft in der Praxis aufeinanderprallen. Das Kredo dieser Arbeit ist aber nicht Kultur oder Kosten, sondern Kultur und Kosten. Dabei werden die Akteure und ihre Aktionen beobachtet und analysiert. Delegierte Handlungen und ihre Akteure, Artefakte und Agenten werden sichtbar gemacht (vgl. Schanze; Schüttpelz 2008: S. 163). „Das Zustandekommen von Kopplungen wird ‚vor Ort' beobachtet" (Schüttpelz 2007: S. 14). Anhand des Entwicklungs-, und Produktionsprozesses von Trailern und Sportnachrichten konnten die Netzwerk-, Akteur- und Prozessebenen moderner TV-Produktion herausgearbeitet und vor dem Hintergrund der „Papierisierung" untersucht werden. Eine zentrale Fragestellung dieser Arbeit ist, welche Rolle Papier in der modernen Fernsehproduktion (noch) spielt? Diese Arbeit wird zeigen, dass es in der Fernsehproduktion eine Papierflut gibt. Das ist zunächst nicht zu erwarten. Es erscheint eigentlich logisch, dass durch die Digitalisierung die Verwendung von Papier reduziert wird. Das Gegenteil ist aber vielleicht gerade deshalb der Fall, weil die durch die Digitalisierung verschwindende Notwendigkeit eines linearen Herstellungsprozesses durch eine lineare papierene Dokumentation kompensiert wird. Dies legt die Annahme nahe, dass die Akteure auf diese Weise versuchen, das Virtuelle fassbar machen zu können. Oder sind Menschen einfach geborene Schriftsteller und die Papierisierung ist Ausdruck ihrer Medienpragmatik?

Ein in der Ethnologie übliches Verfahren, um sich einem Feld zu nähern ist es, unterschiedliche Pole zu untersuchen. Dieses Verfahren wird in vorliegender Arbeit angewendet, indem zwei gängige, jedoch komplett unterschiedliche Fertigungsweisen von Fernsehprodukten untersucht wurden: Unikatproduktion auf der einen Seite und industrielle Produktion auf der anderen Seite. Im Detail analysiert wurden die Produktionsformen einer On-Air-Promotion-Kampagne, sowie von Sportnachrichten. Die Beobachtungen fanden in den Jahren 2007 bis 2013 in Deutschland statt.

Die methodischen Anker dieser Untersuchung liefern die Texte von Hennion und Méadel In den Laboratorien des Begehrens: Die Arbeit der Werbeleute (Hennion; Méadel 2013) und Helmut Schanzes Agenturtheorie der Medien (Schanze 1994), da er das Feld der Agenturtheorie auf den für die vorliegende Arbeit relevanten Bereich der TV-Produktion ausweitet. Erhard Schüttpelz erweitert diesen Ansatz in seinen Fragen an die Agenturtheorie der Medien (Schanze; Schüttpelz 2008). In ihrer Publikation Hollywood: The Dream Factory (Powdermaker 1951) zerlegte die Anthropologin Hortense Powdermaker erstmals den Herstellungsprozess der Spielfilmerstellung im Hollywood der Jahre 1930 bis 1945 anhand unterschiedlicher Berufsgruppen. Es ist die erste „Produktions-Ethnographie" und gleichzeitig die erste „Production Study", die diese Herangehensweise anwendet, um die Produktionskette der Filmherstellung aufzuzeigen. Allerdings unter ganz anderen Bedingungen als in der vorliegenden Arbeit.

Im Sinne dieser Texte werden in folgender Conclusio nicht nur die Forschungsergebnisse zusammengefasst, sondern anhand zentraler Frage-stellungen beschrieben, analysiert und interpretiert.

Die erste Frage lautet:
Sind die Ergebnisse vorliegender Arbeit mit den Ergebnissen von Hortense Powdermaker aus dem Jahr 1951 vergleichbar?

Im Zentrum der Beobachtungen Powdermakers steht die Arbeitsteilung. Alle Berufsstände werden nacheinander abgearbeitet. Besonders transparent konnte der Bereich der Drehbucherstellung analysiert werden, da es zu dieser Zeit rechtliche Auseinandersetzungen zwischen der Gilde der Drehbuchschreiber und den Produzenten gab. Powdermaker erhielt Einsicht in die gerichtlichen Akten. Sie zeigt in ihrer Arbeit detailliert die industrialisierte Arbeitsweise der Drehbucherstellung auf und erläutert die unterschiedlichen Spezialisierungen wie Story Line Editor (Autor der Geschichte), Dialogue Editor (Dialogautor) oder Screen Play Editor (Drehbuchautor).

In der 1966 erschienenen Publikation *Stranger and Friend: The Way of an Anthropologist* (Powdermaker 1966) betrachtet Powdermaker über zehn Jahre nach ihrer Studie ihre eigene Arbeit retrospektiv und selbstkritisch. Dabei erläutert sie die soziologischen und psychologischen Probleme, die ihre Beobachtungen in Hollywood beeinflussten. Beispielsweise schildert sie die Schwierigkeiten dabei, sich selbst von ihren eigenen Werten und Normen zu befreien als sie hochbezahlte Drehbuchschreiber beobachtet und gleichzeitig selbst als schlechtbezahlte Wissenschaftlerin einen Artikel produzieren muss. Am Ende wird deutlich, wie sehr Powdermaker Hollywood hasst. Aufgrund ihrer Forschungen ist sie schließlich der Meinung, dass die Arbeitsteilung selbst vom Teufel stamme.

Das methodische Vorgehen der vorliegenden Arbeit ist, die Produktionskette der Fernsehproduktion offenzulegen, Prozesse und Akteure sichtbar zu machen. Der Autor dieser Studie hat in verschiedenen Bereichen der Fernsehproduktion gearbeitet und seine Erfahrungen, Beobachtungen und Untersuchungen „papierisiert". Die Studie darf jedoch nicht als umfassende Untersuchung aller Produktionsformen missverstanden werden. Die Bandbreite der Produktionsformen innerhalb der beiden Pole Unikatproduktion und industrieller Fertigung ist groß. Beispiele für spezielle Produktionen sind Servicesendungen, Dokumentationen, Reportagen, Factual-Entertainment, Latenight- und Personalityshows, Quiz, Doku-Soaps, Spielfilme, Serien, Casting-Formate, Infotainmentprodukte, Reihen wie der Tatort bis hin zu Shows wie „Wetten, dass... ?". Alle diese Produktionen sind aber letztendlich ein Mix aus den extremen Produktionsformen Unikatproduktion und Fließbandarbeit, die in dieser Arbeit beschrieben sind. Die Produzenten entscheiden fallweise, welche Produktionsweise für welchen Prozess angewendet wird.

Die methodische Schwierigkeit dieser Arbeit liegt darin, dass die beiden Produktionsweisen nicht in gleicher Form erklärt werden können. Bei der Unikatproduktion handelt es sich um eine klassische ethnographische Situation: Ein Beobachter beschreibt einen Prozess. Deshalb ist dieser Teil auch sehr anschaulich. Die Gliederung dieses Kapitels erfolgt anhand der in der Film- und Fernsehproduktion üblichen Phasen Pre-Produktion, Produktion und Post-Produktion.

Die industrielle Produktion ist als Ganzes nicht zu beobachten, die Organisation ist zu groß und die Abläufe sind zu komplex. Die Fließbandproduktion ist ein Prozess mit hunderten Akteuren und unterschiedlichen Dienstleistern, die über einen langen Zeitraum sehr viele Informationen in unterschiedlichster Art und Weise austauschen. Es ist unmöglich, industrielle Herstellungsprozesse mit der identischen ethnologisch-beobachtenden Methode zu untersuchen und darzustellen. Aus diesem Grund gibt es für die Herstellungsformen Unikatproduktion und Fließbandarbeit unterschiedliche Betrachtungsweisen. Die Gliederung im Kapitel Fließbandarbeit erfolgt, wie bei industriellen Verfahren üblich, nach Aufbauorganisation und Ablauforganisation. Bei der industriellen Produktion geht es nicht darum zu beschreiben, wie eine einzelne Nachricht entsteht. Es geht hauptsächlich darum, die Logistik der Prozesse begreiflich zu machen. Diese Art der Produktion ist eine Variante der Just-In-Time-Produktion, wie sie zum Beispiel im Automobilbau angewendet wird. Das Entscheidende dabei sind die Proben der Abläufe und Prozesse, bevor der Schalter zur Produktion umgelegt wird.

Ein Schwerpunkt dieser Arbeit ist die Frage nach dem Einsatz von Papier in der modernen Fernsehproduktion: der „Papierisierung". Bei Unikaten wird unterstellt, dass der Zeitanteil der Produktion, die auf Papier stattfindet, größer ist als die Produktion selbst. Bei der industriellen Produktion wird unterstellt, dass die auf Papier geplante Logistik (Planung, Steuerung, Organisation sowie Bereitstellung und Optimierung der Prozesse), die Herstellung überhaupt erst möglich macht.

Die Aufgaben zwischen den Prinzipalen und Agenten werden in Papieren manifestiert und wandern als „Paper Trail" durch die Organisationen. Am Beginn der Prozesse steht das wichtigste Papier: das Konzept. Es ist die Keimzelle und der Ausgangspunkt der Produktion. Das Konzept bestimmt die Beziehung zwischen Dingen, Personen und Zeichen im Sinne der Akteur-Netzwerk-Theorie (ANT). Konzepte werden nach wie vor auf Papier geschrieben und gelesen. Die Producer wandeln dann diese Handlungsanweisungen in Drehbücher und logistische Prozesse um. Bereits im Drehbuch werden die Abläufe und vor allem die Kosten der Produktion definiert. Qualität und Anzahl der Sets, der Innen- und Außenaufnahmen, der Dialoge, der Moderationen, der Requisiten, der Schauspieler und Reporter sind dabei bestimmende Faktoren. Diese Handlungsanweisungen werden wiederum auf Papier ausgedruckt und wandern in die Mappen der Regisseure, Producer, Aufnahmeleiter, der Produktionscrew und an die Wände der Produktionsbüros. Jeder in-teressierte Fernsehzuschauer kennt das typische Bild des Aufnahmeleiters. Er trägt Kopfhörer und Funkgerät auf dem Kopf, um mit allen Prozessbeteiligten sprechen zu können, und die Mappe mit den Papieren auf dem Arm. Soweit sind Unikatproduktion und Fließbandarbeit identisch. Der Unterscheid bei der industriellen Produktion ist, dass alle Abläufe bürokratisiert sind. Die Logistik wird auf Papier erarbeitet und alle Prozesse werden minutiös und detailliert geplant. Am Ende der Kette wandern diese Papiere ins Controlling, um mit den tatsächlich entstandenen Kosten verglichen zu werden (Soll/Ist). Nur dadurch können ineffiziente Prozesse erkannt und ausgemerzt werden.

Powdermaker ist der Ansicht, dass ein großer Teil der Produktion in Hollywood pure Verschwendung sei. Sie nimmt Hollywood als einzigen Machtkampf wahr, der auch in die Produktion einfließt. Die Autoren werden gar als Sklaven der Produzenten bezeichnet (vgl. Powdermaker 1951: S. 162). Sie zeigt auf, wie sehr die Drehbucherstellung von den unterschiedlichen Egos der involvierten Akteure – vom Produzenten über die Schauspieler bis hin zu den Autoren – abhängt, und dass ein gutes Ergebnis eher durch Zufall als durch einen willentlichen Prozess entsteht. In Hollywood erzeugte die Arbeitsteilung, wie am Beispiel der Drehbucherstellung aufgezeigt, enorme Unsicherheit in Bezug auf die berufliche Zukunft und die Karrieren der Beteiligten, angefangen beim Produktionspersonal über Autoren bis zu den Schauspielern. Powdermaker stellt fest, dass es in den einzelnen Berufsgruppen wenig bis gar keine formale Ausbildung gibt. Feste Bindungen von Arbeitgeber und Arbeitnehmer sind praktisch nicht vorhanden. Die Spielfilmherstellung hängt vielmehr ganz extrem von persönlichen Bindungen und Beziehungen des Kernpersonals ab, vor allem aber von den Vorlieben des Produzenten.

Das finanzielle Risiko der Produktionen wurde auf mehrere Filme verteilt. In der amerikanischen Spielfilmindustrie ab den 1930er Jahren galt die Faustregel, dass jeder siebte Film ein Hit werden musste und so die anderen Filme mitfinanziert. Flops waren also vorgesehen und eingeplant. Das Kartell der amerikanischen Filmwirtschaft in den Jahren 1930 bis 1948 konnte aufgrund der Kontrolle aller Stufen der Wertschöpfung, von der Produktion in den eigenen Studios bis hin zur Distribution in die eigenen Kinoketten, enorme Gewinne realisieren. Die Gewinne waren sehr viel höher als in allen anderen Industrien in dieser Zeitspanne.

Aus der Sicht der Anthropologin machte Powdermaker sich aber bereits 1951 in ihrer Publikation *Hollywood: The Dream Factory* Gedanken über effiziente Produktionsweisen und schlug Verbesserungen vor:

> „The economies of production which contributed to the net profits are obvious: the careful planning in advance; a producer, executive, director and writer acting rationally and towards the same end which was well defined in the beginning; [...] the saving on actors' salaries due to the speed of shooting made possible by advance planning and by the absence of major changes in the script on the set" (Powdermaker 1951: S. 166).

Auch die deutsche Fernsehindustrie versucht Effizienz- und Renditesteigerungen durch die Industrialisierung der Produktionsweise zu erreichen. Die Steigerung erfolgt aber nicht über die Kontrolle der gesamten Wertschöpfungskette von der Produktion bis zur Distribution, sondern allein durch die Senkung der Minutenpreise mit Hilfe der industriellen Produktion. Die Geschichten und Nachrichten, die erzählt werden, kommen nicht mehr zufällig zustande, sondern orientieren sich an den immergleichen Mustern und sind komplett standardisiert. Die Unsicherheit der beruflichen Zukunft der einzelnen Akteure wird minimiert. Angemessene Gehälter, langfristige Verträge und zufriedene Mitarbeiter auf allen Produktionsstufen sorgen für Planungssicherheit auf lange Zeithorizonte. Oft sind die Mitarbeiter, selbst Kameraleute und Autoren, über Jahre bei einer Produktion. Das ist für diese typischerweise „freien Berufe" sehr ungewöhnlich. Die beteiligten Akteure verhalten sich professionell und die „Claims" sind abgesteckt. Das Ausbildungsniveau ist über alle Berufsgruppen hinweg sehr hoch und standardisiert.

Bei der Unikatproduktion in der Agentur wird nach wie vor monatelanger und kostenintensiver Aufwand betrieben, um ein Produkt von 60 Sekunden Länge zu erzeugen. In diesem Bereich ist tatsächlich Verschwendung zu beobachten. So wurden zum Beispiel bei der Konzeptentwicklung 64 Ideen entwickelt, aus denen am Ende eine Idee ausgewählt wurde. Das „Ausprobieren" ist Teil der schöpferischen Arbeit. Dieser Aufwand wird jedoch nur für wenige ausgewählte, sehr hochwertige Produkte betrieben, um die kreative Leistungsfähigkeit der Agentur zu demonstrieren und Kunden, Zuschauer und Preisrichter zu beeindrucken. Awards sind in der Unikatproduktion genauso wichtig für Bezahlung und Image wie die Credits für die Autoren in der amerikanischen Spielfilmindustrie. Aber auch in den Agenturen, die Unikate herstellen wird das meiste Geld mit Produktionen „von der Stange" verdient.

Bei der industriellen TV-Produktion gibt es keine Verschwendung mehr. Der Informationsvorsprung des Agenten wird durch die Zerlegung der Arbeitsschritte und die dadurch entstehende Transparenz gegenüber dem Prinzipal minimiert. Jeder Mitarbeiter muss heute ersetzbar sein, denn die Produktion darf nicht stillstehen. Die „Stars der Produktion" wurden demontiert, der Einzelne ist nicht mehr wichtig und das Wissen und die Effektivität sind in Prozessen hinterlegt. Nur über funktionierende Logistik, ausgeprägte Arbeitsteilung und definierte Standards bei gleichzeitig hoher Automatisierung können täglich bis zu 18 Stunden Liveprogramm bei der Nachrichtenproduktion erzeugt werden.

Als nächstes soll die Frage nach der „Papierisierung" diskutiert werden: *Welche Rolle spielt Papier in der modernen Fernsehproduktion?*

Das Ergebnis dieser Untersuchung ist überraschend. Die Papierisierung, die Arbeit auf Papier, ist bei der Produktion audiovisueller Ware der Schlüssel zum Erfolg. Es kann von einer regelrechten Papierflut in der Fernsehproduktion gesprochen werden: Konzepte und Ideen werden skizziert, Drehbücher geschrieben, Studios gezeichnet, Technik und Logistik werden geplant, Kalkulationen werden berechnet und Verträge unterschrieben. Nichts wird dem Zufall überlassen, jeder Schritt wird detailliert auf Papier konzipiert und beschrieben. Nur so lassen sich erstklassige Ergebnisse und hoher Output realisieren. Fernseharbeit ist in erster Linie Papierarbeit. Die Papierarbeit ist notwendig, um Kultur und Kosten zu vereinen. Diese Untersuchung zeigt: All diese Prozesse erfolgen auf weißem DIN-A4-Papier.

Kern und wichtigster Bestandteil erfolgreicher On-Air-Promotion und erfolgreicher Nachrichtenerstellung sind Kreativität sowie die Entwicklung, Planung und Logistik vor der eigentlichen Produktion. Folgende Abbildung zeigt den Produktionsprozess und die Unterteilung in den Bereich, der rein auf Papier bearbeitet wird und den Bereich der tatsächlichen TV-Produktion. Am Beispiel der Entstehung einer Formel-1-Startkampagne endet der reine Papierprozess erst drei Wochen bevor das erste Element der Kampagne gesendet wird. Der ganze Prozess dauert hingegen drei Monate. Das Produkt hat am Ende eine Länge von 60 Sekunden.

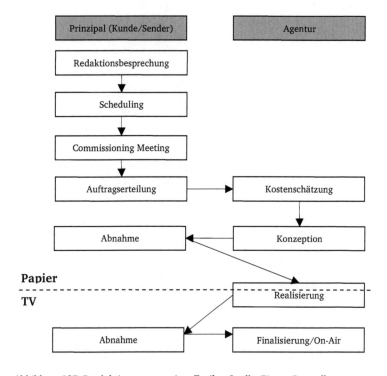

Abbildung 107: Produktionsprozess eines Trailer. Quelle: Eigene Darstellung.

Konzept, Kalkulation und Logistik entstehen auf Papier und sind der schriftliche Beweis, dass der Auftrag des Kunden verstanden wurde. Durch diese Papiere zeigt der Agent, wie die Wünsche des Prinzipals in ein Produkt transformiert und übersetzt werden können. Der kreative Producer übersetzt den Auftrag in ein Drehbuch, der Kaufmann übersetzt die Informationen aus den unterschiedlichen Abteilungen in eine Kalkulation und der Produktionsleiter übersetzt die Anforderungen in eine funktionierende Logistik. Auch beim Aufbau des Sportnachrichtkanals Sky Sport News HD war die Papierarbeit der Schlüssel zum Erfolg.

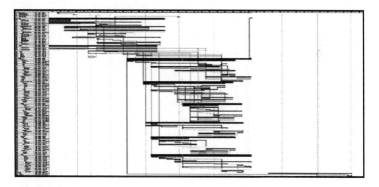

Abbildung 108: Finale Microsoft Project Zeitplanung. Quelle: Sky Deutschland.

Ein Projektleiter beim Aufbau von vier Nachrichtenkanälen antwortet auf die Frage nach der wichtigsten Aufgabe im Nachrichtengeschäft: „A lot of writing has to be done!"

Was den Einsatz von Papier in modernen Produktionsprozessen betrifft, kann heute weitgehend auf physisches Papier verzichtet werden. Der Großteil des gesamten Produktionsprozesses basiert auf moderner Informationstechnologie und wird über zentrale Server- und IT-Systeme abgewickelt. Fast alle Prozesse werden mittlerweile durch den Einsatz von Hard- und Software unterstützt. Mit einer entscheidenden Ausnahme: Die Beobachtung zeigt, dass Kreativität und physisches Papier eng miteinander verbunden sind.

Vor allem bei der Entwicklung von Ideen schätzen die Akteure die Eigenschaften des Papiers. Agenten machen sich dabei vor allem zwei Techniken zu Nutze, um kreative Ergebnisse erzielen zu können. Sie strukturieren die Problemstellung in Teilaufgaben und schaffen Assoziationsketten durch Stichworte und Zeichnungen. Beides geschieht auf Papier.

[Int 4 2011] Papier dient zur Strukturierung der eigenen Gedanken. Ich schreibe oft einfach auf, was mir zu einem Thema in den Sinn kommt. Ein Stichwort führt mich dabei zum nächsten. Sortieren und ordnen der Gedanken kommt später. Alle wesentlichen Ideen und der grundlegende Aufbau eines Konzeptes entstehen bei mir auf Papier.

[Int 5 2011] Papier hat den Vorteil, dass sofort intuitiv darauf los gearbeitet werden kann. Programme können das heute noch nicht, weder das Interface noch die Elektronik dafür stimmen. Assoziatives Arbeiten ist in der IT noch nicht angekommen. Schnell etwas aufschreiben, etwas anderes daneben schreiben, eine kleine Zeichnung anfügen und wieder durchzustreichen geht am besten auf Papier.

[Int 2 2011] Schreibe ich eine Idee oder ein Konzept auf ein Blatt Papier und lese es später nochmals durch, so erkenne ich, ob die Idee funktioniert oder nicht. Auf einem Blatt sehe ich mehr als auf einem Bildschirm.

[Int 3 2011] Papier bietet mir die Möglichkeit, mich auf eine Sache zu konzentrieren. Am Bildschirm habe ich ständig Ablenkung. Papier strahlt für mich Ruhe aus. Gleichzeitig ist unsere Art der Arbeit fast ausschließlich virtuell, es gibt nichts zum Anfassen, nichts zu berühren, nichts kann in Händen gehalten werden. Papier ist für mich der Bezug zur Realität.

Von Zeit zu Zeit lassen sich diese Papiere im Produktionsprozess wieder finden: Auf den Schreibtischen der Redakteure, Journalisten und Producer, an den Wänden der Produktionsbüros oder in den Klemmbrettern der Aufnahmeleiter.

Im Folgenden werden die Untersuchungsergebnisse diskutiert, die sich aus dem Entstehungsprozess der Produkte ergeben haben.

Wie genau entstehen Trailer oder Nachrichtenprogramme Schritt für Schritt? Wie werden audiovisuelle Produkte entwickelt? Helmut Schanze sagt „Medienprodukte seien keinesfalls mit der Produktion von Nägeln und Schrauben vergleichbar, eine klare Arbeitsteilung sei nicht möglich und die Beteiligten müssten immer das Ganze, die Totalität im Blick haben." Stimmt das?

On-Air-Promotion

Die vorliegenden Beobachtungen können dies für den Bereich der On-Air-Promotion nur sehr eingeschränkt bestätigen. In der beobachteten Agentur wird ein Großteil des Arbeitsvolumens nach strikten Regeln und nach strikter Arbeitsteilung abgearbeitet. Der Entstehungsprozess eines Trailers auf Netzwerkebene lässt sich folgendermaßen festhalten: Der Kunde (Sender) legt den Bedarf für Promotion in Redaktionsbesprechungen fest und plant diesen vorläufig in den Sendeablauf ein (Scheduling). Im „Scheduling Meeting" entscheiden dann die Verantwortlichen des Senders final, welche Bereiche (Film, Sport, Kinder, Dokumentation) wie viel der begrenzten und daher sehr begehrten Programmfläche für Promotion erhalten. Es wird somit zunächst ein Gefäß erstellt, das anschließend von der Agentur mit Inhalt gefüllt wird. Nachdem der Auftrag in der Agentur eingeht, teilt die Disposition die entsprechenden Ressourcen auf das Projekt ein. Der Producer ist für die Entwicklung der Geschichte eines Trailers, für die Bild- und Tonauswahl und den Schnitt zuständig. Ein Graphiker fertigt die notwendigen Schrifttafeln mit den konkreten Sendehinweisen an. Ein Texter schreibt den Text für den Off-Sprecher. Der Tonmeister macht die Sprachaufnahme mit dem Sprecher und fertigt den finalen Audio-Mix an. Der Producer montiert am Ende die unterschiedlichen Gewerke zu einem Endprodukt und legt es der Abteilungsleitung zur Abnahme vor. Sobald die Abnahme erfolgt ist, wird der Trailer zu Playout und Uplink geschickt. Dieser Prozess ist auf große Volumina ausgelegt und mit diesem Prozess werden in der Agentur die größten Renditen erzielt. Es gibt zwischen den einzelnen Gewerken kaum Überschneidungen. Wie bei der Produktion von Schrauben am Fließband, ist jeder Mitarbeiter auf seine Aufgabe und Maschine spezialisiert und führt auch nur diese Tätigkeit aus. Ein Trailer von 30 Sekunden Länge wird so innerhalb von zwei Tagen sendefertig produziert. Selbst die Inhalte der Trailer sind standardisiert. Bei einem Spielfilmtrailer wird die Geschichte durch den Film vorgegeben. Die Geschichten für die Trailer der Formel-1 und der Fußballbundesliga werden bis zu sechs Wochen im Voraus entwickelt und bis zu vier Wochen im Voraus produziert. Jedes Rennen hat etwas Besonderes, das schon im Vorfeld bekannt ist, wie etwa ein Heim-Grand-Prix eines Top-Fahrers oder ein außergewöhnlicher Veranstaltungsort wie Monaco. Jeder Bundesligaspieltag bietet ein Derby oder ein Spiel „Klein gegen Groß." Sollte es ein aktuelles Ereignis wie ein kurzfristiger Trainerwechsel erforderlich machen, so wird dieser im Trailer nachträglich geändert. Dies geht jedoch in der Regel sehr schnell, da die Geschichte in solchen Fällen „vom Leben" vorgegeben ist. Es konnte innerhalb der Agentur aber noch eine andere Art der Produktion beobachtet werden, die Unikatproduktion. Hier entsteht ein Unikat in mühevoller und kleinteiliger Arbeit. Diese aufwendigste aller Fernsehproduktionsweisen dient dazu, ein unverwechselbares und hochwertiges Produkt zu erzeugen.

Bei der Unikatproduktion gibt es tatsächlich Mitarbeiter, die das Ganze, die Totalität im Blick haben. Aufwendige, prestigeträchtige Projekte aus dem Sportbereich wie Startkampagnen der Formel-1, der Fußballbundesliga oder der UEFA Champions League oder Projekte aus dem Filmbereich wie Imagetrailer werden gesondert behandelt. Bei diesen Projekten wird höchste Kreativität verlangt, denn sie werden nicht nur wesentlich höher budgetiert, sondern dienen dem Kunden (Sender) wie auch der Agentur als Aushängeschilder, als anschauliche Ergebnisse ihrer Leistungskraft. Der Prinzipal, also der Sender, wirbt mit diesen Trailern für seine hochwertigsten Produkte und für die Agenten ist es eine Möglichkeit, Preise und Awards bei branchenweiten Veranstaltungen zu gewinnen, um sich so von der Konkurrenz abzuheben. Vor allem der Producer nimmt bei diesen Projekten eine zentrale Rolle ein. Er muss das Ganze im Auge haben und fachübergreifend denken und handeln. Producer müssen bei diesen besonderen Projekten in der Lage sein, unterschiedliche Rollen einzunehmen. Sie entwickeln Ideen, schreiben Drehbücher und Texte, erstellen Kalkulationen, denken sich Grafiken aus und führen Regie bei Dreharbeiten. Auch in diesem Prozess wird der Producer die Grafiken nicht selbst anfertigen und den Ton nicht selbst mischen. Er wird jedoch für alle Gewerke die nötigen Vorgaben machen und bei der Umsetzung mit am Tisch sitzen. Darüber hinaus wird versucht, die Kreativität aller Beteiligten optimal zu nutzen. Ein erfahrener Producer bringt es auf den Punkt: „You never know. Creativity is not completely projectable. Sometimes the best visual idea comes from an audio guy!"

Auch für die Agenten sind diese Unikatprodukte von besonderer Bedeutung. Sie sind die beste und oft auch einzige Möglichkeit, um sich beruflich weiterzuentwickeln. Nur über diese Produkte ist es möglich, sich von der Masse abzuheben und sich bei der Abteilungs- und Geschäftsleitung, bei Kunden und innerhalb der Branche zu positionieren.

Unikatprodukte sind der Weg zu beruflichem Erfolg in der Agenturbranche. Für jeden Producer ist es wichtig, sich für solche Projekte zu qualifizieren und besonders gute Ergebnisse abzuliefern. Allzu viele Fehlschläge werden nicht toleriert.

Helmut Schanzes Thesen bestätigen sich: Die Medienproduktion, zumindest was die Unikatproduktion betrifft, ist wohl kaum mit der Produktion von Schrauben und Nägeln zu vergleichen. Passender wäre die Metapher vom „Bau eines Hauses" oder „der Entwicklung eines Automobils." Es handelt sich um eine Produktion, die Handwerk, kreative Schöpfung und Betriebswirtschaft vereint.

Sportnachrichten
Die Untersuchung zeigt deutlich, dass die Herstellung der Sportnachrichten die reinste Form der industriellen TV-Produktion darstellt. Die Journalisten haben zwar die Totalität im Blick, wenn es um die Herstellung ihrer individuellen Beiträge geht: Story, Bild, Ton und Graphik. Bezogen auf das tägliche 18-stündige Live-Programm ist das aber nicht möglich. Selbst der redaktionelle Chef vom Dienst einer Sendung (CvD) kann das ganze Programm nicht mehr im Blick haben, denn pro Tag werden drei verschiedene CvDs im Schichtbetrieb eingesetzt. Das Produkt Sky Sport News HD haben nur noch drei Personen im Blick: der Senderchef sowie die beiden Chefredakteure.

Bei Sky Sport News HD ist eine Verlagerung der Aufgaben in die Redaktion zu beobachten. Bis vor kurzem wurde jeder Arbeitsschritt von einem Spezialisten ausgeführt oder zumindest begleitet. Gedreht wurde von ausgebildeten Kameraleuten und professionelle Cutter schnitten die Beiträge. Ein Redakteur hat sich ausschließlich um seine Geschichte gekümmert. Heute sollen die Journalisten auf allen Produktionsstufen arbeiten. Redakteure sollen drehen und schneiden können und einen Beitrag ebenso wie einen ganzen Sendeablauf schreiben. Sie sollen moderieren, vertonen und selbst die Graphiken werden von den Journalisten in die Beiträge eingesetzt. Im Grunde ist es wie zu den Anfängen des Printjournalismus in den 1930er Jahren. Der Journalist war damals eine „One-Man-Show". Er musste eine Geschichte recherchieren, zum Ort des Geschehens fahren, Photos machen und die Geschichte schreiben. Im Laufe der Zeit haben sich die Aufgaben ausdifferenziert und vor allem im TV wurde eine strenge Arbeitsteilung eingeführt. Edit-Suiten und Graphik-Maschinen kosteten rund eine Million Mark in den

1980er und 1990er Jahren und nur professionelle Cutter und Graphiker durften diese Geräte bedienen, nicht die Journalisten. Heute laufen die Prozesse wieder in der Redaktion zusammen, wie in den 1930er Jahren bei den Printjournalisten.

Die größte Revolution auf diesem Weg waren Computer und die damit einhergehende „Demokratisierung der Produktionstechnik". Prozesse und Arbeitsschritte, die bis vor wenigen Jahren nur von speziellen Geräten, spezieller Software und spezialisierten Mitarbeitern ausgeführt werden konnten, kann heute jeder Journalist auf seinem Schreibtisch professionell ausführen; und das zu einem Bruchteil der Kosten, in einem Bruchteil der Zeit und in zum Teil wesentlich höherer Qualität.

Wie kann die Industrialisierung der Fernsehproduktion anhand der Transaktionskostentheorie erklärt werden?
Die Transaktionskostentheorie bietet zwar keine Erklärungsansätze für die Industrialisierung der Ablauforganisation, allerdings können die Dimensionen Arbeitsteilung, Automatisierung und Standardisierung anhand dieser Theorie diskutiert werden.

Transaktionskosten und Arbeitsteilung
Arbeitsteilung führt zu Transaktionskosten durch steigenden Koordinationsaufwand. Heinrich definiert den optimalen Spezialisierungsgrad durch die Grenze, an der Transaktionskosten mögliche Vorteile durch Spezialisierung aufheben (vgl. Heinrich 2010: S. 329). Kosten der Arbeitsteilung entstehen, weil Akteure sich koordinieren, Aufgaben in Teilaufgaben aufgefächert, Prozesse zugewiesen und kontrolliert sowie schließlich wieder vereinigt werden müssen. Bei zu großer Arbeitsteilung entstehen Schnittstellenprobleme und die Gefahr der Monotonie, es ergeben sich Probleme durch „Nichtwissen" und „Nichtwollen" (Picot et al. 2003: S. 25). Sehr anschaulich konnte die Änderung des Spezialisierungsgrades am Beispiel der Redakteure des Sportnachrichtenkanals gezeigt werden. Bei zu wenig Arbeitsteilung ergeben sich keine Spezialisierungsvorteile durch die speziellen Fähigkeiten der Mitarbeiter und auch der Einsatz spezifischer Maschinen ist nicht möglich. Am Beispiel der Post-Produktion wurde aufgezeigt, dass durch neue Technologien Kosten und Zeit gespart werden können, gleichzeitig steigen jedoch der Grad der Arbeitsteilung und somit auch die Transaktionskosten. Zur Ausführung dieser speziellen Tätigkeiten sind Mitarbeiter nötig, die in

der Regel nicht in optimaler Weise auf dem Arbeitsmarkt verfügbar sind. Aus diesem Grund werden die kostenwirksamen Charakteristika institutioneller Arrangements (Anreizintensität, Ausmaß bürokratischer Steuerung und Kontrolle, Anpassungsfähigkeit) in Zukunft bedeutsamer (vgl. Durth 2000: S. 637).

Transaktionskosten und Automatisierung
Automatisierung senkt die absoluten Kosten pro Transaktion. Bedingt vor allem durch die Digitalisierung und die damit verbundene Standardisierung der Abläufe fallen Schnittstellen weg und Transaktionskosten werden minimiert. Hinzu kommt die Vernetzung durch neue Informations- und Kommunikationstechnologien auf Basis von Servertechnologien. Weil dadurch Such-, Informations-, und Kommunikationskosten sinken, wird die Produktion zunehmend effektiver. Die „move to the market hypothesis" postuliert seit den 1980er Jahren, dass sinkende Transaktionskosten vor allem durch die Automatisierung zu „einer Vermarktlichung wirtschaftlicher Leistungen" (Picot et al 2003: S. 71) führt, da durch neue Informations- und Kommunikationstechnologien die Unsicherheit abnimmt, indem die Markttransparenz zunimmt.

Transaktionskosten und Standardisierung
Standardisierung minimiert Transaktionskosten, da Organisationsmitglieder durch generelle Regelungen bei wiederkehrenden Aufgaben, Verfahren und Programmen entlastet werden. Informations- und Koordinationskosten sinken, die Suche nach immer neuen Problemlösungen entfällt und auch Kosten der Entscheidung und der Kontrolle der Ergebnisse werden minimiert. Diese Effekte ergeben sich bei Standards in der Kommunikation und auch bei Standards in der Technologie – wie die Einführung einer durchgängigen Software oder der bandlosen Produktion. Alle Akteure, die auf einen Datenserver zugreifen, benötigen standardisierte Soft- und Hardware und bilden dadurch ein Netzwerk. Transaktionskosten können dann durch direkte Netzeffekte mittels direkter physischer Verbindung, wie auch durch indirekte Netzeffekte gesenkt werden, da der Nutzen der Akteure mit jedem zusätzlichen Akteur steigt (vgl. Picot et al. 2003, S. 64 f.). In diesem Zusammenhang spielt auch die technologische Entwicklung von Standards innerhalb der gesamten Branche eine wichtige Rolle (vgl. Bartmann 2005: S. 25). Von brancheneinheitlichen Standards können alle Akteure schon allein da-

durch profitieren, dass sie gemeinsam die Kosten der Entwicklung tragen. Von Insellösungen und Standards nur für ein Unternehmen profitiert, wenn überhaupt, nur das eine Unternehmen. Sky beispielsweise ließ beim Aufbau von Sky Sport News HD keine spezielle Software programmieren, sondern griff auf ausgereifte, standardisierte Technologien zurück. Somit ergab sich aber wiederum ein „Trade off" zwischen den gezeigten Vorteilen der Standardisierung und den Kosten der Einführung und Nutzung, wie am Beispiel der Regie gezeigt. Picot weist zudem darauf hin, dass vor allem die Standardisierung von Produktmerkmalen eine Reduzierung der Produktdifferenzierung bedeutet und Zielgruppen nicht mehr differenziert angesprochen werden können (vgl. Picot et al. 2003, S. 64).

Die Transaktionskostentheorie weist jedoch starke Argumente für die Standardisierung von Produkten auf. Standardisierte Produkte führen zu exakt definierten Prozessen und Schnittstellen. Für Burr ergeben sich Möglichkeiten zur Kostensenkung durch die

> „Senkung der Spezifität von Ressourcen und Austauschbeziehungen, durch die Reduktion der Zahl der Austauschbeziehungen und durch die Vereinfachung der Koordination in den Phasen der Anbahnung und Vereinbarung (Effekt der klaren Leistungsbeschreibung und der standardisierten Schnittstellen), sowie der Abwicklung und Kontrolle (Effekt der Arbeit in Teamstrukturen und der klaren Aufgabenbeschreibung und Verantwortungszurechnung)" (Burr 2004: S. 449 ff.).

Zusammenfassend kann festgestellt werden, dass mithilfe der Transaktionskostentheorie eine Vielzahl der Phänomene und Auswirkungen der Industrialisierung der Fernsehproduktion auf abstraktem Niveau erklärt bzw. veranschaulicht werden können.

Welche Auswirkungen lassen sich auf der Ebene der Ablauforganisation vor dem Hintergrund der Akteur-Netzwerk-Theorie aus der Industrialisierung der Nachrichtenproduktion erkennen?

Nachrichtenkanäle sind prädestiniert für die Industrialisierung. Automation, Standardisierung und Arbeitsteilung können bei dieser Art der Live-Produktion besonders effizient auf die Prozesse übersetzt werden. Je höher die Repetition der Inhalte und auch der Prozessschritte ist, desto effizienter kann mit automatisierten Prozessen produziert werden. Die Industrialisierung der Live-Produktion hat klare Grenzen. Für Live-Shows wie „Wetten, dass...?" oder die Produktion eines Tatorts eignen sich industrialisierte Prozesse nicht. Der Aufwand für die Konfiguration der Systeme bei einmaliger Nutzung wäre viel zu groß und die Kreativität würde zu stark beschnitten werden.

Die Industrialisierung der Nachrichtenproduktion beginnt bei der Standardisierung der Inhalte. Sky Sport News HD hat sich auf das Sendekonzept „rolling news" festgelegt. Alle News Bulletins, die Themen des Tages, sollen innerhalb von 30 Minuten berichtet werden. Davon unabhängig sollen die Schlagzeilen alle 15 Minuten wiederholt werden. Der Zuschauer kann jederzeit auf den Kanal schalten, es gibt keine festen Sendezeiten und kein „appointment to view". Sobald der Zuschauer merkt, dass sich die Inhalte wiederholen, schaltet er weiter. Konkret heißt das, dass jede Stunde in vier Blöcke à 15 Minuten unterteilt wird. Die Blöcke werden in unterschiedlichen Varianten präsentiert, damit der Zuschauer das Gefühl von Abwechslung bekommt. Jeder Block beginnt mit den Headlines. Das sind die drei wichtigsten Nachrichten (Schlagzeilen), die den Einstieg in eine „Show" markieren. Im ersten Block folgt darauf die Topstory. Dies ist meist ein vorgefertigter Beitrag von maximal drei Minuten Länge, der sich mit dem Thema des Tages beschäftigt. Im zweiten Block folgt auf die Headlines ein Studiointerview mit einem Gast oder Experten, im dritten Block kommt wieder die Topstory und im vierten Block folgt wieder das Studiointerview. Die Beiträge selbst werden über den Tag hinweg ständig umgearbeitet, damit dem Zuschauer nicht langweilig wird. Es kann zwar immer das gleiche Thema behandelt werden, aber die Art und Weise der Präsentation variiert.

Nachrichtenproduktion kann grob in die folgenden Schritte unterteilt werden: News Gathering, Sendungserstellung, Schnitt, Graphik, Studiobetrieb und Regie.

News Gathering

Das „News Gathering", also die Nachrichtenerstellung vor Ort, hat oberste Priorität bei diesem Sendekonzept. In den Bereich „News Gathering" werden besonders viel Einsatz und finanzielle Mittel gesteckt. Der Zuschauer soll das Gefühl haben, dass der Nachrichtenkanal ständig (als Erster) vor Ort ist und Informationen aus erster Hand liefert. Sinnbild dafür ist der Reporter am Ort des Geschehens, der ein Mikrofon mit

Senderlogo in der Hand hält. Für die mobile Nachrichtenerstellung werden sogenannte SNG-Trucks (Satellite News Gathering oder Übertragungswagen) genutzt. Die Wahl der SNG-Basisfahrzeuge bei Sky Sport News HD fiel auf das Modell Vito von Mercedes-Benz. Viele TV-Stationen bevorzugen größere Fahrzeuge, um mehr Technik (und Personal) unterzubringen und dem Problem der beschränkten Nutzlast der Fahrzeuge aus dem Weg zu gehen. Für einen Sportnachrichtenkanal sind kleinere Fahrzeuge wie der Vito von Vorteil, um schnell und flexibel zu sein, denn vor allem in Innenstadtlagen und Trainingsgeländen ist die Parksituation oft eingeschränkt. Die Konstruktion des Fahrzeugs erlaubt Industrialisierung in höchster Form. Der Truck wird von nur einer Person betrieben. Diese Person fährt, bedient die Kamera, schneidet, vertont den Beitrag und überträgt das Material oder die Live-Schaltung per Satelliten-Uplink ins Sendezentrum. Hinzu kommt lediglich ein Reporter aus der Redaktion. Der Reporter ist für den Inhalt verantwortlich, schreibt den Beitrag und steht für die Moderation des Beitrages oder für Live-Schalten vor der Kamera. Die Trucks und das Personal sind permanent an den wichtigsten deutschen Standorten (Köln, Hamburg, Berlin, München) stationiert, um schnell vor Ort berichten zu können.

Sendungserstellung
Dreimal täglich findet eine Redaktionssitzung statt, in der der konkrete Sendeplan des Tages besprochen und gegebenenfalls aktualisiert wird. Die wichtigste Besprechung mit der gesamten Redaktionsleitung ist jeden Morgen um 09.00 Uhr. In der Sitzung werden alle für die Sendung relevanten redaktionellen und technischen Themen besprochen. Die Chefs vom Dienst (CvD; Abkürzung für Redaktionsleiter) übersetzen die Vorgaben der Chefredaktion anschließend in die Sendeplanung.

Die Sendeplanung wird automatisiert und rein digital mit der Software „iNews" des Herstellers Avid erstellt. Alle Redakteure arbeiten hauptsächlich mit diesem Programm. Die Oberfläche der Software sieht optisch aus wie eine Mischung aus Microsoft Excel und Microsoft Word. Es gibt eine Tabellenstruktur für die Erstellung des Sendeablaufes. Darin wird chronologisch festgelegt, welcher Sendungsteil wann und wie lange on air ist. Dies kann eine Moderation, ein Beitrag, eine Live-Schalte, ein Telefoninterview oder eine Graphik sein. Daneben gibt es Felder für Text. Darin erstellen die Redakteure die Texte der Beiträge und die Texte für die Moderatoren. Jeder Sendungsteil wird automatisch mit einer Identifikationsnummer (ID) versehen. Innerhalb von „iNews" können auch Graphiken gesteuert werden. Die Graphiken werden einmalig als sogenanntes „Template" von einem Designer erstellt und mit einer Animation programmiert. Dies kann eine Animation sein, die die Graphik erscheinen lässt, oder auch wieder aus dem Bild verschwinden lässt. Es können aber auch Animationen wie Farbverläufe innerhalb der Graphik selbst sein. Der Redakteur ruft die Graphik in „iNews" auf und kann diese selbstständig an die jeweilige Story anpassen. Die Hilfe eines Graphikers ist nicht mehr nötig, der komplette Prozess wird von Journalisten direkt am Schreibtisch bearbeitet.

Schnitt
Jeder Journalist hat die Möglichkeit, an seinem Arbeitsplatz alles Material, das auf den Servern lagert, zu sichten und zu bearbeiten. Früher wurde das Material in der Mazstraße aufgezeichnet, kopiert, auf Bänder gezogen und die Bänder wurden über eine Disposition verwaltet, angefragt und ausgeliehen. Falls der Redakteur nicht genau wusste, wo das Material, das er suchte, zu finden war, musste ein Auftrag zur Programmrecherche erteilt werden. Der Auftrag wurde dann von Archivaren abgearbeitet und die Bänder wurden dem Redakteur geschickt. Ein typischer Auftrag war zum Beispiel, „suche bitte alle Tore aus der Begegnung X gegen Y vom letzen Spieltag." Der Redakteur nahm anschließend das Band oder die Bänder (oft in einer gelben Postkiste transportiert) und ging damit an einen Sichtplatz, der mit Fernseher und Abspielgerät ausgestattet war. Händisch wurden dann die Timecodes der Szenen auf Papier geschrieben, die in den Beitrag eingebaut werden sollten. Diese Liste mitsamt den Bändern gab der Redakteur dann an den Cutter weiter, der die Szenen sinnvoll montierte.

Die Journalisten bei Sky Sport News HD können ihr Material selbst über Suchmasken suchen und bearbeiten, direkt am Arbeitsplatz, ohne Wartezeiten und ohne die Mithilfe weiterer Personen. Nach der Recherche kann das Material auch direkt am Arbeitsplatz bearbeitet werden. Jeder Arbeitsplatz ist mit der Software „Newscutter" von Avid ausgestatten. Mit diesem Programm kann professionell Video- und Audiomaterial geschnitten werden. Das Material kann für den finalen Schnitt selektiert, vorgeschnitten und schon mit Graphiken belegt werden. Die Journalisten können mit diesem Workflow in nur wenigen Minuten Material suchen, bewerten und bearbeiten, wofür früher Stunden und Tage benötigt wurden. Sobald der Redakteur das Material für den Beitrag beisammen hat, speichert er dieses ab und wechselt den Arbeitsplatz. Im Newsroom befinden sich vier Schnittplätze, sogenannte „Hardware Newscutter". An diesen Arbeitsplätzen arbeiten ausgebildete Cutter. Die Cutter rufen das zum Teil vorgeschnittene Rohmaterial des Redakteurs auf und finalisieren den Beitrag. Am Ende entsteht so ein handwerklich sauber geschnittenes Stück, das auch allen technischen Richtlinien des Senders entspricht. Während der Cutter den Beitrag schneidet, schreibt der Redakteur gleichzeitig den finalen Text für die Sprachaufnahme (Voice Over) in „iNews". Die Sprachaufnahme für den „Off-Text" des Beitrages wird auch direkt am Arbeitsplatz des Cutters eingesprochen. Der Redakteur greift sich dafür ein sogenanntes „Lippenmikrofon", das er sich direkt vor den Mund hält und spricht den Text ein. Der Cutter zeichnet die Sprachaufnahme auf und legt diese unter den Beitrag. So wird mit hochmodernen Workflows ein Beitrag inklusive Graphiken und Sprachaufnahme allein im Newsroom an zwei Arbeitsplätzen, die nur wenige Meter voneinander entfernt sind, sendefertig erstellt. Durch diesen industriellen, bandlosen Prozess können enorme Zeitvorteile im Vergleich zu herkömmlichen Herstellungsverfahren realisiert werden.

Graphik
Ein weiteres Novum in der TV-Produktion ist, dass für die Erstellung eines Live-Programms kein Graphiker mehr benötigt wird. Wie oben beschrieben wurde bei Sky Sport News HD ein „journalist-driven template based graphic system" eingeführt. Die Sendegraphiken für den Live-Betrieb werden ausschließlich von den Redakteuren erstellt. Die dafür nötigen „Templates" können direkt am Arbeitsplatz geladen werden. Der Journalist ruft das entsprechende Modul auf und sucht sich die Graphik, die er verwenden möchte aus. Er fügt graphische Elemente wie Vereinslogos oder Logos von Ligen oder Wettbewerben hinzu (auch diese können aus einem Pool ausgewählt werden), tippt eigenhändig den Titel ein und speichert alles zusammen ab. Sogar ein Video kann in die graphische Sequenz eingefügt werden. Solch komplexe Animationen waren vor Einführung der industriellen Fertigungsweise überhaupt nicht möglich und konnten nur aus der Regie gefahren werden.

Studiobetrieb

Ein weiteres Beispiel der hochgradig industrialisierten Produktionsweise des Sportnachrichtenkanals ist, dass für den gesamten Live-Betrieb weder ein Kameramann noch ein Beleuchter benötigt werden. Auch dies ist in der deutschen Senderlandschaft einmalig.

Die Studiokameras für den Live-Betrieb werden komplett aus der Regie gesteuert. Sechs Studio-Kameras stehen auf einer „Robotic", die aus der Regie mit Hilfe eines „joysticks" in alle Richtungen bewegt werden kann. Die Kameraköpfe können geneigt und geschwenkt werden, das Stativ kann nach oben oder unten bewegt werden und die Schärfe kann in der Regie „gezogen" werden. All diese Tätigkeiten werden von einem „Control Room Operator" ausgeführt. Einmal wöchentlich werden die Kameras von einem „Support Engineer" „gematcht", das heißt, es wird ein Farbabgleich mit allen Kameras gemacht.

Die Fahrten der „Kamera-Robotic" und die meisten Bewegungsabläufe sind wiederum in „Templates" einmalig programmiert und abgespeichert. Zu Beginn jeder Show gibt es beispielsweise ein Zoom auf die Moderatoren in Verbindung mit einer leichten Kopfbewegung der Kamera. Diese Bewegung wird als „Template" im Sendeablauf hinterlegt. Die Bewegung läuft dann automatisch ab, der Control Room Operator muss lediglich die Ausgangsposition überprüfen und gegebenenfalls manuell korrigieren. Diese „Templates" gibt es für jede Situation im Studio: ein Moderator, zwei Moderatoren, Gäste, Reporter am Touchscreen und so weiter.

Im Nachrichtenstudio sind die Bedingungen kontrolliert und es gibt für jedes Motiv vorprogrammierte Lichtstimmungen. Diese werden aus der Regie von einer zentralen Steuereinheit bedient. Die Lichtstimmungen wurden in der Probephase vor dem Senderstart in wochenlanger Arbeit eingerichtet und können nun auf Knopfdruck abgefahren werden. Umbauphasen für Licht gibt es nicht mehr. Sollte im Studio doch einmal etwas umgebaut oder repariert werden, stehen im Nachrichtenbetrieb dafür maximal drei Minuten zur Verfügung. Dieses Zeitfenster wird von der Länge der Werbepause vorgegeben.

Regie

Den größten Beitrag zur Industrialisierung der Produktionsweise in einem Nachrichtenkanal leistet die Regieautomation, auch Sendeautomation genannt, mit weit reichenden Auswirkungen auf das Personal. Diese Automation ist der Schlüssel für effiziente Arbeitsabläufe in der Sendeabwicklung. Die Software, die in der Regie von Sky Sport News HD eingesetzt wird heißt „Mosart". Mosart kontrolliert alle Geräte, die in einer Regie genutzt werden: die Kreuzschiene, auf der alle Video- und Audiosignale von unterschiedlichen Quellen aufliegen, die Kameras, den Bildmischer, den Audiomischer und die Graphiksoftware Vizrt, mit der die graphischen „Templates" erstellt und gesteuert werden. Mosart „kennt" alle Komponenten, die für die Erstellung einer Show benötigt werden und kann diese ersetzen oder steuern. In einer herkömmlichen Regie arbeiten bis zu 15 Personen. Jedes Gerät wird von einem dafür vorgesehenen Mitarbeiter bedient. Ein Bildingenieur bedient den Bildmischer, ein Audioingenieur bedient den Audiomischer, ein Techniker bedient den Schriftgenerator für Titeleinblendungen und ein Regisseur leitet die Sendung und so weiter. Mit Hilfe der Sendeautomation wird die Anzahl der Mitarbeiter auf maximal drei reduziert.

Die Untersuchung zeigt, dass bei der Erstellung von Nachrichten die strengsten Regeln in der Produktionsindustrie herrschen. Nachrichtenherstellung ist im aufgezeigten Beispiel tatsächlich Fließbandarbeit. Lediglich die Nachrichten beziehungsweise Schlagzeilen selbst ändern sich. Nur durch eine komplett durchdachte und standardisierte Logistik ist es möglich, täglich 18 Stunden live Programm zu erstellen. Jeder Arbeitschritt wurde im Vorfeld definiert, Improvisation ist nicht möglich.

Bei Sky Sport News HD zeigt sich, dass es beim Personal einen außerordentlich hohen Spezialisierungsgrad gibt. Im Falle der Control Room Operator wurde sogar ein neues Berufsbild geschaffen. Die Tätigkeit im Control Room hat fast nichts mehr mit der herkömmlichen Tätigkeit eines Regisseurs zu tun. Da solche Fachkräfte am Markt nicht zu finden sind, wurde eigens ein zweimonatiges Trainingsprogramm entwickelt. Einzig bei der Tätigkeit des Redakteurs lässt sich ein umgekehrter Trend erkennen. Waren Redakteure früher ausschließlich für „ihre Story" verantwortlich, wird in einer industrialisierten Umgebung wesentlich mehr abverlangt.

Nach Hennion und Méadel lautet die nächste provokative Frage:

Was verleiht Trailern und Sportnachrichten ihre Macht? Was bewirkt, dass wir sie begehren?

On-Air-Promotion
On-Air-Promotion ist nichts anderes als Werbung. Werbung für einen Film, eine Dokumentation oder ein Sportevent, also Werbung für Programm, die on air auf einem Fernsehkanal ausgestrahlt wird. Dem Zuschauer muss der „Reason Why?" aufgezeigt werden, worunter in der Werbung der Grund verstanden wird, der zum Kauf oder Konsum eines Produktes bewegen soll: Warum soll sich der Zuschauer ein bestimmtes Programm anschauen? Welches Bedürfnis wird dadurch befriedigt? Welches emotionale Erlebnis, welches Gefühl wird im Zuschauer geweckt?

Aus Sicht der Geisteswissenschaft ist On-Air-Promotion nichts anderes als Rhetorik: Jemand (ein Zuhörer oder Zuseher) soll von einer Aussage überzeugt und/oder zu einer bestimmten Handlung bewegt werden (in diesem Falle ein Programm zu konsumieren). Die Grundregeln der Rhetorik waren bereits in der Antike bekannt und wurden unter anderem von Platon, Sokrates und Aristoteles entwickelt. Vor allem für Aristoteles war es entscheidend, beim Zuhörer Emotionen auszulösen, um damit die Sachthemen zu unterstützen. Er unterscheidet Emotionen in gegensätzlichen Paaren wie beispielsweise Liebe und Hass, Lust und Schmerz oder Mut und Angst (vgl. Höffe 2009: S. 490-498).

Ziel eines Trailers ist, neben der Information, eine dieser Emotionen beim Zuschauer hervorzurufen und so seine Aufmerksamkeit zu gewinnen. Durch das Wachrufen der Gefühle, egal ob über Bilder, Töne, Musik, einen Sprechertext, Animationen oder Typographien, soll das Verhalten beeinflusst werden. Die Belohnung mit der versprochenen und in Aussicht gestellten Emotion erfolgt dann, wenn der Zuseher die Sendung konsumiert. Die zehn Sekunden langen Trailer für aktuelle Kinofilme treiben dieses Muster auf die Spitze. Sie sind komponiert aus wenigen Elementen: Close-up des Stars mit O-Ton (der Star sagt irgendetwas), Explosion, Kuss. Ein idealer Startpunkt für das Konzept eines Trailers ist, die Geschichte des Films oder der Spielpaarung in einem Satz zusammenzufassen, um so die grundlegende Emotion zu erkennen: A rächt sich an B, C liebt D. Trailer werden so konzipiert, dass sie ihr Ziel auch erreichen, wenn diese nicht aktiv rezipiert werden. Sie müssen nur auf der Bildebene oder nur auf der Tonebene Aufmerksamkeit erregen können. Die Programmplaner versuchen zwar die Promotion so dicht wie möglich an das Programm zu setzen, solange die Aufmerksamkeit der Zuschauer noch hoch ist. Trotzdem holen sich die Zuschauer Getränke oder drehen den Ton leiser, um zu telefonieren, sobald das Spiel oder der Film zu Ende sind. Producer sollten die Fähigkeit besitzen, sich in die Zielgruppe hineinzuversetzen, um sich zu überlegen, was der Aufhänger oder das Einzigartige sein könnte, das den Zuschauer interessiert? Durch einen Eye-Catcher, einen Ear-Catcher, etwas Ungewöhnliches oder Überraschendes soll der Zuschauer einen Impuls für das kommende Programm erhalten. Jeder Film und jedes Sportereignis hat seine eigene Geschichte, die entdeckt und aufgezeigt werden kann. Bezogen auf den Sport kann ein Trailer den Reiz einer gesamten Veranstaltung oder eines Spieltages genauso wie ein spezielles Thema in den Mittelpunkt rücken. Die Emotionalisierung erfolgt über spektakuläre Momente aus dem Sport wie Tore, Überholmanöver, Freudentaumel nach dem Sieg, die Einblendung der Trophäen oder Pokale, markante oder emotionale O-Töne von Spielern, Stars und Experten oder über jubelnde, schreiende oder weinende Fans.

Nachrichten
Nachrichtengeschichten stillen die menschliche Neugierde. Bei einem Nachrichtenkanal geht es um Aktualität und Glaubwürdigkeit. Emotionalität tritt in den Hintergrund. Nachrichten suggerieren dem Zuschauer, ganz nah am Weltgeschehen zu sein und nichts zu verpassen. Wer Nachrichten sieht, hat einen Informationsvorteil gegenüber Nicht-Sehern, obwohl Fernsehnachrichten in der Regel sehr oberflächlich sind. Es kommt bei der Auswahl eines Nachrichtenprogramms nicht so sehr auf die inhaltliche Tiefe der Berichterstattung an, sondern eher auf übereinstimmende Werte von Sender und Empfänger. Ganz wesentlich bei Nachrichten ist die Art der Präsentation. Der Zuschauer muss der Nachrichtenquelle vertrauen können und möchte Informationen aus erster Hand. Aus diesem Grund unterhalten Nachrichtenkanäle große Korrespondentennetzwerke auf der ganzen Welt. Der Zuschauer soll den Reporter mit Senderlogo auf dem Mikrofon vor Ort sehen. Die Budgets für den Aufbau und den Unterhalt eines Nachrichtenkanals werden mit Hilfe hochmoderner, industrialisierter und automatisierter Prozesse und der damit einhergehenden Reduzierung des Personals zugunsten des „News Gathering", der Nachrichtenbeschaffung vor Ort verschoben. Noch vor wenigen Jahren musste ein Großteil der zur Verfügung stehenden Mittel für die technische Infrastruktur wie Studio und Regie und für teure, hochspezialisierte Fachkräfte ausgegeben werden. Wie das

Beispiel Sky Sport News HD zeigt, wird heute jeder Euro in die Beschaffung von Nachrichten vor Ort und in die journalistische Qualität gesteckt. Die Redaktion wird ausgebaut, um mehr und bessere Geschichten erzählen zu können. Investitionen in die technische Infrastruktur werden auf ein Minimum zurückgefahren.

Nun werden die Ergebnisse der vorliegenden Untersuchung in Bezug auf eine Agenturtheorie der Medien erläutert. Die Agenturtheorie der Medien könnte auch empirisch weiterverfolgt werden, auch im Sinne der bekannten ANT-Maxime „Follow the actors": *Wie sieht die Agenturtheorie der Leute aus, die in den Medien tätig sind? Welche eigene Agenturtheorie wenden die Medien-Entscheider bzw. -Praktiker an? Mit welcher Praxistheorie (Praxeologie) wird das eigene Handeln und das der anderen gerechtfertigt? Welche Rollenverteilung und Verflechtungen in Agenturen und Produktionsunternehmen gibt es? Wie sehen sich die Beteiligten selbst?*

Verflechtungen zwischen Zeichen, Personen und Dingen gibt es auf der Seite des Prinzipals, auf der Seite der Agentur und auch der Seite der Öffentlichkeit.

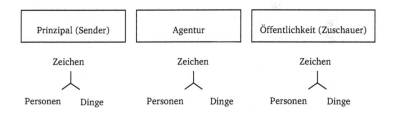

Abbildung 109: Verflechtungen. Quelle: Eigene Darstellung.

Bei der Unikatproduktion in der Agentur fiel meines Erachtens folgendes auf: Jeder Akteur verfolgt zunächst seine eigenen Interessen. Der Prinzipal möchte eines seiner wichtigsten und teuersten Produkte, in diesem Fall die Formel-1, profitabel vermarkten und mit einem hochwertigen On-Air-Auftritt den Status als state-of-the-art-Unternehmen bekräftigen. Die Agentur möchte zeigen, warum die Honorare gerechtfertigt sind, und sie möchte neue Aufträge erhalten. Auch die freien Mitarbeiter der Agentur denken so. Die festangestellten Mitarbeiter haben den Wunsch an prestigeträchtigen Projekten zu arbeiten, beruflich weiterzukommen und bei der nächsten Gehaltsrunde mehr Lohn zu erhalten. Agentur und Agenten zielen darauf ab, Preise und Auszeichnungen zu gewinnen, um ihren Status zu verbessern. Die Zuschauer erwarten eine Kaufbestätigung für ihr Luxusprodukt Pay-TV und einfach gute Unterhaltung.

Am Ende des beschriebenen dreimonatigen Produktionsprozesses steht ein Produkt von 60 Sekunden Länge, für das die Agentur und die beteiligten Producer, Graphiker und Tonmeister viel Lob sowie eine wichtige Auszeichnung beim bedeutendsten internationalen Branchentreffen in New York erhalten haben. Das Überschreiten des Budgets spielt in diesem Fall keine große Rolle, denn durch den Erfolg der Kampagne reduzierte sich die Preissensibilität der Akteure auf Kundenseite.

Es wurde aufgezeigt, wie sich die Akteure in der Produktion verhalten, welche Gedanken und welche Motivation sie haben. Veranschaulicht wurde, wie und warum Entscheidungen getroffen werden, wie sich Informationen verdichten und wie die Transformation vom Papier hin zum Fernsehen aussieht.

Die Agenten konnten mit ihren Methoden schließlich den Prinzipal und die Preisrichter überzeugen. Die Bezahlung und der nächste Auftrag wurden dadurch gesichert. Von der Öffentlichkeit, also den Zuschauer zu Hause vor dem Bildschirm, wird der Trailer vielleicht nur als weitere Werbung wahrgenommen, vielleicht ist er aber tatsächlich eine Kaufbestätigung, ein Produktversprechen, ein emotionaler Impuls oder einfach gute Unterhaltung. Diese Information bleibt im Verborgenen, da es bei diesem Sender keine qualitative Marktforschung zur On-Air-Promotion gab, die deren Wirkungsweise untersucht hätte. Als deutliches Ergebnis stellte sich heraus, dass die Einschaltquoten für die Formel-1-Saison 2009 beim Sender überraschend gut waren, und dass Premiere bzw. Sky Deutschland den Rechtevertrag mit der Formel-1 für weitere Jahre – bis heute – verlängert hat. Vielleicht hat die Kampagne, die letztlich auf einen kleinen, dreijährigen, spielenden Jungen zurückzuführen ist, etwas dazu beigetragen, dass Millionen von Menschen gut unterhalten wurden und sehr viel Geld in die Wirtschaft gepumpt haben. Der Geldkreislauf beginnt beim Abonnenten, geht weiter zum Sender, zur Formel-1, zu den Fahrern und Teams, zu den Sponsoren und endet beim Staat, der damit Steuern verdient. Sebastian Vettel (Team Red Bull-Renault) wurde in dieser Saison Zweiter in der Fahrerwertung hinter Weltmeister Jenson Button (Team Brawn-Mercedes).

Deutlich wurde, dass alle Akteure ihre ganz eigene Agenturtheorie entwickeln und danach verfahren. In der Produktion wird kaum bis gar nicht auf theoretische oder wissenschaftliche Kenntnisse oder Modelle zurückgegriffen. Die Akteure treffen ihre Entscheidungen aus dem Bauch heraus anhand ihrer Erfahrungen. Wo im Produktionsprozess Kenntnisse komplett fehlen, wie beispielsweise demoskopische Informationen über die Zielgruppe, werden kurzerhand Annahmen getroffen. Beispielsweise wird ohne konkrete vorausgehende Zielgruppenforschung angenommen, dass sich die Zielgruppe lediglich aus „reichen Familien" und „Arbeitslosen" zusammensetzt, um die Komplexität des Verfahrens zu reduzieren. Diese Annahmen werden dann als allgemeingültig erklärt und auch nicht mehr in Frage gestellt.

Besonders interessant war die Vorgehensweise der Kreativgruppe, sich selbst Einschränkungen und Restriktionen aufzuerlegen. So wurde ein überschaubares Problemfeld erzeugt, dass wiederum in lösbare Teilaufgaben zerlegt wurde. Der Briefing des Kunden an die Agenten „Ihr könnt in alle Richtungen denken, alles ist möglich!" war offensichtlich wenig hilfreich, wenn nicht sogar kontraproduktiv. Nur über Einschränkungen, Annahmen, Ankerpunkte und ganz konkrete Fragestellungen mit einer klaren Zielvorgabe kamen die Kreativen in dieser Beobachtung zu einem Ergebnis. Erst nachdem sich die Gruppe eine inhaltliche Richtung vorgegeben hatte, wurden die ersten kreativen Ansätze, wie der Trailer mit Leben gefüllt werden könnte, wie Bälle hin und her geworfen. Um die konkreten konzeptionellen Ideen auf Papier zu bringen, wurde die Gruppe dann aufgelöst und die Producer arbeiteten alleine weiter. Die große Kunst dieses Prozesses war es dann, die Idee so zu formulieren, dass beim Leser des Konzeptes mit zwei bis drei Sätzen eine komplette Welt entstehen konnte. Ziel war es, einen anschaulichen Film im Kopf des Lesers zu visualisieren. Nur wenn das gelang, war die Idee erfolgversprechend und ging in die nächste Runde, solange bis sich alle Akteure auf ein Konzept festlegten. Bei der anschließenden Umsetzung wurde wieder die Kreativität vieler Akteure genutzt. Producer, Autoren, Zeichner, Graphiker, Kameraleute oder Tonmeister waren beteiligt. Alle Teilaufgaben wurden an einen Spezialisten delegiert und am Ende vom Producer im Schneideraum zu einem fertigen Produkt montiert. Dies war ein spannender Moment, denn der Producer war der erste Zuschauer des Produktes. In diesem Moment wurde sichtbar, ob die Idee funktioniert und ob sich die Mühe gelohnt hat.

Drei Wochen des dreimonatigen Herstellungsprozesses wurde mit dem Medium Fernsehen gearbeitet, der Rest war Papierarbeit. Es handelte sich um Visualisierungen auf Papier, damit der nächste Akteur in der Kette verstand und darauf aufbauen konnte. Die Beteiligten in allen beobachteten Produktionsprozessen glaubten oft, an der komplexesten Stelle des Prozesses zu arbeiten. Dies galt für On-Air-Promotion und Nachrichten gleichermaßen. Um den Erfolg industrieller Produktionen zu erklären verweisen in den Interviews die Techniker auf die moderne Produktionstechnik, die Reporter auf die Qualität der Stories und die Producer auf ihre Erfahrungen und effiziente Produktionsmethoden. Der Wissensstand und die Anforderungen an den Einzelnen haben sich aber im Laufe der letzten 20 Jahre fundamental verändert. Das Wissen des Einzelnen ist heute breiter, verliert dafür an Tiefe. Noch vor wenigen Jahren hatten TV-Cutter und Kameraleute in der Regel einen technischen Hintergrund und kamen hauptsächlich aus der Videotechnik oder der Messtechnik und konnten ihre Geräte bis auf Schaltkreisebene selbst reparieren. Heute gibt es dieses Profil der TV-Cutter nicht mehr, denn es sind vielmehr eine virtuose Bedienung der Geräte und schnelle Ergebnisse gefordert. Im Fernsehbereich hat eine „Demokratisierung der Produktionstechnik" stattgefunden. Die Geräte sind sehr viel günstiger als noch vor Jahren und gleichzeitig leistungsstärker. Beispielsweise durch die Einführung der Zweikern-Prozessortechnologie in den Grafikcomputern ab dem Jahr 2004 wurden vermehrt 2D- und vor allem 3D-Animationen im TV-Bereich eingesetzt. Die schnellen und leistungsfähigen Prozessoren erlaubten erstmals die rechenintensiven Vorgänge für Standardprodukte. Vor 2004 waren solche Animationen entweder gar nicht möglich oder konnten nur von wenigen spezialisierten Unternehmen unter sehr hohen Kosten umgesetzt werden. Was noch vor zehn Jahren undenkbar war, ist heute gängige Praxis. Bis in die 1990er Jahre hinein dauerte es Jahre, bis Cutter, Graphiker und Kameraleute die teuren Geräte bedienen durften. Bis es soweit war, konnte man nur seinem „Lehrmeister" über die Schulter sehen, beobachten und Hilfstätigkeiten ausführen. Heute können mit Mobiltelefonen hochwertige Videos erstellt und auf jedem handelsüblichen Notebook bearbeitet werden, denn einfache, benutzerfreundliche Software für Schnitt, Photobearbeitung und Graphikerstellung ist meist bereits vorinstalliert. Es ist mittlerweile selbstverständlich, dass Praktikanten zum Üben an die Maschinen dürfen. Aufgrund des starken Kostendrucks werden Praktikanten oft schon nach wenigen Monaten voll in die Produktion integriert und sind ein nicht mehr wegzudenkender Teil der Programmherstellung geworden. Dies gilt für alle Sender und sämtliche Produktionsunternehmen.

Eigentlich sagt Helmut Schanze: Medienarbeit ist Auftragsarbeit, aber auch: Auftragsarbeit ist Medienarbeit, und zwar zumindest auf die eine irreduzible Weise: Sie ist mündliche Medienarbeit. Mit einem anderen Wort: Auftragsarbeit ist Rhetorik oder sie ist Schauspielerei. *Das wirft die Frage auf, inwiefern sich in der TV-Produktion beziehungsweise Agenturwelt eine solche Konnex beobachten lässt: Inwiefern lässt sich beobachten, dass die Darstellung von (avisierten) Ergebnissen (bspw. im Treatment/Briefing/Report eines Trailers) wichtiger wird als der Trailer selbst?*

Die Beobachtungen in unterschiedlichen Agenturen und Produktionsunternehmen zeigten aus meiner Sicht, dass der berufliche Erfolg der Mitarbeiter im Fernsehbereich von mehreren Faktoren abhängt. Es gibt hochbegabte und kreative Mitarbeiter, die den beruflichen Aufstieg nicht schaffen, da sie entweder sozial nicht umgänglich sind, keine Netzwerke aufbauen und/oder ihre Ideen nicht vermarkten können – weder im Unternehmen noch an Kunden. Einige können oder möchten auch keine Verantwortung für Projekte oder andere Mitarbeiter übernehmen. Solche Mitarbeiter sind in kreativen Unternehmen häufig zu finden, oft jahrelang am buchstäblich selben Arbeitsplatz. Erfolgreiche Producer sind diejenigen, die sich gute Konzepte ausdenken UND die Konzepte innerhalb der Firma durchsetzen sowie an Kunden verkaufen können UND berufliche Netzwerke aufbauen. Kreativität, aber auch Darstellung und Selbstdarstellung sind in der Produktions- und Agenturbranche zwingend nötige Voraussetzungen, um sich zu behaupten. Amir Kassaei, globaler Kreativchef von DDB, dem zweitgrößten Agenturnetzwerk der Welt, räumt der Darstellung und Selbstdarstellung sogar einen höheren Stellenwert ein, als der Ideenentwicklung. Er bestätigt dies in einem Interview des „Süddeutsche Zeitung Magazin" aus Heft 11/2013:

> „Es ist nicht besonders schwer, eine sehr gute Idee zu haben. Dieses kleine Pflänzchen dann durch alle Instanzen zu bringen, ist die viel, viel schwierigere Leistung" (Michelsen 2013: S. 3).

Jeder Beteiligte ist also ein Glied (Mittler) innerhalb der Produktionskette und „Mittler für seine Aufgabe, aber ein Zwischenglied für alle anderen" (vgl. Hennion; Méadel 2013: S. 361). Für die Entwicklung des Objekts stellen Hennion und Méadel zusammenfassend fest:

> „Der fortlaufende Prozess des Austauschs, der Verhandlungen, der Verbesserung des Produkts, der Präzisierung der Strategie ist nicht dazu da, um das Objekt mit einem Image zu versehen, sondern um es zu realisieren – um von einem Embryo zu einem vollständigen Körper mit allen seinen Sinnen zu kommen, bereit, mit der Außenwelt zu interagieren" (Hennion; Méadel 2013: S. 359).

Die Betrachtungen zur Arbeit der Fernsehleute führen auch in dieser Arbeit zur Conclusio, dass das „Begehren" sich durch die Akteure und die Produktionsprozesse selbst entwickelt, welche sich wiederum im Produkt manifestieren. Auf die Frage „Was lässt uns begehren?" schlussfolgern Hennion und Méadel abschließend:

> „Die Antwort ist, dass wir vor uns kein fremdes Ding haben, sondern ein Objekt, das uns bereits fasst, weil wir in ihm schon seit seiner Produktion durch tausend Techniken inkorporiert wurden; und dass wir selbst nur die Summe der Objekte sind, durch die hindurch wir uns definiert haben. Das Produkt als Spur der Konsumenten, der Konsument als Spur der Produkte: Die Vertrautheit der Gleichung hat die Fremdheit der Konfrontation zwischen der Realität der Dinge und den Illusionen des Begehrens ersetzt" (Hennion; Méadel 2013: S. 376).

Dieses Verdichtungstheorem von Hennion und Méadel, diese Kette von Vermittlungen, kann durch diese Arbeit über die Fernsehproduktion bestätigt werden. Der sogenannte Pitch spielt dabei die zentrale Rolle. Der Pitch öffnet die Bühne für die Darstellung und Selbstdarstellung der Kreativen. Ein Pitch ist nichts anderes als eine Verkaufsshow, bei der dem Vorgesetzten oder dem Kunden eine Idee verkauft werden soll. Bei der Präsentation sind alle Hilfsmittel erlaubt, die helfen, die Idee und das Konzept zu präsentieren. Gemalte Storyboards auf schwarzen Karton aufgeklebt, Musik, Kostüme, Photos, Filme, ja sogar Playmobilfiguren und Tanzeinlagen kamen schon zum Einsatz. Der Pitch bringt gleichzeitig die Prinzipale in die Lage, Angebote unterschiedlicher Agenturen miteinander zu vergleichen. Ein Produkt, ein Sendeplatz, eine Kampagne wird am Markt ausgeschrieben und die Agenten reagieren. Unterschiedliche Konzepte, Ideen und Preisvorschläge werden dem Prinzipal unterbreitet und dieser kann wählen.

Wie lässt sich die „asymmetrische Informationsverteilung" zwischen Prinzipalen und Agenten für diesen Gegenstandsbereich darstellen? Wenn gemäß dieser Informationsverteilung ein Sender alles weiß und ein Empfänger definitionsgemäß nichts, hat dann nicht die Einziehung einer Agenturebene dazu geführt, dass im Grunde mehr Intransparenz Einzug gehalten hat?

Jeder Agent ist für den Prinzipal eine Black Box, vor allem im Medienbereich. Outsourcing sorgt nach meiner Erfahrung für Intransparenz. Der Prinzipal weiß nie mit Sicherheit, welche Strategie der Agent verfolgt, mit welcher Priorität, mit welchem Engagement und mit welchen Ressourcen ein Auftrag erledigt wird, welche Kosten und welcher Aufwand tatsächlich entstehen und wie hoch die Gewinnspanne ist. Heinrich weist insbesondere auf folgende Nachteile hin:

> „Durch Outsourcing sind vor allem Nachteile in publizistischer Qualität und Vielfalt zu erwarten:
>
> - Qualitätsnachteile: Das Rundfunkprogramm wird von Lieferungen abhängig, deren Qualität es nicht richtig kontrollieren kann.
> - Markierungsnachteile: Das Rundfunkunternehmen kann sich schlechter als Marke mit einem unterscheidbaren publizistischen Profil darstellen.
> - Innovationsnachteile: Mit zunehmendem Marktbezug nimmt das eigene Entwicklungspotenzial ab. Innovationsleistungen des Rundfunkunternehmens schwinden, und das im Unternehmen inkorporierte Wissen nimmt ab.
> - Vielfaltsnachteile: Die zunehmende Verwendung standardisierter journalistischer Massenproduktion verringert die publizistische Vielfalt" (Heinrich 2010: S. 159).

Die Sender haben grundsätzlich die Wahl zwischen „make or buy". Leistungen können entweder im eigenen Unternehmen erbracht oder per Auftrag und Vertrag an Agenten abgegeben werden. In den letzten zehn Jahren wurden von den Sendern beide Strategien angewandt. Ein einheitliches Muster ist nicht zu erkennen, es sind Entscheidungen von Fall zu Fall. Beispielsweise haben die ProSiebenSat.1 Media AG und auch Sky Deutschland ihre vormals internen IT Abteilungen teilweise ausgelagert. Die Auswirkungen auf die Sender sind gewaltig, positiv wie negativ, wenn Kernleistungen an Agenten ausgelagert werden. Heinrich unterscheidet grundsätzlich folgende Vorteile von Outsourcing:

> „Die Vorteile des Outsourcing sind im Prinzip die Vorteile des Marktes.
> - Der Markt realisiert Betriebsgrößenvorteile und Spezialisierungsvorteile, also Vorteile der Arbeitsteilung.
> - Markt reduziert den Fixkostenanteil der Unternehmung, dass heisst er bietet flexible Anpassungsmöglichkeiten an Veränder-ungen der Geschäftswelt, weil Lieferverträge leichter gekündigt werden können als Arbeitsverträge und weil Produktivkapital nicht gebunden wird.
> - Der Markt bietet die spezifischen Leistungsanreize des Wettbewerbs, Anreize zu autonomen Leistungen, zu Kreativität und Produktivität.
> - Der Markt spart die Bürokratiekosten der Unternehmung.
>
> Die Vorteile der Eigenproduktion, also die Nachteile von Outsourcing sind darin begründet, dass die Eigenproduktion Transaktionskosten spart" (Heinrich 2010: S. 157 f).

Die Prinzipale lagern strategisch wichtige Bereiche wie die Produktion oder die IT aus unterschiedlichen Gründen an Agenten aus. Sie verfügen entweder nicht über das nötige Know-how, sie wollen kein Kapital binden oder sie wollen kein Personal einstellen oder sogar Personal auslagern oder sie möchten die nötige technische Infrastruktur nicht aufbauen und pflegen. Für den Prinzipal stellt sich die Frage, ob er eine eigene Organisation aufbauen möchte, die mitunter nichts mit dem eigenen Kerngeschäft zu tun hat, oder ob es nicht ausreicht, gute Anwälte zu beschäftigen, die einen soliden Vertrag mit einem Agenten aushandeln. In der Praxis werden dann über sogenannte „Service Level Agreements (SLA)" die zu erbringenden Leistungen und mögliche Strafen bei Nichterfüllung definiert.

Der wichtigste Grund jedoch, warum ein Prinzipal einen externen Agenten beauftragt, sind Kosten. Die Prinzipale versprechen sich kurz-, mittel- und langfristige Einsparungen. Ein Agent kann Leistungen zum Teil sehr günstig anbieten, da er beispielsweise die Overheadkosten auf mehrere Kunden aufteilen oder Lern- und Skaleneffekte realisieren kann. Beim Aufbau des Sportnachrichtensenders Sky Sport News HD wurde solche Überlegungen angestellt. Bestimmte Leistungen und bestimmte Teile der Infrastruktur wurden von externen Anbietern kostengünstiger angeboten, als eine interne Leistungserstellung je möglich gewesen wäre.

Manchmal werden Kernbereiche eines Unternehmens wie die Produktion, die IT oder die On-Air-Promotion auch an Agenten verkauft, um einen kurzfristigen finanziellen Erlös zu erzielen. Vor allem börsennotierte Unternehmen unterliegen gelegentlich der Versuchung, die Bilanz mit solchen Tricks zu schönen oder Kapital zu generieren. Die Beobachtung zeigt, dass im Tagesgeschäft oft die operativen Bereiche eines Senders unter diesen künstlich geschaffenen Prinzipal-Agenten Beziehungen leiden. Projekte werden nicht von einer internen Abteilung bearbeitet, sondern von einem externen Unternehmen. Das verzögert Prozesse, erschwert die Kommunikation und am Ende steht immer eine Rechnung. Sender, die es sich leisten können, führen wichtige Bereiche im Unternehmen oder in der Gruppe. Sky Deutschland hat beispielsweise im Jahr 2009 die Agentur gekauft, die die On-Air-Promotion produzierte (Sky 2009). Diese Agentur war zuvor als eigenständiges Unternehmen am Markt tätig und hat neben Sky auch andere Kunden bedient. Das Prinzipal-Agenten-Verhältnis wurde aufgelöst und heute fungiert der Bereich On-Air-Promotion als interne Abteilung im Unternehmen. Der Kauf hatte für die Agentur weitreichende Veränderungen zur Folge. Die Geschäftsführung wurde ausgetauscht, das Geschäft mit externen Kunden wurde beendet. Aus der Sicht des Prinzipals sind diese Veränderungen nicht nur verständlich, sondern sogar zwingend notwendig. Die Agentur musste zurechtgestutzt und organisatorisch verändert werden, damit sie als interne Abteilung geführt werden konnte. Für den Prinzipal ist die interne Abteilung nun wesentlich transparenter in Bezug auf Kommunikation, Leistung, Qualität und vor allem Kosten.

Das gleiche uneinheitliche Bild von „Make or Buy" ist im Nachrichtenbereich zu finden. Auch hier werden von den Prinzipalen unterschiedliche Strategien angewendet. Der Nachrichtensender n-tv gehört zur RTL Gruppe und die Redaktion liefert Nachrichten für alle Sender der Gruppe. Sky Sport News HD ist ein interner Bereich von Sky Deutschland. Die ProSiebenSat.1 Gruppe hat den Nachrichtenkanal N24 im Jahr 2010 an das Management verkauft. Es kann somit behauptet werden, dass die Prinzipale (Sender) Intransparenz billigend in Kauf nehmen, sobald die Qualität der Produktion erhöht und insbesondere, sobald (Transaktions-)Kosten und Aufwand gesenkt werden können.

Schüttpelz vermutet: „Die asymmetrische Informationsverteilung ist extrem, und daher lädt sie, also die Medienherstellung, zu allen möglichen Betrügereien und Vorteilnahmen ein gegenüber Prinzipalen und Publikum." Schüttpelz schreibt weiter: „Der Medienunternehmer ist nicht nur sich selbst, sondern auch dem Publikum verpflichtet. Seine ‚Agentur' ist eine Agentur der Öffentlichkeit. Und das heißt auch: Weder das Publikum noch der Medienunternehmer noch der ‚Intendant' wissen wirklich, was ihre jeweiligen Agenten leisten." *Lässt sich dies bestätigen?*

Medienproduktionen sind nur begrenzt marktfähig. Folgende Charakteristika sind unter anderem dafür ausschlaggebend (vgl. Sjurts 2005: S. 9 ff.; Heinrich 2010: S. 24 ff.; Kiefer 2005: S. 83 ff.):

Medienproduktionen sind öffentliche Güter. Kennzeichnend dafür ist die Nicht-Rivalität im Konsum (der Konsum eines Rezipienten beeinträchtigt weder qualitativ noch quantitativ den Konsum eines anderen Rezipienten). Zudem ist kein Ausschluss vom Konsum möglich.

Es handelt sich um eine Fixkostendegression, das heisst, dass bei der Herstellung von Medienprodukten fast ausschließlich fixe und kaum variable Kosten anfallen. Das bedeutet, dass die Kosten für die Herstellung von Fernsehprogrammen unabhängig von der Anzahl der Zuschauer und auch unabhängig von der Sehdauer sind. Die Grenzkosten für jeden weiteren Zuschauer gehen gegen null. Die durchschnittlichen Kosten von Medienprogrammen, die Kosten pro Rezipient, sinken mit zunehmender Reichweite. Reichweitenstarkes Programm ist also relativ billiger.

Qualitäts- und Nutzenunkenntnis: bei Erfahrungsgütern ist die Qualität des Gutes erst nach dem Konsum bekannt, vor dem Konsum jedoch nur unter hohen Kosten zu beurteilen. Zu den Erfahrungsgütern zählen Spielfilme und Sportübertragungen. Bei Vertrauensgütern kann der Konsument die Qualität auch nach dem Konsum nicht einschätzen. Zu den Vertrauensgütern gehören Nachrichten.

Diese Produkteigenschaften begründen leider nicht die Tendenzen zu einem vielfältigen Programmangebot von hoher Qualität. Im Gegenteil, Sjurts unterscheidet aufgrund dieser Produktmerkmale drei weitreichende Auswirkungen auf das strategische Handeln von Medienunternehmen: Die dominante Orientierung am Werbemarkt, der Trend zu einem reichweiten- bzw. quotenmaximierenden Angebot und eine Tendenz zu Qualitätsreduktion und Kostenwettbewerb im Rezipientenmarkt (vgl. Sjurts 2005: S. 13.). Vor allem die Qualitätsunkenntnis und die damit einhergehende „Informationsasymmetrie" sind von zentraler Bedeutung:

> „Für den Rezipientenmarkt gilt, dass der Rezipient die Qualität des Medieninhaltes vor dem Konsum kaum bzw. überhaupt nicht feststellen kann und dieser somit beim Kauf ein systematisches Risiko eingeht. Dieses Risiko limitiert einerseits die Zahlungsbereitschaft des Rezipienten [...] und befördert andererseits eine kontinuierliche Qualitätsreduktion beim Angebot. [...] Folge der beschriebenen Informationsasymmetrie ist eine adverse Selektion: Ein rational agierender Medienproduzent wird sukzessive eine immer schlechtere, für ihn aber kostengünstigere Qualität auf den Markt bringen" (Sjurts 2005: S. 14 f.).

Der rationale Medienproduzent ist also im ökonomischen Sinne dazu gezwungen, seine Produkte mit qualitativ schlechteren (und somit günstigeren) Produkten auszutauschen, wenn er im Wettbewerb bestehen möchte. Kops fügt hinzu:

> „Dabei ist die Delegation von Entscheidungen an sachverständige Agenten das bevorzugte Verfahren, um Transaktionskosten (vor allem Informationskosten) zu sparen und die Vorteile der Spezialisierung zu nutzen – sowohl für die Rundfunkveranstalter (die z.B. fremde Autoren, Produktionsfirmen und Rechtehändler einsetzen) als auch für die Rezipienten (die z.B. auf die von den Redakteuren von Fernsehmagazinen getroffene Themenauswahl und auf die in Programmzeitschriften vorgenommene Bewertung von TV-Spielfilmen vertrauen). Die Mitarbeiter der Rundfunkanstalten sind aus dieser Sicht – in der Terminologie der ökonomischen Prinzipal-Agent-Theorie ausgedrückt – Agenten der Zuschauer (der Prinzipale), die den Wert von Rundfunkprogrammen besser beurteilen können, so dass die Zuschauer

bereit sind, einen Teil ihrer Entscheidungskompetenzen an sie zu delegieren" (Kops 2005: S. 17 ff).

Für den Intendanten ist die Qualität der Produktionsunternehmen, der Agenturen sowie der Produkte aber meines Erachtens auch schwer einzuschätzen. Jedes Jahr werden dutzende Serienpiloten produziert, aus denen nie Serien entstehen und dutzende Spielfilme produziert, die die Zuschauer nicht sehen wollen. Ständig wird im Programm Neues ausprobiert, Bestehendes verändert oder abgesetzt – oft schon nach einer einzigen Folge. Ist ein Programm erfolgreich, wird so lange wie nur irgend möglich daran festgehalten. Dieses Verhalten ist bei allen TV-Sendern zu beobachten. Alle Sender machen Fehler, letztlich gewinnt der Intendant, der weniger Fehler als die Konkurrenz macht.

Wie groß die Unsicherheit in Bezug auf Programmqualität auf Senderseite tatsächlich ist, zeigt sich an der immer schneller werdenden Abfolge von Innovation und Imitation. Sobald ein Format auf einem Sender erfolgreich ist, kopiert die Konkurrenz hemmungslos, anstatt neue Wege zu gehen. Regelmäßig sind solche „Programmwellen" wie bei Talkformaten, Quizshows oder Castingformaten zu beobachten. Dies ist ein Problem für alle kreativen Agenten. Sie müssen in Innovationen investieren, können dann aber ihre Pioniergewinne nicht voll abschöpfen.

Anhang

Hinweise der Darstellung

Eine Übersicht der Dokumente, der Interviewpartner sowie Information zu deren Abteilung und Funktion finden sich im Anhang. Passagen, die im Wortlaut oder im Detail einzelne Ideen, Besprechungen, Prozessetappen oder Konzepte wiedergeben, werden durch Kursivschrift vom Fließtext abgesetzt. Unternehmens- und Sendernamen werden im laufenden Text grundsätzlich in der allgemein geläufigen Abkürzung genannt und im Abkürzungsverzeichnis erklärt.

Zugunsten einer vereinfachenden Lesbarkeit werden Personen- und Berufsbezeichnungen durchgehend in der maskulinen Form aufgeführt.

Abkürzungen

€	Euro
EUR	Euro
2D	Zweidimensional
3D	Dreidimensional
Abo	Abonnement
ANT	Akteur-Netzwerk-Theorie
App	Applikation
ARD	Arbeitsgemeinschaft der öffentlich-rechtlichen Rundfunkanstalten der Bundesrepublik Deutschland
ARPU	Average Revenue per User
Atmo	Atmosphäre
Bavaria	Bavaria Film GmbH
BDA	Broadcast Design Association

Betacam SP	Betacam Superior Performance
BR	Bayerischer Rundfunk
BSkyB	British Sky Broadcasting/ Britischer Fernsehsender
CEO	Chief Executive Officer
CAC-40	Französischer Börsenindex
DF1	Fernsehsender
DEL	Deutsche Eishockey Liga
DSF	Deutsches Sportfernsehen (jetzt Sport!)
DTM	Deutsche Tourenwagen Meisterschaft
DFL	Deutsche Fußball Liga
DVD	Digital Versatile Disc
EB	Electronic Broadcasting
ENG	Electronic News Gathering
etc.	et cetera
F1	Formel-1
FIA	Fédération Internationale de l'Automobile
FOM	Formula One Management
Free-TV	Frei empfangbares Fernsehen
Gbit/s	Giga Bits pro Sekunde
GP2-Serie	Klasse im Automobilrennsport
GRP	Gross Rating Point
HD	High Definition
HH	Haushalte
i.e.S	im engeren Sinne
IP	Internet Protokoll (Internet Protocol)
IPTV	Internet Protocol Television
IT	Informationstechnik
i.w.S.	im weiteren Sinne
KEK	Kommission zur Ermittlung der Konzentration im Medienbereich
KERS	Kinetic Energy Recovery System
KW	Kilo Watt
MAC	Apple Macintosh
MAZ	Magnetaufzeichnung
Mbit/s	Mega Bits pro Sekunde
P7S1	ProSiebenSat.1 Media AG
Pay-TV	Gebührenfinanziertes Fernsehen
PEST	Politic, Economic, Social, Technology

PKW	Personenkraftwagen
RStV	Rundfunkstaatsvertrag
RTL	Radio Télévision Luxembourg
SD	Standard Definition
SFX	Sound Effect
SID	Sport-Informations-Dienst
SNG	Satellite News Gathering
STR	Scuderia Torro Rosso
SWR	Südwestrundfunk
TV	Television
UEFA	Union of European Football Associations
UFA	UFA Film & TV Produktion GmbH
UrhG	Urheberrechtsgesetz
USA	United States of America
USB	Universal Serial Bus
USP	Unique Selling Proposition
VTR	Video-Tape-Recorder
WM	Weltmeisterschaft
www	World Wide Web
ZDF	Zweites Deutsches Fernsehen

Interne Dokumente/ Papiere der untersuchten Unternehmen

CC=agenturinternes Dokument Creation Club
S=senderinternes Dokument

P1 CC 2009
Stellenprofil Graphic Designer

P2 CC 2008
Präsentation TV-Promotion

P3 CC 2009
Stellenausschreibung Sport-Producer

P4 CC 2009
Kalkulation der Formel-1-Starkampagne

P1 S 2008
Styleguide für den On-Air-Auftritt des Senders Premiere

P2 S 2010
Unternehmensbroschüre Sky Deutschland

P1 S (Sky) 2012
Entwurf zu Stellenausschreibungen des Senders Sky Deutschland

P2 S (Sky) 2012
Stellenausschreibungen des Senders Sky Deutschland

P3 S (Sky) 2012
Leitfaden für das Telefoninterview mit potentiellen Bewerbern des Senders Sky Deutschland

P4 S (Sky) 2012
Rundmail des Chefs vom Dienst des Senders Sky Deutschland

Literaturverzeichnis

Bartmann 2005
Bartmann, D.: Die Industrialisierung des Bankbetriebs, Weinheim: Wiley-Verlag, 2005.

Becker 2002
Becker, J.: Marketing-Konzeption, 7. Auflage, München: Verlag Franz Vahlen, 2002.

Belliger 2006
Belliger, A.; Krieger, D. J. (Hg.): ANThology. Ein einführendes Handbuch zur Akteur-Netzwerk-Theorie, Bielefeld: transcript Verlag, 2006.

Bruhn; Homburg 2004
Bruhn, M.; Homburg, C.: Gabler Marketing-Lexikon, 2. Auflage, Wiesbaden: Gabler Verlag, 2004.

Caldwell 2008
Caldwell, J. T.: Production Culture: Industrial Reflexivity and Critical Practice in Film/Television, Durham and London: Duke University Press, 2008.

Garfinkel 1967
Garfinkel, H.: Studies in Ethnomethodology. Malden: Polity Press, 1967.

Gitlin 1983
Gitlin, T.: Inside Prime Time. New York: Pantheon Books, 1983.

Goffman 2013
Goffman, E.: Wir alle spielen Theater – Die Selbstdarstellung im Alltag, 12. Auflage, München: Piper Verlag, 2013. Im Original: Goffman, E.: The Presentation of Self in Everyday Life, New York: Doubleday and Company, 1959.

Heinrich 2010
Heinrich, J.: Medienökonomie, Band 2: Hörfunk und Fernsehen, 2. Auflage, Wiesbaden: VS Verlag, 2010.

Höffe 2009
Höffe, O.: Aristoteles: Die Hauptwerke, Tübingen: Narr Francke Attempto Verlag, 2009.

Kern 1979
Kern, W.: Enzyklopädie der Betriebswirtschaftslehre, Band 7: Handwörterbuch der Produktionswirtschaft, Stuttgart: Schäffer-Poeschel Verlag, 1979.

Kiefer 2005
Kiefer, M.L.: Medienökonomik, 2. Auflage, München: Oldenbourg Verlag, 2005.

Kieser 2006
Kieser, A.: Organisationstheorien, 6. Auflage, Stuttgart: Kohlhammer Verlag, 2006.

Kohl 2000
Kohl, K.-H.: Ethnologie – die Wissenschaft vom kulturell Fremden. Eine Einführung. 2.erweit.Aufl. München: C.H.Beck, 2000.

Kreuzer 1987
Kreuzer, H.: Die zwei Kulturen: literarische und naturwissenschaftliche Intelligenz, München: Klett-Cotta im Dt. Taschenbuch-Verlag, 1987.

Leggewie et al. 2012
Leggewie, C. et al: Schlüsselwerke der Kulturwissenschaften, Bielefeld: transcript Verlag, 2012.

Picot et al. 2003
Picot, A. et al.: Die grenzenlose Unternehmung, 5. Auflage, Wiesbaden: Gabler Verlag, 2003.

Potthast 2007
Potthast, J.: Die Bodenhaftung der Netzwerkgesellschaft. Eine Ethnografie von Pannen an Großflughäfen, Bielefeld: transcript Verlag, 2007.

Powdermaker 1951
Powdermaker, H.: Hollywood: The Dream Factory. An Anthropologist Looks at the Movie Makers, London: Secker & Warburg, 1951.

Pricken 2007
Pricken, M.: Kribbeln im Kopf. Kreativitätstechniken und Denkstrategien für Werbung, Marketing und Medien, 10. kompl.überarb.,erw.,akt. Auflage, Mainz: Verlag Herrmann Schmidt, 2007.

Schatz 1988
Schatz, T.: The Genius of the System, New York: Pantheon Books, 1988.

Schreyögg 2008
Schreyögg, G.: Organisation, 5. Auflage, Wiesbaden: Gabler Verlag, 2008.

Snow 1959
Snow, C. P.: The Two Cultures, Cambridge: Cambridge University Press, 1959.

Statistisches Bundesamt 2009
Statistisches Bundesamt (Hg.): Verdienste und Arbeitskosten. Verdienststrukturerhebung nach Berufen, Bonn: Statistisches Bundesamt, 2009.

Statistisches Bundesamt 2010
Statistisches Bundesamt (Hg.): Statistisches Jahrbuch; Bonn: Statistisches Bundesamt, 2010.

Sjurts 2005
Sjurts, I.: Strategien in der Medienbranche, 3. Auflage, Wiesbaden: Gabler Verlag, 2005.

Weber; Weißenberger 2002
Weber, J.; Weißenberger, B.: Einführung in das Rechnungswesen, 6. Auflage, Stuttgart: Schäffer-Poeschel Verlag, 2002.

Artikel und Aufsätze

Belliger; Krieger 2006
Belliger, A.; Krieger, D. J.: Einführung in die Akteur-Netzwerk-Theorie, in: Belliger, A.; Krieger, D. J. (Hg.): ANThology. Ein einführendes Handbuch zur Akteur-Netzwerk-Theorie, Bielefeld: transcript Verlag, 2006, S. 13-50.

Börnicke 2008
Börnicke, M.: Premium Pay-TV in Deutschland Erfolgsfaktoren und Wachstumspotenziale, in: Kaumanns; Siegenheim; Sjurts (Hg.): Auslaufmodell Fernsehen? Perspektiven des TV in der digitalen Medienwelt, 1. Aufl., Wiesbaden: Gabler/GWV Fachverlage GmbH, 2008, S. 173-186.

Callon; Latour 2006
Callon, M.; Latour, B.: Die Demontage des großen Levitathans: Wie Akteure die Realität der Makrostruktur bestimmen und Soziologen ihnen dabei helfen, in: Belliger, A.; Krieger, D. J. (Hg.): ANThology. Ein einführendes Handbuch zur Akteur-Netzwerk-Theorie, Bielefeld: transcript Verlag, 2006, S. 75-103.

Coase 1937
Coase, R. H.: The Nature of the Firm, Economia 4 (1937), S. 386-405.

Coase 1966
Coase, R. H.: The Economics of Broadcasting and Government Policy, in: The American Economic Review, Vol. 56, März 1966, S. 440-447.

Coase 1997
Coase, R. H.: Payola in Radio and Television Broadcasting, in: Journal of Law and Economics, Vol. 22, Oktober 1979, S. 269-328.

Dettmer 1999
Dettmer, M.: Schöne neue Arbeitswelt, in: Der Spiegel 26, 28.06.1999, S. 119-128.

Hennion; Méadel 2013
Hennion, A.; Méadel, C.: In den Laboratorien des Begehrens: Die Arbeit der Werbeleute, in: Thielmann; Schüttpelz; Gendolla (Hg.): Akteur-Medien-Theorie, Bielefeld: transcript Verlag 2013, S. 341-376.

Kops 2005
Kops, M.: Soll der öffentlich-rechtliche Rundfunk die Nachfrage seiner Zuhörer und Zuschauer regulieren?, in: Arbeitspapiere des Instituts für Rundfunkökonomie an der Universität zu Köln, Heft 196/2005, S. 1-33.

Latour 2006
Latour, B.: Drawing Things Together, in: Belliger, A.; Krieger, D. J. (Hg.): ANThology. Ein einführendes Handbuch zur Akteur-Netzwerk-Theorie, Bielefeld: transcript Verlag, 2006, S. 259-308.

Powdermaker 1966
Powdermaker, H.: Introduction-Why Hollywood? In: Stranger and Friend: The Way of an Anthropologist, New York: W. W. Norton and Company, 1966, S. 209-231.

Ross 1973
Ross, S.: The Economic Theory of Agency: The Principals Problem, American Economic Review Vol. 63 No. 2, S. 134-139.

Schanze 1994
Schanze, H.: Ansätze zu einer Agenturtheorie der Medien unter besonderer Berücksichtigung des Fernsehens, in: Schanze, Helmut (Hg.): Medientheorien – Medienpraxis. Fernsehtheorien zwischen Kultur und Kommerz, Siegen: Arbeitshefte Bildschirmmedien, 1994, S. 79-86.

Schanze 2010
Schanze, H.: Medienwissenschaft-Buchwissenschaft. Ansätze zu einer
Agenturtheorie des Buchs. In: Handbuch der Buchwissenschaft, Berlin;
New York: Walter de Gruyter GmbH & Co KG., 2010, S. 131-156.

Schanze; Schüttpelz 2008
Schanze, H.; Schüttpelz, E.: Fragen an die Agenturtheorie der Medien, in:
Engell, Lorenz; Siegert, Bernhard; Vogl, Joseph (Hg.), Archiv für Medien-
geschichte Bd. 8: Agenten und Agenturen, Weimar: Verlag der Bauhaus-
Universität, 2008, S. 149-164.

Schanze, E. 1987
Schanze, E.: Contract, Agency, and the Delegation of Decision Making, in:
Bamberg/Spremann: Agency Theory, Information and Incentives, Ber-
lin: Springer-Verlag 1987, S. 461-471.

Schanze, E. 1983
Schanze, E.: Theorie des Unternehmens und Ökonomische Analyse des
Rechts, in: Jahrbuch für Neue Politische Ökonomie, 2. Band, Tübingen:
Mohr Siebeck, 1983, S. 161-180.

Schüttpelz 2007
Schüttpelz, E.: Ein absoluter Begriff. Zur Genealogie und Karriere des
Netzwerkbegriffs, in: Stefan Kaufmann (Hg.): Vernetzte Steuerung. Soziale Prozesse im Zeitalter technischer Netzwerke, Zürich: Chronos,
2007, S. 25-46.

Schüttpelz 2013
Schüttpelz, E.: Elemente einer Akteur-Medien-Theorie, in: Thielmann;
Schüttpelz; Gendolla (Hg.): Akteur-Medien-Theorie, Bielefeld: transcript
Verlag, 2013, S. 9-67.

Sjurts 2004
Sjurts, I.: Organisation der Contentproduktion: Strategische Alternativen
aus ökonomischer Sicht, in: Sydow/Windeler: Organisation der Content-
Produktion, Wiesbaden: VS Verlag für Sozialwissenschaften, 2004, S. 18-
36.

Staiger 1985
Staiger, J.: Standardization and differentiation: the reinforcement and dispersion of Hollywood's practices, in: Bordwell, D. et al.: The Classical Hollywood Cinema: Film Style and Mode of Production to 1960, New York: Columbia University Press, 1985, S. 96-112.

Thielmann 2013
Thielmann, T.: Digitale Rechenschaft. Die Netzwerkbedingungen der Akteur-Medien-Theorie seit Amtieren des Computers; in: Thielmann; Schüttpelz; Gendolla (Hg.): Akteur-Medien-Theorie, Bielefeld: transcript Verlag, 2013, S. 377-424.

Vortrag

Schanze 2010/ 1
Schanze, H.: Vortrag als Gastreferent, in: Schüttpelz , Erhard: Seminar „Agenturtheorie der Medien", Universität Siegen, 11.05.2010.

Elektronische Quellen

Blumenberg 1978
Blumenberg, Hans C.: Noch einmal – mit Gefühl, in: Die Zeit, 29.09.1978, S. 1. URL: http:// www.zeit.de/1978/40/noch-einmal-mit-gefuehl, abgerufen am 22.07.2015.

Bundesministerium der Finanzen 2003
Bundesministerium der Finanzen: Ertragssteuerliche Behandlung von Film- und Fernsehfonds 2003. URL:
http://www.urheberrecht.org/topic/Medienerlass/
BMF-Schreiben-2003-08-05.pdf, abgerufen am 04.01.2012.

Hennion; Méadel; Libbrecht 1993
Hennion, A.; Méadel; C.; Libbrecht, L.: In the laboratories of desire. Advertising as intermediary between products and consumer, in: Réseaux, French Journal of Communication, Volume 1, Nr.2, 1993. S. 169-192. URL: http:// www.persee.fr, abgerufen am 01.07.2011.

Hess 2006
Hess, T. et al.: Industrialisierung in der Medienbranche – Erfahrungen aus zehn Unternehmen, in: WIM, Management Report 01/2006. URL: http://www.wim.bwl.uni-muenchen.de/download_free/sonstiges/ mreport_2006_01.pdf, abgerufen am 28.12.2011.

Krems 2009
Krems, B.: Arbeitsteilung, überarb. Version 7.2, 04.08.2009. URL http://www.olev.de/a/arbeitsteilung.pdf, abgerufen am 10.12.2011.

Michelsen 2013
Michelsen, S.: Echte Kämpfer essen keinen Honig, Interview Amir Kassaei, Heft 11/2013, URL: http://sz-magazin.sueddeutsche.de/ drucken/text/39695, abgerufen am 11.04.2013.

Sky 2009
Info Sky: Sky kauft Creation Club, 08.06.2009. URL: http://info.sky.de/inhalt/de/medienzentrum_news_uk_08062009.jsp, abgerufen am 29.06.2011.

Sky 03/2011a
Info Sky : Pressemitteilung des Senders Sky Deutschland zum Start des ersten Senders in Deutschland und Österreich, der täglich 24-Stunden live Sport News präsentiert, 24.02.2011. URL:
http://info.sky.de/inhalt/de/medienzentrum_news_uk_24022011_1. jsp?pr, abgerufen am 05.02.2013.

Sky 03/2011b
Info Sky: Pressemitteilung zum Launch des Sportnachrichtensenders von Sky Deutschland und der Personalie Jim Rudder, 22.03.2011. URL:
http://info.sky.de/inhalt/de/medienzentrum_news_uk_22032011.jsp., abgerufen am 04.02.2013.

Sky 03/2011c
Info Sky : Pressemitteilung zur Personalie Roman Steuer des Senders Sky Deutschland, 22.03.2011. URL: http://info.sky.de/inhalt/de/medienzentrum_news_uk_22032011.jsp., abgerufen am 04.02.2013.

Sky 07/2011
Info Sky: Pressemitteilung zur Einstellung der Redaktionsleiter beim Sender Sky Deutschland, 21.07.2011, URL: http://info.sky.de/inhalt/de/medienzentrum_news_uk_21072011.jsp., abgerufen am 08.02.2013.

Sky 09/2011
Info Sky: Pressemitteilung zum Personalausbau beim Sender Sky Deutschland, 12.09.2011, URL: http://info.sky.de/inhalt/de/ 200-neue-arbeitsplaetze-sky-baut-personal-in-unterfoehring-stark-aus.jsp, abgerufen am 04.02.2013.

Sky 04/2012
Info Sky: Pressemitteilung zum Thema Live-Rechte für die Fußball Bundesliga, 17.04.2012, URL: http://info.sky.de/inhalt/de/ medienzentrum-news-uk-17042012.jsp, abgerufen am 24.08.2013.

Sky 11/2012
Info Sky: 29.11.2012, URL: http://info.sky.de/inhalt/de/medienzentrum_news_ uk_29112012.jsp, abgerufen am 15.02.2013.

Sky 2013
Info Sky: Das Modernste Nachrichtenstudio Europas, 15.02.2013. URL: http://www.sky.de/web/cms/de/skysportnewshd-backstage.jsp, abgerufen am 15.02.2013.

Sky 11/2013
Info Sky: Zwei Jahre Sky Sport News HD: Hohe Relevanz für die Zuschauer und den deutschen Spitzensport, 26.11.2013. URL: http://info.sky.de/inhalt/de/medienzentrum-news-pr-26112013.jsp, abgerufen am 30.11.2013.

Spiegel online 2006
Spiegel online: Fußballbundesliga Rechte. URL:
http://www.spiegel.de/sport/fussball/0,1518,408900,00.html, abgerufen am 25.06.2011.

ZDF-Werbefernsehen 2004-2011
ZDF-Werbefernsehen (2004-2011): Mainzelmännchen. Entstehung und Entwicklung. URL: http://www.zdf-werbefernsehen.de/mainzelmaennchen/entstehung-und-entwicklung.html, abgerufen am 20.06.2011.

Abbildungsverzeichnis

Abbildung 1: Bifurkation der Disziplinen. 16
Abbildung 2: Organigramm der Creation Club (CC) GmbH. 55
Abbildung 3: Skills und Ratings der Mitarbeiter. 59
Abbildung 4: Rate Card. 63
Abbildung 5:Auftragsvolumen der Abteilung Sport Promotion. 64
Abbildung 6: Entstehung eines Trailers. 66
Abbildung 7: Beispiel der Verwertungskette eines Spielfilmes. 67
Abbildung 8: Promotion-Planung. 76
Abbildung 9: Kalkulation der Startkampagne. 80
Abbildung 10: Das Raumschiff nähert sich der Erde. 144
Abbildung 11: Fahrt in das Innere des Raumschiffes. 145
Abbildung 12: Fahrt auf den Kälteschlaftank. 146
Abbildung 13:Rennwagen. 147
Abbildung 14: Detail Kälteschlaftank. 148
Abbildung 15: Detail Transporter. 149
Abbildung 16: Graphik-Arbeitsplatz. 157
Abbildung 17: Digitales 3D-Modell. 158
Abbildung 18: Übersetzung des Lenkrades. 158
Abbildung 19: Animation. 159
Abbildung 20: Diverse Innenansichten des Raumschiffes. 160
Abbildung 21: Set für Green-Screen-Studio. 161
Abbildung 22: Set in Jerez. 162
Abbildung 23: Nick Heidfeld. 162

Abbildung 24: Crowd Shot. 163
Abbildung 25: Producer im Schneideraum. 164
Abbildung 26: Lizenzmaterial der Stadt Melbourne. 167
Abbildung 27: Gedrehtes Material. 167
Abbildung 28: Footagematerial. 167
Abbildung 29: Footagematerial mit Rennwagen. 167
Abbildung 30: Audio-Suite. 173
Abbildung 31: Schnittliste. 176
Abbildung 32: Bandlager. 185
Abbildung 33: Why Do It? 190
Abbildung 34: Key Features. 195
Abbildung 35: Bloomberg TV. 199
Abbildung 36: Sky Sport News HD. 199
Abbildung 37: Sky Sport News HD Dual Anchor. 200
Abbildung 38: Production Summary. 201
Abbildung 39: Touchscreen im News Studio. 203
Abbildung 40: Capex Breakdown. 204
Abbildung 41: Opex Breakdown. 207
Abbildung 42: Aktionsplan. 213
Abbildung 43: Aufbauorganigramm. 217
Abbildung 44: Definition der Teilprojekte. 219
Abbildung 45: Zeitplan für den Aufbau. 220
Abbildung 46: Microsoft Project Zeitplanung. 221
Abbildung 47: Recruitment Process Chart. 224
Abbildung 48: Stellenausschreibung. 230
Abbildung 49: Schichtplan Frühschicht. 233
Abbildung 50: Schichtplan Spätschicht. 234
Abbildung 51: Sendeschema. 234
Abbildung 52: Trainingsplan Liste. 237
Abbildung 53: Trainingsplan. 237
Abbildung 54: Detaillierter Trainingsplan. 237
Abbildung 55: Pläne des Bürogebäude. 239
Abbildung 56: Gebäudeplan Newsroom. 240

Abbildungsverzeichnis | 349

Abbildung 57: „Hub". 241
Abbildung 58: Versuche mit Lichtkästen. 241
Abbildung 59: Baufortschritt.. 242
Abbildung 60: Umbau Foyer. 243
Abbildung 61: Drei Designphasen. 244
Abbildung 62: Sky News Studios London. 245
Abbildung 63: Organisational Structure. 246
Abbildung 64: Organigramm. 247
Abbildung 65: Workflow für eingehendes Material. 249
Abbildung 66: Workflow für ausgehendes Material. 249
Abbildung 67: Typical Day. 250
Abbildung 68: Typical Hour.. 251
Abbildung 69: Show Opener. 254
Abbildung 70: Pressekonferenz Bundesliga. 256
Abbildung 71: SNG Truck außen. 257
Abbildung 72: SNG Truck innen. 257
Abbildung 73: SNG Truck Laderaum. 258
Abbildung 74: SNG Truck von Sky Sport News HD. 258
Abbildung 75: ENG-Crew von Sky Sport News HD. 259
Abbildung 76: ENG-Crew der BBC. 259
Abbildung 77: Newsroom/Nachrichtenredaktion. 260
Abbildung 78: Benutzeroberfläche iNews. 261
Abbildung 79: Arbeitsplatz Chef vom Dienst (CvD). 262
Abbildung 80: Typischer Arbeitsplatz eines Journalisten. 263
Abbildung 81: Schnittplatz im Newsroom. 266
Abbildung 82: Sprachaufnahme. 267
Abbildung 83: iNews & Interplay System Architektur. 267
Abbildung 84: iNews Template. 268
Abbildung 85: iNews Template „lower third". 269
Abbildung 86: iNews Template „bumper". 269
Abbildung 87: iNews Template Vollbildgraphik. 269
Abbildung 88: Vollbildgraphik on air. 270
Abbildung 89: Graphikarbeitsplatz im Newsroom. 271

Abbildung 90: System Architektur der Live-Graphiken. 271
Abbildung 91: J-Frame. 272
Abbildung 92: User Interface Wing. 273
Abbildung 93: User Interface Ticker. 273
Abbildung 94: Ticker & Wing Workstation. 274
Abbildung 95: Prompter. 277
Abbildung 96: Studio-Kameras. 278
Abbildung 97: Control Room Operator. 279
Abbildung 98: Regie von Sky Sport News HD. 281
Abbildung 99: Ablaufredakteur. 281
Abbildung 100: Graphische Benutzeroberfläche. 282
Abbildung 101: Integration von Regieautomation. 283
Abbildung 102: Keyboard. 284
Abbildung 103: Moderationstisch mit Drucker. 286
Abbildung 104: Merkmale der Industrialisierung. 287
Abbildung 105: Aufbauorganisation. 290
Abbildung 106: Ablauforganisation. 292
Abbildung 107: Produktionsprozess eines Trailers. 304
Abbildung 108: Finale Microsoft Project Zeitplanung. 305
Abbildung 109: Verflechtungen. 321

Locating Media/Situierte Medien

Anja Dreschke, Ilham Huynh,
Raphaela Knipp, David Sittler (Hg.)
Reenactments
Medienpraktiken zwischen Wiederholung
und kreativer Aneignung

März 2016, ca. 300 Seiten, kart., zahlr. Abb., ca. 34,99 €,
ISBN 978-3-8376-2977-4

Tobias Haupts
Die Videothek
Zur Geschichte und medialen Praxis
einer kulturellen Institution

2014, 422 Seiten, kart., 34,99 €,
ISBN 978-3-8376-2628-5

Tilo Grätz
Technologische Dramen
Radiokulturen und Medienwandel
in Benin (Westafrika)

2014, 388 Seiten, kart., 39,99 €,
ISBN 978-3-8376-2591-2

Leseproben, weitere Informationen und Bestellmöglichkeiten
finden Sie unter www.transcript-verlag.de

Locating Media/Situierte Medien

Pablo Abend
Geobrowsing
Google Earth und Co. –
Nutzungspraktiken einer digitalen Erde

2013, 426 Seiten, kart., zahlr. z.T. farb. Abb., 36,99 €,
ISBN 978-3-8376-2513-4

Regine Buschauer, Katharine S. Willis (Hg./eds.)
Locative Media
Medialität und Räumlichkeit –
Multidisziplinäre Perspektiven
zur Verortung der Medien /
Multidisciplinary Perspectives
on Media and Locality

2013, 308 Seiten, kart., zahlr. Abb., 34,80 €,
ISBN 978-3-8376-1947-8

Pablo Abend, Tobias Haupts, Claudia Müller (Hg.)
Medialität der Nähe
Situationen – Praktiken – Diskurse

2012, 396 Seiten, kart., 34,80 €,
ISBN 978-3-8376-1644-6

Leseproben, weitere Informationen und Bestellmöglichkeiten
finden Sie unter www.transcript-verlag.de

Zeitschrift für Kulturwissenschaften

Siegfried Mattl,
Christian Schulte (Hg.)

Vorstellungskraft

Zeitschrift für Kulturwissenschaften,
Heft 2/2014

Dezember 2014, 136 Seiten,
kart., 14,99 €,
ISBN 978-3-8376-2869-2
E-Book: 12,99 €
ISBN 978-3-8394-2869-6

■ Vorstellungs- oder Einbildungskraft bezeichnet die Fähigkeit zur Erzeugung innerer Bilder, die entweder Wahrnehmungen erinnernd reproduzieren oder produktiv Gegebenheiten überschreiten. Vorstellungen konstruieren imaginativ zukünftige Szenarien oder erzeugen – wie in der Kunst – ästhetische Alterität.

Die interdisziplinären Beiträge dieser Ausgabe der ZfK untersuchen Figurationen und Agenturen des Imaginären: von den Todes- und Jenseitsimaginationen der christlichen Kunst, den Denk- und Sehräumen in Kunst und Medizin über Rauminszenierungen der Moderne, dem frühen Amateurfilmdiskurs bis hin zur Techno Security und Big Data.

Der Debattenteil befasst sich unter dem Titel »Transparenz und Geheimnis« mit medien- und kulturwissenschaftlichen Zugängen zu Dispositiven der Überwachung.

www.transcript-verlag.de